2024

# 中国农垦统计年鉴

CHINA STATE FARMS STATISTICAL YEARBOOK

中华人民共和国农业农村部农垦局
中国农垦经济发展中心　编

中国农业出版社
北　京

# 《2024中国农垦统计年鉴》编辑委员会

2024 ZHONGGUO NONGKEN TONGJI NIANJIAN BIANJI WEIYUANHUI

# 《2024中国农垦统计年鉴》编辑人员

2024 ZHONGGUO NONGKEN TONGJI NIANJIAN BIANJI RENYUAN

主　　编：王润雷

副主编：桑　明　王　进　程维歧　罗菁菁　王　僖　赵晓旭

编辑人员（按垦区顺序排列）：

| | | | | | |
|---|---|---|---|---|---|
| 杜梦远 | 李少川 | 李　健 | 张大伟 | 吕　红 | 郭文颖 |
| 张　舒 | 王恩利 | 沈铁敏 | 端　静 | 殷波兴 | 黄　婧 |
| 张　丽 | 甘金舟 | 段恩来 | 贾　涛 | 焉　潮 | 罗超意 |
| 湛　欣 | 李鸿轩 | 林先杰 | 刘倬利 | 唐佳琪 | 赵　颖 |
| 周　力 | 次仁琼达 | 于智勇 | 陈佳钰 | 杨文智 | 王　丽 |
| 蒋　伟 | 赵海涛 | 寇思婕 | 赵云卿 | 李晋珈 | 姜丹丹 |

审　　稿：罗菁菁　赵晓旭　王　僖

# 编者说明

BIANZHE SHUOMING

一、《2024 中国农垦统计年鉴》系统收录了全国农垦和各垦区 2023 年主要统计数据，是一部全面反映全国农垦系统经济和社会发展情况的资料性年刊。

二、本年鉴由农垦经济发展情况、主要经济与社会指标和附录组成，其中主要经济与社会指标分为 5 部分，即：综合情况，农业部分，工业部分，建运服部分，固定资产投资、外贸出口及科研情况。

三、本年鉴涉及的历史数据，均以最新出版的本年鉴数据为准；本年鉴中部分数据合计数或相对数由于单位取舍不同而产生的计算误差，均未做机械调整。

四、本年鉴涉及的全国农垦数据均包含西藏垦区数据。

五、符号使用说明：本年鉴各表中的“空格”表示无该项数据；“…”表示数据不足本表最小单位；“#”表示其中的主要项；“—”表示数据不可比。

编　者

2024 年 8 月

南郊农场紫谷伊甸园一角

# 北京首农食品集团有限公司

北京首农食品集团有限公司成立于2017年12月，经北京市委、市政府批准，由原北京首都农业集团有限公司、北京粮食集团有限责任公司、北京二商集团有限责任公司联合重组成立。2018年12月，经北京市批准改组为国有资本投资公司。2019年1月，对北京菜篮子集团有限公司实施托管。2022年9月，北汽集团旗下农业技术装备板块的兴东方科技公司整体并入。

集团以食品制造与销售、现代农牧渔业、商贸服务、现代物流为主营业务，主要从事种业、乳业、粮食、油脂、肉类及水产品、物产物流、玉米深加工等相关业务，形成了从田间到餐桌的全产业链条和一、二、三产业融合发展的全产业格局，切实扛起保障首都食品安全、做强首都食品产业的职责使命，承担着保障首都市民“菜篮子”“米袋子”“奶瓶子”“肉案子”的光荣职责。

截至2023年年底，集团资产总额、营业收入总额分别达到1 684.5亿元、1 619.7亿元，连年入选“中国企业500强”，位居“全国农业产业化龙头企业100强”前列；持有16个中华老字号、20个北京老字号。“月盛斋酱烧牛羊肉制作技艺”“六必居酱菜制作技艺”和“王致和腐乳酿造技艺”入选国家级非物质文化遗产保护名录。2023年世界品牌实验室“中国品牌价值”数据显示，“首农”及子品牌“三元”“古船”“大红门”品牌价值累计超1 900亿元。

在新时代、新征程中，首农食品集团将以党的二十大精神为统领，以“食安天下、惠泽万家”为使命，争做食品行业领先者、国企改革先行者、社会责任担当者、高质量发展践行者，朝着建设具有国际竞争力、引领健康美好生活的现代食品集团目标奋勇前行。

西郊农场翠湖智慧工场的西红柿采摘

三元食品公司牛奶生产车间

双河农场水稻基地

京粮控股食用油灌装生产线

京粮（天津）粮油产业园

二商肉食集团华都阳光公司

首农发展工程麦壳天香酒店

三元食品公司鲜奶运输车队

京粮粮贸集团成品粮储备

三元种业公司河北牧场

京粮生物科技公司山东福宽生产车间中控室

首农食品集团“奇趣好食节”

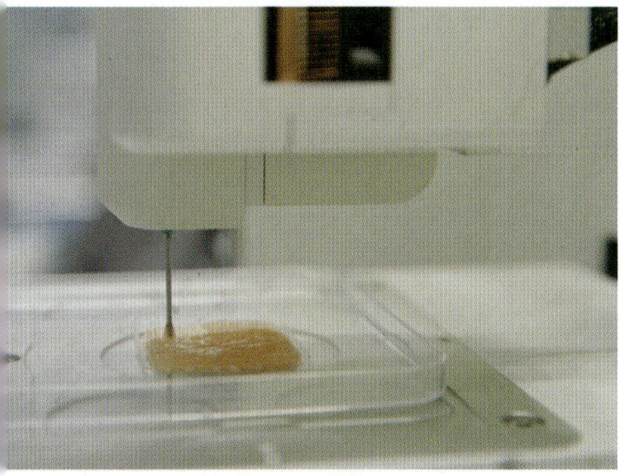

京食品科学研究院生物培育肉实验室

北京二商肉食集团河北赤城养殖基地

大杜社粮库

河北三元工业园

金星鸭业公司北京鸭种鸭

园中心

# 呼伦贝尔农垦：在建设国家重要农畜产品生产基地中勇担使命

这是共和国高寒地带农业开发史上的传奇——“大闹三河道”，从渺无人烟的茫茫草原到国家重要农畜产品生产基地，为端牢“中国饭碗”作出重要贡献。

这是刻在黑土地上的历史丰碑——一代又一代农垦人“献了青春献终身，献了终身献子孙”，用事业心和使命感在这片荒芜之地演绎了一曲曲荡气回肠、战天斗地的英雄壮歌。

这里正在焕发新的勃勃生机——建设大企业大集团、构建大产业大集群、培育大市场大品牌，朝着打造现代化农业航母的目标奋力前行，为加快建设农业强国、推进农业农村现代化贡献农垦之力。

70年来，几代呼伦贝尔农垦人艰苦创业，在这片英雄辈出的神奇之地建设了一批现代化程度较高的国有农场和农畜产品生产基地，培育出了著名的三河牛、三河马，在安置就业、维护地区稳定和民族团结、示范带动现代农牧业发展和繁荣地方经济等方面作出了重要贡献。累计为国家提供粮豆油3 750多万吨、肉90多万吨、奶670多万吨，在茫茫草原上奏响了一曲现代农业高质量发展的凯歌。

如今的呼伦贝尔农垦集团，拥有600万亩耕地、近900万亩草场和部分林地、水面，施业区分布在呼伦贝尔市10个旗（市、区）境内，耕地规模居全国农垦第3位。下辖3个专业公司（集团）、24个现代化农牧场公司、1个院士专家工作站、1个工程实验室、2个科研中心、2个研究院，在职员工1.43万人。发展优势独特，自然资源丰富，生态环境优质，组织化、集约化、标准化程度高，田间综合机械化率达99%，农业科技贡献率在71%以上，与中国科学院、中国农业科学院、中国农业大学等多个科研院所在生态草牧业、畜种改良、种子工程等多领域开展科研合作，中国科学院生态草牧业、“黑土粮仓”两个国家A类战略性先导科技专项在此实施。

在新发展阶段，呼伦贝尔农垦集团将深入贯彻习近平总书记“在维护国家粮食安全中履职尽责”的重要指示精神，按照内蒙古自治区党委“农畜产品基地建设中必须充分发挥国有农牧场作用”的工作要求，紧紧围绕建设具备竞争力的高水平农畜产品生产基地和保障国家粮食安全“国之大者”，努力在建设国家重要农畜产品基地中作出积极贡献。

现代化自走式割晒机集群作业

自走式喷药机为油菜喷施植物营养素

机械化收获大豆

芥花油生产线

夏日矿泉水生产线

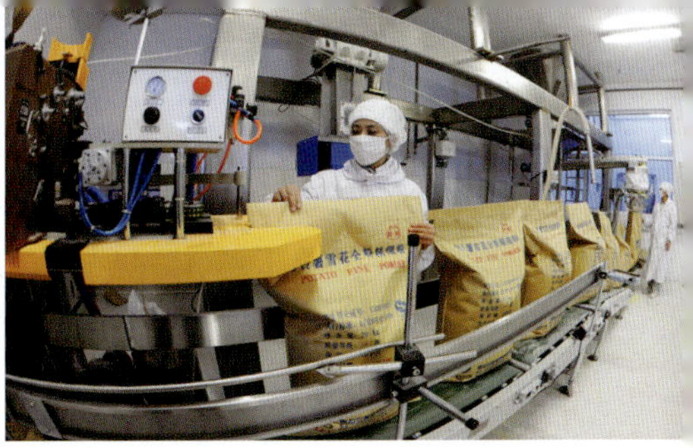

马铃薯雪花全粉生产线袋装封口

新建年生产能力达15万吨的小麦专用粉加工项目

呼伦贝尔羊种群兴旺

三河牛的摇篮

闻名遐迩的三河马

百万亩油菜花海

# 北大荒农垦集团有限公司

北大荒农垦集团有限公司（以下简称“北大荒集团”）位于黑龙江省哈尔滨市，经营区域土地总面积5.36万千米$^2$，地处黑龙江省东北部小兴安岭南麓、松嫩平原和三江平原地区，现有耕地4 874.4万亩，是国家级生态示范区、国家现代化大农业示范区。下辖9个分公司、1个子公司，113个农（牧）场有限公司，674家国有及国有的工商运建服及其他法人控股企业。总人口136.4万人，从业人员45.9万人。

北大荒集团前身为黑龙江省农垦总局，2020年12月改制为北大荒农垦集团有限公司。经国务院同意，授权财政部代表国务院对黑龙江北大荒农垦集团总公司履行出资人职责，被财政部界定为“主业处于关系国家安全、国民经济命脉的重要行业和关键领域，主要承担重大专项任务的商业类国有企业”。

北大荒集团作为国家重要的商品粮基地，粮食产量连续13年稳定在400亿斤以上，实现了“二十连丰”，累计为国家生产粮食超1万亿斤，并在新冠疫情防控期间等特殊时期发挥了突出作用，被誉为靠得住、调得动、能应对突发事件的“中华大粮仓”。同时，北大荒集团坚持实施农业产业化经营，旗下拥有国家级及省级农业产业化龙头企业11家，打造了米、面、油、乳、肉、薯、种等支柱产业，培育了“北大荒”“完达山”“九三”等一批中国驰名商标，其中“北大荒”品牌价值达到2 018.59亿元。

当前和今后一个时期，北大荒集团将全面贯彻落实党的二十大精神，以习近平新时代中国特色社会主义思想为指导，深入贯彻落实习近平总书记对黑龙江省重要讲话精神特别是针对垦区的重要指示要求，以深化改革为动力，以提高发展质量和效益为中心，以推进供给侧结构性改革为主线，实施乡村振兴战略，努力建设现代农业大基地、大企业、大产业，打造农垦国际化大粮商，形成农业领域航母。

黑龙江省委副书记、省长梁惠玲来到北大荒垦征农机大型高端智能农机装备生产线项目建设现场察看建设进度

黑龙江省副省长隋洪波到九三粮油工业集团有限公司调研（孟繁俊摄

北大荒集团召开2023—2024年度秋粮贸易洽谈会议（毕明宇摄）

北大荒农垦集团党委副书记、副董事长、总经理杨宝龙在首届智慧农业博览会上作主题发言（张永刚摄）

北大荒集团被誉为中"华大粮仓"，粮食产
达400亿斤以上，累计为国家生产粮食超
万亿斤。图为农牧场粮食收获（党爱河摄）

主要农作物耕种收综合机械化率达99.7%以上，农业科技进步贡献率达77.07%。图为农牧场大马力机械作业（郑国玲摄）

制定了领先行业的种植业企业标准，提出了40余项种植先进技术。图为农牧场飞机航化作业（郑国玲摄）

创建国家级高端智能农机装备制造与应
示范区，建设农机高端智能化示范农场6
、智慧农场16个。图为无人驾驶机械备
耕（刘洪军、马文竹摄）

与哈尔滨工业大学、东北农业大学合作，推进智慧农场技术与系统全国重点实验室建设。图为智慧管控平台（吴楠摄）

青龙山灌区一期工程总投资65亿元，为全国最大提水灌区，图为青龙山灌区青龙河总干渠二号节制闸

九三粮油工业集团是中国粮油行业唯一获
中国工业领域最高奖"中国工业大奖"的
业，年加工大豆能力达1 350万吨。图为
用油生产车间

北大荒完达山乳业股份有限公司始建于1958年，是王震将军亲手缔造的，可生产奶粉、液态奶及保健食品等。图为乳品生产车间

北大荒集团总医院暨黑龙江省第二肿瘤医院是三级甲等医院，由医院本部、一分院、二分院及社区卫生服务站组成，占地15.17万米$^2$，床位1 670张。图为医院正面

北大荒薯业集团是全国最大的马铃薯产业
团和国家级重点农业产业化龙头企业，构
了种薯研发、繁育、加工、销售一体化的
产业链经营模式。图为研发实验室

垦丰种业是国家种业阵型企业、中国种子行业首批AAA级信用企业、农业农村部首批32家"育繁推一体化"企业、ISTA会员单位，国内种企头部企业。图为种质资源库

北大荒通用航空有限公司拥有各种型号农林飞机、教练机120架，通导、指挥、气象等设备国内一流，农林航空植保技术达到世界先进水平。图为停机坪

新洋农场高标准农田丰收

新洋农场水稻丰收

东坝头农场大型农机化除

# 江苏省农垦集团

江苏农垦诞生于1952年，是根据毛泽东主席签署的命令，由中国人民解放军原步兵第102师整建制转为农业建设第四师，在江苏沿海、沿江、沿湖荒滩“屯垦戍边”创建的国有农场。1996年11月，经江苏省人民政府批准，由江苏省农垦农工商联合总公司（江苏省农垦局）改制为江苏省农垦集团有限公司，同时挂“江苏省农垦事业管理办公室”的牌子。集团总部设在南京市。

经过70多年的改革发展，江苏农垦已成为以现代农业为核心，以医药健康、房地产及相关投资为支撑，一、二、三产业融合发展的省属大型国有企业。2023年，集团全口径实现营业收入406.01亿元，利润总额69.26亿元。截至2023年年末，集团资产总额681.56亿元（不含土地），资产负债率46.05%，主体信用保持AAA级。

江苏农垦积极履行党中央、国务院和省委、省政府赋予的“粮食安全国家队、现代农业示范区、对外合作排头兵”的职责使命，以走在前、做示范的担当作为，建成江苏规模最大、现代化水平最高的商品粮生产基地和优质农产品供应基地，连续多年以全省1/60的耕地生产了全省1/30以上的粮食。旗下的苏垦农发是全国首家农业全产业链一体化经营的上市公司，正大天晴位列中国医药工业百强榜单第13位。正大天晴、正大丰海、苏垦麦芽荣获江苏省省长质量奖。

在新时代、新征程中，江苏农垦坚持以习近平新时代中国特色社会主义思想为指导，深入贯彻落实党的二十大精神，紧紧围绕省委、省政府部署要求，坚定“一核引领、双擎驱动”战略定位，以现代农业为核心，以科技创新和资本运作为引擎，实施“三大工程、八项行动”，加快向千亿级农业航母目标迈进，力争到2035年建成“强富美高”现代化垦区，为高水平建设农业强省和新时代鱼米之乡贡献农垦力量。（图片源自记录苏垦图片库）

正大天晴现代化厂区

南京正大天晴研发中心

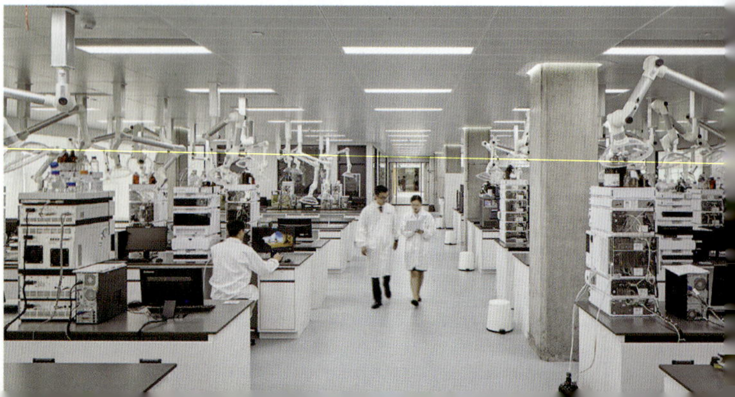

白马湖农场打造宜居宜业和美乡村

东辛农场开启“板上发电，板下养殖”新模式

黄海农场因地制宜发展苗木花卉经济

苏垦麦芽打造绿色工厂

苏垦优然智慧牧场（程军摄）

东辛农场现代渔业

西瓜种植

新洋农场俯瞰图

通宇公司打造绿色地产

张集农场优质小麦种子丰收（焉潮摄）

# 湖北农垦：奋力谱写高质量发展新篇章

湖北农垦现有65家国有农场，分布在14个地级市（直管市）、32个县（市、区），土地总面积3 700多千米$^2$，农用地面积411万亩；垦区总人口147万人，职工（含农工）37万人。2023年，全省农垦生产总值2 310亿元，工农业总产值4 833亿元，居民人均可支配收入31 840元。

近年来，湖北农垦认真贯彻落实中央农垦改革发展决策部署和湖北省委、省政府工作要求，以“两化”改革为主线，以农垦“两大行动”“三大建设”为重点，全力推进湖北农垦高质量发展。一是建成板块基地。实施土地整理200万亩，建成高标准农田133万亩，优质粮食、生态养殖、绿色果蔬基地355万亩，粮食、水产、果蔬年产量分别为180万斤、104万斤、465万斤。二是创建示范园区。东西湖垦区和五三、龙感湖、军垦、朱湖、蒋湖、后湖、周矶等农场创建国家级、省级现代农业示范区，落户省级农业产业化重点龙头企业200多家，农产品加工企业398家，企业总产值352亿元。三是做优特色产业。建成粮油、种业、果蔬、水产、畜禽、茶叶六大支柱产业，潜江垦区虾稻、荆州垦区预制菜、黄冈垦区蔬菜、襄阳垦区畜禽和洪湖垦区水产养殖形成规模效应，农业与旅游、教育、文化、康养、休闲产业融合发展态势迅猛。四是培育农垦品牌。全省农垦共有农产品地理标志、有机农产品、绿色食品认证农产品300多个，三湖黄桃、竹溪综合农场“习武”茶、官庄湖农场“官庄湖西瓜”入选中国农垦品牌目录。五是深化农垦改革。率先在非集团化垦区成立湖北农垦集团，与湖北农业发展集团实行“一套班子、两块牌子、一体化管理”。探索汉南垦区“区域集团+农场公司”改革模式。六是建设美丽农场。挖掘农耕文化、农垦文化、知青文化资源，利用湿地、山林等生态资源，推进农文旅融合发展。长港农场（镇）峒山社区成为全省党建教育基地，五三农场屈家岭考古文化遗址博物馆远近闻名，熊口农场农垦红色小镇成为“网红打卡地”。

七十年砥砺奋进，乡村振兴再启航。湖北农垦将全面深入贯彻落实党的二十大精神，以钉钉子精神推动农垦改革发展落细落实，为奋力谱写高质量发展新篇章、加快推进中国式现代化湖北实践贡献湖北农垦力量！

武汉市汉南农场规模化蔬菜种植（焉潮摄）

武湖农场成为花卉企业聚集地（焉潮摄）

黄冈市龙感湖农场的鳝鱼高效养殖模式（焉

2016年11月6日，中国工程院院士袁隆平与湖北省农业厅组织的专家一行到八里湖农场，在国家杂交水稻工程技术研究中心的“超级稻+再生稻”高产攻关蕲春示范基地开展现场测产验收（龚国政摄）

草埠湖农场的农机合作社为广大农户机收小麦（刘曙松摄）

六合垸农场优质水稻生产基地（朱明摄）

后湖农场的龙虾产品出口国际市场（焉潮摄）

潜江市后湖农场的中国小龙虾交易中心（胡登举摄）

潜江市垦区的农场最早示范“虾稻连作”和“虾稻共作”技术，农工依靠养殖小龙虾，每亩增收4 000~6 000元（焉潮摄）

黄冈市龙感湖农场已规模化发展成为鄂东纺织城（黄东平摄）

竹溪综合农场的有机茶（焉潮摄）

五三农场全貌（梁刚摄）

2023年，广东农垦获批创建糖蔗优势产业集群。图为甘蔗机械化播种

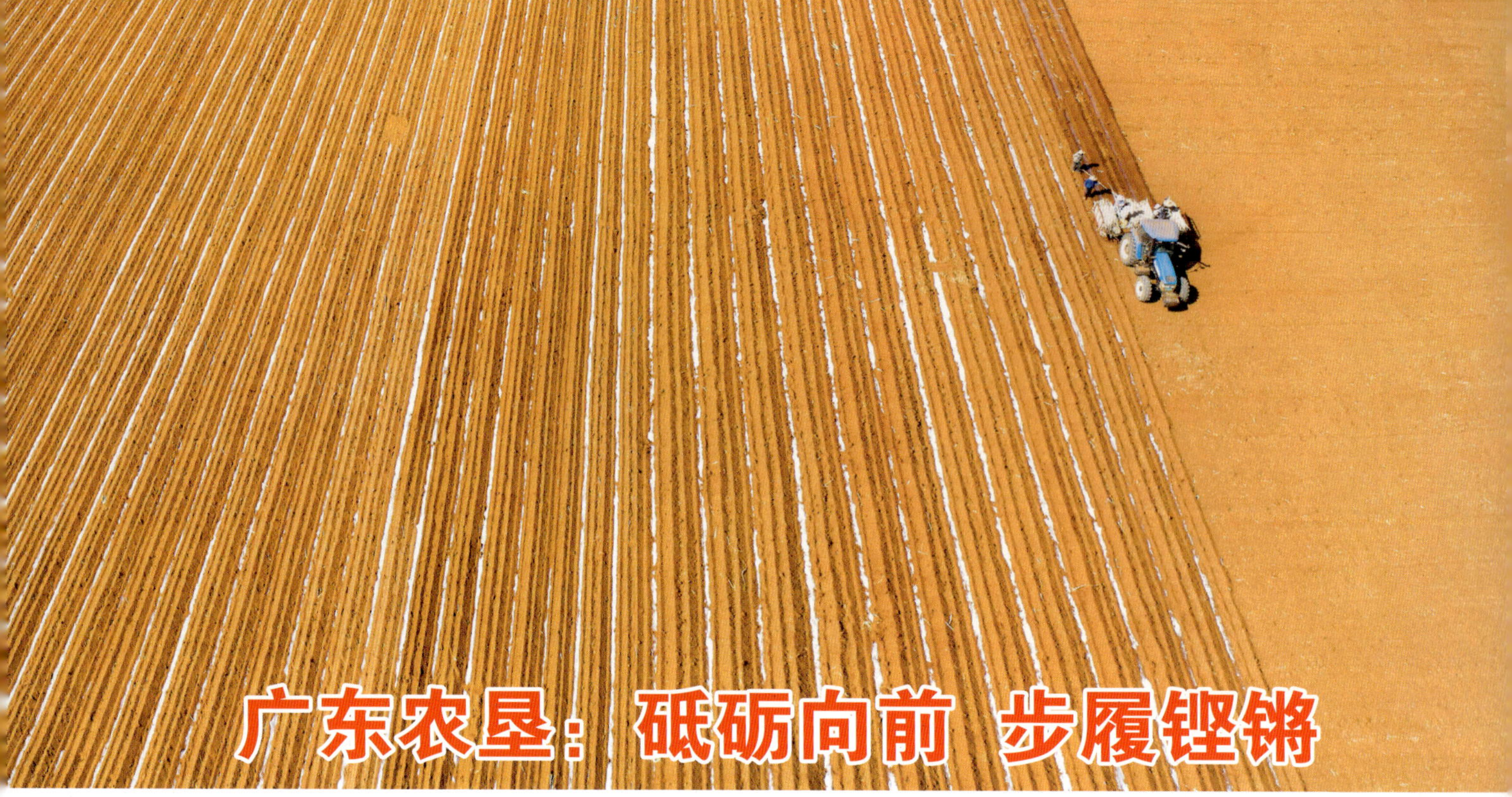

# 广东农垦：砥砺向前 步履铿锵

2023年，广东农垦深入学习贯彻习近平新时代中国特色社会主义思想，全面贯彻党的二十大精神，围绕落实广东省委“1310”具体部署，以“六个再造”谋划新战略，以“九大工程”开辟新路径，以“十项行动”夯实新落点，高质量发展砥砺向前、步履铿锵。

步履铿锵，走好稳中求进的通衢大道。持续深耕战略资源、绿色食品、城乡服务三大主业，融入服务广东“百县千镇万村高质量发展工程”。二级企业优化整合顺利推进，国有土地管理利用扎实有效，集团公司主要经济指标稳中有进、进中向好、好中提质，旗下4家企业上榜“中国农业企业500强”，向建设世界一流的现代农业企业迈出坚实步伐。

步履铿锵，走好守正创新的光明大道。以数字全链示范为理念，大力发展马铃薯等旱粮作物；以国家级产业集群建设为抓手，推动蔗糖产业提质升级；以产业体系构建为导向，深化南药产业发展，华润广垦中药产业园破土动工，胶林、南药郁郁葱葱、丰收在望。同时，积极拓展现代化海洋牧场、现代设施农业、光伏立体农业、保障性住房建设等新领域、新赛道。

步履铿锵，走好合作共赢的康庄大道。推进共建泰国广东产业园，“广垦橡胶与泰华树胶产业合作”入选中国热作产业国际合作十大案例，以“胶”为媒，助推共建“一带一路”高质量发展进入新的十年；燕塘牛奶成为获准供应澳门校园的首个内地乳品品牌，以匠心良品精心呵护澳门青少年健康成长；发起“数字赋能乡村振兴伙伴计划”。

广东农垦幸福农场有限公司绿美广东优质绿化苗木储备基地

广垦南药GAP种植基地

2023年4月11日，广东农垦梅陇农场有限公司成为耕地认保首批签约基地，探索创新耕地保护有效路径

2023年6月15日晚，取材于广东农垦天然橡胶事业创业发展历程的大型原创话剧《突破·北纬十七度》在广东歌舞剧院剧场首次公演

2023年10月，在广东农垦广前农场，广东农垦与北京一亩田新农网络科技有限公司共同建设的3 000亩马铃薯数字化种植示范基地开始播种

2023年11月17日，广东农工商职业技术学院与老挝国立大学签署合作备忘录，推进共建老挝橡胶职业学院

2023年6月6日，湛江市现代化海洋牧场活动月启动仪式上，广东省农垦集团公司与广东海威农业集团签订战略合作协议

2023年9月1日，郑州商品交易所联合广东农垦等单位启动糖料蔗“保险+期货”县域覆盖项目，农户仅需自缴20%保费

2023年10月19日，广东农垦“燕塘乳业助力乡村振兴，深化产业链布局”获评“上市公司乡村振兴优秀实践案例”。图为甘肃祁连山下燕塘乳业传祁牧场青贮玉米收获

2023年12月20日，华润广垦中药产业园开工奠基仪式在广东省化州市举行

# 广西农垦：奋力壮实业 加快夯实一流食品企业发展根基

近年来，广西农垦聚焦高质量建设全国一流食品企业这一发展新使命，坚定不移聚焦主责主业、坚定不移推进科技创新引领、坚定不移提升质量效益，走好一、二、三产业融合，产学研融合，高质量发展之路，创新求变、凝心聚力，全力推进高质量建设全国一流食品企业。

突出固一产，大力发展现代特色农业和设施农业。强调现代化，大力发展一批现代设施种植业、现代设施畜牧业、现代设施渔业和现代冷链烘干物流设施。强调特色，突出"一场一品""一企一业"，在专精特新上下功夫，争创单项冠军。强调创新，加强产学研合作，引进和推广适合设施农业的优良品种和绿色生态高效种养技术，提高现代设施农业效益。发展海洋经济，积极稳妥发展海水养殖和海产品精深加工产业。

突出强二产，扎实做强农产品和食品加工业。加快建设一批猪肉、牛羊肉、畜禽、牛奶、水产品、果蔬制品精深加工基地；支持和推动乳业、渔业、酒业、预制菜等具备成为单项冠军、行业一流条件的产业加快发展；下大力气做强、做优、做大朗姆酒产业，抓好精酿啤酒增产扩销增效；当好"盟主"，积极有为发展预制菜产业；大力推进制糖设备更新改造，推动转型升级；加强品牌培育，做好"老字号、原字号、新字号、外字号"文章；统筹建立覆盖种苗繁育、种养管理、农资投入、采收加工、仓储物流、包装销售等全产业链各环节的、统一的技术规范和作业标准。

突出壮三产，培育壮大供应链和商贸流通体系。重点发展好广西八桂食品交易平台，健全供应链赋能业务体系；做强桂垦良品电商平台，构建电商和实体门店线上线下一体化营销管理体系；持续完善仓储冷链烘干物流配送等供应链体系，提升供应链组织水平；持续开展农垦"社会化服务＋地方"行动，向社会提供良种、农资、农机、农技、销售、金融、保险等方面的优质服务，助力乡村振兴。

广糖集团昌菱制糖公司的甘蔗长势喜人

广西农垦高端农旅融合项目——桂林乡谣里

广西农垦永新畜牧集团良圻原种猪场第五期原种猪场配种妊娠舍

2021年10月2日，广西农垦邕之泰五合屠宰场分割车间（生猪屠宰精细分割）

广西农垦永新畜牧集团保育育肥场航拍图

广西农垦和牛养殖场鸟瞰图

广西农垦金光农场公司华南地区最大无刺红龙火龙果种植基地

剑麻集团剑麻标准化种植基地

广西农垦茶业集团大明山茶园景区（富硒茶园）

广西农垦明阳农场公司“向阳红”沃柑

海南省农垦投资控股集团有限公司（以下简称“海垦集团”）的前身系创建于1952年的华南垦殖局海南分局，现有土地总面积920多万亩，分散在全省不同市县、乡镇，总体呈插花式分布，是仅次于新疆建设兵团、黑龙江农垦的全国第三大垦区，荣登“2024中国企业500强”。

现有下属二级企业38家，遍布岛内各市县，其中，农场公司18家，二级产业公司20家；境内外上市公司3家，新三板挂牌企业1家。

自20世纪50年代始，海南农垦就在海南岛披荆斩棘，开荒奋战，为国植胶。经过艰苦卓绝的努力，不断发扬“艰苦奋斗、勇于开拓”的农垦精神，农垦人完成了屯垦戍边、巩固祖国南疆的历史使命，创造了北纬18°以北大面积成功种植天然橡胶的奇迹，建成我国最大的天然橡胶生产基地，为打破西方国家实施的全面经济封锁和保障国家战略资源安全作出了突出贡献。自2015年开启新一轮农垦改革以来，完成垦区集团化、农场企业化、社会管理属地化改革，实现体制机制根本转换；加快推进垦地一体化协调发展，垦地融合不断打开新局面；土地等资源优势正在逐步体现，产业发展实力进一步壮大。习近平总书记在庆祝海南建省办经济特区30周年大会上和2022年考察海南时均对海南农垦改革工作给予了肯定。

经过70多年的建设，海垦集团建成天然橡胶生产基地320多万亩（国内），占全省已划定的天然橡胶保护区的39%，占全国的19%，带动海南地方橡胶种植400多万亩。至2023年，已累计向国家提供橡胶产品700多万吨，成功研制军用航胎胶，打破我国高端用胶全部依赖进口的局面。建成我国最大的热带高效农业生产基地，其中建成近万亩全国面积最大的菠萝蜜种植基地、4万多亩全国最大的连片胡椒合作基地、4万多亩全省最大的荔枝连片生产基地。建成5 040亩国家南繁生物育种专区，拥有2.5万亩全省最大的集中连片南繁科研用地。建成23个生猪养殖基地，生猪产能达100万头；建成100万只蛋鸡全产业链现代化养殖场，是海南省设备最先进、单体规模最大的蛋鸡养殖场；建成5座大型牧场。

海垦集团自2015年年底成立以来，连续7年实现稳健增长，为稳住全省经济大盘贡献了海垦力量。2023年，海垦集团实现营业收入520.39亿元、利润10.3亿元，资产总额达到2 044.86亿元，主要经营指标位列海南省属重点监管企业前列。企业资金充足，资产负债率低，经营能力较强，为扩大投资、加快发展奠定了坚实基础，整体信用评级获国内AAA最高评级、国际权威评价机构惠誉BBB主体国际评级。

当前，海垦集团正以习近平新时代中国特色社会主义思想为指导，深入贯彻落实党的二十届三中全会和省委八届五次全会精神，坚持农垦姓农、以胶为本、种养结合、以工补农，全产业链打造现代农业大产业、大企业、大基地，坚决扛起天然橡胶、南繁育种、热带果蔬引种、保供稳价的使命担当，争当天然橡胶国家战略物资的提供者、农业现代化的引领者、深化国有企业改革的探路者，努力成为热带特色高效农业的航母和海南自由贸易港建设的排头兵。

2023年9月13日，中国共产党海南省农垦投资控股集团有限公司第一次代表大会召开。会议回顾了海垦集团成立7年多来的改革发展成效，明确了未来5年的奋斗目标

海南农垦“红明红”荔枝。海南农垦启动“一场一品”战略，依托遍布全省18个市（县）的资源要素，通过推进现代化基地管理模式，强化科技创新驱动，狠抓品牌建设，着力构建现代农业大基地、大企业、大产业发展格局，赋能热带特色高效农业高质量发展

海南农垦大岭苗木产业园。围绕“一场一品”建设，海南农垦加快优势苗木品种产业化开发，建设苗木交易平台，加强全产业链和品牌建设

海南农垦10万头生猪场。生猪产业实现标准化、绿色化、规模化、循环化、数字化、基地化、特色化发展，新建猪场养殖工艺与国内国际先进工艺模式接轨，海垦猪业7家猪场分别获评国家级生猪产业调控基地和畜禽养殖标准化示范场

天角潭水利枢纽安居房。海南农垦坚决贯彻落实省委、省政府《关于持续深化海南农垦改革推进农垦高质量发展的若干意见》，深入推进垦区民生改善和垦地融合发展，投入资金11.98亿元，全力配合市县政府做好迈湾、天角潭水利枢纽工程垦区移民安置工作，建成6个安置点，安置移民1 916户，建设垦地水库移民新家园

海南农垦300万只蛋鸡全产业链现代化养殖场。海南农垦以保供稳价为己任，统筹发展生猪、肉牛、蛋禽、水产等产业，是保障海南人民“肉篮子”供应的核心参与者

海南农垦石花水洞地质公园。海南农垦旅游资源丰富，分布广泛，拥有石花水洞地质公园、母瑞山红色文化景区、莲花山旅游景区等AAAA级景区

海南农垦茶叶种植基地。海南农垦热带作物种植面积60多万亩，形成了以茶叶、咖啡、胡椒等作物为主的热带作物产业

海南农垦胶林大景

海南农垦南繁生物育种专区。海南南繁种业集团坚决扛起“打好种业翻身仗”的国企担当，已建成5 040亩国家南繁生物育种专区，建成国家级农作物品种展示评价基地和2万亩覆盖全岛的育种基地

农投肉品楼宇式智慧种猪场(许晓红、荆伟摄)

重庆德佳肉类科技发展有限公司

# 重庆市农业投资集团有限公司

重庆市农业投资集团有限公司是市属国有重点企业中唯一从事农业全产业链经营的产融集团，主要经营乳业、肉业、生态渔业、禽蛋业、冷链物流5个农业全产业链和类金融业、现代服务业。现拥有4个国家级农业产业化龙头企业、16个省级农业产业化龙头企业，8个省级及以上研发平台，3个中国驰名商标，11个国家有机产品认证农产品，“天友乳业”等3个企业品牌及“百特”“淳源”等10个产品品牌入选《中国农垦品牌目录》。

集团公司为广大农户提供饲料、种猪、种鱼、仔猪等农业生产资料，为广大市民提供美好生活所需的奶、肉、鱼、蛋四大类安全食品食材。“天友”“淳源”“重庆奶牛场”“中垦牧·原生塞上”“大厨良选”“三峡渔”“正大蛋”等食品品牌享誉市场，深受消费者喜爱。

渔业公司涪陵龙潭良种场

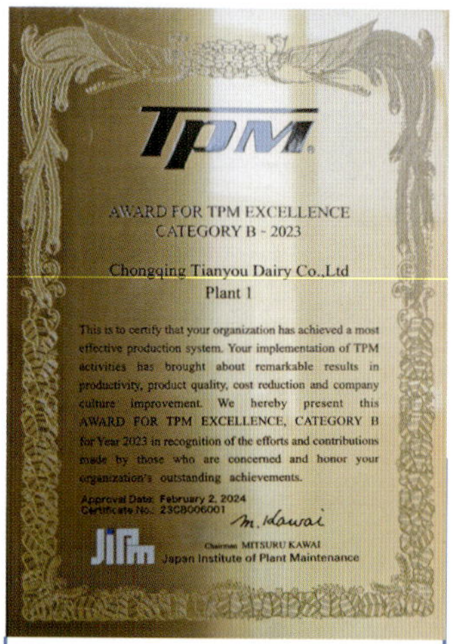


天友乳品一厂斩获TPM大奖

奶气儿童纯牛奶获FBIF Wow食品创新奖

渔业公司涪陵梓里良种场

重庆乐邦水产品交易市场

天友百特牛奶"爆品"发布会

天友牧业打造数字化牧场

天友乳业功能性益生菌研究中心

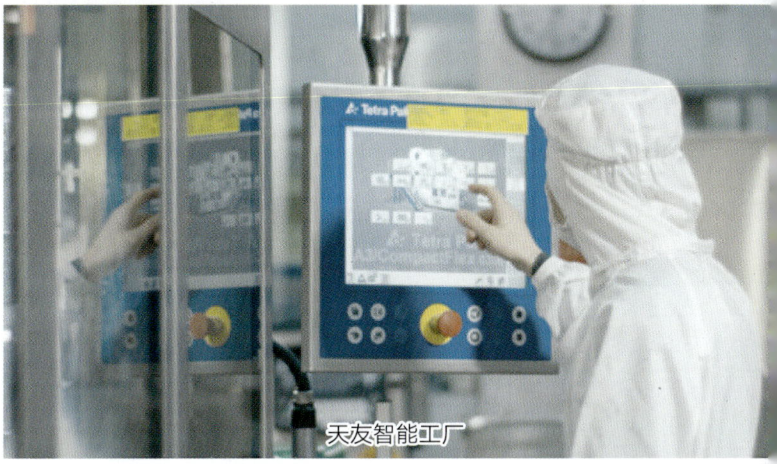
天友智能工厂

"1+N"奶牛育种生物工程技术创新体系建设

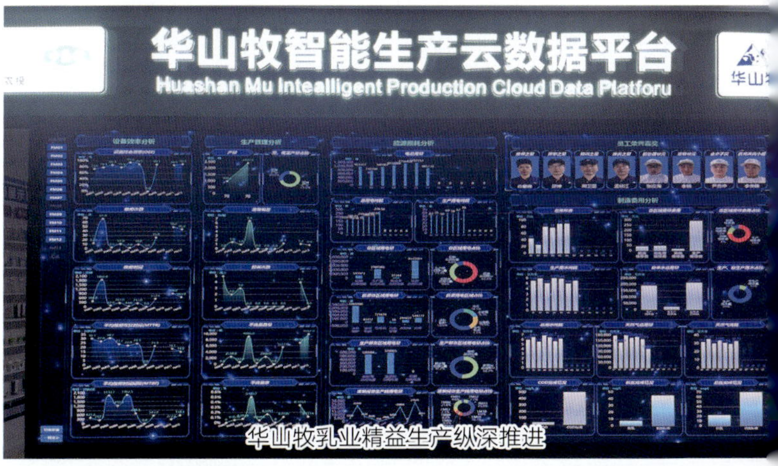

华山牧乳业精益生产纵深推进

中垦牧乳业智慧牧场

# 甘肃省农垦集团有限责任公司

甘肃农垦是甘肃省唯一省属国有大型农业企业集团，“中国农业企业500强”。拥有726万亩土地，从业人员2.4万人，离退休职工2.2万人，垦区常住人口10万人，基层党组织260个，党员0.4万名。控股“亚盛”“莫高”“庄园”3家上市公司，下辖20户二级企业，全级次企业266户，分布在省内11个市（州）、33个县（区）。被省委、省政府授予“先进企业贡献奖”等多项荣誉。

甘肃农垦始终坚持“以农为本”，农工商一体化发展，产供销一条龙布局。集团拥有规模化高标准农田110万亩，耕种收综合机械化率达到93%以上。年均在垦区外规模化流转种植耕地超过30万亩，在社会化服务中提供农资超过15万吨，带动周边农村农产品统一经营超过170万吨，每年促农增收20亿元以上。集团年均种植粮食超过40万亩，规模化养殖奶牛、肉牛、生猪超过10万头，肉羊超过20万只，年生产复方甘草片等计划类药品超过5亿片，有力支持和保障了省内粮、肉、奶、菜、药等重要物资生产。

甘肃农垦秉承“良品生活、源自农垦”的经营理念，先后建成3个国家级、17个省级农业产业化重点龙头企业，2个国家级现代农业示范区和1个国家级绿色农业示范区，打造了“莫高”“黄羊河”“条山”“普安康”4个中国驰名商标和“庄园”“好食邦”“绿鑫”等20多个省级著名商标，农产品“三品一标”质量认证率达到90%以上。

在新时代、新征程中，甘肃农垦坚持以习近平新时代中国特色社会主义思想为指导，立足“引领现代农业、提供优质产品、缔造美好生活”的企业使命，聚焦建设“国内一流现代农业企业集团”目标定位，全面落实“科技强企、项目带企、质量立企、人才兴企”四大攻坚行动，以提高核心竞争力和增强核心功能为重点，以发展“绿色、健康、安全”中高端食品为方向，构建从“田间到餐桌”的食品全产业链和供应体系，力争在“十四五”末实现“3111”战略目标，即资产总额达到300亿元、营业收入超过100亿元、利润总额达到10亿元、职均收入超过10万元。

黄花农场万亩食葵

黄羊河甜糯玉米加工车间

亚盛好食邦系列产品

天牧乳业现代化转盘式挤奶厅

饮马牧业肉牛养殖场

庄园牧场老兰州系列乳制品

莫高国际酒庄

莫高酿酒葡萄种植基地

亚盛种业良种公司玉米果粒烘干线

条山农场马铃薯花开

黑土洼农场马铃薯收获

条山农场早酥梨丰收

田园牧歌机械化收割苜蓿

金昌农场青贮玉米收获

甘肃农垦集团

药物碱厂科研人员

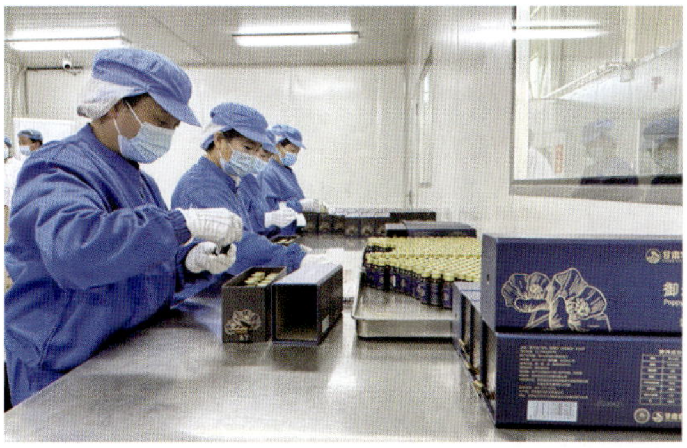

普安康御米油

甘味品牌中心

# 目　　录

## 一、农垦经济发展情况

## 二、主要经济与社会指标

# 一

# 农垦经济发展情况

# 2023年全国农垦经济发展统计公报[1]

农业农村部农垦局
2024年7月3日

2023年，全国农垦系统立足新发展阶段、贯彻新发展理念、构建新发展格局，进一步强化农垦在保障粮食和重要农产品稳定安全供给中的“国家队”作用，深化垦区集团化、农场企业化改革，全面推进产业高质量发展，提升农垦内生动力、发展活力和整体实力，农垦经济发展呈现稳中向好的态势。

## 一、综合

全年农垦经济实现生产总值[2] 9 903.33亿元（图1），比上年增长3.5%。其中，第一产业增加值2 332.91亿元；第二产业增加值3 911.20亿元；第三产业增加值3 659.22亿元。第一、第二、第三产业增加值占农垦生产总值的比重分别为23.6%、39.5%和36.9%。人均生产总值69 450元，增长0.2%；人均可支配收入达到28 836元，增长9.6%（图2）。

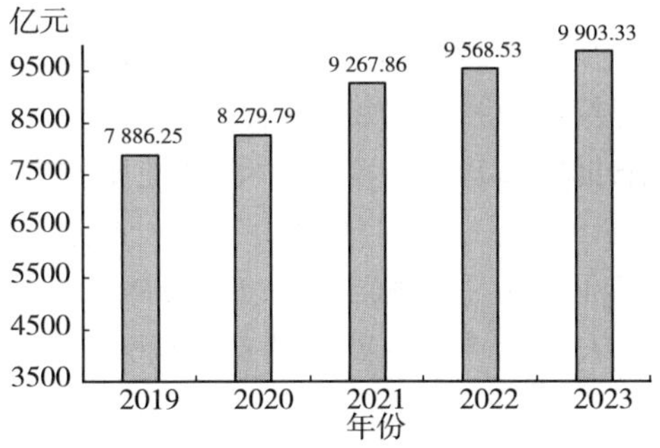


图1 2019—2023年农垦生产总值情况

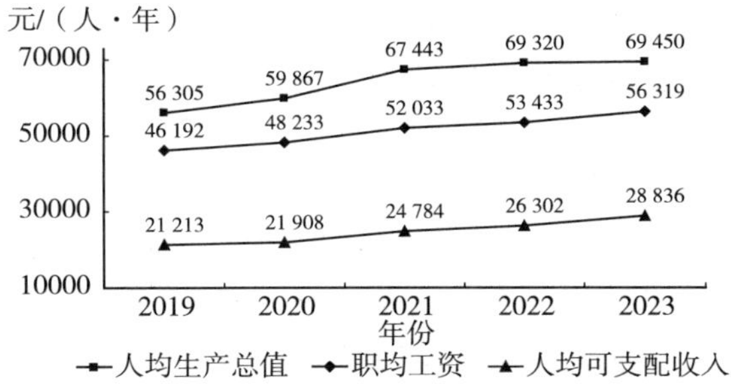


图2 2019—2023年农垦人均指标情况

## 二、农业

全年实现农林牧渔业总产值5 000.81亿元，比上年增长4.1%。其中，农业产值3 114.34亿元，林业产值111.61亿元，畜牧业产值1 130.50亿元，渔业产值356.45亿元，农林牧渔专业及辅助性活动产值287.91亿元。

全年农作物播种面积7 330.29千公顷，比上年增加168.92千公顷，增长2.4%。其中，粮食播种面积5 309.11千公顷，增加200.75千公顷，增长3.9%；棉花面积935.61千公顷，减少96.69千公顷，下降9.4%；油料面积320.28千公顷，增加21.68千公顷，增长7.3%；糖料面积78.88千公顷，减少2.58千公顷，下降3.2%。

粮食总产量3 993.94万吨，比上年增加145.31万吨，增长3.8%（图3）。其中，稻谷和大豆产量下降，稻谷产量比上年下降4.7%，大豆产量比上年下降0.8%；小麦和玉米产量增长，小麦产量比上年增长11.2%，玉米产量比上年增长17.4%。主要农产品产量见表1。

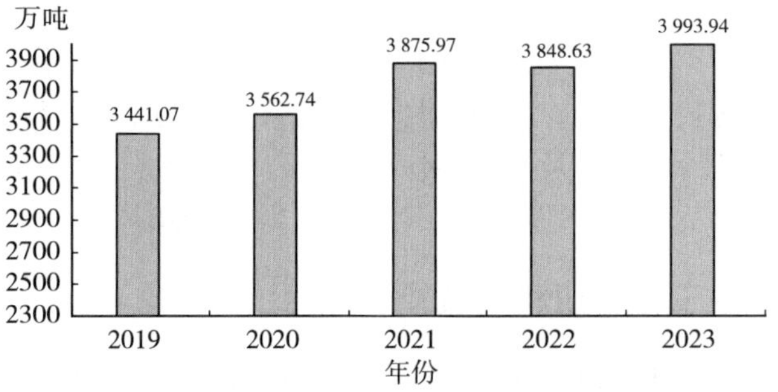


图3 2019—2023年农垦粮食总产量

**表1 2023年主要农产品产量**

| 产品名称 | 产量（万吨） | 比上年增长（%） |
|---|---|---|
| 粮食 | 3 993.94 | 3.8 |
| 其中：稻谷 | 1 785.13 | −4.7 |

（续）

| 产品名称 | 产量（万吨） | 比上年增长（%） |
|---|---|---|
| 小麦 | 340.46 | 11.2 |
| 玉米 | 1 478.76 | 17.4 |
| 大豆 | 291.27 | -0.8 |
| 棉花 | 244.30 | -9.8 |
| 油料 | 78.70 | 4.5 |
| 糖料 | 595.47 | -0.5 |
| 水果 | 849.31 | 2.9 |
| 茶叶 | 5.47 | 21.3 |

畜牧业占农林牧渔业总产值的比重为22.6%，比上年减少0.7个百分点。牲畜年末存栏数及主要畜产品产量见表2。

**表2　2023年牲畜年末存栏数及主要畜产品产量**

| 牲畜种类/畜产品 | 计量单位 | 存栏数/产量 | 比上年增长（%） |
|---|---|---|---|
| 大牲畜 | 万头 | 466.56 | 20.5 |
| 其中：奶牛 | 万头 | 178.65 | 3.6 |
| 猪 | 万头 | 1 282.25 | 15.3 |
| 羊 | 万只 | 1 112.66 | -0.4 |
| 肉类 | 万吨 | 282.23 | 13.7 |
| 牛奶 | 万吨 | 656.21 | 15.1 |
| 禽蛋 | 万吨 | 47.92 | 4.5 |

全年水产品产量181.95万吨，比上年增长1.1%。其中，淡水产品产量138.56万吨，比上年增长1.6%；海水产品产量43.39万吨，下降0.6%。对虾产量7.24万吨，增长6.5%。

年末农业机械总动力3 480.80万千瓦，比上年增长1.5%；大中型拖拉机25.15万台，增长2.5%；小型及手扶拖拉机25.56万台，下降4.8%；联合收获机7.50万台，增长0.5%。

## 三、工业和建筑业

全年实现工业总产值11 499.64亿元，比上年下降1.2%。产值位居前10名的垦区共实现工业总产值10 485.72亿元，占工业总产值的91.2%；产值在100亿元以上的农垦工业行业共创产值10 840.56亿元，占工业总产值的94.3%。产值位居前10名的行业分别是农副食品加工业2 362.18亿元，食品制造业1 040.11亿元，烟草制品业848.59亿元，石油煤炭及其他燃料加工业773.03亿元，非金属矿物制品业683.79亿元，有色金属冶炼和压延加工业632.60亿元，化学原料和化学制品制造业582.49亿元，电力、热力生产和供应业500.00亿元，纺织业444.55亿元，医药制造业398.73亿元，占工业总产值的71.9%。主要工业产品产量见表3。

**表3　2023年主要工业产品产量**

| 产品名称 | 计量单位 | 产量 | 比上年增长（%） |
|---|---|---|---|
| 混配合饲料 | 万吨 | 616.72 | 7.4 |
| 食用植物油 | 万吨 | 347.75 | -7.1 |
| 成品糖 | 万吨 | 305.34 | -5.3 |
| 乳制品 | 万吨 | 482.74 | 1.9 |
| 其中：液体乳 | 万吨 | 462.17 | 1.1 |
| 饮料酒 | 万千升 | 177.59 | -5.7 |
| 水泥 | 万吨 | 1 714.72 | 11.1 |
| 发电量 | 亿千瓦·时 | 1 214.80 | 7.4 |

年末建筑企业2 988个，从业人员44.67万人，全年实现总产值2 733.28亿元；年末固定资产原值272.55亿元；全年施工房屋建筑面积14 217.91万米$^2$。

## 四、交通运输业、批发零售餐饮业、其他服务业及出口商品

全年共完成货运量6.98亿吨，客运量1.97亿人，实现营业收入277.98亿元。

年末批发零售业、餐饮业、其他服务业营业单位总数10.64万个，拥有固定资产原值1 579.87亿元，营业用房总面积1 443.52万米$^2$，从业人员57.69万人，全年完成商品销售额或营业收入8 560.45亿元。

全年外贸出口供货商品总金额[3]124.67亿元，比上年下降1.7%。出口供货商品金额超过5亿元的垦区有4个，合计金额97.93亿元，占全国农垦出口供货商品总金额的78.6%。

## 五、科技

年末农垦系统拥有科研单位150个，职工1.38万人，其中科技人员0.86万人。全年科研经费63.92亿元，比上年增长6.4%。其中，政府拨款8.73亿元，占科研经费的13.7%；企业自筹

54.33亿元，占科研经费的85.0%。

## 六、固定资产投资

全年固定资产投资总额4 161.32亿元，比上年减少52.56亿元，下降1.3%。其中，第一产业投资额465.62亿元，占投资总额的11.2%；第二产业投资额1 719.16亿元，占投资总额的41.3%；第三产业投资额1 976.53亿元，占投资总额的47.5%。全年国有固定资产投资总额1 913.46亿元，占投资总额的46.0%。当年新增固定资产2 035.58亿元。

## 七、人口、就业和劳动工资

年末农垦系统总人口1 425.97万人，比上年增加13.77万人，增长1.0%。

年末从业人员607.01万人。其中，第一产业294.56万人，第二产业131.77万人，第三产业180.69万人，分别占从业人员的48.5%、21.7%和29.8%。全年从业人员工资总额1 700.11亿元。

年末职工221.36万人，其中在岗职工179.22万人。全年职工工资总额1 246.65亿元，职工年平均工资56 319元，比上年增长5.4%；在岗职工年平均工资58 955元，比上年增长1.8%。

## 八、农业绿色发展

农垦系统深入推进农业品种培优、品质提升、品牌打造和标准化生产，促进农业产业提质增效。全年农垦系统种子生产量196.18万吨，其中，原种生产量9.29万吨，良种生产量185.88万吨。年末全系统共获得绿色食品、有机食品、农产品地理标志认证1 971个，比上年减少209个；认证产量2 041.77万吨，比上年增加224.26万吨；农产品地理标志产品认证面积480.76千公顷，占农作物播种面积的6.6%。农垦系统优势产业基本实现标准化生产全覆盖，绿色食品原料标准化生产基地面积达到784.80千公顷，其中，主要农作物774.90千公顷，水果8.25千公顷。截至2023年年底，各垦区累计421个品牌被纳入《中国农垦品牌目录》，其中，垦区公共品牌10个，区域性垦区公共品牌6个，企业品牌155个，产品品牌250个。

注释：

[1] 本公报中的数据均为初步统计数。部分数据因四舍五入，存在总计与分项合计不等的情况。

[2] 生产总值、三次产业及相关行业增加值、人均生产总值、人均可支配收入绝对数和增长速度均按现价计算。

[3] 外贸出口供货商品总金额不包含新疆生产建设兵团。

# 北京农垦2023年经济发展统计公报

北京首农食品集团有限公司

2023年是全面贯彻党的二十大精神的开局之年，也是三年新冠疫情防控转段后经济恢复发展的一年。北京垦区（简称首农食品集团）面对复杂严峻的外部环境和艰巨繁重的改革发展稳定任务，坚持以习近平新时代中国特色社会主义思想为指导，不折不扣贯彻落实上级决策部署和工作要求，努力克服各种不利因素影响，取得来之不易的成果。

2023年，首农食品集团上下树立“有利润的收入、有现金流的利润”的经营理念。紧扣主责主业，优化业务布局，逐步理顺产权关系和管理关系，集团主业不断夯实，经营质量得到提升。对照“十不准”要求，强化贸易业务管控，贸易经营企业由15家减少至11家，推动形成规模适度、利润合理、风险可控的贸易格局。发挥银企战略合作优势，压降权益性融资40亿元，资产负债结构得到优化。在主动转方式、调结构的基础上，首农食品集团2023年实现营业收入1 620亿元、利润总额31亿元，符合预期。在市管34家直接出资实体企业中，首农食品集团营业收入位居第4名、利润总额位居第11名。

在2023年《中国500最具价值品牌》分析报告中，“首农”2023年的品牌价值为956亿元，居第75位，品牌价值较上年增长15%，排名提升2个位次。在中国农业品牌价值排行榜中居第4位。

## 一、综合概述

2023年，首农食品集团牢牢把握高质量发展这一首要任务，强化功能定位、着力调整提升，强化风险管控、做实收入利润，稳住了经济基本盘，夯实了高质量发展基础。

在国内外经济形势放缓、市场需求减弱、多个行业进入下行周期等不利因素叠加影响下，公报数据量化了行业的规律性发展，标注了首农食品集团的结构性调整，诠释了企业的阶段性变化，实属不易，符合预期。

2023年，首农食品集团统筹推进各项事业发展，主要做了4个方面的工作。

（1）国企改革深入推进。推进价值创造与国企改革深化提升行动，全面理顺企业产权关系、管理关系，强化“瘦身健体”，压减退出30家企业，二级企业由30家减少至26家，资源资产进一步向主业集中。优化集团总部职能、机构，总部部室由26个调整为16个，人员压减21.36%，强化服务监管职能。

（2）科技创新成果丰硕。强化科技创新主体地位，新获批奶牛育种、抗病猪育种国家农业重大科技攻关等省部级以上项目21项，成为国家农业科技战略力量。新获授权专利131件，新发布主持或参与编写各类标准15项，获省部级以上政府科技奖励10项。

（3）品牌建设持续提升。依托权威媒体，母子品牌联动，老字号品牌跨界联合，持续提高品牌知名度，“三元”“大红门”“华都”入选新一批“中华老字号”，“首农”“三元”“古船”“大红门”品牌价值合计1 920亿元。

（4）切实扛起服务保障职责。圆满完成全国和北京市两会、“一带一路”国际合作高峰论坛等重大会议活动服务保障任务，累计供应食材1 027吨。承担269.53万吨粮油、5.52万吨生活必需品的储备任务，完成145.22万吨储备粮出入库工作。助力乡村振兴，派驻村第一书记6名，对口帮扶7省份累计直接采购各类物资近68亿元。积极参与首都防汛救灾和恢复重建工作，第一时间筹措救灾物资送往灾区，在急难险重任务中彰显国企担当。

2023年首农食品集团生产总值增加值合计148.22亿元，比上年增长13.82%。其中，第一产业增加值15.59亿元，占比10.52%；第二产业增加值52.18亿元，占比35.21%；第三产业增加值80.44亿元，占比54.27%。

2023年年末土地总面积9 102.30公顷。其中，耕地面积 1 316.11 公顷，占土地总面积的 14.46%；牧草地面积 1 287.53 公顷，占土地总面积的 14.15%；林地面积 1 081.76 公顷，占土地面积的 11.88%；园地面积 714.20 公顷，占土地总面积的 7.85%；居民点及工矿用地面积 907.71 公顷，占土地总面积的 9.97%；其他面积 3 753.83 公顷，占土地总面积的 41.24%。

2023 年年末农垦总人口 6.9 万人，其中农场人口 1.04 万人，农垦年内平均人口 6.79 万人。年末职工 4.8 万人，其中在岗职工 4.45 万人；职工工资总额 50.59 亿元，其中在岗职工工资总额 49.21 亿元。

## 二、产业布局

### （一）第一产业

#### 1. 农林牧渔业总产值

2023 年，首农食品集团实现农林牧渔业总产值 70.09 亿元（农林牧渔业商品总产值 52.39 亿元）。其中，牧业产值 51.22 亿元，占农林牧渔业总产值的 73.08%；农林牧渔服务业产值 15.31 亿元，占农林牧渔业总产值的 21.84%；农业产值 2.13 亿元，占农林牧渔业总产值的 3.04%；渔业产值 1.21 亿元，占农林牧渔业总产值的 1.73%；林业产值 2 045 万元。

#### 2. 农作物生产情况

（1）2023 年农作物播种面积总计 8 116.96 公顷，比上年有所增加。谷物播种面积 4 319.30 公顷，主要为稻谷、小麦、玉米、高粱等，总产量 30 457.72 吨，比上年有所增加。总产量增加的主要原因是根据集团整体规划部署，将清河农场数据纳入合并范围，播种面积和产量较上年同期均有所增加。蔬菜、瓜类播种面积 162.29 公顷，比上年有所减少，总产量 12 217.83 吨。播种面积减少的主要原因是所属西郊农场的 10 公顷西红柿由土地播种改为无土栽培，未计入播种面积。其他作物播种面积 3 626.87 公顷，均为青饲料作物，播种面积较上年有所增加。

（2）水果年末实有面积 144.23 公顷，与上年基本持平，主要为苹果、梨、桃、葡萄等。

#### 3. 农牧业生产情况

（1）2023 年年末，有大牲畜规模化养殖场 39 个，大牲畜 11.32 万头，其中，肉牛 7 839 头，奶牛 10.35 万头；牛奶产量 60.49 万吨。

（2）2023 年年末，有生猪规模化养殖场 14 个，生猪总存栏 34.85 万头，能繁殖的母猪 3.31 万头。当年出栏肉猪 57.10 万头，比上年增长 15.25%；猪肉产量 5.04 万吨，比上年下降 3.14%。生猪出栏和猪肉产量变动的主要原因是受非洲猪瘟影响，所属二商肉食集团的子公司丰镇大红门将还未达到出栏标准的生猪提前出栏，以防止疫情扩大，减少损失。

（3）2023 年年末，有家禽规模化养殖场 22 个，禽肉产量 8.26 万吨，比上年有所增加。产量增加的主要原因是当年禽类市场趋于缓和，需求总体呈上升趋势。

（4）2023 年年末，水产产品总产量 7 292 吨，全部为海洋鱼类产品。

### （二）第二产业

2023 年，首农食品集团共有规模以上工业企业 90 家，实现工业总产值 583.27 亿元。其中，食品制造业企业 41 家，工业总产值 120.21 亿元；农副食品加工业企业 37 家，工业总产值 447.46 亿元；其他制造业企业 4 家，工业总产值 11.21 亿元；酒、饮料和精制茶制造业企业 3 家，工业总产值 2.80 亿元；医药制造业企业 3 家，工业总产值 1.21 亿元；非金属矿物制品业企业 1 家，工业总产值 3 413.80 万元；水的生产和供应业企业 1 家。工业产品以农副食品加工产品为主。

### （三）第三产业

（1）2023 年年末，有批发零售业企业 84 家，年末从业人员 3 896 人，年末营业用房面积 31.73 万$米^2$，全年实现营业收入 867.82 亿元。

（2）2023 年年末，有其他服务业企业 204 家，年末从业人员 11 770 人，营业网点 119 个，年末营业用房面积 149.15 万$米^2$，全年实现营业收入 159.40 亿元。

（3）2023 年年末，有交通运输业企业 4 家，年末从业人员 1 684 人，年末拥有主要运输工具 1 905台，货运量 15.91 万吨，客运量 556 万人，全年实现营业收入 3.03 亿元。

（4）2023 年年末，有餐饮业企业 6 家，年末从业人员 266 人，年末营业用房面积 5.38 万$米^2$，全年实现营业收入 1.57 亿元。

（5）全年外贸出口供货商品金额 4.26 亿元。其中，畜产品出口 2.41 亿元，占比 56.57%；工业品出口 1.09 亿元，占比 25.59%；农产品 7 577

万元，占比 17.84%。

## 三、固定资产投资

2023 年，首农食品集团完成固定资产投资总额 33.42 亿元。全年固定资产投资资金来源合计 33.42 亿元，其中，自筹资金 28.67 亿元，占比 85.79%；国内贷款 3.49 亿元，占比 10.44%；其他资金 8 835.24 万元，占比 2.63%；国家预算内资金 3 709.95 万元，占比 1.11%。当年新增固定资产 20.34 亿元。

固定资产投资总额中，用于第一产业的投资为 10.81 亿元，占投资总额的 32.35%；用于第二产业的投资为 10.60 亿元，占投资总额的 31.72%；用于第三产业的投资为 12.01 亿元，占投资总额的 35.93%。

## 四、科研基本情况

2023 年，首农食品集团拥有科研单位 6 家，职工合计 473 人，科技人员 363 人，其中本科及以上学历人员 182 人。科研经费合计 2.86 亿元，其中，企业自筹 2.57 亿元，占比 89.86%；政府拨款 2 896 万元，占比 10.14%。实验地面积 0.60 公顷。

# 天津农垦2023年经济发展统计公报

天津食品集团有限公司

2023年，天津食品集团以习近平新时代中国特色社会主义思想为指导，在市委、市政府和市国资两委的正确领导下，以党的建设为统领，持续推动盘活存量、培育增量、提升质量的“三量”工作，统筹推进企业改革发展，攻坚克难、锐意进取。天津食品集团聚焦天津食品产业优势资源，以民需为本，以市场为导向，重点以现代农牧业、食品加工业、商贸物流及房地产业为发展方向，承担全市及周边地区“菜篮子”、肉禽蛋奶、粮油等食品供应，从源头保障食品品质，全力打造“从田间地头到餐桌”，纵贯一、二、三产业的食品全产业链和农工商科一体化的发展新模式，为大众提供健康、优质、安全、放心食品，成为政府信赖、百姓放心、保障有力的民心工程企业。

集团全力打造一批核心骨干企业，现代农牧业以嘉立荷牧业集团、渤海农业集团、津垦牧业集团、康嘉生态养殖有限公司等为基地，大力发展奶牛、蛋鸡、肉羊、生猪养殖，加快生鲜绿色果蔬种植和观光休闲农业建设；食品加工业以海河乳业、二商迎宾、利民调料、桂顺斋等企业为龙头，做优做强海河牛奶、迎宾放心肉、副食调料、桂顺斋糕点、山海关豆制品等主副食品，满足市场需求，提高市场占有率；商贸物流及房地产业以商贸公司、壳牌石油、农垦房地产等商贸物流企业为核心，拓展农产品贸易，发展冷链物流，加快连锁零售终端建设，进一步做大石油零售业务规模和效益。

2023年，集团共有131个经营单位，其中，农林牧渔业15个，工业32个，建筑业2个，商业29个，社会服务业及其他行业53个，主要分布在天津市郊区县和市内各区。2023年农垦总人口1.01万人，其中职工1.01万人，土地5 655.9公顷，其中耕地2 288.5公顷。2023年，全体干部职工认真按照集团公司的工作思路和具体部署，认真履行岗位职责，在齐心努力下完成了预期经济指标。

## 一、经济总量情况

2023年天津食品集团资产总额537.7亿元，负债342.6亿元，所有者权益195.1亿元。集团实现生产总值23.6亿元，第一产业4.8亿元，第二产业6.6亿元，第三产业12.2亿元。生产总值比上年（30.7亿元）下降23.1%，其中，第一产业比上年的5.1亿元下降5.9%，第二产业比上年的7.4亿元下降10.8%，第三产业比上年的18.2亿元下降33.0%。2023年度天津食品集团累计实现营业收入378.40亿元，比上年的338.34亿元增加40.06亿元，增长11.84%。

## 二、农牧业生产情况

进一步推进农牧业结构优化调整。农垦年末耕地面积2 288.5公顷，通过调整种植结构、改善农田水利设施、采用优良品种和先进科学技术、加大农业设施建设投入，种植业生产稳步发展。农作物播种面积总计2 637.3公顷，比上年的2 617.6公顷增加19.7公顷。其中，粮食播种面积2 148.6公顷，比上年的2 054.7公顷增加93.9公顷；油料作物播种面积366.9公顷，比上年的80.7公顷增加286.2公顷，主要为新增油菜籽播种面积。果园面积512.2公顷，与上年的512.2公顷相比无变化。

天津食品集团的奶牛业不断发展壮大，奶牛年末存栏量达到5.9万头，比上年的4.7万头增加1.2万头；成母牛4.9万头，比上年的3.7万头增加1.2万头；全年牛奶总产量28.6万吨，比上年的24.3万吨增加4.3万吨，增长17.7%。

水面养殖面积742.7公顷，比上年的805.7公顷下降7.8%。水产品总产量5 172.5吨，比上年的8 653.6吨下降40.2%。其中，海水水产品产量258.7吨，比上年的2 070.6吨下降了87.5%；淡水水产品产量4 913.8吨，比上年的6 583吨下降了25.3%。

## 三、工业企业情况

2023 年，集团实现工业总产值 33.1 亿元。全年工业外贸出口额 8 764.9 万元，比上年的 7 770 万元增加 994.9 万元。葡萄酒产量 0.7 万吨，中法合营王朝葡萄酿酒有限公司生产的葡萄酒为高品质的全汁高档葡萄酒，为保持葡萄酒生产优势，公司将继续增加投入，为更高、更大的跨越奠定坚实基础。集团乳品加工业在保障产品质量和开发新产品上下功夫，生产的乳制品深受消费者的欢迎，提高了市场占有率，全年生产乳制品 12.4 万吨。桂顺斋食品有限公司根据市场需求变化，主动迎合年轻消费群体的口味偏好，积极开发新品，糕点制品年产销 2 434 吨。

## 四、第三产业情况

集团第三产业实现增加值 12.2 亿元，比上年的 18.2 亿元减少 6.0 亿元，下降 33%。天津市经济贸易学校作为集团唯一的事业单位，在扩大招生规模的同时，不断加强学生思想和品质教育，使学生在德、智、体等方面得到良好的教育，为社会提供素质高、技能强的专业技术人才。天津食品集团旗下仓储库作为国家粮、肉、糖等物资的储备库，为国家和社会的物资供给提供了保障。

## 五、固定资产投资与职工收入情况

2023 年，集团完成固定资产投资 10.5 亿元。其中，第一产业 3.9 亿元，第二产业 0.8 亿元，第三产业 5.8 亿元。

2023 年年末，集团从业人员 10 093 人。从业人员人均年收入 10.7 万元。

# 河北农垦 2023 年经济发展统计公报

河北省农垦局

2023 年，河北垦区在农业农村部和省委、省政府的正确领导下，以习近平新时代中国特色社会主义思想为统领，全面贯彻新发展理念，着力发挥农垦在农业现代化建设和经济社会发展全局中的战略支撑、示范引领、辐射带动与强基固本的重要作用，聚焦“四个农业”，深化农垦集团化、企业化改革，推进农垦转型升级发展，实现大基地、大企业、大产业协调共生、高质量发展的新格局，着力打造农业领域航母，推进农垦经济高质量发展。

## 一、综合

全年农垦经营规模达 546.5 亿元，比上年下降 11.16%（图 1）。其中，第一产业增加值 86.29 亿元，增长 4.86%；第二产业增加值 304.66 亿元，下降 11.05%；第三产业增加值 155.56 亿元，下降 18.29%。居民人均可支配收入 27 935 元，比上年增长 5.81%。

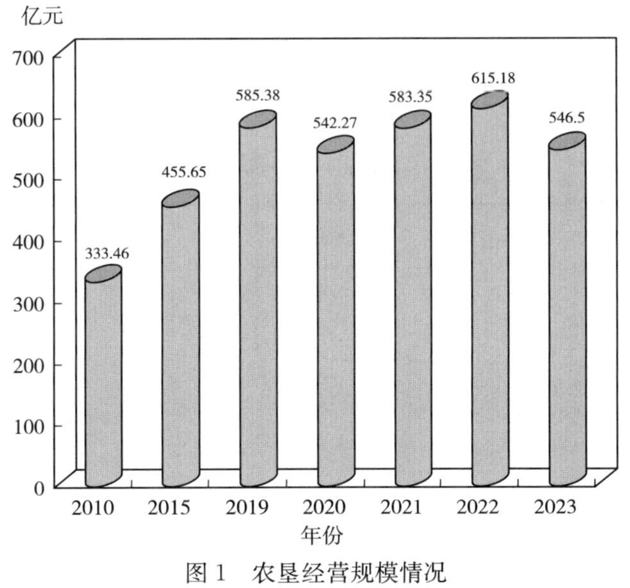


图 1　农垦经营规模情况

2023 年，各农场发挥自身优势，积极调整产业结构，特色主导产业对经济发展起到龙头拉动作用。一、二、三产业增加值在农垦生产总值中的比重分别为 16%、56%、28%。

## 二、农业

2023 年，垦区切实贯彻落实惠农强农政策，加快农业科技推广，加强现代农业建设，农业综合生产能力平稳增强。全年实现农林牧渔业总产值 178.30 亿元，比上年增长 4.95%。其中，种植业产值 33.76 亿元，比上年增长 10.03%；林业产值 0.82 亿元，与上年基本持平；牧业产值 49.46 亿元，下降 4.44%；渔业产值 81.40 亿元，增长 10.03%；农林牧渔服务业产值 12.86 亿元，增长 1.32%（图 2）。

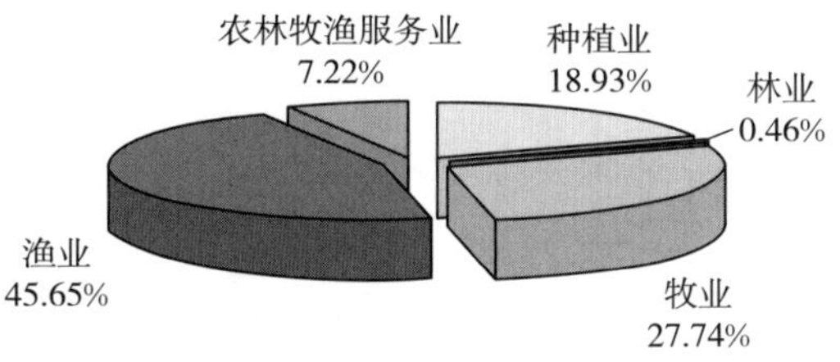


图 2　农林牧渔业产值比例结构

全年农作物播种面积 92 834 公顷。其中，粮食作物播种面积 78 645 公顷，比上年增加 2 893 公顷，增长 3.82%，占农作物播种面积的 84.72%；油料面积 2 513 公顷，与上年基本持平；蔬菜、瓜类面积 5 592 公顷，增加 482 公顷，增长 9.43%。其他作物 5 531 公顷，减少 366 公顷，下降 6.19%。

垦区全年农作物种子播种面积 3 129 公顷，其中，原种播种面积 208 公顷，良种播种面积 2 921 公顷。生产量合计 17 375 吨；加工厂 7 个，加工厂生产能力 16 005 吨；种子公司 8 个；年末从业人员 81 人，其中技术人员 26 人；种子质量检验室 6 个，种子检验人员 14 人。

2023 年粮食总产量 519 445 吨，比上年减少 153 472 吨，下降 22.81%（表 1）。

**表 1　2023 年主要农产品产量**

| 产品名称 | 产量（吨） | 比上年增长（%） |
|---|---|---|
| 粮食 | 519 445 | −22.81 |
| 　其中：稻谷 | 197 047 | −10.59 |
| 　　　　小麦 | 69 275 | 20.55 |
| 　　　　玉米 | 138 986 | 0.72 |
| 油料 | 5 072 | −6.84 |
| 　其中：花生 | 1 629 | 132.77 |
| 　　　　油菜籽 | 2 041 | −30.56 |
| 棉花 | 521 | −25.78 |
| 糖料 | 22 884 | 13.76 |
| 蔬菜、瓜类 | 258 276 | 8.08 |

畜牧业保持健康发展。2023 年年末大牲畜存栏 278 805 头（表 2）。奶牛存栏量达到 169 694 头，比上年增长 4.94%；牛奶总产量 654 587 吨，减少 72 232 吨，比上年下降 9.94%（图 3）。察北、沽源两个农场牛奶产量分别达 296 227 吨和 290 316 吨，占全垦区牛奶总产量的 89.61%。

**表 2　2023 年牲畜年末存栏数及主要畜产品产量**

| 牲畜种类/畜产品 | 计量单位 | 产量 | 比上年增长（%） |
|---|---|---|---|
| 大牲畜（总头数） | 头 | 278 805 | 38.36 |
| 　其中：奶牛 | 头 | 169 694 | 4.94 |
| 猪（存栏） | 头 | 405 809 | 31.20 |
| 羊（存栏） | 只 | 86 610 | 24.78 |
| 　其中：绵羊 | 只 | 81 146 | 21.85 |
| 家禽 | 只 | 2 566 790 | −17.52 |
| 肉类（总产量） | 吨 | 69 569 | 5.31 |
| 　其中：猪肉 | 吨 | 40 503 | 2.34 |
| 　　　　禽肉 | 吨 | 19 013 | −1.83 |
| 牛奶 | 吨 | 654 587 | −9.94 |
| 禽蛋 | 吨 | 11 569 | −18.96 |

水产养殖业保持平稳发展。2023 年年末水产品养殖面积 28 319 公顷，比上年增长 26.86%。其中，淡水养殖面积 7 557 公顷，海水养殖面积 20 762公顷。全年水产品总产量 193 400 吨，比上年增加 414 吨，与上年基本持平。其中，淡水产品产量 91 790 吨，比上年增长 0.44%；海水产品产量 101 610 吨，与上年基本持平。对虾养殖面积 19 146公顷，产量 39 482 吨。

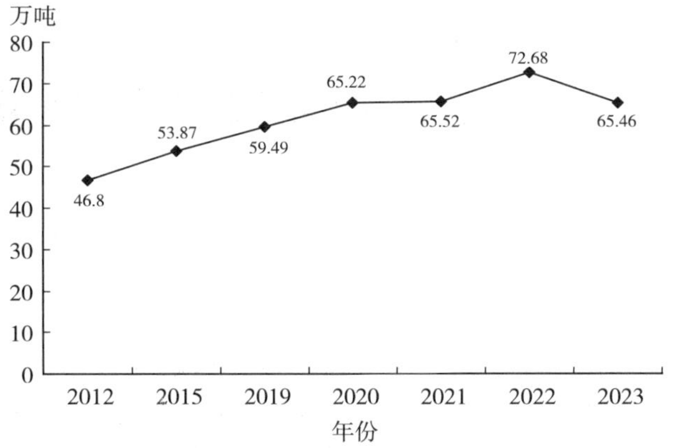

图 3　农垦牛奶产量

全年植树造林面积 1 296 公顷，其中，用材林 97 公顷，经济林 273 公顷，防护林 926 公顷。年末林地面积 73 894 公顷。

农业基础设施建设得到加强，农业生产机械化水平进一步提高。年末农业机械总动力 1 022 115 千瓦，比上年下降 0.13%。农用排灌动力机械 12 277台，大中型拖拉机 4 452 台，小型及手扶拖拉机 14 522 台，联合收获机 863 台。当年机播面积 81 767 公顷，占农作物播种面积的 88.08%，机械收割面积 80 029 公顷，占农作物播种面积的 86.21%。

## 三、工业和建筑业

工业保持平稳发展。2023 年工业企业总数为 1 312个，其中规模以上工业企业 317 个，销售产值 819.53 亿元，比上年下降 24.90%。乳制品产量 34.68 万吨，比上年下降 2.55%，液体乳产量 31.77 万吨，比上年下降 1.12%（表 3）。

**表 3　2023 年主要工业产品产量**

| 产品名称 | 计量单位 | 产量 | 比上年增长（%） |
|---|---|---|---|
| 原盐 | 吨 | 31 478 | 3.89 |
| 大米 | 吨 | 323 007 | −6.64 |
| 饲料 | 吨 | 332 082 | −1.59 |
| 　其中：混合饲料 | 吨 | 105 011 | −2.98 |
| 　　　　配合饲料 | 吨 | 227 071 | −0.94 |
| 乳制品 | 吨 | 346 753 | −2.55 |
| 　其中：液体乳 | 吨 | 317 727 | −1.12 |
| 饮料酒 | 千升 | 4 974 | 2.95 |
| 　其中：白酒 | 千升 | 4 974 | 2.95 |

2023年实现工业总产值875.68亿元，比上年下降20.57%。其中国有工业总产值294.12亿元，比上年下降1.17%。主要工业产品总产值为：农副食品加工业60.71亿元，与上年基本持平；食品制造业35.31亿元（主要为乳制品制造业），下降17.95%；纺织业1.57亿元，下降67.95%；纺织服装、服饰业1.81亿元，下降49.36%；家具制造业30.71亿元，下降64.37%；化学原料和化学制品制造业30.19亿元，增长54.14%；金属制品业21.02亿元，下降45.94%；铁路、船舶、航天航空和其他运输设备制造业13.88亿元，下降81.53%；石油、煤炭及其他燃料加工业521.64亿元，下降3.56%。

建筑业稳步发展。建筑企业710个，年末从业人员9 886人。年末固定资产原值6.22亿元，全年施工房屋建筑面积583 291.75米²，房屋竣工面积190 223.44米²。

## 四、固定资产投资

固定资产投资对垦区经济持续增长起着较强推动作用。2023年全垦区完成固定资产投资总额266.47亿元，比上年下降42.29%（图4）。国有固定资产投资12.24亿元。新增固定资产129.24亿元。

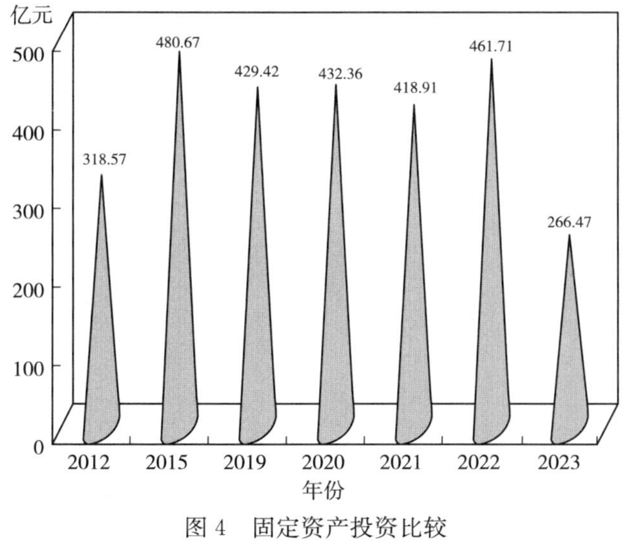


图4 固定资产投资比较

第一产业投资6.09亿元，比上年下降71.68%；第二产业投资116.29亿元，比上年下降61.64%；第三产业投资144.09亿元，比上年增长5.14%。一、二、三产业在固定资产投资中比重为2∶44∶54。

固定资产投资中，国家预算内资金12.40亿元，自筹资金247.13亿元，其他资金5.06亿元。当年新增固定资产129.24亿元。

## 五、运输业、批发零售贸易业、服务业及出口商品

交通运输业全年完成货运量32 366万吨，客运507.26万人次；年末单位6 958个，从业人员15 384人，运输工具11 656台；营业总收入26.85亿元，比上年增长7.20%。

批发零售业、餐饮业、服务业年末单位14 492个，固定资产原值36.24亿元，与上年基本持平，营业用房面积105.46万米²，下降5.37%；营业总收入364.49亿元，比上年增长2.52%。其中，批发零售业257.03亿元，比上年下降7.31%；餐饮业16.64亿元，比上年增长0.65%；服务业90.82亿元，比上年增长14.6%。批发零售业、餐饮业、服务业营业网点17 040个，年末从业人员5.17万人。

全年出口商品总金额29.43亿元，与上年基本持平。其中，水产品4 053万元，下降3.57%；工业品290 229万元，下降0.21%。

## 六、科研

2023年年末，全垦区拥有科研单位3个，从业人员45人，其中科技人员19人。科研经费6万元，其中企业自筹6万元，实验地面积23公顷。企业科技创新情况：科技人员820人，研究与试验发展经费29 740万元。

## 七、人口、职工、收入与社会保障

2023年年末，垦区总人口43.85万人，全垦区从业人员26.30万人。其中第一产业8.50万人，比上年增长0.36%；第二产业7.58万人，增长2.16%；第三产业10.21万人，增长5.02%。

职工生活水平稳步提高。2023年全垦区实现居民人均可支配收入27 935元，比上年增长5.81%。垦区危房改造工作自2011年开展以来，职工居住条件得到改善，年末职工实有住房面积1 711万米²。

## 八、绿色、有机食品

截至2023年年末，河北垦区认证了9个绿色

食品，其中，种植业9个，含水稻6个、油料1个，其他农作物2个，已认证的绿色食品产量9 533吨；认证有机食品2个，其中，水果（梨）1个，其他农作物1个，已认证有机食品产量1 147吨。

## 九、其他

全垦区32个农牧场中，生产总值超过1亿元的有8个。这8个农牧场共有职工6.62万人，耕地85 404公顷。2023年实现生产总值458.95亿元，占垦区生产总值的83.98%。其中，农业增加值82.33亿元，工业增加值246.25亿元，利润总额15.91亿元。生产总值列前三位的是柏各庄农场、中捷农场、芦台农场，生产总值分别为142亿元、102亿元、85亿元。

2023年年末，全垦区拥有大中型工业企业6家，全年完成增加值20.74亿元，销售产值186.44亿元。年末资产总额70.25亿元，固定资产原值33.22亿元，年平均从业人员3 147人，实现利润总额11.97亿元。

龙头企业8家，全年完成总产值203亿元，销售产值182.88亿元。完成增加值18.23亿元。年末资产总额78.74亿元，固定资产原值32.14亿元，年平均从业人员3 121人，实现利润总额15.59亿元。

# 山西农垦2023年经济发展统计公报

山西省农业农村厅农垦与渔业渔政管理局

2023年，山西垦区在农业农村部农垦局的支持下，在省委、省政府的正确领导下，以习近平新时代中国特色社会主义思想为统领，全面贯彻新发展理念，深入推进农垦改革，加快现代化农业发展，坚持稳中求进，全力推动高质量发展，求真务实，开拓进取，垦区经济和社会发展运行平稳、持续向好。

## 一、基本情况

2023年，山西垦区共有国有农场21个，分布于9个市。垦区土地总面积21 836.91公顷，其中，耕地面积6 050.83公顷，牧草地面积4 053.58公顷，林地面积7 935.84公顷，其他用地面积3 790.06公顷。

垦区全年实现生产总值5.69亿元。其中，第一产业增加值1.45亿元，比上年下降0.68%；第二产业增加值2.69亿元，比上年下降3.58%；第三产业增加值1.55亿万元，比上年下降7.19%。一、二、三产业增加值占生产总值比重为26∶47∶27。

2023年，垦区年末总人口26 973人，其中农场人口25 791人，期末从业人员12 069人，其中，第一产业5 107人，第二产业2 341人，第三产业4 621人，从业人员工资总额16 904.87万元。垦区居民人均可支配收入11 700元，与上年基本持平，年末职工2 796人，其中在岗职工1 845人。职工工资总额7 238.31万元，职工人均工资收入29 196元，比上年增长4.04%。

## 二、农业

### （一）农林牧渔业总产值

全年实现农林牧渔业总产值28 458.85万元，比上年下降3.35%。其中，农业产值12 999.12万元，与上年基本持平；牧业产值12 794.53万元，比上年下降2.21%；林业产值1 332.2万元，与上年持平；农林牧渔专业及辅助性活动产值1 309万元，比上年下降34.39%（图1）。

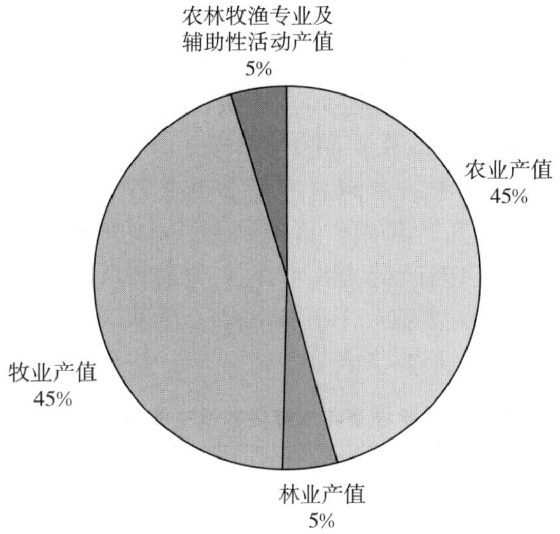


图1　农林牧渔业产值结构比例

### （二）种植业

全年农作物种植面积6 286.17公顷，同比减少20.18公顷。其中，粮食种植面积5 134.22公顷，同比减少134.25公顷，占农作物种植面积的82%；油料种植面积43.17公顷，同比增长26.38%，占农作物种植面积的0.7%；蔬菜、瓜类种植面积528.38公顷，同比减少25.94公顷，占农作物种植面积的8.4%。

玉米种植面积4 500.87公顷，同比减少145.27公顷；小麦种植面积315.40公顷，同比增加7.72公顷；谷子种植面积21.16公顷，与上年持平；高粱种植面积13.80公顷，同比下降54.50%。

全年粮食产量37 152.70吨，比上年减少996.82吨，下降2.61%（表1）。其中，夏粮1 660万吨，下降0.42%；秋粮36 071.62吨，下降0.79%。

**表1　2023年主要农产品产量**

| 产品名称 | 产量（吨） | 比上年增长（%） |
|---|---|---|
| 粮食 | 37 152.70 | －2.61 |
| 其中：小麦 | 1 857.37 | 4.82 |

（续）

| 产品名称 | 产量（吨） | 比上年增长（%） |
|---|---|---|
| 玉米 | 33 880.22 | －0.88 |
| 谷子 | 87.03 | －5.4 |
| 高粱 | 63.00 | －49.19 |
| 大豆 | 96.08 | 4.34 |
| 油料 | 85.00 | 16.44 |

全年完成造林面积 283 公顷，比上年下降 0.63%。

**（三）畜牧业**

年末大牲畜存栏 10 923 头，其中，肉牛 1 110 头，奶牛 9 813 头；猪 4 278 头；羊 6 787 头。全年猪、牛、羊、禽肉总产量 2 464.77 吨，比上年下降 5.64%。其中，猪肉产量 546.68 吨，下降 0.85%；牛肉产量 588.47 吨，下降 6.17%；羊肉产量 1 251.12 吨，下降 6.33%。牛奶产量 29 696 吨，下降 0.78%（表 2）。

**表 2　2023 年牲畜年末存栏数及主要畜产品产量**

| 牲畜种类/畜产品 | 计量单位 | 存栏数/产量 | 比上年增长（%） |
|---|---|---|---|
| 大牲畜 | 头 | 10 923 | －0.76 |
| 其中：牛 | 头 | 10 923 | －0.76 |
| 猪 | 头 | 4 278 | 46.56 |
| 羊 | 只 | 6 787 | －27.43 |
| 肉类（总产量） | 吨 | 2 465 | －5.64 |
| 其中：牛肉 | 吨 | 588 | －6.17 |
| 猪肉 | 吨 | 547 | －0.85 |
| 羊肉 | 吨 | 1 251 | －6.33 |
| 牛奶 | 吨 | 29 696 | －0.78 |
| 禽蛋 | 吨 | 2 044 | －0.37 |

**（四）农业机械化、生产投入**

2023 年年末，农业生产机械化总动力 29 278 千瓦，同比下降 0.26%。全年实现机械耕地面积 5 433.27公顷，占年末耕地面积（6 050.83 公顷）的 89.80%；当年实际机械播种面积 4 764.33 公顷，占农作物播种面积（6 286.17 公顷）的 75.79%；机械收获面积 2 268.74 公顷，增速均快于上年。农场用电量 1 921.88 万千瓦·时，农业用水量 362 万米$^3$。有效灌溉面积 4 724.22 公顷，同比增长 0.06%，其中节水灌溉面积 520.61 公顷，机电井 289 眼。

## 三、工业

2023 年，全年实现工业总产值 33 203.95 万元，比上年下降 0.06%。其中，农副食品加工业 6 335.95万元，同比下降 0.47%；酒、饮料和精制茶制造业 934 万元，与上年持平；家具制造业 1 200万元，与上年持平；化学原料和化学制品制造业 720 万元，与上年持平；非金属矿物制造业 14 090 万元，与上年持平；其他制造业 4 006 万元，与上年持平。

主要工业产品产量：饲料 1.95 万吨，乳制品 207 吨，白酒 65 万千升，家具 595 件。

## 四、固定资产投资

全年固定资产投资总额 1 459.11 万元，比上年下降10.62%，其中，第一产业投资 1 423.49 万元，比上年下降2.08%，占总投资的 89.01%；第二产业 0.94 万元，比上年下降 81.78%；第三产业 34.68 万元，比上年下降 80.02%。

## 五、运输业、批发零售业、住宿餐饮业、服务业情况

全年共完成货运量 21.15 吨，客运量 5.04 万人，实现营业总收入 590.60 万元。

年末垦区共有批发零售业、餐饮业、服务业单位 1 188 个，从业人员 3 824 人，从业人员劳动报酬 8 401.57 万元，年末拥有固定资产原值 6 103.62万元，全年完成商品销售总额或营业收入 30.62 亿元。

# 内蒙古农垦2023年经济发展统计公报

内蒙古自治区农牧厅农垦局

2023年，内蒙古农垦按照农业农村部农垦局总体工作安排，结合内蒙古农垦实际，聚焦“农垦主要粮油作物大面积单产提升”和“农垦社会化服务+地方”两大行动，支持欠发达农牧场巩固提升，持续推进垦区集团化、农牧场企业化改革，内蒙古农垦经济社会稳定健康发展。

## 一、综合情况

全年内蒙古垦区实现生产总值157.7亿元，同比增长3.69%。其中，第一产业增加值99.49亿元；第二产业增加值40.68亿元；第三产业增加值17.53亿元。一、二、三产业增加值占生产总值的比重分别为63%、26%、11%。居民人均可支配收入19 936元，增长5.1%。

## 二、农业

全年实现农林牧渔总产值174.4亿元（现行价，下同），同比增长6.7%。其中，农业产值100.39亿元，同比增长1.6%；牧业产值68.41亿元，同比增长15%；渔业产值0.37亿元；林业产值1.26亿元。

农作物播种面积697.41千公顷，同比增长2.4%。其中，粮食作物播种面积492.18千公顷，同比增长2.2%，占农作物播种面积的71%；油料作物播种面积144.94千公顷，同比增长2.14%，占农作物播种面积的21%。

小麦播种面积114.67千公顷，同比增长4.5%，占粮食播种面积的23%；玉米播种面积184.25千公顷，与上年基本持平，占粮食播种面积的37%；豆类播种面积136.29千公顷，同比增长3.1%，占粮食播种面积的28%。

粮食产量274.75万吨，同比增长2.5%。主要农产品产量见表1。

**表1　2023年主要农产品产量**

| 产品名称 | 产量（万吨） | 比上年增长（%） |
|---|---|---|
| 粮食 | 274.75 | 2.5 |
| 其中：小麦 | 43.50 | 7.9 |
| 玉米 | 175.86 | 5.2 |
| 豆类 | 29.08 | 5.5 |
| 油料 | 28.41 | 基本持平 |
| 糖料 | 45.08 | −19.8 |
| 蔬菜、瓜类 | 25.87 | 33.4 |

农业生产条件得到进一步改善，综合机械化率为94.3%。年末机械总动力249.9万千瓦。大中型拖拉机1.8万台；小型及手扶拖拉机4.4万台；联合收获机0.3万台。

农用化肥施用总量（实物量）27.1万吨。有机肥施用量28.48万吨。测土配方施肥面积76.49千公顷。

有效灌溉面积268.88千公顷，同比增长3.71%。节水灌溉面积166.32千公顷，同比增长6.84%。其中，喷灌面积110.44千公顷，滴灌面积46.69千公顷，同比分别增长5.43%、14.05%。高标准农田面积237.18千公顷，同比增长14.2%，占耕地面积的31%；永久基本农田面积576.72千公顷，占耕地面积的75.4%。

年末大、小牲畜存栏387.15万头（只），全年肉类产量9.90万吨。牛奶产量60.08万吨。禽蛋产量0.8万吨。牲畜年末存栏数及主要畜产品产量见表2。

**表2　2023年牲畜年末存栏数及主要畜产品产量**

| 牲畜种类/畜产品 | 计量单位 | 存栏数/产量 | 比上年增长（%） |
|---|---|---|---|
| 大牲畜 | 万头 | 90.57 | 24.57 |
| 其中：牛 | 万头 | 54.80 | 31.41 |
| 羊 | 万只 | 286.75 | 2.78 |

（续）

| 牲畜种类/畜产品 | 计量单位 | 存栏数/产量 | 比上年增长（%） |
|---|---|---|---|
| 猪 | 万头 | 9.83 | −9.80 |
| 肉类（总产量） | 万吨 | 9.90 | −2.94 |
| 其中：牛肉 | 万吨 | 3.25 | 30.00 |
| 羊肉 | 万吨 | 3.43 | 0.88 |
| 猪肉 | 万吨 | 1.35 | −10.00 |
| 牛奶 | 万吨 | 60.08 | 83.73 |

水产品产量2 871吨，与上年基本持平，水产品主要来自淡水鱼养殖。

## 三、工业和建筑业

全年实现工业总产值（现行价）58.34亿元，与上年基本持平。其中，煤炭开采和洗选业实现产值38.64亿元，农副食品加工及食品制造业实现产值8亿元，非金属矿物制品业实现产值2.78亿元。主要工业产品产量见表3。

**表3 2023年主要工业产品产量**

| 产品名称 | 计量单位 | 产量 | 比上年增长（%） |
|---|---|---|---|
| 原煤 | 万吨 | 1 500 | 持平 |
| 小麦粉 | 万吨 | 2.39 | −49 |
| 饲料 | 万吨 | 3.17 | 16.33 |
| 发电量 | 万千瓦·时 | 12 931 | 持平 |

建筑业年末拥有建筑企业21个，从业人员349人，固定资产原值1 468万元。全年施工房屋建筑面积3.6万米$^2$。

## 四、交通运输业、批发零售业、餐饮业和服务业

交通运输业实现营业总收入3.17亿元，同比略有下降。年末有主要运输工具1 140台。全年完成客、货运输量分别为185万人和584.14万吨。

批发零售业有营业单位2 447个，同比增加102个，从业人员5 909人，同比增加242人，实现销售总额34.95亿元，同比增长22.84%。年末拥有固定资产原值5.66亿元，营业用房面积22.51万米$^2$。

餐饮业有营业单位1 128个，从业人员2 886人，同比增加52人，营业收入3.24亿元，同比增长7.36%。年末拥有固定资产原值2.89亿元，营业用房面积13.18万米$^2$。

服务业有营业单位571个，同比增加40个，从业人员1 497人，实现营业收入7.11亿元，同比增长23.92%。年末拥有固定资产原值1.15亿元，营业用房面积5.71万米$^2$。

## 五、科研

年末拥有科研单位4个，职工81人，其中科技人员27人。科研经费3 042万元。其中，政府拨款占科研经费的63%，企业自筹占科研经费的37%。

## 六、固定资产投资

年末完成固定资产投资43.79亿元，同比下降7.16%。总投资额中，用于第一产业14.89亿元，占投资总额的34%；第二产业21.53亿元，占投资总额的49%；第三产业7.36亿元，占投资总额的17%。其中，当年完成国有固定资产投资36.64亿元，占投资总额的84%。资金来源的比例为：国家预算内资金占资金来源的8%，自筹资金占资金来源的68%，贷款资金占资金来源的20%，其他资金占资金来源的4%。当年新增固定资产27.28亿元。

## 七、人口、职工、收入

年末内蒙古垦区总人口43.74万人，同比下降0.82%。年末全区农垦社会从业人员16.9万人，同比增加234人，其中，第一产业14.24万人，第二产业0.64万人，第三产业2.02万人。职工10.12万人，在岗职工4.29万人，从业人员人均工资总额34 497元，职均工资总额48 012元，在岗职均工资总额53 242元。

## 八、绿色食品、有机食品生产情况

绿色食品、有机食品和农产品地理标志认证24个，已认证的绿色食品、有机食品和农产品地理标志产品产量107.45万吨；农产品地理标志认证面积200千公顷，占农作物播种面积的28.68%。其中，绿色食品认证的主要农作物11个，已认证的产量90.78万吨；有机食品认证的主要农作物12个，已认证的产量1.3万吨；绿色食品认证的水果1个，认证的产量4.36万吨。

# 辽宁农垦2023年经济发展统计公报

辽宁省农业农村厅

2023年，辽宁农垦在农业农村部农垦局的关心支持下，在省委、省政府的正确领导下，深入贯彻党的二十大精神和省委、省政府的工作部署，以习近平总书记关于“三农”工作的重要讲话和指示批示精神为指导，深化农垦改革发展决策部署，继续落实“一衔接两覆盖”政策，推进脱贫攻坚成果同乡村振兴有效衔接，垦区集团化、农场企业化改革进一步推进，为建设辽宁农业强省贡献农垦力量。

## 一、综合

2023年年末，全省农垦有国有农场（公司）104个，农垦区域性集团（公司）3个，基层统计单位共有107个，与上年相同。

年末垦区总人口87.12万人，农场人口72.85万人。从业人员38.59万人，其中，第一产业25.29万人，第二产业5.00万人，第三产业8.30万人，各业人员所占比重分别为66∶13∶21。年末职工16.16万人，其中在岗职工11.42万人，职工工资总额36.67亿元，其中在岗职工工资总额28.20亿元。农垦小城镇39个，与上年相同，小城镇人口35.65万人，占总人口的40.92%，小城镇占地面积1.91万公顷，占土地总面积的3.85%。

土地总面积49.56万公顷，其中，耕地16.26万公顷，占土地总面积的33%，水田9.20万公顷，占耕地面积的57%；牧草地0.92万公顷，占土地总面积的1.86%；林地7.37万公顷，占14.88%；水面4.60万公顷，占9.28%；园地1.10万公顷，占2.23%；可垦荒地和宜林地0.66万公顷，占1.32%；居民点及工矿用地4.54万公顷，占9.17%，其他面积14.10万公顷，占28.46%。

全年实现生产总值280.96亿元，比上年增长1.29%，其中，第一产业增加值97.52亿元，比上年增长3.06%，第二产业增加值76.58亿元，比上年下降0.73%，第三产业增加值106.87亿元，比上年增长1.17%。一、二、三产业占生产总值的比重为35∶27∶38。在岗职工人均工资24 685元，比上年增长1.00%，年末居民实有住房面积3 580万米$^2$，比上年增长0.08%。

全年完成固定资产投资总额66.82亿元，比上年下降9.58%，其中，国有3.16亿元，占投资总额的4.73%，非国有63.66亿元，占投资总额95.27%。按工程用途划分，第一产业6.51亿元，比上年下降3.85%，第二产业27.76亿元，比上年下降13.29%，第三产业32.55亿元，比上年下降7.30%。一、二、三产业占投资总额的比重为10∶42∶48。按资金来源划分，国家预算内资金2.59亿元，比上年下降3.37%，国内贷款0.18亿元，与上年持平，自筹资金58.66亿元，比上年下降11.18%，其他资金5.39亿元，比上年增长7.86%。

外贸出口供货商品金额1.33亿元，比上年下降21.92%。出口额中，水产品0.30亿元，比上年下降57.14%，工业品1.03亿元，比上年增长2.58%。

实现生产总值超1亿元的农场32个，超1亿元农场实现生产总值251.64亿元，占农垦全省生产总值的89.56%。

## 二、农业

全年实现农牧渔业生产总值191.96亿元，比上年增长0.38%。其中，农业产值97.36亿元，比上年增长1.96%；林业产值2.60亿元，比上年增加2.92%；牧业产值34.20亿元，比上年下降1.13%；渔业产值50.38亿元，比上年下降1.62%；农林牧渔服务业产值7.42亿元，比上年增长0.11%。各业在农业总产值中的比重为51∶1∶18∶26∶4。农林牧渔业商品产值126亿元，比上年下降0.55%。

粮食总产量141.71万吨，比上年增长10.17%。粮食总产量中谷物合计产量139.80万吨，比上年增长9.90%。其中，水稻产量94.47万吨，占粮食总产量的66.67%；玉米产量43.28万吨，占粮食总产量的30.54%。大豆产量1.21万吨，占粮食总产量的0.85%，比上年增长45.07%。薯类产量0.69万吨，油料产量1.22万吨，糖料产量405吨，蔬菜、瓜类产量46.14万吨。农作物播种面积16.06万公顷，比上年增长0.23%，其中粮食作物播种面积14.70万公顷，比上年增长0.55%，占农作物播种面积的91.54%。水稻播种面积9.41万公顷，占农作物播种面积的58.58%；玉米播种面积4.38万公顷，占27.27%；大豆播种面积0.45万公顷，占2.79%，比上年增长38.99%。薯类播种面积906公顷，油料播种面积3 927公顷，糖料播种面积7公顷，蔬菜、瓜类播种面积8 810万公顷。

年末大牲畜存栏6.06万头，比上年下降2.26%。其中牛6.02万头，比上年增长9.26%。生猪存栏41.65万头，比上年下降28.06%。羊存栏16.50万只，比上年增长7.28%。家禽存栏677.61万只，比上年下降25.32%。全年肉类总产量13.85万吨，比上年下降4.66%。其中，猪肉5.31万吨，比上年下降5.46%；牛肉1.68万吨，比上年增长1.72%；羊肉0.30万吨，比上年增长0.41%；禽肉6.13万吨，比上年下降0.79%。牛奶产量3.38万吨，比上年增长2.84%；禽蛋3.51万吨，比上年下降2.55%。

水产总产量32.44万吨，比上年下降8.67%。其中，鱼类产量14.68万吨，比上年下降0.67%；虾蟹类产量5.45万吨，比上年下降2.88%；贝类产量9.64万吨，比上年下降21.38%。

水果总产量13.00万吨，比上年下降1.85%。其中，苹果8.46万吨，占水果总产量的65.11%；梨1.34万吨，占10.31%；桃1.48万吨，占11.38%；葡萄0.87万吨；红枣399吨；其他水果8 008吨。水果种植面积0.86万公顷，其中，苹果种植面积0.48万公顷，占水果种植面积的55.63%；梨0.13万公顷，占水果种植面积的15.18%；桃0.10万公顷，占水果种植面积的11.75%；葡萄511公顷；红枣5.66公顷；其他水果980公顷。

植树造林2 661公顷，比上年下降0.370%，其中，用材林537公顷，经济林171公顷，防护林1 953公顷。当年零星植树5.69万株，年末实有育苗面积117公顷，幼林抚育690公顷，成林抚育1 258公顷。

年末农业机械总动力106.77万千瓦，比上年下降0.03%，其中，柴油发动机动力84.25万千瓦，汽油发动机动力4.83万千瓦，电动机动力14.73万千瓦，其他机械动力2.96万千瓦。拥有大中型拖拉机6 223台，比上年增加88台；小型及手扶拖拉机8 550台，比上年减少60台。排灌动力机械1.40万台，联合收获机1 313台，农用飞机34架。当年实际机耕面积14.48万公顷，占粮食作物播种面积的98.50%，比上年增长2.13%；当年实际机播面积13.45万公顷，占粮食作物播种面积的91.50%，比上年增长2.17%；当年机械收割面积11.61万公顷，占粮食作物播种面积的78.98%，比上年增长2.17%。农业生产用电量5 336万千瓦·时，农业用水量2.73亿米$^3$。农药施用量0.22万吨，农用化肥施用折纯量5.57万吨。生物肥施用量0.61万吨，有机肥施用量5.19万吨。农用塑料薄膜使用量3 029吨，比上年下降6.38%。有效灌溉面积11.99万公顷，比上年增长0.53%。绿色防控技术应用面积0.56万公顷，比上年增长28.87%。

绿色食品认证27个，有机食品认证6个，农产品地理标志认证15个。种子基地的种子播种面积237公顷，种子生产量793吨，全部为良种，其中，玉米628吨，大豆165吨。

## 三、工业

全年垦区实现工业总产值237.11亿元，比上年增长7.69%。超10亿元的产业为：农副食品加工业75.70亿元，石油、煤炭及其他燃料加工业44.77亿元，其他制造业42.98亿元，化学原料和化学制品制造业13.64亿元。

主要工业产品产量：大米32.51万吨，饲料8.71万吨，精制食用植物油0.82万吨，饮料酒4.91万千升，乳制品0.48万吨，服装34.41万件，水泥67.28万吨，砖6 428万块。

规模以上工业企业103个，比上年减少5个，实现工业总产值201.36亿元，实现主营业务收入216.23亿元，实现利润12.89亿元。

## 四、建筑业、交通运输业、批发零售业、餐饮业和服务业

年末有建筑企业 100 个，比上年下降 29.08%，从业人员 0.67 万人，固定资产原值 3.88 亿元，年末拥有机械设备 732 台，全年施工房屋建筑面积 48.33 万米$^2$，房屋建筑竣工面积 29.70 万米$^2$。

年末有交通运输业单位 2 791 个，比上年下降 0.43%，从业人员 5 871 人，固定资产原值 4.22 亿元，主要运输工具 4 409 台，实现营业总收入 8.79 亿元，全年货运量 1 707 万吨。

年末有批发零售业单位 6 276 个，比上年下降 0.32%，从业人员 2.15 万人，从业人员工资总额 4.53 亿元，固定资产原值 8.56 亿元，年末营业用房面积 32.34 万米$^2$，销售额 51.49 亿元。

年末有餐饮业单位 1 224 个，比上年增长 1.24%，从业人员 1.18 万人，从业人员工资总额 1.92 亿元，固定资产原值 3.56 亿元，年末营业用房面积 11.48 万米$^2$，全年营业收入 8.92 亿元。

服务业单位 2 434 个，比上年下降 0.08%，从业人员 1.07 万人，从业人员工资总额 2.57 亿元，固定资产原值 6.39 亿元，年末营业用房面积 12.32 万米$^2$，全年营业收入 7.80 亿元。

# 吉林农垦2023年经济发展统计公报

吉林省农垦局

2023年，吉林垦区在农业农村部和省委、省政府的正确领导下，持续推进垦区集团化、农场企业化改革，深入开展农垦社会化服务，推动垦地融合发展，强化农垦行业管理，积极指导各地农垦企业农业生产，垦区全年粮食总产达到15.5亿斤，垦区在职职工人均可支配收入继续高于全省农民人均可支配收入。

截至2023年年末，全垦区土地总面积26.64万公顷。其中，耕地面积10.88万公顷，牧草地面积6.53万公顷，林地面积4.72万公顷，水面面积0.38万公顷，园地面积0.14万公顷，可垦荒地面积0.15万公顷，居民点及工矿用地面积1.46万公顷，其他面积2.38万公顷。

## 一、主要经济指标

全垦区一、二、三产业增加值分别为19.07亿元、0.93亿元、2.37亿元。

农林牧渔业总产值34.24亿元，农林牧渔商品产值为26.73亿元。工业总产值5.06亿元。

全年完成固定资产投资总额2 073万元。其中国有固定资产投资691万元，占总投资额的33.33%。一、二、三产业投资额分别为1 878万元、183万元、12万元。按资金来源划分，国家预算内资金281万元，自筹资金1 464万元，其他资金229.15万元。当年新增固定资产1 209万元。

## 二、第一产业发展情况

全年实现农林牧渔业总产值34.24亿元。其中，农业29.29亿元，牧业4.19亿元，林业2 379万元，渔业1 210万元，农林牧渔服务业3 913万元。

全年农作物总播种面积10.74万公顷。其中，粮食作物播种面积10.35万公顷，占农作物总播种面积的96.4%；油料作物播种面积2 721公顷；其他作物播种面积1 186公顷。年末大牲畜存栏5.27万头。其中，牛4.93万头，肉牛4.45万头，奶牛0.48万头（表1）。农业机械总动力62.57万千瓦，大中型拖拉机5 051台，小型及手扶拖拉机14 755台，排灌动力机械6 844台，联合收获机973台，农用飞机25架。当年实际机耕面积9.16万公顷，占年末耕地面积的84.2%；实际机播面积10.27万公顷，占农作物总播种面积的95.6%；机械收割面积10.07万公顷，占农作物总播种面积的93.8%。

**表1　2023年牲畜年末存栏数及主要畜产品产量**

| 牲畜种类/畜产品 | 计量单位 | 存栏数/产量 |
|---|---|---|
| 大牲畜（总头数） | 万头 | 5.27 |
| 其中：牛 | 万头 | 4.93 |
| 猪（存栏） | 万头 | 4.03 |
| 羊（存栏） | 万只 | 19.39 |
| 家禽 | 万只 | 36.48 |
| 肉类（总产量） | 吨 | 10 425 |
| 其中：猪肉 | 吨 | 3 851 |
| 禽肉 | 吨 | 2 996 |
| 牛肉 | 吨 | 1 909 |
| 牛奶 | 吨 | 9 090 |
| 禽蛋 | 吨 | 2 642 |

2023年垦区粮食产量达到77.4万吨，比上年增长1.01%（表2）。

**表2　2023年主要农产品产量**

| 产品名称 | 产量（吨） |
|---|---|
| 粮食 | 774 002 |
| 其中：稻谷 | 261 933 |
| 玉米 | 489 845 |
| 高粱 | 1 940 |
| 大豆 | 17 770 |
| 油料 | 8 158 |

## 三、第二产业发展情况

工业总产值（现价）5.06亿元。其中，农副食品加工业1.71亿元，非金属矿物制品业2.2亿元，医药制造业8 000万元，黑色金属冶炼和压延加工业2 815万元，有色金属冶炼和压延加工业216万元，橡胶和塑料制品99万元，木材加工和木、竹、藤、棕、草制品业86万元。主要产品产量：大米6.34万吨，中成药800吨，水泥51.56万吨，塑料制品44.28吨。建筑业年末单位16个，固定资产原值742万元，房屋建筑竣工面积8 238米$^2$，总产值1 027万元。

## 四、第三产业发展情况

交通运输业年末单位94个，年末从业人员169人，固定资产原值1 620万元，年末拥有主要运输工具102台，全年货运量5.9万吨，客运量63万人，全年营业收入1 935万元。批发零售业年末单位732个，年末从业人员1 698人，从业人员工资总额3 508万元，固定资产原值7 166万元，销售总额7 616万元。餐饮业年末单位120个，年末从业人员389人，从业人员工资总额1 151万元，固定资产原值1 970万元，全年营业收入2 155万元。服务业年末单位112个，年末从业人员634人，从业人员工资总额643万元，固定资产原值892万元，全年营业收入984万元。

# 黑龙江农垦2023年经济发展统计公报

北大荒农垦集团有限公司

2023年，北大荒集团以习近平新时代中国特色社会主义思想为指导，深入贯彻党的二十大精神和习近平总书记考察黑龙江省期间的重要讲话和重要指示精神，在省委、省政府、农业农村部和财政部的正确领导下，完整、准确、全面贯彻新发展理念，积极服务和融入构建新发展格局，全力克服经济发展面临的困难和挑战，经济总体保持稳定增长的基本盘，加快推动“三大一航母”建设工程，高质量发展进程扎实推进。

## 一、经济总体稳步发展，发展质量持续提升

北大荒集团经营区域土地总面积5.36万千米$^2$，其中耕地4 874.4万亩，下辖9个分公司，113个农（牧）场有限公司，674家国有及国有控股的工商运建服及其他法人企业，总人口136.4万人，从业人员45.9万人。2023年集团实现企业增加值647.0亿元，按可比价计算，比上年增长4.1%；农场职工家庭人均可支配收入34 260元，比上年增长6.3%。北大荒集团位列“中国企业500强”第140位，连续22年跻身“中国企业500强”。在2023年“中国500最具价值品牌”中，黑龙江省上榜品牌15个，其中北大荒集团有10个，“北大荒”品牌位列“中国500最具价值品牌”榜单第40位、“亚洲品牌500强”第70位、“世界品牌500强”第399位。

### （一）现代农业稳步发展，粮食生产“二十连丰”

粮食保障持续巩固。2023年，耕地面积324.96万公顷，农作物总播种面积311.9万公顷，比上年增长1.8%，粮食作物种植面积达309.8万公顷，增长1.7%，再创历史新高。集团全面提升粮食综合生产能力，落实大豆产能提升工程，种植结构进一步调优，大豆种植91.9万公顷，与上年持平，完成省政府下达任务的100.1%；水稻、玉米种植面积分别为142.4万公顷和72.8万公顷，三大作物合计占粮食作物种植面积的比重达99.2%。粮食作物综合单产7 358.7公斤/公顷；粮食总产量227.95亿公斤，占全国和黑龙江省粮食总产量的3.28%和29.27%；粮食商品量216.62亿公斤，粮食商品率达95.0%，连续13年粮食产量稳定在400亿斤以上，可以满足1.6亿人1年的口粮供应（表1，图1）。自1947年开发建设以来，北大荒集团累计生产粮食10 478亿斤，商品粮累计达到8 978亿斤，国家粮食安全“压舱石”作用进一步压实。

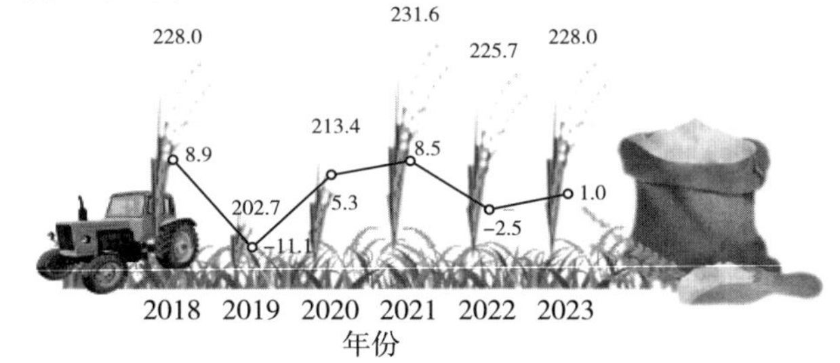


图1　2018—2023年粮食总产量

**表1　2023年主要农产品产量**

| 产品名称 | 产量（万吨） | 比上年增长（%） |
|---|---|---|
| 粮食 | 2 279.5 | 1.0 |
| 其中：水稻 | 1 321.8 | −6.0 |
| 小麦 | 1.8 | −23.8 |
| 玉米 | 697.6 | 19.6 |
| 大豆 | 244.1 | −3.3 |
| 杂豆 | 0.7 | −50.7 |
| 马铃薯（折粮） | 3.6 | −15.6 |
| 油料 | 0.2 | 0 |
| 大麻（线麻） | 0.5 | −22.6 |
| 蔬菜 | 6.2 | 10.8 |
| 瓜类 | 2.1 | −65.7 |
| 饲料作物 | 75.0 | 39.1 |

农业现代化进程不断推进。2023 年，集团完成新建高标准农田 5.9 万公顷，累计建设高标准农田 194.5 万公顷（图 2）。有粮食处理中心 348 座，种子加工厂 43 个，水泥晒场 4 122.7 万米$^2$，农用飞机场 63 处。农机装备水平持续提高。主要农作物耕种收综合机械化水平 99.7%，农业机械总动力 1 404.9 万千瓦，比上年增长 3.0%。大中型拖拉机 10 万台，其中 100 马力* 以上拖拉机 22 795 台，比上年增加 3 520 台；机动水稻插秧机 8.5 万台，下降 9.5%；联合收获机 5.31 万台，增长 0.2%；农用飞机 77 架，航化作业面积 218.7 万公顷，增长 13.1%。

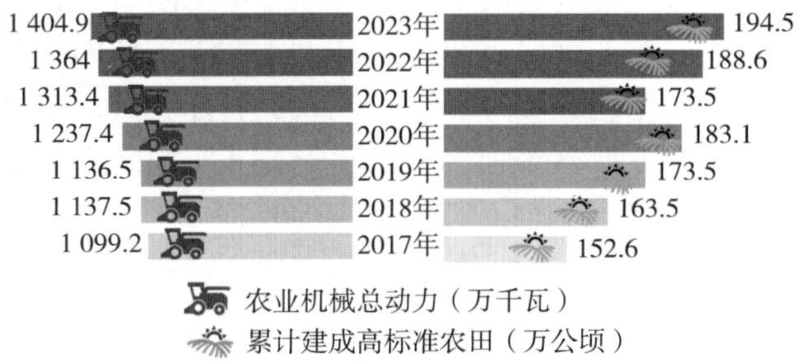


图 2　2017—2023 年集团农业机械总动力及高标准农田建设情况

绿色农业扎实落地。大力推进绿色有机认证，集团绿色食品种植面积 170.5 万公顷，占农作物总种植面积的 54.7%；有机农产品认证总面积 30.7 万公顷（不含野生采集），有机作物总产量 191.8 万吨。绿色食品认证企业 146 家，产品 383 个，有机认证企业 151 家，认证产品 762 个；全国绿色食品原料标准化生产基地 38 个，面积 57.3 万公顷；积极推进 23 个全域有机农场建设，有机认证面积 8.4 万公顷，有机认证证书 43 张。

畜牧业发展稳步上升。年末垦区“两牛一猪一禽”存栏“三增一降”，肉牛 12.0 万头，奶牛 10.4 万头，生猪 61.7 万头，家禽 718.3 万只，分别比上年增长 6.7%、4.0%、10.8%和−14.3%；全年出栏肉牛 12.8 万头、生猪 104.8 万头、家禽 8 397.7 万只，分别比上年增长 12.7%、1.4%和 3.0%；全年肉、蛋、奶产量分别为 26.9 万吨、2.9 万吨和 42.7 万吨，分别比上年增长 5.3%、2.8%和 6.6%。继续深入实施“奶牛单产 12 吨提升行动”，参加 DHI 测定的规模化牧场奶牛平均单产达 10.2 吨，其中单产达 12 吨的牧场 2 个，达 10 吨以上的牧场 19 个。全面落实国家惠农政策，扎实推进粮改饲试点、草原生态保护补助奖励以及奶业生产能力提升整县推进项目，继续在宝泉岭、红兴隆和九三分公司实施绿色种养循环农业试点项目，加快牡丹江分公司的寒疆和将军两个“万头牧场”建设。

林草资源保护和发展统筹推进。深入落实习近平生态文明思想，坚持量质并重，稳步提升山水林田湖草沙一体化保护和系统治理能力。全年完成造林（包括迹地更新、补植补造等）3 846.7公顷，林长制工作推深走实，确定集团级林长制示范农场 13 个。林草经济总产值达 6.46 亿元。

渔业平稳发展。年末淡水养殖面积 2.9 万公顷，水产品产量 2.7 万吨，比上年增长 5.9%。

### （二）第二产业总体平稳，工业经济有待提高

工业经济降幅较大。2023 年，集团实现工业增加值 42.1 亿元，比上年下降 12.3%。从行业分类看，制造业增加值 38.7 亿元，占全部工业增加值的 91.9%，其中食品加工及食品制造业增加值 36.9 亿元，占比 87.6%；电力、热力、燃气及水的生产和供应业增加值 3.4 亿元，占比 8.1%。

产业化经营水平稳步提升。截至 2023 年年末，集团拥有 5 户国家级和 6 户省级农业产业化龙头企业，其中，工业企业 7 户，贸易企业 4 户。2023 年集团粮食加工转化能力达 1 296.4 万吨，处理鲜奶能力达 69.2 万吨。主要工业产品产量见表 2。

**表 2　2023 年主要工业产品产量**

| 产品名称 | 计量单位 | 产量 | 比上年增长（%） |
|---|---|---|---|
| 小麦粉 | 万吨 | 32.1 | 30.9 |
| 大米 | 万吨 | 40.4 | 6.3 |
| 精制食用植物油 | 万吨 | 135.2 | 2.7 |
| 豆粕 | 万吨 | 523.5 | −0.6 |
| 淀粉 | 万吨 | 7.2 | −8.7 |
| 乳制品 | 万吨 | 28.3 | 0.4 |
| 其中：乳粉 | 万吨 | 3.9 | 7.6 |
| 液体乳 | 万吨 | 24.3 | −0.6 |
| 软饮料 | 万吨 | 5.3 | 9.3 |
| 发电量 | 万千瓦·时 | 30 467.0 | 31.5 |
| 热力 | 百亿千焦 | 1 237.9 | −11.2 |

* 马力为非法定计量单位，1 马力≈0.735 千瓦。——编者注

工业企业经营效益有待提高。2023 年，集团工业企业实现营业总收入 593.3 亿元，比上年下降 1.6%，其中产业化龙头企业实现营业收入 551.9 亿元，比上年下降 0.7%；实现利润总额−19.4 亿元，其中产业化龙头企业实现利润−15.9 亿元。

建筑业稳步发展。2023 年集团实现建筑业总产值 54.7 亿元，比上年增长 9.5%。单位工程施工 384 个，其中当年新开工的单位工程施工 194 个，比上年增加 9 个。当年单位工程竣工 82 个，比上年增加 15 个。年内房屋建筑施工面积和竣工面积分别达到 68.19 万$米^2$ 和 25.22 万$米^2$，分别比上年下降 71.4%和增长 17.52%。实现利润总额 0.9 亿元，资产总额 106 亿元，增长 9.2%。实现税金 0.5 亿元。

### （三）国内贸易平稳增长，服务融入国内循环

贸易规模稳步扩大。2023 年，集团商品贸易量达 3 296.6 万吨，比上年增长 0.37%，实现商品贸易额 1 166.8 亿元，下降 3.21%，其中粮食销售额 710.2 亿元，下降 6.0%；石油销售额 141.1 亿元，下降 9.0%；化肥销售额 82.6 亿元，增长 27.7%；种子销售额 69.6 亿元，增长 77.7%；其他商品销售额 144.1 亿元，下降 24.3%。

进出口贸易有所减少。2023 年实现对外贸易总额 43.1 亿美元，同比下降 2.3%。出口总额 0.4 亿美元，下降 21.1%；进口总额 42.7 亿美元，下降 2.1%。

扎实开展招商引资和对外合作。全年签约合作项目引进外部投资约 10 亿元。持续推动农业社会化服务、“新能源＋农业”、高端智能农机装备生产基地等项目建设，与佳木斯市、齐齐哈尔市、广州市增城区等地开展垦地合作，与广东农垦集团、安徽农垦集团开展垦垦合作，推进与广州医药集团、广州岭南商旅投资集团、华大集团、中国建筑集团、中国检验认证集团、中国电信等企业的合作。

境外业务稳步开展。2023 年，集团在俄罗斯、澳大利亚、泰国、老挝、美国、新加坡 6 个国家和中国香港地区开展对外合作工作，对外投资主要集中在农业种植、土地租赁、农产品购销、农产品加工、贸易服务、畜牧养殖等领域。农业种植品种有大豆、玉米、水稻、大麦、小麦、油菜、燕麦、燕麦草、羽扇豆 9 种作物，种植面积 3.0 万公顷，粮食产量 7.2 万吨；加工木薯淀粉 4 万吨；养羊 1 万只。

## 二、产业体系持续优化，稳步推进现代化发展

### （一）结构调整稳步推进，发展动能持续蓄积

产业结构总体稳定。2023 年，在集团企业增加值中，一产增加值 461.8 亿元，比上年增长 4.1%；二产增加值 49.9 亿元，比上年下降 7.4%；三产增加值 135.3 亿元，比上年增长 9.8%。三次产业结构为 71.4∶7.7∶20.9，其中，第一产业比重下降 0.7 个百分点，第二产业比重下降 1.2 个百分点，第三产业比重上升 1.9 个百分点。

要素配置质效稳步提高。2023 年集团全要素生产率增长率 1.96%（图 3），比“十三五”期间全要素生产率年均（0.9%）高出 1.06 个百分点；全要素生产率贡献率 47.8%，比“十三五”期间全要素生产率贡献率年均（24.5%）高出 23.3 个百分点。集团数字经济增加值占集团企业增加值比重达 17.99%，比上年提高 1.18 个百分点，其中，农业数字经济渗透率达 17.1%，工业数字经济渗透率达 28.53%，服务业数字经济渗透率达 16.48%。

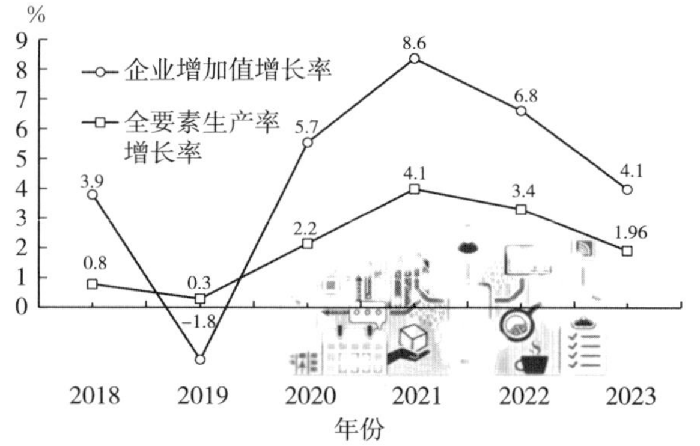


图 3　2018—2023 年企业增加值及全要素生产率增长率变动情况

固定资产投资略有下降。2023 年，集团完成固定资产投资总额 100.1 亿元，比上年下降 5.1%（图 4）。从产业投向上看，第一产业完成 58.7 亿元，增长 15.4%，占 58.6%；第二产业完成投资 8.2 亿元，下降 31.8%，占 8.2%；第三产业完成投资 33.2 亿元，下降 22.1%，占 33.2%。从投资规模上看，500 万元及以上项目完成投资 47.2 亿元，下降 25%。闫家岗农场水系连通及水美乡村建设试点县项目、北大荒宝泉岭粮食仓储物流设施建设项目、液态奶改造升级项目等重点亿元投资项

目有序推进。

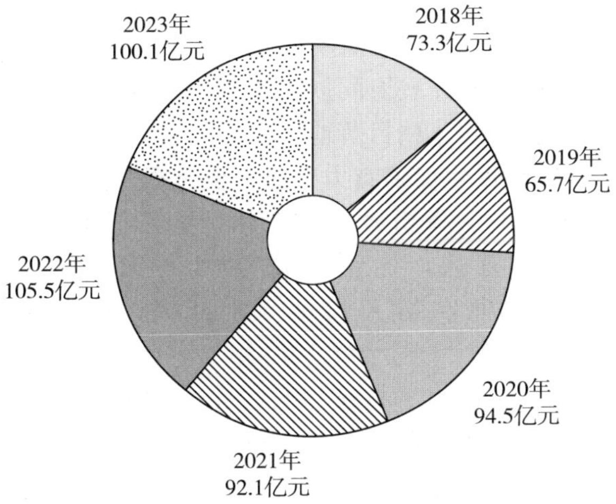


图4　2018—2023年固定资产投资完成额

**（二）持续推动质效变革，构建现代农业三大体系**

“双控”战略稳步推进。2023年，集团大力推进农业投入品集团化运营的规范化、制度化、标准化水平提升，实现肥料集团化运营120.36万吨，种子集团化运营292.9万公顷，集团化运营率均达100%。粮食统营推进有力。2023年粮食经营年度（统计时期为2022年10月初至2023年9月末），集团统一销售粮食累计1 628.42万吨，粮食统营率达76.28%，比上一粮食经营年度提高12.71个百分点；粮食集团化运营595.05万吨，占粮食统营量的36.54%。

数字农业加速探索。聚焦“生产、管理、服务”，实施第三批10个数字农场试点和3个农业创新示范基地建设，核心示范面积达33.6万亩，着力打造我国智慧农业发展的“北大荒样板”。加快推进国家高端智能农机装备制造与应用，建设16个智慧农场先行示范区，购置改装各类智能农机装备2.3万台（套），总保有量达10.1万台（套）。扎实开展农机研发、制造、推广、应用一体化试点项目，完成各类样机试制221台，申请专利25项，为破解农机“卡脖子”问题提出解决思路。持续推进数字农服平台建设，自主开发资源资产图、作物分布图、土壤肥力图等各类信息系统44套，实现对垦区土地、农机和农户等生产要素和生产主体的精准画像。集中化实施部署农业综合管理平台10套，实现农业管理流程化、标准化、信息化。“北大荒农服”App注册用户超过59万人，集成10项“一站式”农事服务功能，累计线上贷款超过121亿元，农业补贴发放57亿元，农机调度作业超亿亩次，平台年资金交易近500亿元。

区域农服再上新台阶。辐射范围更广，截至2023年年末，已在全国粮食生产优势区先后成立区域农业综合服务中心26个。农地运营日趋成熟，2023年开展农业现代化服务面积7 886.5万亩，包含全程托管871.2万亩，其中省内完成农业社会化服务面积3 120.7万亩次，含全程托管469万亩；省外农业社会化服务面积达4 765.8万亩次，含全程托管402.2万亩。农服模式更加丰富。在北大荒“1241”农业社会化服务模式总体框架内，各区域农服中心、农（牧）场在提供农业社会化服务的过程中，深入实践、不断探索、总结经验，创新形成“抚远模式”“伊川模式”“增城模式”等一批“1241”子模式。在省内打造“双百双千”行动示范点107处，面积14.29万亩；与相邻农民自种土地相比，大豆普遍亩增产50斤以上，玉米亩增产200斤以上，水稻亩增产120斤以上。

**（三）统筹推进营销资源整合，产业协同抱团发展**

加快推进构建大营销格局。以提升营销龙头牵动能力为主线，以促进产业协同抱团发展为目标，持续强化线上、线下及终端渠道建设，积极培育预制菜、蔬菜、冷水鱼、白酒、瓶装饮用水、有机食品和功能食品等特色产业，截至2023年年末，全国各渠道终端网点突破37万个，实现销售总收入132.4亿元。着力强化品牌赋能。北大荒集团“北大荒”“九三”“完达山”“丰缘”“建三江”“北国宝泉47度”“垦丰种业”“荒都”“查哈阳大米”“亲民食品”十大品牌携手荣登2023年“中国500最具价值品牌”榜单，品牌总价值达4 147.02亿元。其中“北大荒”品牌价值达2 018.59亿元，19年间增长了112.7倍。

持续推进“三库一中心”建设。着力增强“产购储加销”全链条粮食安全保障能力，截至2023年年末，集团粮食仓储能力1 772.9万吨，其中，标准仓1 630万吨，简易仓142.9万吨；地坪1 424.6万$米^2$。集团自有烘干塔263台，日烘干能力13.6万吨。全面做好产销对接，主动与销区建立长期稳定的产销合作关系，西藏自治区与七星农场合作建立了2万亩水稻种植基地。成功举办了“北大荒集团秋粮贸易洽谈会”，邀请粮食行业各界人士研究政策、分析市场、谋划对接及洽谈，不断提升北大荒市场影响力。

## 三、深入践行新发展理念，构建优质和谐发展格局

### （一）发挥科创引领作用，积极培育新质生产力

基础设施保障有力。截至2023年年末，通信线路总长度约为23 674.5皮长公里，比上年增长0.2%。其中，光缆线路长度为23 571.3皮长公里，比上年增长0.2%；电缆线路长度为103.16皮长公里，比上年下降1.26%。集团分公司光缆线路敷设普及生产队1 033个，宽带普及生产队977个。互联网出口带宽605G，局用数字程控交换机容量136门，接入网语音设备容量322门，互联网固定宽带接入端口14 562个。其中，LAN端口4 134个，FTTH/O端口10 428个。垦网固定电话用户185 480户，比上年同期增加5 146户，垦网固定电话普及率达到36%；垦网固定宽带用户170 189户，比上年同期增加2 379户，垦网宽带普及率达到33%。光纤接入占固定宽带用户总数的比重达99%。北大荒云数据中心运行服务能力快速提升，拥有服务器100多台、内存48.4T、存储1.6PB。承载智能协同办公平台、财务管理平台、土地承包管理系统、数字农服平台等多项核心管理和生产信息化系统。网络安全水平达到网络安全等级保护2.0技术要求的安全合规体系。可满足不同业务系统的差异化需求，具备为按需服务提供安全防护的能力。

研发投入力度加大。全年研究试验与发展经费支出11.2亿元，比上年增长15.5%。全面实施关键核心技术攻关。整合集聚优质科技资源。生物育种、黑土地保护、智慧农业和食品“四个实验室”建设取得实质性进展，初步实现资金、人才、项目等科技资源整合集聚。依托实验室科研平台，推动现代种业、智慧农业、食品研发领域关键技术科研攻关，承担国家、省部级以上科研项目23项，集团科研项目49项。引进种质资源1 426份，选育和审定新品种32个，取得主栽作物模型、高活菌益生菌保活技术等多项技术突破，获得发明专利19项，实现水稻“龙垦2021”、大豆“龙垦3092”和菁稚非凡奶粉等多个新品种、新产品产业化。加强技术推广示范服务，实施基层农技推广与改革项目和高素质农民培育项目，推广示范新技术110项，举办高素质农民培训班197个，培育各类高素质农民约2万人。强化科技创新开放合作，与华大集团、哈尔滨工业大学、黑龙江八一农垦大学、中国科学院、崖州湾国家实验室等6家省内外头部企业和科研院所开展协同创新和产学研深度合作，推动一批合作共建项目落地。

### （二）民生保障有力有效，乡村振兴共建共享

人口呈下降趋势。2023年，垦区年末总人口为136.4万人，比上年减少2.6万人，下降1.8%。其中农场人口116.2万人，占总人口的85.2%。

职工工资水平持续增长。年末从业人员45.9万人，比上年下降4.7%，全部在岗职工21.4万人，比上年下降7.7%，其中农林牧渔业在岗职工15.7万人，下降8.0%。在岗职工平均工资为53 185元，比上年增长16.3%，其中农林牧渔业在岗职工平均工资39 284元，比上年增长14.3%。

职工群众生活水平稳步提高。2023年职工家庭人均可支配收入达到34 260元，比上年增长6.3%，增速连续8年保持在6%以上（图5）。其中，工资性收入8 068元，增长7.4%；经营性净收入16 891元，增长3.2%；财产性净收入598元，增长3.3%；转移性净收入8 703元，增长12.0%。居民居住条件和环境进一步改善。年末垦区居民实有住房面积达4 759.8万米$^2$，人均住房面积36.6米$^2$，增长2.8%。

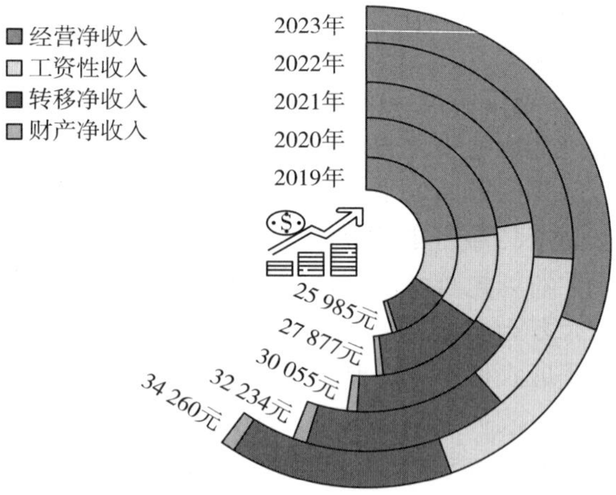


图5　2019—2023年职工家庭人均可支配收入变动情况

教育事业健康发展。年末垦区共有职业学校4所。其中，高职院校1所，在校生1.83万人，毕业生0.58万人；中等职业学校3所，在校生0.06万人，毕业生0.04万人；幼儿园105所。

医疗卫生保障体系不断完善。年末垦区共有医疗机构 124 家，其中，三级甲等医院 4 家，三级乙等医院 3 家，三级专科医院 1 家，二级医院 8 家，一级及未定级医疗机构 108 家，开放床位 1.15 万张，全力为职工群众以及属地居民提供优质的常见病、多发病等优质医疗服务和基本公共卫生服务。

公路交通保障巩固夯实。新开工公路建设项目 63 个，总投资 5.59 亿元。其中，农村公路项目 50 个，建设规模 367.9 公里；危桥改造项目 13 座，建设规模 281.89 延长米。结转 2022 年续建农村公路项目 10 个，危桥改造项目 18 座。

社会保障平稳运行。截至 2023 年年末，垦区参加企业基本养老险 99.3 万人，其中，在职参保缴费 44.8 万人，离退休人员 54.5 万人，全年养老保险基金支出 183.3 亿元（图 6）；参加机关事业养老保险参保职工 1 万人，离退休人员 1.4 万人，全年离退休金支出 9.2 亿元；参加城乡居民社会养老保险 1.4 万人，其中享受待遇 0.82 万人；参加生育保险 25 万人，参加基本医疗保险 122 万人，其中，参加职工医疗保险 74 万人，参加居民医疗保险 48 万人，全年医疗保险基金支出 23.7 亿元；参加失业保险 25.5 万人，全年失业基金支出 6 900.5万元；参加工伤保险 25.5 万人，全年工伤保险基金支出 7 786 万元。

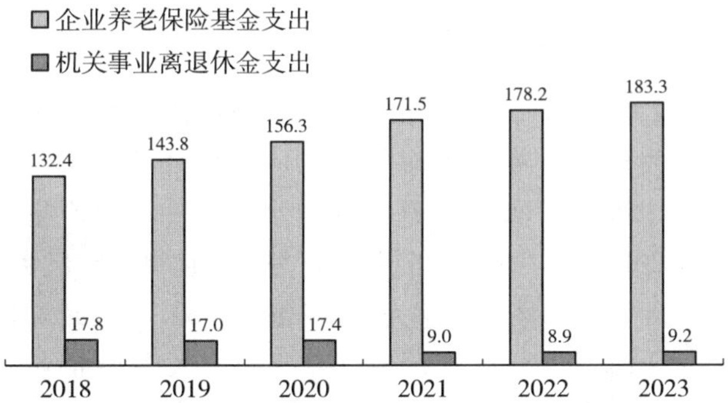


图 6　2018—2023 年垦区企事业养老支出情况

保险事业持续扩张。全年实现保费收入 47.97 亿元，同比增长 8.5%。农业保险保费收入 40.3 亿元，同比增长 7.2%。其中，种植险承保作物面积 7 353 万亩，承保森林面积 960 万亩，种植业保险保费收入 34.5 亿元，同比增长 6.6%；养殖险承保畜禽 8 534.1 万头（只），水产 7.8 万亩，养殖业保险保费收入 5.76 亿元，同比增长 11.2%。财险保费收入 7.7 亿元，同比增长 15.54%。全年农业保险承保 211.47 万户次，为农户提供风险保障 646.93 亿元，赔付 27.4 亿元。大力开展防灾减灾工作，全年增雨防雹作业 647 余次，防控面积 4 820万亩。承保惠民保 76.9 万人，提供风险保障近 3 万亿元，赔款近 1.55 亿元，充分彰显社会服务责任。

**（三）资源保护持续加强，生态农业蓬勃发展**

资源环境保护成效持续巩固。截至 2023 年年末，垦区已建市级以上自然保护地 12 个，总面积 27.22 万公顷，占垦区土地总面积的 4.91%。持续加强农业生态保护和人居环境治理工作。累计建成生活污水处理设施 96 个，实现生活污水达标排放；建成生活垃圾处理项目 38 个，实现生活垃圾无害化处理；完成集团所属企业单位 40 台燃煤锅炉治理，空气质量进一步改善。

全面落实落靠黑土地保护。落实“长牙齿”的黑土地保护措施，秸秆还田率达 96.1%，测土配方施肥面积达 4 300 万亩以上，落实水稻侧深施肥面积 796.8 万亩、大豆分层定位定量施肥面积 701.1 万亩。持续夯实水利基础设施，实施查哈阳、梧桐河大型灌区续建及现代化改造，青年水库除险加固，闫家岗水美乡村，农业水价综合改革，侵蚀沟专项治理，地下水超采综合治理 6 类水利工程。2023 年有效灌溉面积 2 286.1 万亩，占耕地面积的 46.9%。梧桐河、查哈阳两处大型灌区续建配套工程改善灌溉面积 25.96 万亩，新增节水能力 3 064.36万米$^3$。压采地下水 2 026 万米$^3$。累计完成水价综合改革面积 2 609.47 万亩。

注释：

［1］集团企业增加值、各产业和行业企业增加值及其构成项目绝对数按现价计算，增长速度按可比价格计算。

［2］报告数据为初步统计数据，最终数据以《2024 年北大荒农垦集团统计年鉴》为准。

# 上海农垦2023年经济发展统计公报

光明食品（集团）有限公司

2023年，光明食品集团坚定落实“让上海市民离不开光明”的战略任务，努力打造“产业＋服务”生态圈，积极构建光明“4＋6＋2”产业和管理体系，推动创新融合发展、资源优化配置、企业科学治理能力提升，促进集团实现高质量发展，真正做到“新的一天从光明开始”。

## 一、综合

2023年，光明食品集团全年实现生产总值212.4亿元，比上年下降7.3％。其中，第一产业增加值19亿元，比上年下降2.6％，占总增加值的8.9％；第二产业增加值128.2亿元，比上年增长15.2％，占总增加值的60.4％，其中，工业增加值126.7亿元，建筑业增加值1.5亿元；第三产业增加值65.2亿元，比上年下降33.6％，占总增加值的30.7％。

2023年，光明食品集团工农业总产值（按现行价）444亿元，比上年下降0.6％。全年完成工农业出口商品额7.2亿元，比上年下降4.2％。其中，工业出口5.3亿元，比上年下降10.3％；农业出口1.9亿元，比上年增长18.4％。

2023年，光明食品集团完成固定资产投资25.9亿元，比上年下降33.9％。

2023年，光明食品集团年末从业人员7.9万人，比上年下降6.6％。

## 二、第一产业

2023年，光明食品集团积极应对自然灾害与市场冲击，推动农业创新融合，不断优化产业结构和功能布局，夯实主副食品保障供应底板，稳步推进农业高质量可持续发展。

2023年完成农业总产值95.4亿元，比上年增长14.1％。其中，种植业17.9亿元，比上年增长7.6％；林业0.4亿元，比上年下降9.4％；畜牧业49.6亿元，比上年增长21.5％；渔业26.3亿元，比上年增长5.8％。

2023年，种植业生产情况：粮食播种面积35 745.9公顷，比上年增长2.8％，粮食总产量30.2万吨，比上年增长18.2％；蔬菜及食用菌产量23.2万吨，比上年下降2.5％；西甜瓜产量2.6万吨，比上年下降16.1％；鲜切花951.4万枝；盆栽花卉235万盆；草坪销售量7.9万米$^2$。

2023年，畜牧业生产情况：家禽因受市场影响而有所下降，牛奶、生猪实现较大增长。全年牛奶产量66万吨，比上年增长28.1％；生猪出栏86万头，比上年增长37.94％；家禽出栏21.7万只，比上年下降50.2％；禽蛋产量1万吨，比上年增长8.6％；肉鸽出栏24.9万羽，比上年下降25.2％。

全年水产品产量18.9万吨，比上年增长9.4％，其中，远洋捕捞15.8万吨，淡水养殖3.1万吨。

## 三、第二产业

2023年，光明食品集团持续聚焦农副食品加工业发展，消费品类多样，顺应市场环境和市民消费需求变化，大幅提升了冷冻水产品和糖果产量。

2023年，全年完成工业总产值348.6亿元，比上年下降4％，工业销售产值为351.4亿元，比上年下降2.7％，产销率101.7％。大中型企业总产值222亿元，占64％；农副食品加工业，食品制造业，酒、饮料和精制茶制造业企业总产值为331.3亿元，占总产值的95％。

全年工业企业，亿元以上工业产值的主要食品产量见表1。

**表1　亿元以上工业产值的主要食品产值**

| 产品名称 | 计量单位 | 产量 | 比上年增长（%） |
|---|---|---|---|
| 小麦粉 | 吨 | 200 251 | －9.3 |
| 大米 | 吨 | 160 637 | －15.0 |

（续）

| 产品名称 | 计量单位 | 产量 | 比上年增长（%） |
| --- | --- | --- | --- |
| 精制食用植物油 | 吨 | 48 163 | －15.9 |
| 成品糖 | 吨 | 1 394 561 | －12.6 |
| 鲜、冷藏肉 | 吨 | 127 839 | 3.59 |
| 冷冻水产品 | 吨 | 15 278 | 41.4 |
| 糖果 | 吨 | 33 583 | 14.5 |
| 乳制品 | 吨 | 1 306 620 | －1.4 |
| 其中：液体乳 | 吨 | 1 295 947 | －1.6 |
| 罐头 | 吨 | 66 832 | 7.62 |
| 其中：畜肉类罐头 | 吨 | 38 312 | －6.5 |
| 蜂蜜营养制品 | 吨 | 9 282 | 3.6 |
| 冷冻饮品 | 吨 | 19 731 | －3.5 |
| 饮料酒 | 千升 | 68 377 | －11.4 |
| 软饮料 | 吨 | 101 596 | 8.69 |

建筑业生产情况：全年完成建筑业施工产值13.3亿元，比上年下降44.51%。施工面积5 892万米$^2$，竣工面积791.5万米$^2$。

## 四、第三产业

2023年，市场仍处于疲软状态，批发零售业、出租车营运、房地产业等均呈下降趋势。

2023年年末，批发零售贸易业的营业网点有2 045个，比上年下降7.9%，营业用房面积37.9万米$^2$，比上年同期下降12.8%。

营运的出租车辆5 640辆，比上年下降13.4%。

全年房地产销售面积47.1万米$^2$，比上年下降33.3%；销售额53.3亿元，比上年下降21.2%。

## 五、固定资产投资

2023年，光明食品集团完成固定资产投资25.9亿元，比上年下降33.9%，其中当年完成投资5 000万元以上项目占25%，比上年下降2%。固定资产投资总额中，第一产业10.3亿元，比上年下降20.7%；第二产业5.6亿元，比上年下降57.7%；第三产业10亿元，比上年下降22.6%。一、二、三产业的投资比重分别为39%、22%和39%。当年新增固定资产21.6亿元。

## 六、职工和工资

2023年，光明食品集团年末从业人员7.9万人，比上年下降6.6%。其中，第一产业1万人；第二产业3.6万人；第三产业3.4万人。一、二、三产业的从业人员比重分别为12.3%、45.2%和42.5%。第三产业中，批发零售业的从业人员2.0万人，占全部从业人员的25.1%。

2023年，从业人员年平均报酬143 556元，比上年增长6.9%。

注释：

[1] 公报中提到的增加值按现行价格计算。

[2] 公报中的统计数据口径是集团控股企业财务合并、事业单位和控股财务不合并的单位。

# 江苏农垦2023年经济发展统计公报

江苏省农垦集团有限公司

2023年是极不容易的一年，也是江苏农垦发展史上具有重要意义的一年。2023年，江苏农垦坚持以习近平新时代中国特色社会主义思想为指导，认真贯彻落实省委、省政府决策部署和省国资委工作要求，把开展学习贯彻习近平新时代中国特色社会主义思想主题教育、认真落实省委书记信长星调研农垦讲话精神与召开集团公司第二次党代会紧密结合，贯穿主题主线，一体落实推进，集团公司高质量发展取得积极成效。集团全年实现利润总额69.8亿元、营业收入406.2亿元。

## 一、综合

2023年，垦区实现生产总值212.36亿元，比上年下降6.23%。其中，第一产业增加值23.45亿元，比上年下降18.49%；第二产业增加值148.94亿元，比上年增长10.31%；第三产业增加值39.97亿元，比上年下降36.23%。三次产业比重为11.04∶70.13∶18.83。人均生产总值达115 212元。

## 二、农业综合生产稳步提升

精心组织粮食生产，全年粮食种植面积230.28万亩、总产27.2亿斤，本部稻麦周年单产2 481斤、拓展基地单产2 159斤，粮食总产、周年亩产均创建垦以来最好水平，创下江苏小麦单产、江南麦区单产、全国稻油轮作油菜单产3个高产新纪录。认真落实大豆和油料产能提升工程，全面完成省政府下达的12万亩大豆-玉米带状复合种植任务。积极开拓苏州、常州等地土地资源，新增拓展基地3.7万亩。发挥全产业链优势，开展3个一体化全农服务县城试点，服务覆盖21.7万亩。加强质量控制体系建设，完成3 400亩国标和欧盟有机基地续认证。建成东辛水产、金鲤渔业两个万亩国有渔场，水产集体经营达2.35万亩，实现总产1.24万吨。与伊利集团合作，高标准建成首座万头智慧化牧场，奶牛存栏2万头，生鲜乳总产8.5万吨。加快禽业发展，东辛、新曹两农场集体养殖出栏肉鸡1 264万只，新曹百万羽蛋鸡项目一期工程建成投产。坚持林业育种推一体化发展，完成造林5 063亩、栽植苗木23万株，经营性林地达11万亩。

产业发展基础不断夯实。江苏省农垦农业发展股份有限公司位居“中国农业企业500强”第99名，较上年提升22名，进入农业社会化服务行业前5强。大华种业被列入国家农作物种业阵型企业名单，销售农作物种子59万吨，利润增长52.5%。

主要农产品产量见表1。

**表1 主要农产品产量**

| 产品名称 | 产量（万吨） | 比上年增长（%） |
|---|---|---|
| 稻谷 | 60.72 | 0.31 |
| 小麦 | 58.79 | 10.55 |

牲畜年末存栏数、出栏数及主要畜产品产量见表2。

**表2 牲畜年末存栏数、出栏数及主要畜产品产量**

| 牲畜种类/畜产品 | 计量单位 | 存（出）栏数/产量 | 比上年增长（%） |
|---|---|---|---|
| 肉类（总产量） | 万吨 | 6.29 | 25.80 |
| 其中：猪、牛、羊肉 | 万吨 | 1.29 | 32.99 |
| 禽肉 | 万吨 | 5.00 | 24.07 |
| 生猪（存栏） | 万头 | 5.28 | −21.54 |
| 牛（存栏） | 万头 | 2.17 | 16.04 |
| 羊（存栏） | 万只 | 1.26 | −17.11 |
| 家禽（存栏） | 万只 | 432.66 | 7.27 |
| 肉猪（出栏） | 万头 | 10.53 | 6.58 |
| 禽蛋（产量） | 吨 | 20 499 | 13.24 |
| 牛奶（产量） | 吨 | 84 894 | 55.88 |

## 三、工业和建筑业

2023 年，垦区拥有工业企业 304 个，其中规模以上 55 个。规模以上工业企业全年实现工业总产值（现行价）361.52 亿元，比上年下降 4.42%。产品销售收入 360.23 亿元，比上年下降 4.49%。

苏垦米业经营粮食 130 万吨，被评为“全国粮食贸易 10 强”，是江苏省稻米全产业链链主企业。金太阳粮油积极调整经营策略、采购节奏和销售渠道，实现利润 1 135 万元。苏垦麦芽高端麦芽发货 6.6 万吨，营收首次突破 10 亿元，实现利润 5 500 万元。正大天晴位居“中国医药工业百强”榜单第 13 名，较上年提升 2 名。勤奋药业保持稳健发展，利润增长 28.5%。

建筑业平稳发展。2023 年，建筑业实现产值 229 390 万元，比上年增长 3.1%；实现增加值 75 373万元，比上年增长 0.07%；实现利润总额 20 914 万元，比上年下降 2.07%；上缴税金 8 788 万元，比上年增长 4.09%。

## 四、第三产业

苏垦农服社会化服务面积 1 416 万亩次，领衔全省农服品牌建设典型培育名单。土地公司完成 2 018亩补充耕地指标交易，新立项土地整治项目 9 个，新增耕地 2 700 亩。通宇地产实现收入 7.8 亿元，顺利摘牌江北新区 2023G01 地块。商贸服务板块整体扭亏为盈，苏舜公司同比减亏 1 100 万元，中山大厦、物业公司利润实现两位数增长。

2023 年，垦区第三产业完成营业收入 144.62 亿元，比上年下降 9.63%。其中，批发零售贸易业 103.12 亿元，比上年增长 1.78%；餐饮业 6.52 亿元，比上年下降 9.82%；服务业 34.98 亿元，比上年下降 32.05%。

## 五、固定资产投资

2023 年完成固定资产投资 47.04 亿元，较上年增长 9.93%。其中基本建设完成投资 20.98 亿元，占固定资产总投资的 44.6%。完成生产性固定资产投资 39.76 亿元，占固定资产投资总额的 84.52%。

在全部固定投资中，第一产业完成投资 7.33 亿元，第二产完成投资 21.85 亿元，第三产业完成投资 17.87 亿元，分别占总投资的 15.58%、46.43%、37.99%。在全部固定资产投资中，国有固定资产投资完成 45.58 亿元，占整个固定投资的 96.90%。

## 六、科技

2023 年，全垦区共有各级各类科技专业技术人员 1 899 人。全年投入科研经费 437 324 万元。

## 七、人口和职工收入

2023 年年末，全垦区总人口 178 640 人。其中农场人口 152 821 人。全垦区人口出生率 3.73‰，人口死亡率 9.75‰，人口自然增长率为 −6.02‰。2023 年年末，全系统从业人员 78 220 人，其中，第一产业 16 500 人，第二产业 30 888 人，第三产业 30 832 人，分别占全部从业人数的 21.09%、39.49%、39.42%。职工收入继续提高，2023 年全垦区职工全年平均收入 112 039 元，同口径比上年增长 6.05%。2023 年垦区农场居民人均可支配收入 41 439 元，同口径比上年增长 4.27%。

## 八、非国有经济

2023 年，全垦区非国有增加值 744 111 万元，比上年增长 4.08%，其中，第一产业增加值 106 761万元，比上年增长 8.93%，第二产业增加值 298 122 万元，比上年增长 0.89%，第三产业增加值 339 227 万元，比上年增长 5.23%。三次产业比重为 14.35：40.06：45.59。年末非国有经营单位 12 556 个。其中，私营企业 1 436 个，个体经济 11 117个。从业人员 52 941 人，其中，第一产业 8 878人，第二产业 18 605 人，第三产业 25 458 人。从业人员收入总额 403 002 万元。全年共实现利税 256 248 万元，其中利润 213 744 万元。当年非国有经济完成固定资产投资额 14 607 万元。

# 浙江农垦2023年经济发展统计公报

浙江省国有农场管理总站

2023年，浙江垦区围绕“两大行动”，打造现代国有农场建设新引擎。按照农业农村部关于“两大行动”的部署要求，紧紧围绕农业“双强”，以国有良种场和巩固提升项目为抓手，大力推进良种推广核心区、科技创新示范区、美丽田园标杆区、共同富裕先行区建设。压实主体责任，强化推进举措，创新体制机制，聚焦提升农场综合生产能力和改善农场民生，加快推进省级国有良种场创建，全省国有农场经济社会发展稳中求进，农场社区和谐稳定。坚决贯彻落实厅党组决策部署，以新时代浙江“三农”工作“369”行动为指引，聚焦数字化改革、农业“双强”、共同富裕，突出主责主线，狠抓实绩实效，扎实推进各项中心工作齐头并进。截至2023年年底，创建省级国有良种场5个、完成欠发达国有农场巩固提升项目2个。

## 一、基本情况

截至2023年年底，全省共有定点国有企业85个，同比减少1个，因诸暨市良种场撤销退出。列入农垦综合统计目录的国有农场79家，同比减少1家。土地总面积15 159公顷，总人口3.5万人，期末从业人员2 786人，实现一、二、三产业增加值4.3亿元，其中，第一产业增加值2.58亿元；第二产业增加值0.46亿元；第三产业增加值1.28亿元。

## 二、第一产业

全年实现农林牧渔业总产值46 676万元，比上年下降4.7%。农业产值20 668万元，林业产值612万元，牧业产值20 667万元，渔业产值3 350万元，农林牧渔服务业产值1 390万元。

全年农作物播种面积3 865公顷，同比增长11.80%，其中粮食作物播种面积1 568公顷，总产量10 416吨，单产6 642公斤/公顷；蔬菜、瓜类种植面积1 624公顷，产量40 855吨；水果种植面积389公顷，产量5 651吨；茶叶种植面积1 162公顷，产量3 160吨。

全年造林面积235公顷，主要为特种用材林180公顷；年末育苗面积32公顷，幼林抚育面积4公顷；成林辅育面积183公顷。

畜牧业养殖方面，生猪养殖规模有较大幅度下降，年末生猪存栏4.27万头，同比下降22.8%，其中能繁母猪0.34万头。年内出栏10.9万头，猪肉产量0.93万吨。年末家禽5.1万只，禽肉产量157吨。

水产品总产量2 905吨，同比下降7.8%，其中，海水产品产量349吨，淡水产品产量2 556吨。

## 三、工业和第三产业

全年工业总产值1.6亿元，同比下降13.19%。主要产品包括软饮料251吨、精制茶39吨、家具250件、塑料制品861吨等。

第三产业增加值主要来自土地征用款、租赁和商务服务业及批发零售业等。批发零售、餐饮、服务业全年实现销售总额5 214.08万元。

## 四、固定资产投资

全年完成固定资产投资8 673万元，其中68%来源于国有经济单位。第一产业是投资的主要方向，投资额达8 589万元，资金主要来源是国家预算内资金及自筹资金。

## 五、人民生活和社会保障情况

全省农场居民人均可支配收入达42 250元，比上年略增。年末从业人员人数2 786人，其中，第一产业1 806人，第二产业376人，第三产业604人，职工平均工资7万元。

2023年，浙江垦区以全国“两个先行”试验区建设工作要求为驱动，以示范样板建设为载体，大力实施农业农村部“两大行动”，推动国有农场改革发展。一是示范效应逐步显现。聚焦农业“双强”，特别是种业振兴，以省级国有良种场建设和欠发达国有农场巩固提升项目为主要抓手，大力推进良种推广核心区、科技创新示范区、美丽田园标杆区、共同富裕先行区建设。争取2023年度中央乡村振兴衔接资金849万元和省级良种繁育场建设资金1 000万元，组织实施欠发达国有农场巩固提升项目2个，同步启动省级国有良种场创建项目5个。目前全省重点建设国有农场基础设施水平显著提升，创新示范功能逐步增强，整体风貌明显改善，特色主导产业加快发展，辐射带动作用进一步显现。二是项目管理持续规范。召开全省国有农场创新提升发展现场推进会，组织开展项目实施方案专家论证会和工程创建“回头看”行动，委托会计师事务所开展第三方专项审计。同时加大评价结果应用，进一步完善规范相关程序，切实加大项目调度和指导服务。在中央乡村振兴衔接资金绩效评价考核结果中，浙江省欠发达国有农场巩固提升连续两年获A等次。三是强力消除风险隐患。压紧压实国有农场安全生产责任，开展防汛防台安全生产隐患专项排查，严格落实水库大坝安全管理责任制，全年共组织开展各项安全检查1 356次，出动人员2 259人次，发现隐患点99个，点对点抓好整改。四是稳妥处置基层信访。落实全省农业农村系统信访问题集中攻坚化解行动有关要求，全年妥善处理信访案件3起，做好瑞安飞云江农场、东阳市良种场等信访事件跟踪处置，坚决避免群体性上访事件的发生。

# 安徽农垦2023年经济发展统计公报

安徽省农垦集团有限公司

2023年是全面贯彻落实党的二十大精神的开局之年，是“十四五”规划承上启下的关键之年。这一年，面对复杂严峻的市场形势和艰巨繁重的发展任务，坚持以习近平新时代中国特色社会主义思想为指导，认真落实省委、省政府及省国资委决策部署，在集团党委的坚强领导下，围绕“强科技、大基地、全产业链”发展战略，聚焦“四大目标”“十件大事”，顶压前行、奋楫勇进，实现了经济发展持续向好、垦区大局和谐稳定的良好局面。坚持提质增效、产业赋能，集团经济指标逆势上扬、再创佳绩，全年实现营业收入71.5亿元，同比增加13.7亿元，增长23.7%，实现利润总额5.21亿元，同比增加0.63亿元，增长13.76%，双双超额完成年度目标，创出历史新高。

## 一、主要经济指标完成情况

安徽农垦生产总值为42.88亿元，比上年增长22.76%。其中，第一产业增加值17.08亿元，增长8.45%；第二产业增加值10.78亿元，比上年增长75.56%；第三产业增加值15.02亿元，比上年增长15.18%。农林牧渔业总产值30.48亿元，比上年增长11.68%。其中，农业总产值24.38亿元，比上年增长21.78%；林业产值0.40亿元，比上年下降1.65%；牧业产值2.73亿元，比上年下降2.42%；渔业产值2.75亿元，比上年下增长1.45%；农林牧渔服务业产值0.22亿元，比上年下降83.87%。

## 二、第一产业主要指标

全年农作物播种面积50 287.98公顷，比上年下降1.26%。其中，稻谷播种面积16 694.47公顷，比上年下降5.3%；小麦播种面积20 520.15公顷，比上年增长4.27%；玉米播种面积910.60公顷，比上年下降13.52%；高粱播种面积3 235.56公顷，比上年增长34.51%；大豆播种面积5 492.87公顷，比上年下降17.48%；杂豆播种面积1.96公顷，比上年下降4.26%；薯类播种面积86.43公顷，比上年增长33.03%；花生播种面积138.69公顷，比上年增长1.63%；油菜籽播种面积798.71公顷，比上年增长1.70%；芝麻播种面积18.30公顷，比上年下降35.56%；棉花播种面积32.00公顷，比上年增长3.23%；蔬菜、瓜类播种面积1 950.84公顷，比上年增长2.01%。药材类播种面积12.07公顷，与上年持平；其他作物播种面积395.33，比上年下降17.44%。

粮食产量35.39万吨，比上年增长6.8%。其中，小麦16.08万吨，比上年增长16.95%；水稻15.64万吨，比上年下降1.78%；大豆1.42万吨，比上年下降18.61%。粮食亩产502.67公斤，比上年增长8.05%。其中，小麦亩产522.27公斤，比上年增长12.17%；水稻亩产624.67公斤，比上年增长3.71%；大豆亩产172.92公斤，比上年下降1.37%。油料产量2 782.20吨，比上年增长1.63%。茶叶1.94万吨，比上年增长25.88%。园林水果4.33万吨，比上年增长1.56%。

畜牧业、渔业方面，肉类总产量0.94万吨，比上年增长1.58%。其中，猪肉产量0.24万吨，比上年下降5.84%；牛肉产量0.04万吨，比上年增长2.79%；羊肉产量0.02万吨，比上年下降12.14%。禽蛋产量0.66万吨，比上年增长32.71%。水产品产量1.41万吨，比上年增长2.61%。

## 三、第二产业主要指标

第二产业主要指标数据见表1。

表 1 第二产业主要指标

| 指标名称 | 计量单位 | 2022 年 | 2023 年 | 增长率（%） | 指标名称 | 计量单位 | 2022 年 | 2023 年 | 增长率（%） |
|---|---|---|---|---|---|---|---|---|---|
| 工业企业数 | 个 | 146 | 147 | 0.68 | 建筑企业数 | 个 | 129 | 129 | 0 |
| 工业总产值 | 亿元 | 32.72 | 37.41 | 14.32 | 建筑业总产值 | 亿元 | 6.23 | 6.38 | 2.34 |
| 其中：国有部分 | 亿元 | 5.57 | 8.94 | 60.60 | 其中：国有部分 | 亿元 | 4.47 | 4.54 | 1.42 |

建筑业总产值发生变化的主要原因是通和房地产集团有限公司天长分公司的天宁府项目完成交付。农垦建筑公司实行提级管理，荣获中国施工企业管理协会颁发的“企业信用评价 AAA 级信用企业”证书，取得市政工程总承包二级资质。

## 四、第三产业主要指标

第三产业主要指标数据见表 2。

表 2 第三产业主要指标

| 指标名称 | 计量单位 | 2022 年 | 2023 年 | 增长率（%） | 指标名称 | 计量单位 | 2022 年 | 2023 年 | 增长率（%） |
|---|---|---|---|---|---|---|---|---|---|
| 交通运输业营业收入 | 亿元 | 0.96 | 0.92 | −3.90 | 交通运输业企业数 | 个 | 450 | 441 | −2.00 |
| 批发零售业营业收入 | 亿元 | 10.61 | 10.94 | 3.13 | 批发零售业企业数 | 个 | 1 725 | 1 709 | −0.93 |
| 其中：国有部分 | 亿元 | 1.13 | 1.70 | 50.76 | 其中：国有部分 | 个 | 5 | 5 | 0 |
| 餐饮业营业收入 | 亿元 | 2.57 | 2.55 | −0.72 | 餐饮业企业数 | 个 | 519 | 529 | 1.93 |
| 其中：国有部分 | 亿元 | 0.77 | 0.71 | −17.19 | 其中：国有部分 | 个 | 3 | 3 | 0 |
| 其他服务业营业收入 | 亿元 | 2.23 | 4.34 | 94.1 | 其他服务业企业数 | 个 | 742 | 735 | −0.94 |
| 其中：国有部分 | 亿元 | 0.93 | 3.04 | 226.74 | 其中：国有部分 | 个 | 10 | 10 | 0 |

安徽农垦优化产业布局，加快结构调整，实现多业并举、稳健发展。皖垦资本运营公司加快投资结构优化，垦建股权投资基金项目当年实现收益 1 933万元。新能源产业得到大力发展，皖津光伏发电提水灌溉项目投入使用，白米山农场 200MW 风力发电项目建设有序推进，龙亢农场 40MW 自发自用分散式风电项目启动建设，正阳关农场加油站油品日销量达 5 吨。

## 五、固定资产情况

全年固定资产投资总额 6.47 亿元，比上年下降 4.42%。其中，第一产业投资总额 4.34 亿元，比上年下降 0.13%；第二产业投资总额 1.94 亿元，比上年下降 1.15%；第三产业投资总额 0.19，比上年下降 58.74%。

2023 年新增固定资产 2.55 亿元，比上年下降 23.89%。其中，国有新增固定资产 1.78 亿元，比上年下降 37.21%。

## 六、人口及从业人员情况

人口及从业人员数据见表 3。

表 3 人口及从业人员主要指标

| 指标名称 | 计量单位 | 2022 年 | 2023 年 | 增长率（%） | 指标名称 | 计量单位 | 2022 年 | 2023 年 | 增长率（%） |
|---|---|---|---|---|---|---|---|---|---|
| 垦区年末总人口 | 万人 | 12.52 | 12.48 | −0.31 | 职工期末人数 | 万人 | 1.44 | 1.34 | −6.79 |
| 年末社会从业人员 | 万人 | 4.48 | 4.46 | −0.58 | 其中：在岗职工人数 | 万人 | 1.43 | 1.33 | −6.88 |
| 其中：第一产业 | 万人 | 2.61 | 2.53 | −3.23 | 职工工资总额 | 亿元 | 9.49 | 9.87 | 3.97 |
| 第二产业 | 万人 | 0.69 | 0.73 | 6.23 | 其中：在岗职工工资总额 | 亿元 | 9.11 | 9.86 | 8.29 |
| 第三产业 | 万人 | 1.18 | 1.20 | 1.3 | | | | | |

## 七、农垦科研情况

2023年垦区有科技人员146人，比上年增长5.04%。研究与试验发展经费0.38亿元，比上年增长9.9%。垦区推行科技强农，与安徽农业大学、安徽省农业科学院等签订了产学研深度合作协议，与院士团队共建皖垦种业小麦分子育种创新中心、水稻育种研发中心。与省内外科研院所开展产学研深度合作，在农作物种质资源创制与新品种培育、农作物新品种展示与试验示范等方面开展协同创新，推动建立主要粮食作物抗病性、抗逆性及品质精准鉴定技术平台等创新平台；制定科技创新激励和成果转化应用制度，推进农业领域关键技术攻关、科技成果转化、试验示范和成果应用推广。

# 福建农垦2023年经济发展统计公报

福建省农业农村厅农垦处

2023年，福建农垦在省农业农村厅党组坚强领导下，围绕改革发展稳定，主动加压突破，持续深化改革，提升粮安能力，壮大特色产业，确保安定稳定。1个典型经验在全国农垦会议上作发言，4个经验做法得到省、部级刊用推广。

## 一、综合

全省农垦系统现有农场110个。土地总面积79.69千公顷，比上年下降0.76%，耕地面积7.77千公顷，比上年增长16.14%。

全省农垦系统总人口18.53万人，比上年下降1.76%。全垦区完成生产总值29.86亿元（图1），同比下降26.29%（未扣除价格因素，下同）。其中，第一产业增加值13亿元，下降5.46%；第二产业增加值7.6亿元，下降55.56%，减幅较大的主要原因是福州垦区个别农垦企业搬迁停产，厦门垦区第二农场上年填报数据有误，以及漳州垦区程溪农场企业化改革后，原辖区企业移交程溪镇管理，不属于农场管辖范围；第三产业增加值9.26亿元，下降4.05% 。一、二、三产业的比例为44∶25∶31，与上年相比，第一产业占比增加较多，第二产业占比显著减少，第三产业占比略有增加（图2）。居民人均可支配收入2.08万元，同比增长13.98%；住房面积731.80万米²，下降3.97%，人均住房面积39.5米²。

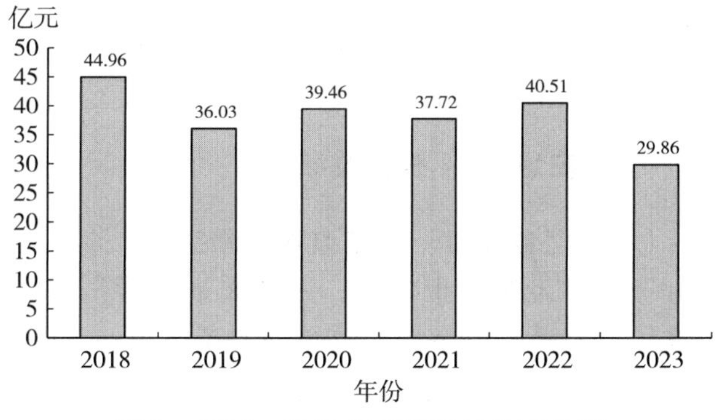


图1　2018—2023年福建垦区生产总值

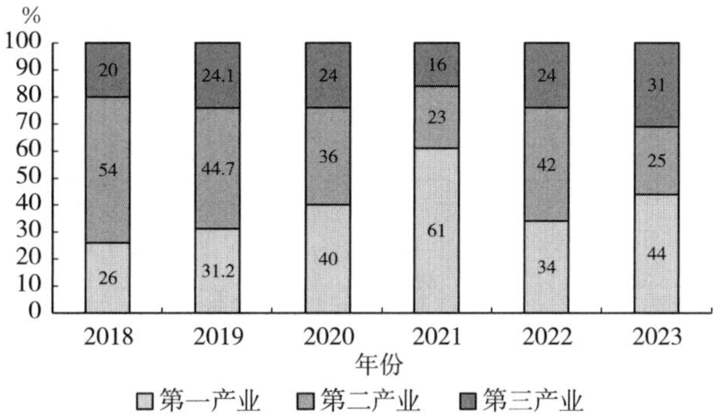


图2　2018—2023年三大产业增加值占生产总值比重

## 二、农业

农业总产值11.51亿元，比上年下降2.62%。农、林、牧、渔和其他的结构为47∶4∶37∶11∶1。农业产业结构有所改善，需进一步调整优化农业结构，提高农业发展质量和效益。

全年农作物总播种面积12.39千公顷，同比下降1.43%。其中粮食种植面积6.40千公顷，同比下降1.42%；总产量3.67万吨，同比下降0.85%。油料种植面积0.94千公顷，同比下降4.08%；产量0.25万吨，同比增长0.7%；蔬菜、瓜类种植面积4.23千公顷，同比下降0.94%；产量7.68万吨，同比增长1.86%；茶叶种植面积6.7千公顷，同比下降0.13%；产量0.65万吨，同比增长1.33%；水果种植面积8.04千公顷，同比下降10.54%，产量14万吨，同比增长0.89%（表1）。

全省农垦积极响应福建省生态文明先行示范区建设，切实抓好造林绿化和森林经营工作。全垦区林地总面积42.96千公顷，同比增长4.22%。森林覆盖率达57.45%。

**表 1　2023 年主要农产品面积及产量**

| 产品名称 | 播种面积 | | 产量 | |
|---|---|---|---|---|
| | 数量（公顷） | 比上年增长（%） | 数量（吨） | 比上年增长（%） |
| 农作物 | 12 392.15 | −1.43 | | |
| 粮食作物 | 6 397.81 | −1.42 | 36 660.46 | −1.15 |
| 其中：稻谷 | 3 880.86 | −2.80 | 26 799.86 | −2.30 |
| 油料 | 942.67 | −3.51 | 2 486.93 | −0.28 |
| 其中：花生 | 805.29 | −3.63 | 2 277.94 | −0.07 |
| 蔬菜、瓜类 | 4 231.68 | −0.81 | 76 762.54 | 1.82 |
| 茶叶 | 6 698.85 | −0.13 | 6 462.75 | 1.33 |
| 水果 | 8 039.83 | −10.54 | 139 919.88 | 0.89 |

2023 年肉类总产量 2.07 万吨，同比下降 9.21%。其中，猪肉产量 1.55 万吨，同比下降 3.27%；禽肉产量 0.39 万吨，同比下降 25.42%。蛋类产量 0.42 万吨，同比下降 0.32%。

渔业生产方面，全年水产品总产量 1.5 万吨，同比下降 2.68%，其中淡水水产品产量 1.4 万吨，占全年总产量的 93.3%，比上年下降 2.82%。养殖面积 1.19 千公顷，与上年持平。

受农作物种植面积减少的影响，年末全垦区拥有农业机械总动力 3.1 万千瓦，同比下降 0.04%；其中柴油发动机动力 1.80 万千瓦，同比增长 0.19%。全省垦区机耕面积 4.54 千公顷，同比增长 0.45%。农药施用量 557.02 吨，同比下降 1.8%；测土配方施肥面积 208.3 公顷，同比增长 0.48%。

## 三、第二产业

工业方面，部分比重大的企业实行社企分离，企业和土地由地方政府统一管理，对总体影响较大。全年工业企业 245 个，总产值 24.32 亿元，同比下降 40.74%。规模以上工业企业全年实现产值 14.38 亿元，占工业总产值的 59.13%，实现利润 0.75 亿元。主要产品产量见表 2。

**表 2　2023 年主要工业品产量**

| 产品名称 | 计量单位 | 产量 | 比上年增长（%） |
|---|---|---|---|
| 大米 | 吨 | 4 448 | −0.34 |
| 饮料酒 | 千升 | 71.2 | −98.88 |
| 精制茶 | 吨 | 4 862.71 | 3.93 |
| 布 | 万米 | 1 055 | −8.26 |
| 皮革鞋靴 | 万双 | 2 790 | −99.95 |
| 砖 | 万块 | 5 610 | 4.81 |
| 发电量 | 万千瓦・时 | 10 513 | 4.79 |
| 自来水生产量 | 万米$^3$ | 191 | 0.47 |

## 四、第三产业

第三产业全年增加值达 9.26 亿元，同比下降 4.05%，占农垦生产总值比重达 31%，同比上年略有增加。

运输业发展基本与上年持平。全年营业总收入 1.66 亿元，同比增长 1.16% 。其中，货运及装卸收入 1.49 亿元，同比增长 2.47%。年末拥有主要运输工具 936 台，比上年增加 30 台。

## 五、市场经济

农林牧渔业商品总产值 16.7 亿元，略有下降，同比下降 2.5%。外贸出口供货商品金额 0.08 万元，同比下降 30.97%，变化较大的原因为漳州垦区程溪农场进行企业化改革后，原辖区企业移交程溪镇管理，不属于农场管辖范围。

## 六、农场民生不断改善

### （一）整合联合，农垦改革有新突破

通过“走遍百十农场、协调属地领导”，探索形成了“示范推动→政府支持→改革重组→聚焦使命→做大做强”的福建农垦改革发展路径。承办全国垦区集团化农场企业化改革培训班，召开全省集

团化、企业化改革示范交流活动，推广 4 种集团化、企业化改革经验模式，为全省提供了学习样板。新组建的福鼎等 4 个农垦集团实现有效运行，全省农垦改革的内生动力明显增强。福建省和宁德市农垦改革做法分别得到农业农村部农垦局和省委全面深化改革委员会办公室的充分肯定。

**（二）协作融合，产业发展有新亮点**

大力发展农垦特色现代农业，建设 39 个特色农业基地。福州种禽公司建成省内规模最大的蛋鸡种苗生产基地，实现年供蛋鸡种苗 400 万羽；程溪农场实现年存栏蛋鸡 35 万羽。加强垦地协作，改造提升福州农垦五里亭茶叶交易中心，年交易额达 50 多亿元；长泰古农农场采用“农垦＋”模式，建成现代农业产业园和农产品深加工中心，打造福安坦洋茶场等 10 个农垦农文旅融合发展样板。长泰古农农场“农旅融合、以旅强农”的经验做法得到省《智库专报》刊发推广，并得到罗东川副书记批示；在福建省福安市成功承办全国农垦产业（茶业）发展示范交流活动并作典型发言。

**（三）压实责任，保障粮安有新进展**

全省农垦粮食播种面积 9.6 万亩，9 个农场承担了 1.3 万亩粮食生产指标任务，实施农垦土地复垦改耕 1 100 多亩。福安农垦集团采用“农垦＋N”经营模式，先后流转全市 5 593 亩撂荒地，复垦 4 914亩，建立农垦合作示范片 9 个。全省 6 个农垦集团担起粮食生产、加工、仓储等任务，体现农垦保障粮食安全的担当作为。

**（四）改善民生，增进福祉有新成效**

抓实 6 家欠发达农场 1 460 万元衔接资金项目管理，形成产业带动职工村民增收致富，逐步实现“改革活、产业优、职工富、农场美”的新愿景。促进信访事项解决在基层、化解在农场，着力推动解决农场在改革等方面的 19 个历史遗留问题，农垦农场矛盾问题明显减少。实行水库安全清单化管理，持续推进“日常巡查、隐患排查、安全鉴定”工作责任机制，确保安全。

**（五）担当作为，农垦系统有新气象**

建立健全农垦系统“统筹部署、跟踪督促、半年通报、年度讲评”的工作推进机制，推进农垦重点工作项目化、清单化、责任化，展开“深学争优、敢为争先、实干争效”行动，倡导零差错、零延误、零脱节的工作作风，加压突破，知难而进，全省农垦系统活力明显增强。

# 江西农垦2023年经济发展统计公报

江西省农业农村厅农垦局

2023年，江西垦区认真学习贯彻习近平总书记关于“三农”工作的重要指示精神，按照党中央、国务院和省委、省政府的决策部署，在省农业农村厅党委的坚强领导下，积极推进农垦产业发展，实施农垦“两大行动”，持续增强农垦改革发展动力，扎实有序推进农垦各项工作。

## 一、基本情况

2023年，江西垦区有农垦场156个；实现生产总值292.68亿元（图1）。其中，第一产业增加值37.91亿元，第二产业增加值171.08亿元，第三产业增加值83.69亿元（表1）。年末总人口144.82万人，同比增长2.66%。土地总面积68.56万公顷，同比下降1.03%，其中，耕地面积8.3万公顷，同比下降1.05%；拥有现代化农业园区26个，比上年增加2个。

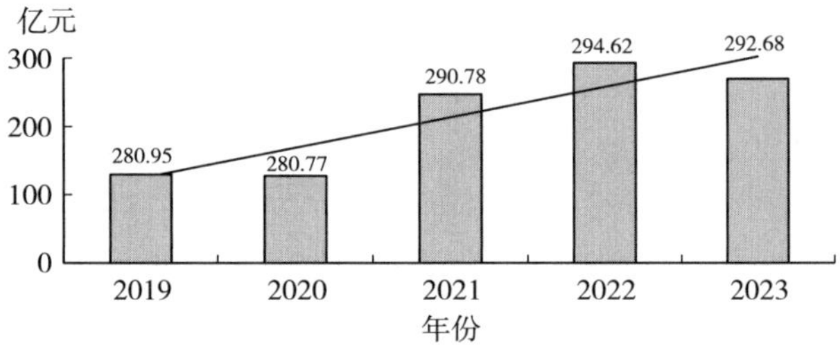


图1　2019—2023年农垦生产总值情况

**表1　主要经济指标**

| 指标名称 | 计量单位 | 2022年 | 2023年 | 增长率（%） |
|---|---|---|---|---|
| 生产总值 | 万元 | 2 946 218 | 2 926 775 | −0.65 |
| 其中：第一产业增加值 | 万元 | 376 613 | 379 074 | 0.65 |
| 第二产业增加值 | 万元 | 1 696 792 | 1 710 780 | 0.82 |
| 第三产业增加值 | 万元 | 872 812 | 836 921 | −4.11 |
| 工农业总产值 | 万元 | 8 502 731 | 8 577 435 | 0.88 |
| 其中：工业产值 | 万元 | 7 785 571 | 7 844 266 | 0.75 |
| 农业产值 | 万元 | 717 160 | 733 170 | 2.23 |
| 当年新增固定资产 | 万元 | 478 458 | 490 299 | 2.47 |
| 居民人均可支配收入 | 元/年 | 18 002 | 17 515 | −2.71 |

## 二、农业方面

全省实现农林牧渔业总产值73.32亿元，比上年增长2.23%（图2）。其中，农业产值35.88亿元，林业产值6.74亿元，牧业产值14.25亿元，渔业产值12.08亿元，农林牧渔专业及辅助性活动产值4.36亿元。

全年农作物播种面积13.86万公顷，较上年增加971公顷，增长0.71%（表2）。其中，粮食作物面积10.66万公顷，下降0.40%；油料面积1.53

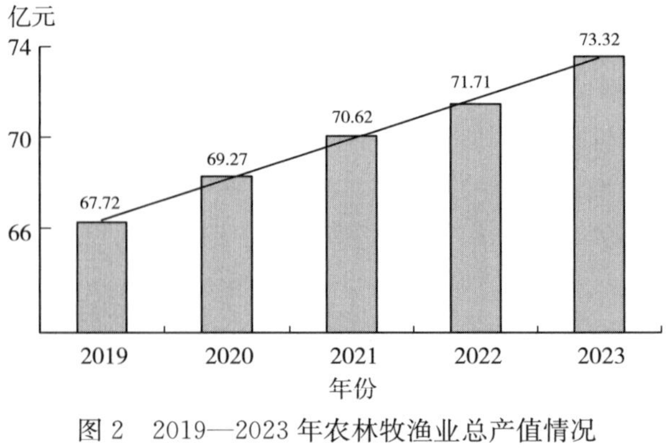


图2　2019—2023年农林牧渔业总产值情况

万公顷，增长10.52%；蔬菜、瓜类面积1.17万公顷，增长0.14%。

**表2　农作物播种面积和产量**

| 农作物名称 | 播种面积 | | | 产量 | | |
|---|---|---|---|---|---|---|
| | 2022年（公顷） | 2023年（公顷） | 增长率（%） | 2022年（吨） | 2023年（吨） | 增长率（%） |
| 农作物（合计） | 137 624 | 138 595 | 0.71 | — | — | — |
| 粮食作物 | 107 006 | 106 578 | −0.40 | 696 353 | 703 086 | 0.97 |
| 油料 | 13 867 | 15 326 | 10.52 | 32 718 | 33 541 | 2.52 |
| 棉花 | 763 | 773 | 1.31 | 1 892 | 1 891 | −0.05 |
| 糖料（合计） | 279 | 276 | −1.08 | 9 240 | 10 358 | 12.10 |
| 烟叶（合计） | 86 | 85 | −1.16 | 127 | 127 | 0 |
| 蔬菜、瓜类 | 11 666 | 11 682 | 0.14 | 230 429 | 235 219 | 2.08 |

粮食总产量70.31万吨，比上年增加6 733吨，增长0.97%，其中谷物产量68.38万吨，增长1.43%。油料产量3.35万吨，增长2.52%；棉花产量0.19万吨，下降0.05%；糖料产量1.04万吨，增长12.10%；蔬菜、瓜类产量23.52万吨，增长2.08%。

2023年年末，有大牲畜规模化养殖场9个，大牲畜2.69万头，其中牛1.77万头，牛奶产量1 953吨。生猪养殖企业24家，当年出栏肉猪54.33万头，年末存栏能繁殖的母猪3.39万头，猪肉总产量4.92万吨（表3）。

**表3　畜产品生产情况**

| 畜产品 | 计量单位 | 2022年 | 2023年 | 增长率（%） |
|---|---|---|---|---|
| 肉类 | 吨 | 62 114.64 | 62 860.41 | 1.20 |
| 其中：猪肉 | 吨 | 48 520.26 | 49 245.42 | 1.49 |
| 牛肉 | 吨 | 3 813.13 | 3 988.29 | 4.59 |
| 羊肉 | 吨 | 1 139.18 | 1 111.95 | −2.39 |
| 禽肉 | 吨 | 4 661.29 | 4 563.79 | −2.09 |
| 蜂蜜 | 吨 | 1 651.72 | 1 598.63 | −3.21 |
| 禽蛋 | 吨 | 17 529.89 | 16 771.24 | −4.33 |

## 三、工业和建筑业方面

2023年，江西垦区工业保持平稳发展。工业企业852家，实现工业产值784.43亿元（图3），同比增长0.75%。其中规模较大的上5亿元的行业有25个，累计完成工业产值762.88亿元，占工业总产值的97.25%。其中，纺织服装、服饰业产值237.21亿元，比上年增长3.74%；纺织业产值80.19亿元，较上年增长1.17%；非金属矿物制品业产值55.22亿元，比上年增长0.44%；通用设备制造业产值39.1亿元，比上年增长1.9%。

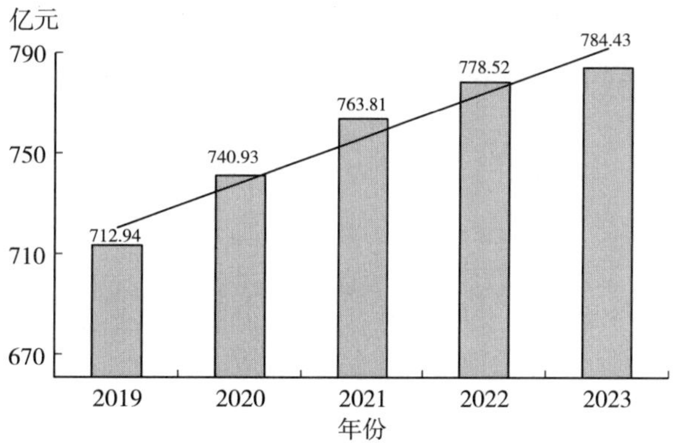

图3　2019—2023年工业总产值情况

主要工业产品产量见表4。

表 4　2023 年主要工业产品产量

| 产品名称 | 计量单位 | 产量 | 比上年增长（%） |
|---|---|---|---|
| 原煤 | 吨 | 782 702.00 | 0.14 |
| 铁矿石原矿 | 吨 | 1 258 000.00 | −0.16 |
| 大米 | 吨 | 185 026.23 | −3.02 |
| 饲料 | 吨 | 92 030.80 | 0.07 |
| 精制食用植物油 | 吨 | 26 270.20 | −11.66 |
| 乳制品 | 吨 | 4 355.06 | −0.31 |
| 饮料酒 | 千升 | 104 373.00 | −1.20 |
| 精制茶 | 吨 | 1 156.62 | 1.88 |
| 纱 | 吨 | 45 977.10 | 0.15 |
| 布 | 米 | 2 758 639.00 | −0.01 |
| 服装 | 件 | 70 325 359.00 | 2.61 |
| 皮革鞋靴 | 双 | 300 159.00 | 4.20 |
| 家具 | 件 | 113 054.00 | 1.93 |
| 机制纸及纸板 | 吨 | 84 675.00 | −2.88 |
| 化学药品原药 | 吨 | 12 395.00 | −1.24 |
| 中成药 | 吨 | 17 026.00 | 0.58 |
| 塑料制品 | 吨 | 32 273.70 | 1.92 |
| 水泥 | 吨 | 169 227.06 | 4.06 |
| 砖 | 块 | 208 890 320.00 | 2.45 |
| 瓦 | 片 | 20 128 907.00 | 0.86 |
| 发电量 | 千瓦·时 | 649 275 285.73 | 4.62 |
| 自来水生产量 | 米$^3$ | 3 556 110.00 | 24.74 |

年末有建筑企业 77 个，从业人员 5 974 人，全年实现总产值 26.96 亿元；年末固定资产原值 2.71 亿元；全年施工房屋建筑面积 198.49 万米$^2$。

## 四、交通运输业、批发零售餐饮业方面

全年交通运输业从业单位 377 个，从业人员 2 184 人，拥有主要运输工具 1 147 台，货运量 44.71 万吨，客运量 89.89 万人，实现营业总收入 2.52 亿元。

年末批发零售业、餐饮业、服务业营业单位 3 265个，拥有固定资产原值 9.54 亿元，营业用房面积 54.83 万米$^2$，从业人员 1.86 万人，全年完成商品销售总额或营业收入 115.57 亿元。全年外贸出口供货商品金额 3.3 亿元，比上年增长 1.1%。

## 五、科研基本情况

2023 年，全垦区科研单位 3 个，职工 311 人，其中科技人员 79 人，本科及以上 35 人。全年企业自筹研究与试验发展经费 2 106 万元，实验地面积 1.86 公顷。

## 六、固定资产投资

全年固定资产投资总额 274.93 亿元，比上年减少 4.76 亿元，下降 1.7%。其中，第一产业投资额 7.00 亿元，占投资总额的 2.55%；第二产业投资额 189.29 亿元，占投资总额的 68.85%；第三产业投资额 78.64 亿元，占投资总额的 28.60%。当年新增固定资产 49 亿元。

## 七、从业人员及职工方面

2023 年，江西农垦年末总人口 144.82 万人，年末从业人员 40.03 万人，其中，第一产业从业人员 21.20 万人，第二产业从业人员 12.65 万人，第三产业从业人员 6.18 万人；年末职工 21.04 万人，其中在岗职工 17.89 万人；职工工资总额 48.04 亿元，其中在岗职工工资总额 38.70 亿元。

# 山东农垦2023年经济发展统计公报

山东省农业农村厅农垦局

2023年，山东农垦认真贯彻落实中央和国家关于农垦改革发展的决策部署，在农业农村部农垦局的关心指导和省委、省政府的坚强领导下，积极履行农业“国家队”职责使命，狠抓粮食生产，持续深化农场企业化改革，努力加快转变经济发展方式，不断推进欠发达国有农场巩固提升，着力增强农场内生动力和发展活力，垦区经济社会持续稳定发展，各项工作取得新成效。

## 一、综合

山东垦区有国有农场10个，分布于6市9个县（市、区），全部实行属地管理。2023年，垦区土地总面积9 715.81公顷，其中耕地面积6 261.08公顷，包括高标准农田面积1 459.6公顷、永久基本农田2 553.94公顷。垦区年末总人口8 382人，从业人员1 896人，职工1 860人。居民人均可支配收入28 977.3元，比上年增加3 360元，增长13.12%。

2023年，垦区经济运行总体保持平稳。第一产业增加值12 875.11万元，同比增长0.86%；第二产业增加值136.22万元，同比增长6.66%；第三产业增加值2 733.36万元，同比下降5.93%。

## 二、农业

农业生产稳中有升。全年完成农林牧渔业总产值16 869.94万元，同比增长2.89%。全年垦区农作物播种总面积8 252.57公顷，比上年略增。其中，粮食播种面积7 982.77公顷；粮食总产量60 199.16吨，比上年增加6 087.18吨，增长11.25%。小麦播种面积3 991.44公顷，与上年持平略增，总产量26 914.81吨，与上年持平略增；水稻播种面积528.00公顷，与上年持平，总产量4 840.00吨，与上年持平略增；玉米播种面积3 371.93公顷，与上年持平略增，总产量27 920.65吨，较上年增加5 636.48吨，增长25.29%；高粱播种面积56.47公顷，总产量423.50吨，比上年分别增长16.51%、45.63%。大豆播种面积33.60公顷，总产量92.20吨，比上年分别减少12.33公顷、14.73吨，分别下降26.85%、13.78%。花生播种面积2.00公顷，总产量7.50吨，比上年分别下降70.28%、70.30%。棉花播种面积1.20公顷，总产量2.00吨，比上年分别下降76%、82.61%。蔬菜、瓜类播种面积135.60公顷，产量5 590.75吨，比上年分别增长7.65%、11.11%。

畜牧养殖业健康有序发展。生猪年末存栏1 410头，比上年减少2 490头，下降63.8%，能繁母猪400头，与上年持平。当年出栏肉猪4 000头，比上年下降393头，下降8.95%。猪肉总产量393.12吨，比上年下降30.07吨，下降7.11%。

农机化水平保持总体稳定。全年农业机械总动力24 767千瓦。有大中型拖拉机100台，小型及手扶拖拉机488台，排灌动力机械612台，联合收获机49台。当年实际机耕面积6 070.24公顷，比上年略增，增长1.4%；当年实际机播面积7 263.50公顷，与上年基本持平；当年机械收割面积7 251.50公顷，比上年增加160.07公顷，增长2.26%。

农药化肥施用量持平略增。全年农药施用量109.37吨，比上年增加2.92吨，增长2.74%；农用化肥施用总量6 237.05吨，与上年持平略增；有机肥施用量372.00吨，与上年基本持平；测土配方施肥面积1 000公顷，与上年持平。

节水灌溉面积持续增加。全年有效灌溉面积5 288.02公顷，比上年增加987.26公顷，增长22.96%。其中，节水灌溉面积2 273.58公顷，比上年增加966.08公顷，增长73.89%。

## 三、工业

全年实现工业总产值602.00万元，比上年增加383.12万元，增长175.04%。全年生产配合饲料2 190吨，比上年增加190吨，增长9.5%。

## 四、批发零售业、餐饮业及服务业

垦区有批发零售业单位12个，从业人员34人，全年从业人员工资总额176.82万元，全年营业收入2 092.35万元，比上年减少120.25万元，下降5.43%。服务业单位4个，从业人员39人，全年从业人员工资总额133.90万元，营业收入647.96万元，与上年相比增幅较大。

## 五、农垦科研基本情况

垦区有科研单位1个，职工8人，其中科技人员8人，本科及以上学历3人。全年投入科研经费11.37万元。实验地面积6.2公顷。

## 六、固定资产投资

固定资产投资降幅较大。全年固定资产投资总额2 529.53万元，比上年减少5 932.28万元，下降70.11%。其中，第一产业完成投资总额1 517.96万元，比上年减少3 641.79万元，下降70.58%；第三产业完成投资总额1 011.57万元，比上年减少2 290.49万元，下降69.37%。当年新增固定资产2 529.53万元，比上年减少5 669.28万元，下降69.15%。

## 七、从业人员、职工人数及收入

年末垦区从业人员1 896人。其中，第一产业从业人员1 726人，第二产业从业人员74人，第三产业从业人员96人，分别占从业人员总数的91%、4%和5%。全年从业人员工资总额9 511.59万元，比上年增加1 985.69万元，增长26.38%。年末职工1 860人，职工工资总额7 649.93万元，比上年增加1 387.89万元，增长22.16%；在岗职工1 637人，在岗职工工资总额7 477.93万元，比上年增加1 428.59万元，增长23.62%。

# 河南农垦2023年经济发展统计公报

河南省农机农垦发展中心

2023年，河南农垦系统立足新发展阶段，构建新发展格局，进一步推进农垦振兴发展和农场企业化改革，以提高发展质量和效益为中心，全面提升河南农垦内生动力、发展活力和整体实力，求真务实，开拓创新，持续保持垦区经济和社会发展和谐稳定。

## 一、综合

2023年全年实现生产总值103 783.20万元，其中，第一产业增加值52 229.79万元，比2022年下降2.06%；第二产业增加值28 189.76万元，比2022年下降20.93%；第三产业增加值23 363.65万元，比2022年增长25.46%。第一、第二、第三产业增加值在生产总值中的比重分别为50%、27%和23%。

## 二、农业

全年实现农、林、牧、渔业总产值131 616.68万元，其中，农业产值93 124.12万元，林业产值653.99万元，牧业产值29 493.82万元，渔业产值4 240.50万元，农林牧渔辅助性活动产值4 104.25万元。

全年农作物播种面积39 101公顷，比2022年的39 485公顷减少384公顷，下降0.97%。其中，粮食播种面积34 428公顷，比2022年的34 791公顷减少363公顷，占农作物播种面积的1.04%；蔬菜、瓜类面积1 024公顷，比2022年的966公顷增加58公顷，增长5.99%；油料面积3 598公顷，比2022年的3 649公顷减少51公顷，下降1.39%；棉花面积35.7公顷；药材类面积15公顷。

河南垦区2023年受到“烂场雨”的影响，粮食作物产量有小幅减少。其中粮食总产量275 516吨，比2022年的277 884吨减少2 368吨，下降0.85%。小麦总产量149 706吨，比2022年的157 559吨减少7 853吨，下降4.98%；玉米总产量109 163吨，比2022年的104 108吨增加5 055吨，增长4.86%；大豆总产量4 600吨，比2022年的5 445吨减少845吨，下降15.52%。主要农产品产量见表1。

**表1　2023年主要农产品产量**

| 产品名称 | 产量（吨） | 比上年增长（%） |
|---|---|---|
| 小麦 | 149 706 | −4.98 |
| 大豆 | 4 600 | −15.52 |
| 玉米 | 109 163 | 4.86 |
| 油料 | 13 688 | −2.48 |

肉类总产量5 408吨，比2022年的6 418吨减少1 010吨，下降15.74%，其中猪肉产量4 929吨，比2022年的5 878吨减少949吨，下降16.16%，主要原因是生猪市场行情及疫情的影响进一步加深，持续对生产基础母猪群进行压群缩减，生猪养殖量减少；禽肉产量221吨，比2022年的217吨增加4吨，禽蛋产量1 235吨，比2022年的1 258吨减少23吨，下降1.82%。牲畜年末存栏总数及主要畜产品产量见表2。

**表2　2023年牲畜年末存栏数、出栏数及主要畜产品产量**

| 牲畜种类/畜产品 | 计量单位 | 存（出）栏数/产量 | 比上年增长（%） |
|---|---|---|---|
| 大牲畜（存栏） | 万头 | 0.63 | 11 |
| 其中：奶牛 | 万头 | 0.48 | 2.1 |
| 猪（存栏） | 万头 | 2.6 | −34 |
| 猪（出栏） | 万头 | 6.7 | −11.64 |
| 肉类（总产量） | 万吨 | 0.54 | −15.74 |
| 牛奶（产量） | 吨 | 12 946 | −4.33 |

农业生产机械化程度保持稳定，年末农业机械总动力25万千瓦，机械深耕深松面积715公顷，无人机防治面积大幅增加，达到27 120公顷，当年

实际机耕面积 22 242 公顷，当年实际机播面积 31 979公顷；当年实际机收面积 33 283 公顷。

## 三、工业和建筑业

2023 年垦区工业发展平稳，河南农垦现有工业企业 14 个，全年实现工业总产值 43.8 亿元，比 2022 年的 39.7 亿元增加 4.1 亿元，增长 10.38%。国有及国有控股工业企业总产值 10.72 亿元，占工业总产值的 24.49%。工业总产值居前 4 位的行业是：酒、饮料和精制茶制造业 25.2 亿元，食品制造业 10 亿元，农副食品加工业 5 亿元，医药制造业 3 亿元。

## 四、第三产业

垦区从业人员自主创业积极性和能力提高，经营领域不断拓宽，服务水平进一步提高，农垦改革进一步深入，行业内部调整较多。其中，批发零售业单位 182 个，年末从业人员 825 人，营业收入 48 279 万元；餐饮业单位 30 个，年末从业人员 216 人，营业收入 5 440 万元；服务业单位 22 个，年末从业人员 352 人，营业收入 24 295 万元。

## 五、人口、就业和劳动工资

2023 年年末总人口 67 843 人，比 2022 年的 69 481 人减少 1 638 人，下降 2.36%。年末从业人员 33 563 人，其中，第一产业 26 026 人，第二产业 4 152 人，第三产业 3 385 人，分别占年末从业人员总数的 78%、12%和 10%。在岗职工工资总额 5.4 亿元，增幅 5.88%，居民人均可支配收入 23 810 元，职工群众生活水平逐步提高。

## 六、固定资产投资

全年固定资产投资总额 27 351 万元，比上年的 18 311 万元增加 9 040 万元，增长 49.37%。其中，第一产业投资额 11 110 万元，占投资总额的 40.6%；第二产业投资额 10 363 万元，占投资总额的 37.9%；第三产业投资额 5 878 万元，占投资总额的 21.5%。当年新增固定资产 14 952 万元。

# 湖北农垦2023年经济发展统计公报

湖北省农业农村厅农垦处

2023年，湖北垦区经济运行持续回升向好，一、二、三产业稳中有增，高质量发展扎实推进，为推动农业强省建设、加快建设全国构建新发展格局先行区提供有力支撑。

## 一、综合

湖北垦区共有65个国有农场、1个省级集团、1个区级集团。年末总人口147.67万人，同比下降0.47%。其中，农场人口130.51万人，同比下降0.36%。年末垦区从业人员98.18万人，其中，从事第一产业33.47万人，从事第二产业33.70万人，从事第三产业31.01万人；年末垦区职工37.15万人。

第一产业完成增加值151.40亿元，同比增长4.44%；第二产业完成增加值1 127.01亿元，同比增长1.4%；第三产业完成增加值1 031.74亿元，同比增长15.53%。第一产业持续稳定发展，第二产业部分人员转岗到第三产业，第三产业持续快速发展。

2023年，湖北垦区居民人均可支配收入31 840元，较上年的30 854.28元增加985.72元，同比增长3.19%；实现工农业总产值3 574.38亿元，比上年的3 397.66亿元增加176.72亿元，同比增长5.20%。

2023年，湖北垦区生产总值超过1亿元的农场有22家，同比增加3家。排名前5位的垦区和农场分别是总口农场、后湖农场、蒋湖农场、运粮湖农场、熊口农场。

2023年年末，湖北垦区拥有土地面积39.22万公顷，比上年的36.9万公顷增长6.29%。其中耕地面积14.41万公顷，比上年下降0.02%。土地面积增长的原因是农垦集团的面积数（2.86万公顷）与加入农场联盟的10个农场的部分面积数有重叠。

## 二、农业

2023年，湖北垦区实现农林牧渔业总产值299.17亿元，较上年的282.15亿元增长6.03%。其中，农业产值140.02亿元，渔业产值98.58亿元，牧业产值45.14亿元，林业产值5.62亿元，农林牧渔专业辅助性活动产值9.82亿元，分别较上年增长8.3%、5.67%、−0.82%、1.92%、14.75%（图1）。

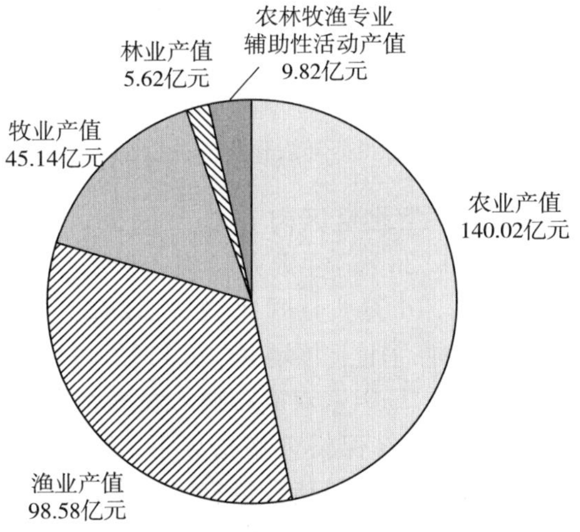


图1　2023年湖北垦区实现农林牧渔业产值

全年农作物播种总面积24.43万公顷，比上年的23.94万公顷增长2.07%。其中，粮食作物种植面积14.32万公顷，比上年增长2.11%，粮食产量93.15万吨，比上年增长2.42%；棉花种植面积0.45万公顷，比上年下降5.29%；油料种植面积2.78万公顷，比上年增长7.78%；蔬菜、瓜类种植面积6.02万公顷，比上年增长0.04%。棉花产量0.53万吨，油料产量10.58万吨，蔬菜、瓜类产量215.58万吨，均比上年略有增长（表1，图2）。

**表 1　2023 年湖北垦区主要农产品产量**

| 产品名称 | 2022 年（万吨） | 2023 年（万吨） | 增长率（%） |
|---|---|---|---|
| 粮食 | 90.95 | 93.15 | 2.42 |
| 棉花 | 0.58 | 0.53 | −8.62 |
| 油料 | 10.27 | 10.58 | 3.02 |
| 肉类 | 8.83 | 11.94 | 35.22 |
| 水产品 | 52.12 | 53.94 | 3.49 |
| 水果 | 16.44 | 17.83 | 8.45 |
| 蔬菜 | 185.91 | 186.85 | 0.51 |

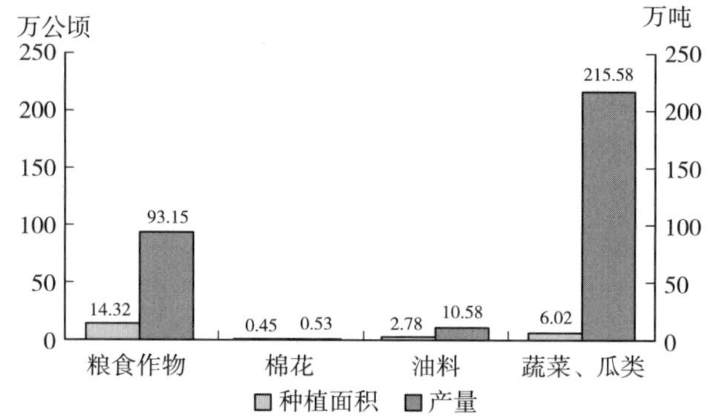


图 2　湖北垦区 2023 年农作物播种总面积和产量

2023 年，湖北垦区肉类总产量 11.94 万吨，比上年增长 35.23%，主要是猪肉产量增长。年内肉猪出栏 101.16 万头，同比增长 23.35%，猪肉产量 9.43 万吨，比上年增长 46.11%。过去几年受环保限制和市场因素双重影响，农场养猪量持续走低，2023 年，在保供策略指导下，农场通过招商新增了养殖企业，养猪数量有所恢复，屠宰量有所增加。肉牛出栏 2.33 万头，同比增长 10.31%，牛肉产量 4.9 万吨，同比增长 15.15%。肉牛出栏量和牛肉产量提高的主要原因是效益较好，养殖企业根据市场需求扩大了养殖规模。禽蛋总产量 3.86 万吨，同比下降 8.16%。水产品产量达到 53.94 万吨，同比增长 3.74%，产品以淡水鱼、小龙虾以及特种水产养殖品为主。

2023 年年末，湖北垦区拥有农业机械总动力 173.76 万千瓦，同比增长 0.19%。其中，大中型拖拉机 8 649 台，同比增长 0.21%；小型拖拉机 4.55 万台；排灌动力机械 2.38 万台，与上年基本持平。农用飞机 151 架，同比增长 10.22%。农业用电量 1.43 亿千瓦·时，同比增长 0.35%。农业用水量 60 968.1 万米$^3$，比上年增长 0.48%。农业化肥施用折纯量 9.96 万吨，同比下降 1.12%。当年机械播种面积 8.35 万公顷，机械收割面积 12.61 万公顷，同比基本持平。无人机在农业生产中的运用越来越广泛，如用于播种、施肥、打药等。化肥的使用量逐步减少，有机肥的使用量和施用面积逐步增长。节水灌溉面积 2.31 万公顷，同比增长 7.68%。这些数据表明高效、生态、低能耗的农业技术在农场得到推广。沼气池的数量进一步减少，同比下降 16.29%，农村生活燃料逐步被更方便、卫生的液化气和天然气取代。

## 三、工业和建筑业

2023 年，湖北垦区工业增加值略有增长。全垦区有 2 567 个工业企业，比上年的 2 452 个工业企业增长 4.69%，工业总产值（现价）3 275.2 亿元，同比增长 5.13%；工业增加值 1 127.01 亿元，增长 1.4%；从业人员 33.7 万人，同比增长 5.79%。

湖北垦区现有规模以上工业企业 755 个。其中国有或国有控股 50 个。规模以上工业企业同比减少 134 个。现有国家级、省级龙头企业 35 个，总产值 300.68 亿元，从业人员 1.15 万人。

2023 年，湖北垦区有建筑企业 686 个，建筑业总产值 1 259.44 亿元，同比下降 7.25%。年末建筑从业人员 9.7 万人；年末固定资产原值 80.13 亿元，同比增长 3.13%。年末拥有各类机械设备 1.05 万台。建筑市场与上年同期相比进一步萎缩。

## 四、批发零售餐饮业、交通运输业及出口商品

2023 年，湖北垦区第三产业发展较快，无论是从业人员还是增加值都有较大幅度增长，国有成分进一步增强。年末拥有批发零售贸易单位 1.34 万个，从业人员 6.06 万人，营业收入 1 674.89 亿元；餐饮业单位 0.38 万个，从业人员 1.42 万人，营业收入 21.68 亿元；运输业单位 1.32 万个，全年营业收入 140.3 亿元，同比增长 0.06%。

湖北垦区全年出口商品金额 17.33 亿元，同比下降 1.15%。其中，生猪出口 2.67 万头，增长 15%。淡水鱼出口数量下降 25%，小龙虾出口 0.26 万吨，同比增长 8.32%。蔬菜出口 0.36 万吨，同比下降 4.83%。

## 五、固定资产投资

湖北垦区全年完成固定资产投资总额 1 245.57 亿元，同比增长 2.28%。其中，国有部分增长 44.14%。第一产业 43.39 亿元，第二产业 488.79 亿元，第三产业 713.39 亿元，资金来源以国家预算内资金和企业贷款、自筹资金为主。当年新增固定资产 634.68 亿元。

## 六、科技

湖北垦区科研单位数量由上年的 4 个增加到 6 个，职工合计 535 人，比上年增长 2.69%。其中科技人员 392 人，比上年增长 3.7%。科研经费 1.61 亿元，比上年增长 14.32%。企业科研经费来源以自筹为主，财政经费 290 万元，比上年增长 31.82%。

## 七、农业绿色发展

湖北垦区大力推进农业绿色发展，全面加强农产品安全监管、农垦品牌创建、农产品品质提升等工作。获得绿色食品认证的农产品 164 个，同比增加 3 个，认证产量 33.82 万吨。获得有机食品认证的农产品 4 个，认证产量 1.62 万吨。农产品地理标志产品 4 个，认证产量 6.98 万吨。原种播种面积 503 公顷，良种生产量 9 648 吨，新品种更新更换面积 1.44 万公顷。

# 湖南农垦2023年经济发展统计公报

湖南省农业农村厅农田建设与农垦处

2023年是新冠疫情之后经济恢复的头一年。一年来，全省农垦系统在农业农村部农垦局和湖南省农业农村厅的正确领导及各级部门的大力支持下，坚持转变发展方式，团结一致，攻坚克难，奋斗拼搏，赢得了经济社会的全面发展。

## 一、综合

2023年，整个湖南都在唱响经济恢复的大旋律，从房地产业、金融业、工业、销售业及娱乐业、农林牧渔业入手，多元开花，促民生、保增长。

经济平稳保持弱势发展。2023年年末，垦区总人口77.3万人，比上年同期减少2 045人，下降0.26%。农场人口58.67万人，比上年增加1 744人，增长0.3%。居民人均可支配收入18 688元，比上年增加320元，增长1.74%。实现生产总值353.41亿元，比上年增加3.9亿元，增长1.12%。其中，第一产业增加值60.68亿元，比上年增加0.59亿元，增长0.97%；第二产业增加值148.71元，比上年增加0.37亿元，增长0.25%；第三产业增加值144.02亿元，比上年增加2.92亿元，增长2.03%。

## 二、农业

农业生产稳定增长。2023年，全省农作物播种面积171 631公顷，比上年增加1 155公顷，增长0.68%。其中，粮食播种面积96 147公顷，比上年增加250公顷，增长0.26%；豆类种植面积2 524公顷，比上年减少413公顷，下降14%；油料种植面积31 676公顷，比上年增加643公顷，增长2%；棉花种植面积9 385公顷，比上年增加198公顷，增长2.16%。蔬菜、瓜类种植面积28 637公顷，比上年增加62公顷，增长0.22%。粮食总产量70.49万吨，比上年减少10.81万吨，下降13.3%，其中稻谷产量60.76万吨，比上年减少12.9万吨；油料产量5.26万吨，比上年增加0.10万吨，增长1.94%；蔬菜、瓜类产量102.2万吨，比上年减少918吨，下降0.09%。

渔、牧、林业持续稳定发展。当年植树造林3 903公顷，比上年增加0.57公顷，增长0.01%；森林覆盖率达26%。年末牛存栏4.37万头，比上年减少0.95万头，下降17.9%，其中，肉牛4.23万头，奶牛0.13万头，农业机械增加，机械取代牛耕导致肉牛、奶牛增加，耕牛减少，这是养殖业发展的趋势。2023年猪肉价格下降，环保压缩养殖，导致生猪存栏量急剧下降，当年生猪出栏82.37万头，比上年减少1.64万头，下降1.95%，猪肉产量8.33万吨，同比增加0.53万吨，增长6.79%。当年出售肉用牛1.9万头，牛肉产量5 218吨，比上年增加988吨，增长23.36%；当年出售肉用羊4.08万头，比上年下降1.34%，羊肉产量1 020吨，同比增长41%；肉类总产量为12.38万吨，比上年增加0.68万吨，增长5.81%。水产品产量147 446吨，比上年增加2 134吨，增长1.47%，其中鱼类产量108 190吨，比上年增加833吨，增长0.78%。由于湖区水域要净化达标，对虾、贝类、蟹类养殖量比往年大幅下降。农林牧渔业总产值为1 800 464.14万元，比上年减少4 445万元，下降0.25%。其中，农业产值1 223 145.73万元，同比下降0.54%；林业产值26 126.49万元，同比下降2.2%；牧业产值289 256.38万元，同比增长1.16%；渔业产值198 979.34万元，同比增长0.95%；农林牧渔服务业产值6.30亿元，同比下降3.67%。

农业机械及使用情况。农业机械总动力142.49万千瓦，其中，柴油发动机动力108.24万千瓦，汽油发动机动力8.80万千瓦，电动机动力19.57万千瓦，其他机械动力5.88千瓦。大中型拖拉机5 376台，小型及手扶拖拉机5 282台。农用塑料薄膜使用量2 661.26吨，与上年基本持平。当年实际机耕面积 138 201.2 公顷，同比下降 0.27%。当年实际机播面积 60 772.43 公顷，比上年减少 2 727公顷。当年机械收割面积111 827.1公顷，比上年减少 3 386 公顷。有效灌溉面积 67 511.74 公顷，比上年增加 371.74 公顷，增长 0.55%。

## 三、工业和建筑业

工业生产进入稳定期。规模以上工业企业 163 个，比上年增加 1 个，增长 0.62%；工业总产值（现价）3 276 860.92 万元，其中国有 190 760 万元，比上年增加 110 万元，增长 0.06%；工业销售产值（现价）3 203 013.97 万元，其中国有 191 200万元，比上年增加 122 万元，增长 0.06%。工业企业 556 个，同比减少 13 个，下降 2.28%；工业总产值 5 816 821.36 万元，同比减少 2 688 万元，下降 0.05%；年末从业人员 278 186 人；利润总额 103 267.4 万元，同比减少 15 361 万元，下降 12.95%。

建筑业稳步发展。由于垦区危房改造工程结束，全垦区年末有建筑企业 54 个，比上年减少 8 个。年末从业人员 12 886 人，比上年减少 84 人，基本持平。年末固定资产原值 28 139.44 万元，比上年增加 90.64 万元，增长 0.32%。全年施工房屋建筑面积 933 008.25 米$^2$，房屋建筑竣工面积 581 440 米$^2$，建筑业总产值 206 147.44 万元。

## 四、固定资产投资

固定资产投资总量有所减少。受全省总体经济的影响，2023 年农垦固定资产投资 73.69 亿元，比上年减少 14.43 亿元，下降 16.38%。其中，第一产业固定资产投资 3.30 亿元，其中国有 0.71 亿元，比上年增长 32.57%；第二产业 53.57 亿元，其中国有 12.95 亿元，比上年下降 10.59%；第三产业 16.82 亿元，其中国有 9.63 亿元，比上年下降 21.07%。当年新增固定资产 56.39 亿元。

## 五、科学技术和教育

年末垦区拥有各类科研单位 4 个，与上年持平，科研人员和技术工人人数保持稳定，合计为 89 人，与上年持平。因贯彻湖南省相关文件精神，对农场办教育、医疗卫生等职能进行剥离，相关单位逐步移交地方政府。

## 六、资源与环境保护

2023 年，垦区继续把粮食生产放在重要位置，确保粮食生产不动摇。全年未出现建设违规占用耕地的现象，耕地面积减少的势头进一步趋缓。农工环保意识加强，全年未发生重大面源污染事件，全年新增造林面积 1 156 公顷，新增果树定植 71.8 公顷，少砍伐树木 1 218 米$^3$，荒山变成青山，生态环境得到明显改善。

## 七、人口与社会保障

2023 年年末，全省农垦总人口 77.31 万人，比上年减少 0.19 万人。其中农场人口 58.67 万人。城镇人口 38.37 万人，小城镇化进程加快，人口进一步集中。

社会保障工作全面发展。全省农垦职工参加基本养老保险 24.32 万人，企业离退休人员参加基本养老保险 8.1 万人，参加失业保险 2.3 万人，参加医疗保险 58.6 万人，全年发放企业离退休人员基本养老金 11.02 亿元，社会化发放基本养老金 8.56 亿元，社会化发放 16.02 万人，占离退休人员的 98.8%，企事业参保离退休人员人均养老金 1 326元/月，离退休职工的生活待遇得到进一步提高。

# 广东农垦2023年经济发展统计公报

广东省农垦集团公司

2023年，广东农垦认真贯彻落实农业农村部、财政部和省委、省政府决策部署，启动实施广东农垦再造战略，全面落实“1339”工作部署，积极开展“十项行动”，深入开展学习贯彻习近平新时代中国特色社会主义思想主题教育，高质量推进省里交办的优质绿化苗木储备和现代海洋牧场建设等新的重要任务，努力克服外部环境复杂严峻等不利因素，较好地完成各项工作，开创高质量发展新局面。

## 一、综合

2023年，广东农垦实现生产总值207.07亿元，比上年增长3.72%，其中，第一产业增加值73.24亿元，增长3.58%；第二产业增加值68.47亿元，增长1.01%；第三产业增加值65.36亿元，增长6.88%。三次产业结构由上年的35.42∶33.95∶30.65变为35.37∶33.06∶31.57。人均农垦生产总值53 283元，增长3.95%。国有在岗职工年均纯收入81 762元，增长6.54%，垦区居民人均可支配收入31 964元，增长4.96%。全年国有企业营业收入269.57亿，利润6.23亿，资产总额424.38亿，净资产170.39亿。

## 二、农业

2023年，广东农垦实现第一产业增加值73.24亿元，同比增长3.58%。农林牧渔业总产值（按现行价计算）137.28亿元，同比增长4.12%，农林牧渔业商品总产值为122.41亿元，农业商品率为89.17%。

2023年，农作物总播种面积4.51万公顷，比上年增长0.06%，其中，粮食播种面积0.83万公顷，增长4.59%；糖蔗种植面积2.20万公顷，下降1.48%；油料播种面积0.18万公顷，下降2.44%；蔬菜播种面积0.75万公顷，下降1.00%。

垦区国内外橡胶年末实有面积7.12万公顷，其中国内基地橡胶年末实有面积4.58万公顷，比上年下降2.50%；水果年末实有面积3.60万公顷，增长2.13%；剑麻0.28万公顷，下降5.25%；茶叶735公顷，下降1.53%。

全年生猪饲养量212.5万头，比上年增长11.04%，其中年末存栏83.7万头；牛年末存栏3.4万头，其中奶牛2.8万头；全年水产养殖面积0.39万公顷。

全年粮食产量4.69万吨，比上年增长2.12%；糖蔗产量173.46万吨，下降0.06%；油料产量0.50万吨，下降3.57%；蔬菜、瓜类产量21.00万吨，增长0.30%；干胶产量94.27万吨（包含海外、海南和云南），增长3.67%；水果产量96.40万吨，增长0.81%；剑麻直纤维产量5 354吨，下降2.05%；茶叶产量582.51吨，增长2.31%。

全年肉类总产量14.48万吨，比上年增长5.67%，其中，猪肉产量12.12万吨，增长29.29%；禽肉产量2.18万吨，增长1.39%。禽蛋产量8 017吨，增长82.87%。全年水产品产量4.42万吨，增长2.30%，其中，海水养殖1.94万吨，淡水养殖2.48万吨。鲜牛奶产量9.12万吨，增长6.39%。

全年农业固定资产投入9.04亿元，比上年下降47.61%。年末农业机械总动力48.49万千瓦，下降0.37%。全年农用化肥施用量（折纯）5.83万吨，下降0.08%；农用塑料薄膜用量762吨，增长2.19%；农药施用量3 943吨，下降0.66%；有效灌溉面积2.73万公顷，增长3.72%。

2023年完成农业龙头企业的申报和监测工作，至2023年年末，垦区共有18家省级及以上龙头企业，其中3家为国家级重点龙头企业。

## 三、工业和建筑业

2023年，实现工业增加值58.03亿元，增长

0.27%，占生产总值的28.02%。

2023年，垦区各类工业企业629家，其中规模以上工业企业49家，垦区各类工业企业全年实现工业总产值（按现行价计算，下同）244.77亿元，比上年下降2.39%，规模以上工业总产值212.41亿元，占工业总产值的86.78%，工业产品销售率为96.81%，全年实现工业利润17.77亿元，应交税金4.61亿元。广东垦区主要工业产品产量及其增长情况见表1。

**表1　2023年广东垦区主要工业产品产量**

| 产品名称 | 计量单位 | 产量 | 比上年增长（%） |
|---|---|---|---|
| 成品糖 | 吨 | 234 738 | −23.90 |
| 罐头 | 吨 | 1 483 | −49.14 |
| 酒精 | 吨 | 1 995 | 94.82 |
| 乳制品 | 吨 | 221 090 | 3.71 |
| 大米 | 吨 | 35 342 | 7.39 |
| 有机复混肥 | 吨 | 39 102 | −0.25 |
| 饲料 | 吨 | 158 731 | −6.60 |
| 水泥 | 吨 | 117 193 | −13.65 |
| 家具 | 万件 | 203 | 5.41 |
| 发电量 | 万千瓦·时 | 107 780 | 8.99 |

2023年，垦区23个工业行业中，产值排前10位的行业分别是：化学原料和化学制品制造业产值95.99亿元，占工业总产值的39.22%；其他制造业产值51.75亿元，占21.14%；食品制造业22.00亿元，占8.99%；农副食品加工业产值21.34亿元，占8.72%；橡胶和塑料制品业11.13亿元，占4.55%；金属制品业10.28亿元，占4.2%；家具制造业产值6.01亿元，占2.45%；电力、热力生产和供应业5.78亿元，占2.36%；纺织服装、服饰业3.77亿元，占1.54%；木材加工和木、竹、藤、棕、草制品业3.24亿元，占1.32%。这10个产业总产值231.30亿元，占工业总产值的94.50%。

2023年，全年完成建筑业产值26.16亿元，比上年增长5.19%，全年施工房屋建筑面积50.52万米$^2$，房屋建筑竣工面积46.21万米$^2$。建筑业增加值达10.44亿元，增长5.33%。

## 四、固定资产投资

2023年，全年全社会固定资产投资总额51.96亿元，比上年下降0.70%，其中，国有固定资产投资完成15.77亿元，下降35.71%，非国有投资完成36.19亿元，增长30.20%。

分三次产业看，第一产业投资9.04亿元，下降47.61%。第二产业投资34.37亿元，增长45.95%。第三产业投资8.55亿元，下降25.82%。

## 五、交通运输业、批零贸易业、餐饮业、服务业及出口商品

2023年，拥有主要运输工具2 596台，全年货运量608.38万吨；客运量808.82万人，营业总收入6.67亿元。

2023年年末，批发零贸易业、餐饮业、服务业营业单位总数达6 161个，营业网点6 348个，从业人员33 164人，年末固定资产原值65.06亿元，营业用房面积196.50万米$^2$，销售和营业总额215.37亿元。

2023年，出口商品总金额达到43.95亿元，比上年增长1.56%。其中工业品出口38.71亿元，占出口总额的88.08%。2023年年末，垦区境外企业达12家，境外企业全年总收入90.38亿元，利润总额1.72亿元。

## 六、科技生产、土地

2023年，广东农垦聚焦产业发展需要，大力推进创新驱动工程，开展科技创新赋能行动，加强科技创新，加快科技成果转化，提升科技服务水平，以科技助力垦区产业高质量发展。截至年末，共有科研单位7家、科技人员448人，主要农作物耕种收综合机械化水平和良种覆盖率分别达到76.3%和100%。

加快科技创新与转化。一是特种胶研发取得新突破。特种天然橡胶研发生产线成功获得国产航空轮胎胶生产供货资质。目前，垦区特种胶生产线可实现2吨/天连续生产，产能达到400吨/年，为生产供货奠定坚实基础。二是引进熟化旱粮、蔬菜等良种良法。先后引进试种旱粮、蔬菜等品种91个，开展旱粮试验4项，已取得阶段性成果。

壮大农技服务体系与能力。一是健全农技推广体系。建立农技推广服务驿站4个，初步建立垦区农技专家库，制定专家库管理办法，开发农技专家库管理系统，首期遴选入库专家165名，组建农技服务“轻骑兵”107名。二是提升农技服务能力。

编制印发《广东农垦南药知识读本》，全面普及南药产业常识；采用“集中授课＋现场教学＋实操训练＋双考核”模式，统筹开展垦区农技推广人员培训，并组织一线生产人员技术培训，共培训 2 200 人次以上。三是创新农技服务形式。组建团队首期制作垦区农业技术短视频 6 个，开展田头直播大讲堂 2 期，丰富农技推广手段；组织农技“轻骑兵”开展产业调研 12 次、提供应急性服务 10 期；开展垦区主产业病虫害监测与防治，发布病虫害监测与防治简报 43 期。

培育科技平台与成果。一是持续创建科技创新平台。积极利用“广垦书香”读书分享活动，拓宽农技宣教渠道；推进广东省热带作物学会换届，成立了 12 个专业委员会；广垦橡胶联合组建省级制造业创新中心，已完成前沿弹性体创新中心（广东）有限公司注册；燕塘乳业成功获得广州市工业设计中心认定，完成 12 款新产品的包装设计及延展设计等；畜牧集团成功创建高新技术企业，同时打造兽医卫生技术中心，已完成设施设备配套；广垦研究院创建橡胶重点实验室、菠萝产业研究院，已完成橡胶实验室一期建设工程及仪器设备安装，菠萝研究院已完成条件建设和仪器设备配套。二是积极开展科技成果申报。获得各类科技奖项 15 项、新品种保护权 4 项，1 个品种通过省级评定，获得专利 82 项（发明专利 11 项），制（修）订各类标准 13 项，获得软件著作登记 24 项，出版著作 14 部，发表论文 473 篇。其中，品种选育取得新突破，填补了垦区自主品种的空白。

2023 年垦区国有土地总面积 222 647 公顷，其中，耕地 57 470 公顷，园地 88 037 公顷，水面面积 5 999 公顷，林地 37 963 公顷。

农垦土地管理。推进土地信息化建设，垦区物业租赁、农用地对外承包和职工超岗位承包全部在广东农垦国资电子交易平台参与公开竞价；通过平台完成土地、物业交易 3 453 宗，总交易额 79 821.77万元，总委托规模 78 898.4 万元，溢价 923.38 万元，溢价率 1.17%。开展耕地种植现状调查，配合省里开展“田长制”前期准备工作，坚决落实耕地管理目标责任制；积极发挥广东省耕地保护协会会长单位的示范带头和协会平台作用，推动梅陇农场打造全国首个“耕地认保＋消费帮扶”水稻种植示范基地。开展被占地收回攻坚行动，通过协议、公证、起诉、政府收回和强制收回等多种方式收回被占地，全年共收回 24 925 亩，新增被占地承包租金 2 469 万元，已到账 934 万元。提升土地价值潜力，湛江垦区制定建设用地等级价，初步建立区域价格体系；提升涉矿土地前期收益和光伏农业租金收益。垦区建设用地拆旧复垦项目已全部施工完毕，实施面积 9 558 亩，预计 2024 年上半年完成终验，形成并提请复垦指标交易。扎实推进保障性租赁住房项目，黄陂地块项目完成土地权属调整、控规调整等一系列前期工作，取得项目认定；燕塘地块项目完成土地归宗，按计划推进调规工作。国土空间专项规划已基本完成初稿，并与广东省自然资源厅协商确立编审报批规程。

## 七、教育和卫生

教育事业。2023 年，垦区有普通高等学校 1 所，在校学生 18 929 人，当年新招生 6 191 人，当年毕业生 5 970 人；中专 1 所，在校学生 5 073 人，当年毕业生 1 225 人；技工学校 2 所，在校学生 2 127人，当年毕业生 356 人。

2023 年垦区职业教育产教融合取得新进展。广东省农垦集团公司与广东省教育厅签约共建广东农工商职业技术学院（简称农工商学院），共同推动学院建成热带农业产业特色鲜明的“国内一流，世界水平”的高职院校，成为广东职业教育产教融合、科教融汇的示范者，全国行业办学的标杆者和服务“一带一路”倡议的开拓者。由广东省农垦集团公司（农垦总局）主办，华南农业大学、广东农工商职业技术学院承办的南亚热带农业产教融合共同体正式成立。共同体汇聚了来自云南、广东、广西、贵州、海南、黑龙江的 108 家成员单位，其中，企业 59 家，高水平大学 7 家，职业院校 22 家，科研院所 7 家，行业组织 11 家。共同体将促进教育链、人才链、产业链、创新链的有机融合，促进职业教育不断优化专业布局结构，提升教育科研与产业发展的匹配度，促进垦区职业教育与垦区产业体系之间的双向互动。

农工商学院引进江苏京东金科信息技术有限公司、深圳京才教育科技有限公司、广东汇贤智能装备科技有限公司、中山伊登高职业技能培训学校有限责任公司等 5 家优质企业，吸引企业投资近 2 000万元，在校内共建产学一体的实践基地，拓宽人才培养新路径。广东农垦茂名技工学校与广东农垦热带作物科学研究所共建物联网应用技术专业

（现代农业方向）实训基地 7 000 米$^2$，与深圳比比卡汽车连锁公司共建汽车实训基地 2 000 米$^2$，与火星农场共建“火星优品”电商实训基地，与东莞市天弘精密技术有限公司开展密切合作，共建数控加工实训车间。

由农工商学院出品的大型原创话剧《突破·北纬十七度》在广东歌舞剧院首次公演。话剧以广东农垦红色文化和先进人物事迹为主要题材，讲述了三代农垦人力求突破，在北纬 17°以北地区实现天然橡胶大面积种植，开创发展新中国天然橡胶事业的壮阔历程。话剧的上演，对于教育引导广大垦区干部职工传承红色基因、弘扬“艰苦奋斗、勇于开拓、守正创新、志求卓越”的广东农垦精神具有重要意义。

高素质农民培训助力人才强垦。2023 年垦区高素质农民培训工作共投入 700 万元，开展培训 33 期，累计培训 2 259 人，完成计划任务的 105%。

坚持聚焦主产业，顺利完成大规模胶工培训，全年共培训胶工 748 人（其中，湛江 405 人、茂名 98 人、阳江 150 人、揭阳 50 人、汕尾 45 人）。扩展社会服务面，顺利组织了吴川、广宁等挂钩联系单位的高素质农民培训，共培训 100 人。持续扩大影响力，10 月，中央农业广播电视学校党委书记刘明国、副校长李仕宝到广东农垦调研高素质农民培训工作开展情况，对开展广东农垦高素质农民培训、推进产教融合、拓展农广校体系阵地等工作给予充分肯定。11 月，广东农垦代表、来自幸福农场的陈远亮相第五届全国农民教育培训发展论坛，受邀参加中央媒体访谈，讲述了他在广东农垦的创业故事，展现农垦职工新形象。

医疗卫生事业。2023 年，垦区医疗机构全年业务收入 18.3 亿元，同比增长 7.1%。广东省农垦中心医院新增省临床重点专科 1 个、湛江市临床重点专科 5 个，肿瘤专科再次入围全国 50 强，在建的 7.4 万米$^2$ 门诊综合楼顺利封顶。湛垦医疗集团 2023 年基本公共卫生服务工作获评湛江市第一，“医养结合”模式得到属地政府支持，全年争取中央专项彩票公益资金和国家普惠养老项目资金共 2 121万元。茂名农垦医院新开设两个专科。全年新建成胜利、新华、梅陇农场医院专科综合楼，进一步挖掘专科潜力。广东燕岭医院融入广东省第二医院紧密型医联体建设，开启全面合作新篇章。

截至 2023 年年末，垦区有医疗单位 43 家，其中，三级综合医院 1 家，二级综合医院、专科医院共 4 家，一级医院 37 家，疾病预防控制中心（含卫生防疫站）2 家，疗养院 1 家；当年关停农场医院 2 家。全垦区医疗单位实际开放病床 8 354 张，医疗系统职工 4 962 人。

## 八、人口、职工与垦区居民收入

2023 年，全垦区年末总人口 39.08 万人。

国有单位年末从业人员 4.11 万人，其中国有在岗职工 3.12 万人。全年国有在岗职工纯收入合计 25.66 亿元，国有在岗职工年均纯收入 81 762 元，比上年增长 6.54%。

2023 年年末从业人员 124 597 人。其中，第一产业从业人员 56 577 人，占从业人员总数的 45.41%；第二产业从业人员 30 759 人，占从业人员总数的 24.68%；第三产业从业人员 37 261 人，占从业人员总数的 29.91%。从业人员年均纯收入 51 840 元，比上年增长 3.95%。2023 年垦区居民人均可支配收入 31 964 元，比上年增长 4.96%。

## 九、财务状况

资产负债情况：由于畜牧、粮油等产业迅速发展，垦区国有资产规模进一步扩大。2023 年年末，垦区资产总额为 424.38 亿元，比年初减少 13.47 亿元，负债总额 253.99 亿元，比年初减少 13.39 亿元，资产负债率为 59.85%。

所有者权益增减变动情况：2023 年年末，所有者权益达 170.39 亿元（其中归属于母公司的所有者权益为 153.39 亿元），比年初减少 0.08 亿元，减少的主要原因是回购了少数股东权益。

资产运营效率及债务风险情况：广东垦区 2023 年资产负债率为 59.85%，总体债务风险可控；流动比率 97.42%，比上年下降了 8.22 个百分点；资产现金回收率 4.08%，比上年增长 3.2 个百分点，经营活动现金流量净流入 17.61 亿元；净资产利润率和总资产报酬率分别为 2.39% 和 2.21%，企业资产的运营效率较好。

国有营业总收入、利润情况：2023 年垦区实现营业总收入 269.57 亿元，比上年增加 7.93 亿元，增长 3.03%；实现利润总额 6.23 亿元，比上年减少 4.07 亿元，下降 39.51%。

税金缴纳情况：垦区 2023 年共实现各项税费 6.90 亿元。

# 广西农垦2023年经济发展统计公报

广西农垦集团有限责任公司

2023年，农垦集团深入贯彻党的二十大精神和习近平总书记考察广西时的重要讲话精神，认真落实自治区党委、政府及国资委的工作部署，紧盯高质量发展目标，聚焦“四增一稳四提升”指标任务，全面落实“双提双争”，积极应对经济下行、需求偏紧和原材料价格大涨等不利因素影响，经济运行稳中向好，营业收入、利润总额连续保持双增长。

## 一、综合

全年垦区实现地区生产总值[1]218.9亿元（按可比价[2]计算），同比增长2.2%（表1，图1）。其中，第一产业增加值76.2亿元，增长10.1%；第二产业增加值102.1亿元，增长6.3%；第三产业增加值40.6亿元，下降17.1%。一、二、三产业增加值占地区生产总值的比重分别为34.80%、46.65%、18.55%（图2）。

**表1　2023年广西农垦主要经济指标与2005年对比**

| 指标名称 | 计量单位 | 2005年 | 2023年 | 2005—2023年均递增率（%） |
|---|---|---|---|---|
| 地区生产总值 | 亿元 | 43.5 | 218.9 | 9.4 |
| 农业总产值 | 亿元 | 18.9 | 123.6 | 11.0 |
| 工业总产值 | 亿元 | 49.9 | 278.0 | 10.0 |
| 工业增加值 | 亿元 | 21.1 | 97.3 | 8.9 |
| 全社会固定资产投资 | 亿元 | 11.7 | 23.4 | 3.9 |
| 在岗职工人均纯收入 | 元/(人·年) | 11 854 | 95 660 | 12.3 |
| 居民人均纯收入 | 元/(人·年) | 6 799 | 28 778 | 8.3 |

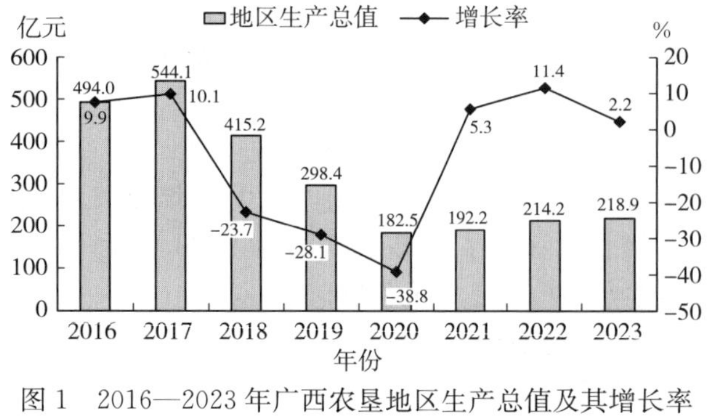


图1　2016—2023年广西农垦地区生产总值及其增长率

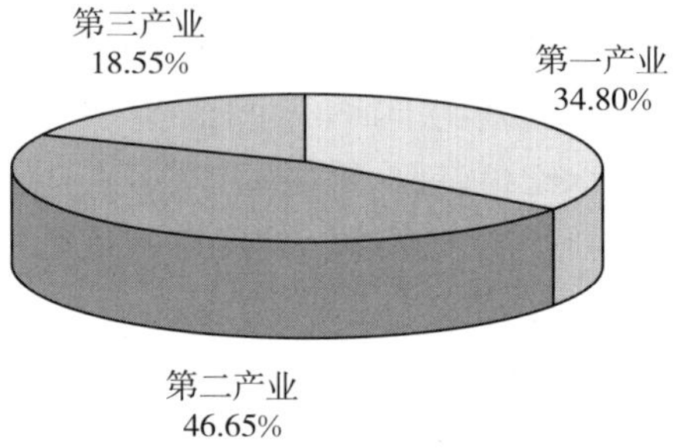


图2　2023年广西农垦地区生产总值构成

## 二、农业

农业经济呈现健康发展的良好势头，农林牧渔业均呈稳步增长态势。全年垦区农林牧渔业总产值123.6亿元，同比增长10.4%（图3）。其中，种植业产值36.26亿元，下降0.66%；林业产值1.9亿元，增长28.8%；牧业产值82.9亿元，增长19.3%；渔业产值1.4亿元，下降58.2%。2023年牧业产值对农林牧渔业总产值增长的贡献率为115%，拉动农林牧渔业总产值增长12个百分点。

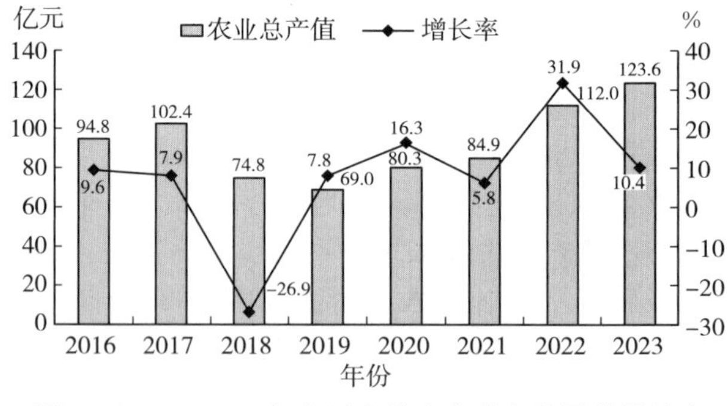


图3　2016—2023年广西农垦农业总产值及其增长率

2023年，农垦年末耕地面积35 330公顷，其中，高标准农田面积达9 720公顷，占27.5%。2023年年末，农业机械总动力25.6万千瓦，同比下降14.7%；农田有效灌溉面积1.77万公顷，同比增长11.9%，其中节水灌溉面积1.42万公顷，同比增长12.6%。

2023 年，垦区甘蔗种植面积 20 451 公顷，同比增加 3 公顷；剑麻种植面积 2 261 公顷，增加 349 公顷；茶叶种植面积 563 公顷，减少 69 公顷；水果种植面积 10 437 公顷，减少 317 公顷，其中，柑、橙种植面积 4 437 公顷，减少 178 公顷；蔬菜种植面积 2 638 公顷，减少 406 公顷（表 2）。2023 年，垦区生猪饲养量 590.9 万头，同比增加 223.8 万头，其中年末生猪存栏 181.8 万头，增加 27.4 万头（表 3）。

**表 2　2023 年广西农垦主要农作物种植面积**

| 作物名称 | 种植面积（公顷） | 比上年增长（%） |
|---|---|---|
| 甘蔗 | 20 451 | 0.01 |
| 剑麻 | 2 261 | 18.3 |
| 茶叶 | 563 | −10.9 |
| 水果 | 10 437 | −2.95 |
| 其中：柑、橙 | 4 437 | −3.86 |
| 蔬菜 | 2 638 | −13.3 |

全年垦区甘蔗产量 183.8 万吨，同比增长 3.2%；剑麻纤维产量 0.9 万吨，同比下降 1.7%；干毛茶产量 581 吨，同比增加 7.4%；水果产量 27.5 万吨，同比增长 8.1%；蔬菜产量 14.2 万吨，同比下降 8.4%；全年垦区肉类总产量 37.2 万吨，同比增长 88.3%。全年生猪出栏 409 万头，同比增加 196.3 万头，增长 92.3%。水产品产量 0.9 万吨，同比下降 31.7%（表 3）。

**表 3　2023 年广西农垦主要农产品产量及出栏数**

| 产品名称 | 计量单位 | 出栏数/产量 | 比上年增长（%） |
|---|---|---|---|
| 甘蔗 | 万吨 | 183.8 | 3.2 |
| 剑麻纤维 | 万吨 | 0.9 | −1.7 |
| 干毛茶 | 吨 | 581 | 7.4 |
| 水果 | 万吨 | 27.5 | 8.1 |
| 蔬菜 | 万吨 | 14.2 | −8.4 |
| 肉类（总产量） | 万吨 | 37.2 | 88.3 |
| 生猪（出栏） | 万头 | 409 | 92.3 |
| 水产品 | 万吨 | 0.9 | −31.7 |

桂垦牧业公司 2023 年生猪饲养量 590.9 万头，同比增加 258 万头，增长 77.5%。其中，生猪年末存栏 181.8 万头，增加 41.2 万头，增长 29.3%；肉猪出栏 409 万头，增加 216.2 万头，增长 112.14%。出售仔猪 15 万头，增加 2.3 万头，增长 18.27%；出售种猪 5.9 万头，减少 4 万头，下降 40.1%。

## 三、工业

工业经济呈稳步增长态势。全年，垦区全部工业实现工业总产值 278 亿元，比上年增长 15.2%，实现工业增加值 97.3 亿元，增长 15.1%（图 4、图 5）。

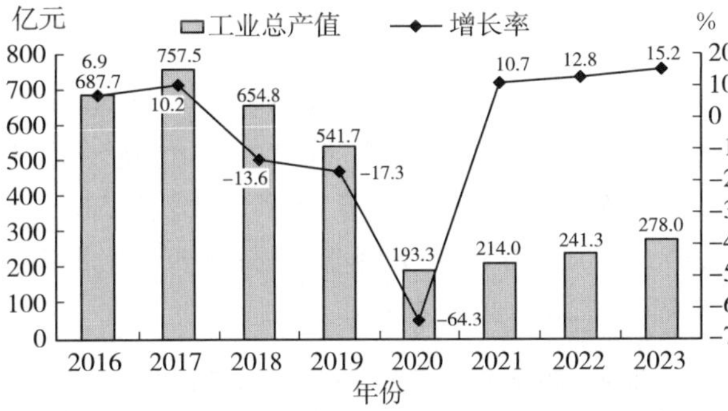


图 4　2016—2023 年广西农垦工业总产值及其增长率

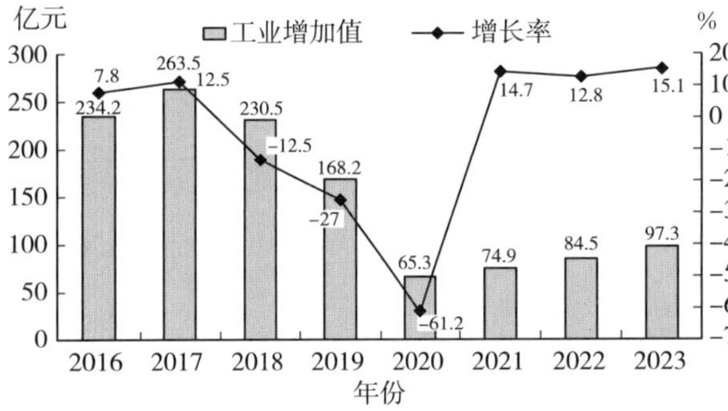


图 5　2016—2023 年广西农垦工业增加值及其增长率

从规模以上工业看，垦区规模以上工业企业年末为 163 个，同比减少 21 个。全年垦区规模以上工业[3]总产值 278 亿元，同比增长 20.7%；规模以上工业增加值 92.9 亿元，同比增长 15.3%；规模以上工业利润总额 7.8 亿元，同比增长 44.4%；规模以上工业税金总额 4.3 亿元，同比下降 30.6%（图 6）。

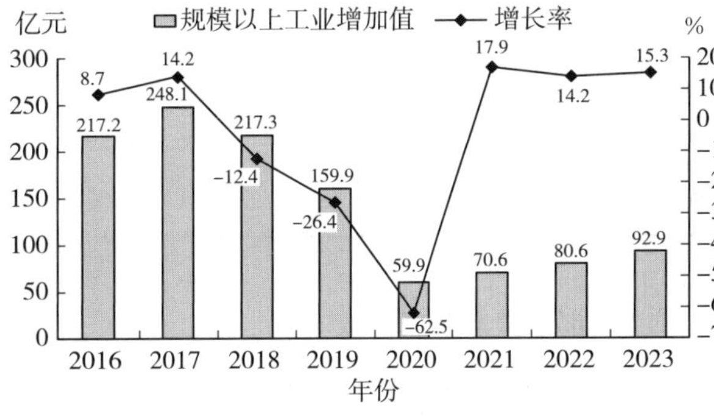


图 6　2016—2023 年广西农垦规模以上工业增加值及其增长率

从经济类型看，国有及国有控股工业企业实现工业总产值114.2亿元，比上年增长14.8%，实现增加值40.0亿元，增长14.8%；民营工业实现工业总产值163.8亿元，比上年增长15.7%，实现增加值57.3亿元，增长15.7%。

从产品产量看，机制糖产量94.6万吨，同比下降1.6%；剑麻制品产量1.7万吨，同比下降6.0%；成品茶产量926吨，增长6.1%；淀粉产量24.1万吨，增长7.7%；软饮料产量1.9万吨，下降77.6%；乳制品产量10 156吨，增长92.4%；人造板产量239.6万米$^3$，增长11.4%；水泥产量30.7万吨，下降2.1%；砖产量2.4亿块，下降27.5%（表4）。

**表4 2023年广西农垦主要工业产品产量**

| 产品名称 | 计量单位 | 产量 | 比上年增长（%） |
|---|---|---|---|
| 机制糖 | 万吨 | 94.6 | −1.6 |
| 剑麻制品 | 万吨 | 1.7 | −6.0 |
| 成品茶 | 吨 | 926 | 6.1 |
| 淀粉 | 万吨 | 24.1 | 7.7 |
| 软饮料 | 万吨 | 1.9 | −77.6 |
| 乳制品 | 吨 | 10 156 | 92.4 |
| 人造板 | 万米$^3$ | 329.6 | 37.6 |
| 水泥 | 万吨 | 30.7 | −2.1 |
| 砖 | 亿块 | 2.4 | −27.5 |

从工业行业类别看，垦区工业企业归属于33个行业大类，其中，排在前5位的行业及工业产值分别是：木材加工和木、竹、藤、棕、草制品业105.1亿元；农副食品加工业94.9亿元；造纸和纸制品业16.2亿元；食品制造业8.9亿元；其他制造业8.7亿元。木材加工和木、竹、藤、棕、草制品业的产值，农副食品加工业产值分别占垦区工业总产值的37.8%、34.1%。

从集团国有工业看，糖业板块——广西糖业集团实现营业总收入122.09亿元，同比增长16.41%；利润总额实现2.05亿元，同比增长99.45%。广西糖业集团紧盯国际、国内市场行情信息，抓住有利的销售节点，糖产品销售均价、销量、市场拓展得到突破，全年白砂糖平均售价同比增加933元/吨，营收和利润均同比增长。淀粉板块——明阳淀粉发展公司（含明阳生化）营业总收入12.86亿元，同比下降40.59%；利润总额1 404.9万元，同比扭亏增盈6 937.28万元。利润增长的主要原因是调整三大生产基地产品结构和进行差异化生产，持续压降成本取得实效。剑麻板块——剑麻集团营业收入2.09亿元，同比减少5.0亿元，下降70.7%；利润总额0.5亿元，同比增加0.3亿元，增长69.3%。茶业板块——茶业集团营业收入0.2亿元，同比减少0.23亿元，下降53.9%；主要原因是停止开展大宗贸易业务；利润总额−0.1亿元，同比减少0.1亿元，同比增亏74万元（表5）。

**表5 2023年广西农垦集团国有工业经济指标完成情况**

| 板块名称 | 营业收入 | | 利润总额 | | 资产总额 | | 负债总额 | |
|---|---|---|---|---|---|---|---|---|
| | 绝对值（万元） | 比上年增长（%） | 绝对值（万元） | 比上年增长（%） | 绝对值（万元） | 比上年增长（%） | 绝对值（万元） | 比上年增长（%） |
| 糖业板块 | 1 220 873 | 16.41 | 20 527 | 99.45 | 955 719 | −2.82 | 777 826 | −0.05 |
| 淀粉板块 | 128 612 | −40.59 | 1 405 | 125.37 | 248 295 | −3.54 | 305 793 | −0.03 |
| 剑麻板块 | 20 859 | −70.74 | 5 008 | 69.25 | 80 946 | −6.63 | 49 738 | −0.11 |
| 茶业板块 | 1 973 | −53.92 | −1 053 | −7.56 | 43 775 | 41.83 | 27 731 | 0.07 |

## 四、固定资产投资

垦区全年完成固定资产投资额合计23.4亿元，同比下降17.8%（图7）。其中，第一产业完成投资8.6亿元，下降10.3%；第二产业完成投资6.2亿元，增长277.5%；第三产业完成投资8.6亿元，下降50.1%。在全年完成的固定资产投资额中，国有投资20.8亿元，下降4.3%。

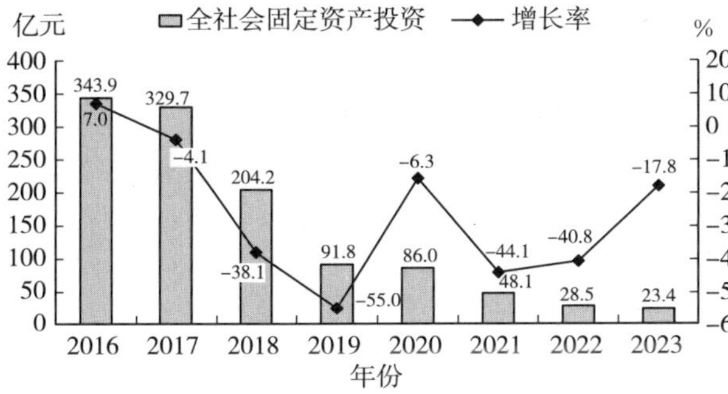


图7　2016—2023年广西农垦全社会固定资产投资及其增长率

## 五、出口情况

年内，垦区共有5家企业有产品出口，全年出口总额3亿元，同比下降12.4%，在出口总额中，畜产品出口总额2.1亿元，下降8%，工业品出口总额0.91亿元，下降17.1%。2023年，桂垦牧业公司出口生猪10.9万头，出口额2.1亿元；明阳生化集团出口淀粉0.65万吨，出口额3 857万元；剑麻集团出口剑麻制品605吨，出口额1 147万元。

## 六、人口、就业和民生

年末，垦区总人口26.8万人，同比下降9.5%（图8）；社会从业人员10.7万人，下降8.3%；其中农垦在册职工2.1万人，下降5.23%；离退休职工在2018年年底前全面完成移交工作，由社区实行属地管理。2023年，垦区居民人均纯收入28 778元，同比增加484元，增长1.7%（图9）；在岗职工人均纯收入95 660元，同比增加10 626元，增长12.5%。

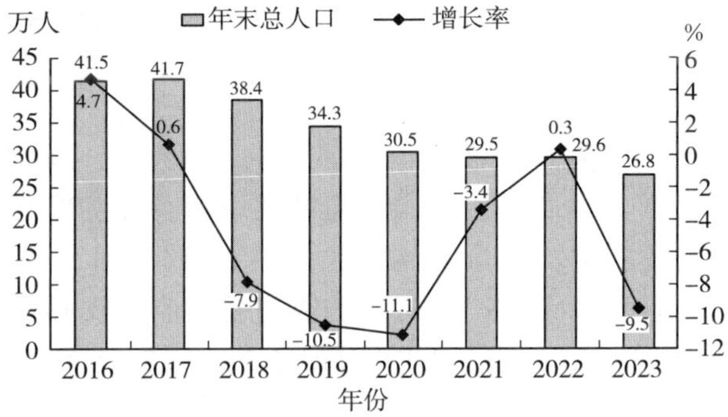


图8　2016—2023年广西农垦总人口及其增长率

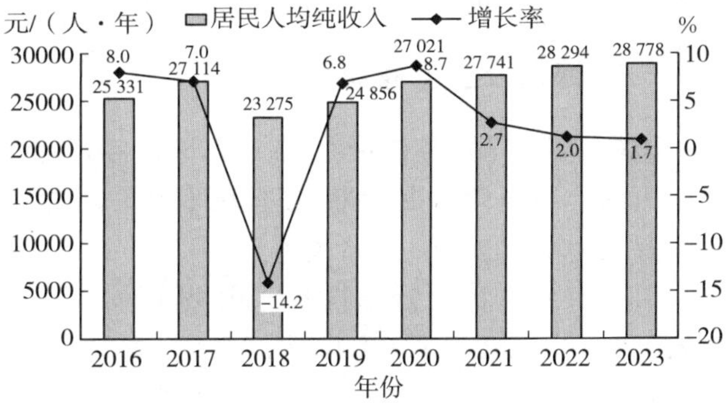


图9　2016—2023年广西农垦居民人均纯收入及其增长率

注释：

[1] 地区生产总值（GDP）：是指一个国家（地区）所有常住单位在一定时期内生产活动的最终成果。本公报按收入法计算，地区生产总值等于劳动者报酬、生产税净额、固定资产折旧和营业盈余之和。

[2] 本公报中，地区生产总值、各产业增加值绝对数按现价计算，增长速度按不变价格计算。

[3] 本公报中，规模以上工业的统计口径为“年主营业务收入2 000万元及以上的工业法人企业”。

# 海南农垦2023年经济发展统计公报

海南省农垦投资控股集团有限公司

2023年是全面贯彻落实党的二十大精神的开局之年，也是海垦集团全力冲刺中国企业500强，迈向高质量发展的关键之年。在农业农村部农垦局的关心和指导下，在海南省委、省政府的支持下，在海垦控股集团党委和领导班子的坚强领导下，垦区上下认真贯彻党的二十大会议精神和习近平总书记系列重要讲话精神，继续深化农垦改革，加快经济发展步伐，促进农垦经济和社会的稳定发展。

## 一、综合及主要指标

根据2023年财务快报数据（待2023年审计工作结束后，以审计数据为准），海南农垦综合情况及主要指标情况如下。

（1）农垦系统经营总收入726.39亿元，比上年的471.62亿元增长54.02%。其中，农垦集团公司的营业总收入556.31亿元，增长82.27%；农垦辖区非海垦集团公司并表总收入170.08亿元，增长2.2%。

（2）工农业总产值（当年价）222.41亿元，按可比价计算，同比增长11.1%。

（3）固定资产投资76.97亿元，增长44.7%。

（4）社会消费品零售总额131.87亿元，下降6.7%。

（5）天然橡胶干胶总产量153 139吨，增长5.3%。

（6）农垦劳动者人均报酬9.2万元，增长9.5%；农垦人均纯收入1.92万元，增长8.5%。

## 二、农林牧渔业

全年完成农林牧渔业总产值（现价）161.98亿元，按可比价计算，比上年增长4.2%。产值构成：农业102.09亿元，林业20.60亿元，畜牧业36.77亿元，渔业2.52亿元。主要农产品产量见表1。

**表1　主要农产品产量**

| 产品名称 | 计量单位 | 产量 | 比上年增长（%） |
|---|---|---|---|
| 粮食 | 万吨 | 8.26 | −2.8 |
| 糖料 | 万吨 | 8.21 | −0.1 |
| 蔬菜、瓜类 | 万吨 | 20.58 | −4.9 |
| 水果 | 万吨 | 67.69 | −4.1 |
| 其中：荔枝 | 万吨 | 7.71 | −4.1 |
| 龙眼 | 万吨 | 2.45 | −2.6 |
| 芒果 | 万吨 | 30.49 | 1.7 |
| 香蕉 | 万吨 | 8.04 | −14.5 |
| 柑、橘、橙、柚 | 万吨 | 1.86 | −0.1 |
| 橡胶干胶 | 万吨 | 15.31 | 5.3 |
| 胡椒 | 万吨 | 0.98 | −3.1 |
| 槟榔干果 | 万吨 | 3.35 | −8.5 |
| 椰子 | 万个 | 1 167.82 | 6.6 |
| 干毛茶 | 吨 | 584.00 | −1.0 |
| 肉类（总产量） | 万吨 | 13.39 | 28.6 |
| 其中：猪、牛、羊 | 万吨 | 11.33 | 35.4 |
| 禽肉 | 万吨 | 2.06 | 0.9 |
| 禽蛋 | 万吨 | 1.92 | 4.2 |
| 水产品（总产量） | 万吨 | 2.44 | −0.4 |

全年天然橡胶当年新定植和更新定植面积5.97万亩，比上年下降169.1%；胡椒新增种植面积0万亩；槟榔新增种植面积0.53万亩，下降13%；水果新增种植面积0.94万亩，增长9.6%。年末主要农业作物种植面积及水产品养殖面积见表2。

**表2　年末主要农作物种植面积及水产品养殖面积**

| 农作物/水产品 | 面积（万亩） | 比上年增长（%） |
|---|---|---|
| 天然橡胶 | 324.15 | −1.0 |

（续）

| 农作物/水产品 | 面积（万亩） | 比上年增长（%） |
|---|---|---|
| 热带作物 | 58.37 | −6.5 |
| 其中：胡椒 | 8.12 | −0.5 |
| 槟榔 | 39.05 | −0.8 |
| 椰子 | 6.96 | −9.5 |
| 茶叶 | 1.93 | 1.6 |
| 水果 | 65.12 | −1.2 |
| 其中：荔枝 | 10.68 | 0.5 |
| 芒果 | 29.00 | 1.7 |
| 香蕉 | 4.05 | −15.7 |
| 林地（含自然林） | 239.00 | 1.8 |
| 其中：人造林 | 77.84 | −38.2 |
| 水产品（养殖） | 4.55 | −8.0 |
| 农作物（播种） | 42.35 | −4.3 |
| 其中：粮食 | 21.77 | −4.8 |
| 糖料 | 2.14 | 12.4 |
| 蔬菜、瓜类 | 14.28 | −4.4 |

## 三、工业及建筑业

全年完成工业总产值（当年价）60.43亿元，按可比价计算，比上年增长35.1%。分轻、重工业看，轻工业产值5.79亿元，增长21.5%；重工业产值54.64亿元，增长36.8%。主要工业产品产量见表3。

**表3 主要工业产品产量**

| 产品名称 | 计量单位 | 产量 | 比上年增长（%） |
|---|---|---|---|
| 发电量 | 万千瓦·时 | 18 647.00 | 0.1 |
| 水泥 | 万吨 | 70.00 | 持平 |
| 成品糖 | 万吨 | 0.45 | 3.3 |
| 人造板 | 万米$^3$ | 1.51 | −1.6 |
| 锯材 | 万米$^3$ | 7.54 | 8.1 |
| 木制家具 | 万件 | 0.46 | −8.0 |
| 塑料制品 | 吨 | 159.00 | 持平 |

全年建筑业完成产值60.18亿元，按可比价计算，比上年增长19.2%。全年施工房屋建筑面积156.98万米$^2$，下降26.2%；房屋建筑竣工面积64.12万米$^2$，下降24.9%，其中住宅面积54.9万米$^2$，下降27.9%。

## 四、社会消费品零售总额

全年社会消费品零售总额137.07亿元，比上年下降3.0%。其中，批发零售业130.38亿元，餐饮业6.69亿元，分别下降7.8%和增长10.4%。

## 五、交通运输业

全年完成运营收入5.42亿元，比上年下降12.5%；货物量9 734 700吨，下降2.3%，客运量3 774 708人，下降17.2%。

## 六、固定资产投资

全年完成固定资产投资总额76.97亿元，比上年增长44.7%。投资构成：第一产业投资5.99亿元，下降55.1%；第二产业投资4.32亿元，下降28%；第三产业投资66.66亿元，增长96.8%。资金来源：国家预算内资金1.40亿元，下降1.5%；国内贷款1.98亿元，下降44.3%；企事业单位自筹54.73亿元，增长123.4%；其他资金18.86亿元，下降20.3%。

## 七、职工群众收入和家庭生活水平

全年劳动者报酬总额100.89亿元，比上年增长3.5%。其中，在岗职工工资22.87亿元，增长10.5%；自营经济纯收入78.02亿元，增长1.6%。农垦劳动者人均报酬9.2万元，增长9.5%，其中在岗职工平均工资68 226元，增长13.52%；农垦人均可支配收入1.92万元，增长8.5%。

## 八、人口与职工

农垦户籍总人口86.33万人，比上年增长1%。农垦常住总人口85.11万人，增长5.9%，其中农场场部人口18.92万人。年末职工3.57万人，下降3.7%，其中在岗职工3.35万人，下降2.7%。离退休及病退人员24.09万人，增长0.5%。

# 重庆农垦2023年经济发展统计公报

重庆市农业投资集团有限公司

2023年，重庆农垦上下坚持以习近平新时代中国特色社会主义思想为指导，以实际行动坚定拥护“两个确立”、坚决做到“两个维护”，扎实开展学习贯彻习近平新时代中国特色社会主义思想主题教育，深入贯彻落实习近平总书记关于国有企业改革发展和党的建设的重要论述，扎实按照市委、市政府的决策部署和市国资委的工作要求，在多重挑战中逆势而上，在众多困难中承压前行，在复杂矛盾中主动变革，统筹做好党的建设、经营生产和改革发展各项工作，推动集团高质量发展迈出坚实步伐。

## 一、垦区综合情况

2023年，重庆垦区完善乳业、肉业、渔业等主业产业布局，持续推进战略重组和专业化整合，实现营业收入49.8亿元，利润总额1.4亿元。全年实现生产总值11.87亿元，其中，第一产业增加值3.32亿元，第二产业增加值6.74亿元，第三产业增加值1.82亿元，三次产业比例调整为28∶56.7∶15.3（图1）。

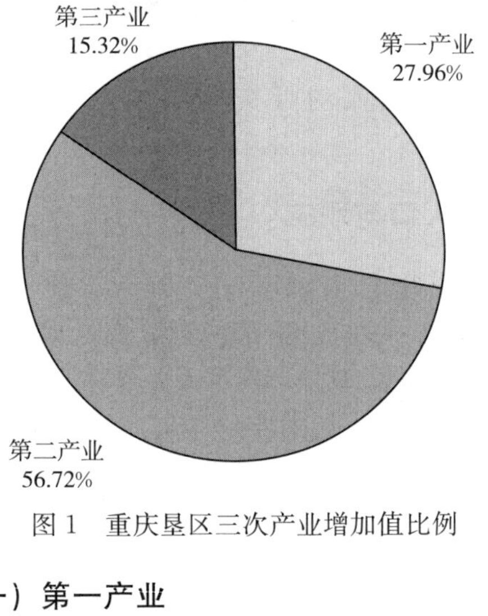


图1　重庆垦区三次产业增加值比例

### （一）第一产业

2023年垦区实现农林牧渔业总产值12.8亿元，较上年下降5.28%，其中畜牧业产值12.6亿元，与上年基本持平，占农林牧渔业总产值的98.6%；渔业受长江三峡十年禁捕政策影响，退出大水面养殖，渔业产值1 843万元，同比下降52.76%，占农业总产值的1.4%。垦区年末存栏奶牛4.7万头，牛奶产量25.2万吨，同比增长13.58%；年末生猪存栏10.8万头，全年生猪屠宰量突破110万头，猪肉产量1.1万吨。

### （二）第二产业

2023年垦区实现工业总产值37.06亿元，其中，农副食品加工业8.5亿元，食品制造业28.4亿元，医药制造业0.15亿元。全年乳制品产量27.9万吨，与上年基本持平；罐头实现产量1.8万吨，其中出口0.36万吨。新增“农投肉品”“黄河乳业”两个企业品牌被纳入《中国农垦品牌目录》，中垦牧乳业推出“原生塞上”系列高品质产品，“大厨良选”品牌猪肉获评“重庆名牌农产品”。

### （三）第三产业

2023年垦区交通运输业收入1.73亿元，批发零售业等其他服务业3.2亿元，与上年同期基本持平。垦区所属三峡渔业公司乐邦水产市场年交易量13.56万吨，同比增长8.6%；基金公司投资项目实现1个项目在北京证券交易所上市，2个项目在新三板挂牌，与陕西省引导基金合作设立榆林基金。

## 二、固定资产投资情况

全年固定资产投资总额3.9亿元，主业产业链投资比重达到100%，其中，第一产业固定资产投资8 624万元，第二产业固定资产投资2.7亿元，第三产业固定资产投资3 445万元。第一产业的循环水生态渔业养殖等项目加快推进，第二产业的优质乳工程智能化产业园等项目有序建设，第三产业的西部“蓝色粮仓”水产品综合服务等项目稳步实施。同时，全力抓好乡村振兴巫溪对口帮扶工作，捐赠资金 110 万元，开展消费帮扶 76.75 万元，帮助巫溪县城厢镇竹阳村发展青脆李“绿色农业”、蚕桑“白色农业”、老鹰茶“金色农业”三大产业。

## 三、科技创新发展情况

全年研究与试验发展经费 7 982 万元，研发投入强度达到 1.6%。天友乳业获评农业农村部西南特色菌种种质资源保护与发掘利用重点实验室、重庆市乳业技术创新中心，通过中国合格评定国家认可委员会（CNAS）认证益生菌、奶酪加工两大项目分别荣获重庆市科技进步二等奖、三等奖。渔业公司重点实施“优鲈 3 号”全天候成熟亲本多季节繁育技术攻关、数字化循环水生态渔业养殖技术研究等 5 个创新课题，企业创新能力大幅提升。

# 四川农垦2023年经济发展统计公报

四川省农业农村厅

2023年，四川农垦在农业农村部农垦局的关心指导下，在农业农村厅的坚强领导下，深入贯彻落实中央和省委关于推进农垦改革发展的决策部署，聚焦重点任务，大力推进农垦改革和产业发展，积极开展垦地社会化服务，农场经济和社会发展积极向好。

## 一、综合

截至2023年年末，四川农垦国有农场48家，其中，农垦企业12家，原良种场36家，较上年减少8家，分布在全省19个市（州），以种源繁育、畜牧业、种植业为主。

农垦年末总人口6 370人，其中农场人口6 048人，农垦年平均人口3 510人。期末从业人员2 880人，其中第一产业从业人员2 774人；从业人员工资总额13 727.66万元。期末职工1 585人，其中在岗职工1 275人；职工工资总额11 998.68万元，其中在岗职工工资总额10 938.95万元。

2023年年末，垦区土地总面积400 443.16公顷，其中，耕地面积825.48公顷，牧草地面积250 679.62公顷，林地面积33 192.44公顷，水面面积47.80公顷，园地面积525.15公顷，可垦荒地面积17.33公顷，宜林地面积5.00公顷，居民点及工矿用地面积269.64公顷，其他土地面积114 880.70公顷。

四川垦区2023年全年实现农林牧渔总产值19 636.39万元，其中，农业产值4 444.56万元，林业产值45.60万元，牧业产值4 230.32万元，渔业产值79.34万元，农林牧渔专业及辅助性活动产值10 836.57万元。

## 二、第一产业

2023年，四川垦区全年农作物总播种面积1 623.04公顷，其中，粮食作物播种面积242.59公顷，占农作物总播种面积的14.95%，粮食作物主要为稻谷、小麦、玉米和大豆；油料、药材、蔬菜、瓜类作物播种面积为113.09公顷，占农作物总播种面积的6.97%。粮食作物总产量826.02吨，其中，谷物总产量609.27吨，豆类产量19.95吨，薯类产量196.80吨；油料、蔬菜、瓜类作物产量1 626.11吨。

茶叶年末实有面积143.33公顷，收获面积140.33公顷，产量229.80吨；水果年末实有面积269.25公顷，收获面积237.00公顷，产量4 491.07吨；桑园年末实有面积126.60公顷，收获面积118.29公顷，产量2 119.00吨。

2023年畜牧业生产情况。年末大牲畜存栏43 473头，其中牛37 760头，规模化养殖场1个；猪年末存栏3 721头，规模化养殖场2个；羊年末存栏14 063只，规模化养殖场2个。

2023年，垦区全年肉类总产量1 784.23吨，其中，猪肉产量745.84吨，牛肉产量765.50吨；牛奶产量3 370.49吨；禽蛋产量13.80吨；蚕茧产量129.23吨；水产品产量963.21吨。

垦区农场机械化保持平稳，2023年农业机械总动力12 277.66千瓦，其中电动机动力11 511.76千瓦，占总动力的93.76%；拥有大中型拖拉机12台，小型及手扶拖拉机20台；拥有排灌动力机械97台；有联合收获机5台；农业生产用电量470 113千瓦·时；农业用水量58 655米$^3$；农药施用量18.30吨；农用化肥施用总量573.82吨；农用塑料薄膜使用量15.40吨；农田节水灌溉面积68.66公顷。

## 三、第二产业

2023年，四川垦区全年规模以上工业企业1家，为国有企业；实现工业总产值（现价）203.23万元，主营业务收入702.59万元，主营业务利润15.59万元，利润总额20.78万元；年末从业人员

21人，从业人员工资总额107.27万元。

从工业产品产量看，垦区工业产品主要为乳制品，全年生产量1 738.49吨。

## 四、固定资产投资

2023年，四川农垦全年完成固定资产投资986.53万元。其中，第一产业完成投资648.03万元，占总投资额的65.69%；第二产业完成投资1.01万元，占总投资额的0.10%；第三产业完成投资337.49万元，占总投资额的34.21%。从资金来源看，国家预算内资金525.56万元，占全部资金来源的53.27%；自筹资金460.97万元，占全部资金来源的46.73%。2023年新增固定资产383.45万元。

## 五、农垦科研、农产品认证情况

2023年年末拥有农垦科研单位3个，比上年增加1个。农垦科研单位拥有职工25人，其中，科技人员7人，本科及以上学历人员2人；企业科技创新人员3人，企业研究与试验发展经费30万元，均为企业自筹经费。

截至2023年年末，四川垦区共取得12个有机食品认证，其中11个为茶业有机食品，新增1个羊肉有机食品认证，茶业有机食品产量18.45吨，羊肉有机食品产量11.50吨；取得1个药材农产品地理标志认证，认证的地理标志产品面积23.30公顷，地理标志产品产量9吨。

# 贵州农垦2023年经济发展统计公报

贵州省农业农村厅

2023年，贵州农垦系统在农业农村部农垦局的指导下，持续深化垦区集团化、企业化改革，强化推动创新驱动，深耕拓展农垦品牌，构建现代农业经营体系，做实主导产业基础，激活农垦内生活力、发展活力、市场竞争力和影响力，保持经济增长的良好势头，垦区经济和社会继续保持良好发展态势。

## 一、综合

贵州垦区2023年实现生产总值12.25亿元，较上年增长88.91%。其中，第一产业增加值6.23亿元，较上年增长204.14%；第二产业增加值5.91亿元，较上年增长75.27%；第三产业增加值0.12亿元，较上年下降88.91%（图1、图2）；人均可支配收入持续增长，达到32 836.75元，较上年增长0.11%。

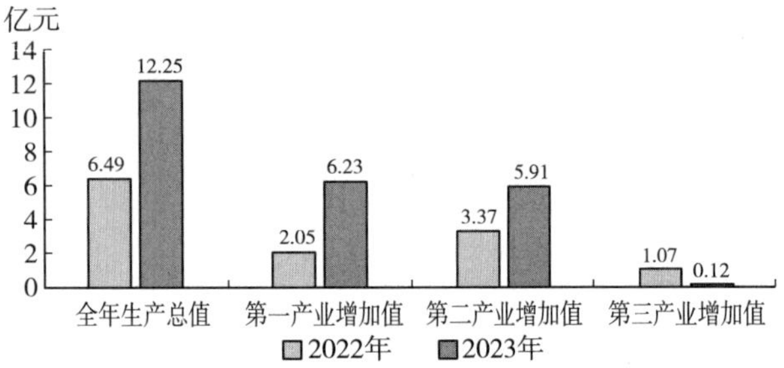


图1 生产总值情况

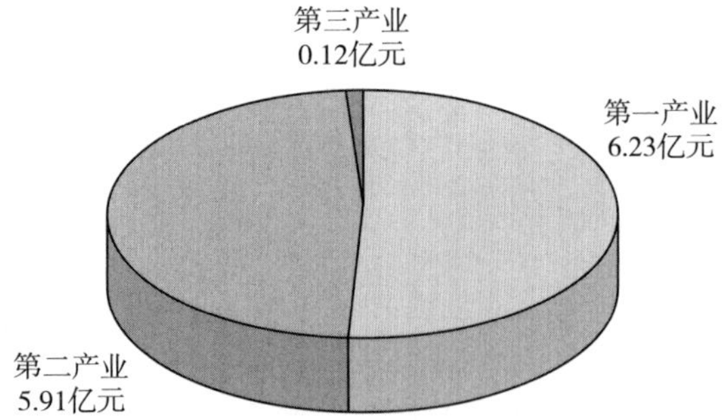


图2 2023年增加值产业分布情况

## 二、农业

### （一）农林牧渔业总产值

2023年完成农林牧渔业总产值13.26亿元（现价），其中，农业产值1.00亿元，牧业产值8.77亿元，林业、渔业产值共3.49亿元，农林牧渔专业及辅助性活动产值0.01亿元（图3）。

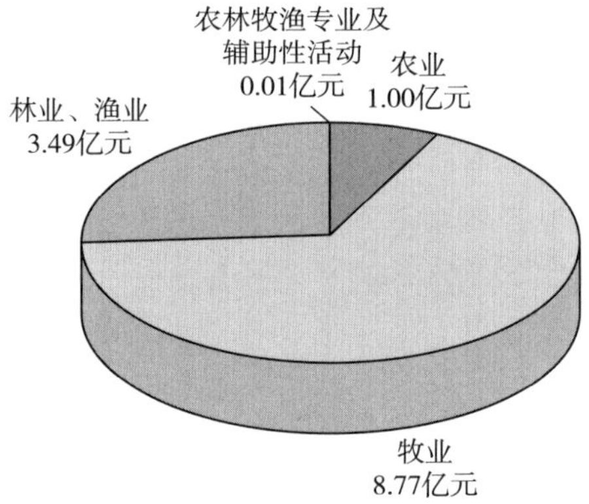


图3 2023年农林牧渔业产值情况

### （二）种植业

全年农作物播种面积174.53公顷，其中，粮食作物108.53公顷，产量588.56吨；蔬菜、瓜类64.00公顷，产量1 200.00吨；茶叶年末实有面积2 043.45公顷、收获面积1 620.68公顷，产量2 524.40吨；水果年末实有面积795.11公顷、收获面积729.11公顷，产量14 031.20吨（图4）。

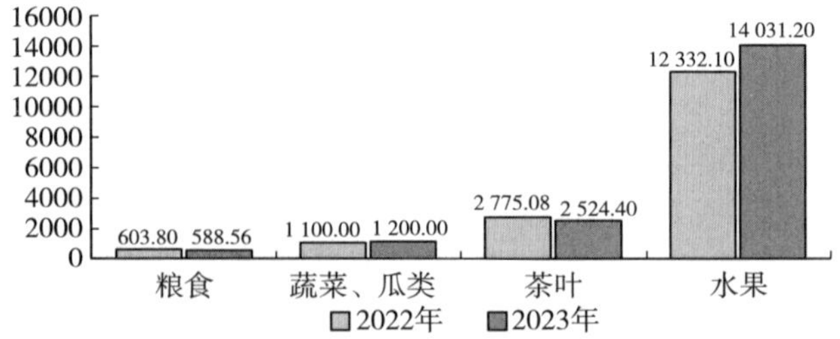


图4 主要农产品产量

### （三）养殖业

大牲畜年末存栏 1.97 万头，同比增长 16.30%，其中奶牛 1.88 万头，同比增长 19.05%；猪 1.80 万头，同比增长 100.00%；家禽 258 万只，同比增长 216.10%。全年水产品以淡水鱼类为主，产量 3 160 吨，养殖面积 327 公顷，同比分别增长 127.99%、260.65%。主要畜禽产品产量见图 5。

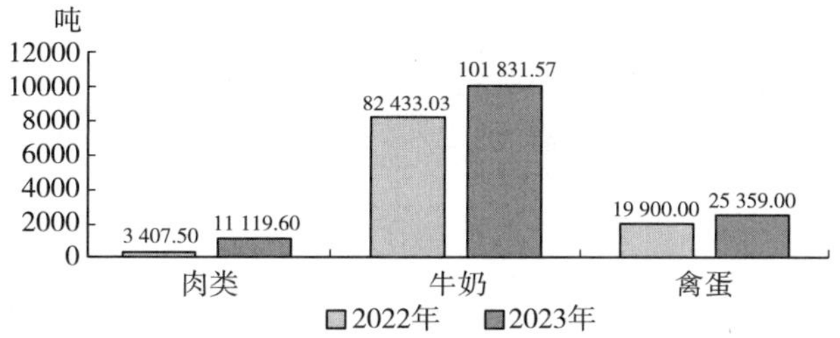


图 5　主要畜禽产品产量

## 三、工业

### （一）工业总产值

全年完成工业总产值 21.25 亿元（现价），其中，农副食品加工业 3.21 亿元，食品制造业 17.86 亿元，酒、饮料和精制茶制造业 0.021 4 亿元（图 6）。

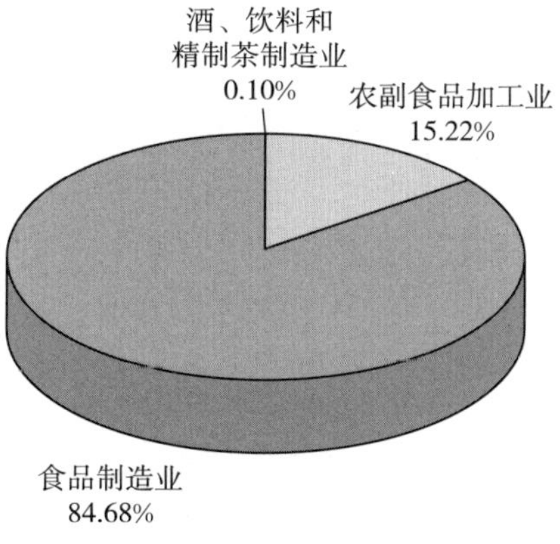


图 6　2023 年工业产值分布情况

### （二）主要工业产品产量

1. 乳制品全年产量 19.00 万吨，增长 16.21%，主要原因是贵州南方乳业股份有限公司生产线升级改造，产能提升。

2. 配合饲料产量 8.27 万吨（图 7），下降 32.55%，主要原因是贵州省红枫湖畜禽水产有限公司新建饲料厂投产，产能提升，原有的饲料商贸业务没有继续开展。

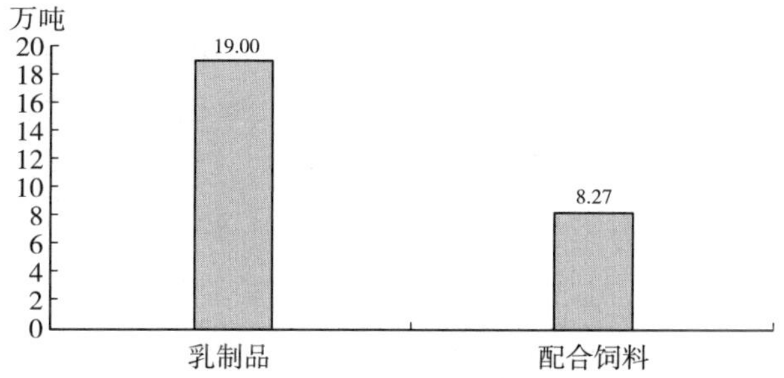


图 7　2023 年主要工业产品产量

## 四、固定资产投资

### （一）固定资产投资总额

全年固定资产投资总额 5.87 亿元，较上年下降 38.88%。

1. 第一产业投资 2.54 亿元，较上年下降 64.43%，主要原因是贵州省红枫湖畜禽水产有限公司投建的渔业养殖基地、生猪及蛋鸡养殖基地已经完工投产。

2. 第二产业投资 3.33 亿元，较上年增长 36.33%，主要原因是贵州南方乳业股份有限公司投建乳制品加工分厂。

3. 第三产业投资 0.001 2 亿元（图 8、图 9），较上年下降 94.92%，主要原因是贵阳三联乳业有限公司产业划转后，由第一产业转型为第三产业，新增固定资产计入第三产业。

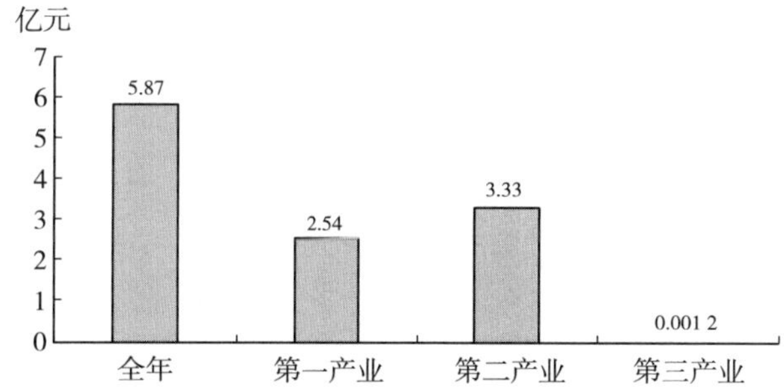


图 8　2023 年贵州垦区固定资产投资情况

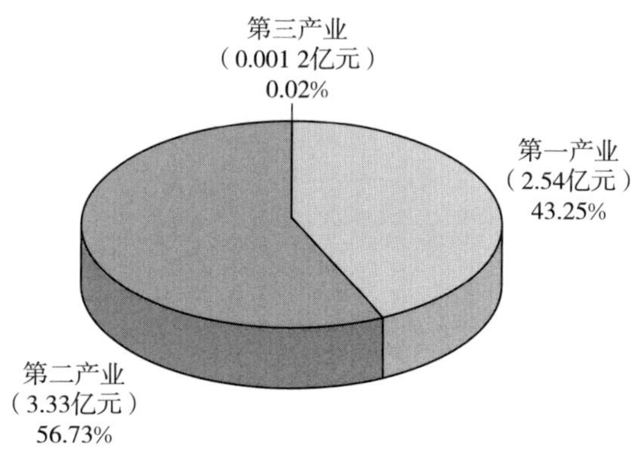


图 9　2023 年贵州垦区固定资产投资规模

### （二）资金来源

资金合计来源合计 5.92 亿元，其中，国家预算内资金 0.14 亿元，国内贷款 1.94 亿元（红枫公司项目贷款），其他资金 3.79 亿元（其中红枫公司“农业现代化基金” 1.09 亿元），企业自筹 0.06 亿元。

## 五、人口就业民生

2023 年，垦区年末总人口 19 984 人，比上年年末减少 293 人。

年末从业人员 4 894 人，其中，第一产业3 462 人，第二产业 1 246 人，第三产业 186 人（表 1）。

**表 1　2023 年贵州垦区从业人员情况**

| 指标名称 | 数量（人） |
|---|---|
| 垦区年末从业人员 | 4 894 |
| 其中：第一产业 | 3 462 |
| 第二产业 | 1 246 |
| 第三产业 | 186 |

年末职工 3 052 人，其中在岗职工 2 491 人，在岗职工工资总额 15 327.09 万元，人均工资增长 3.08%。

# 云南农垦2023年经济发展统计公报

云南省农垦局

2023年，在各级党委、政府的坚强领导下，在农业农村部农垦局、云南省农业农村厅的关心指导和各级各部门的大力支持下，全省农垦系统坚决执行党中央、国务院决策部署和省委、省政府工作要求，紧紧围绕新时期农垦改革发展总要求，聚焦云南省深化农垦改革工作领导小组工作要点任务，以垦区集团化、农场企业化改革为主线，持续深化农垦改革，巩固天然橡胶基地建设，积极推进特色热作产业发展，主动作为、担当实干，克服多种困难，较好地完成了垦区年度改革工作任务和经济社会发展目标，经济保持增长，社会和谐稳定。

## 一、综合

垦区经济总量保持增长，第一、第三产业持续增长，第二产业下降。经核算，2023年云南垦区实现生产总值88.43亿元，比上年增长2.81%。其中，第一产业增加值49.20亿元，比上年增长1.70%；第二产业增加值7.24亿元，比上年下降9.76%；第三产业增加值31.99亿元，比上年增长8.02%（表1）。垦区人均生产总值23 915元，比上年增长4.24%。

表1　2023年云南农垦产值

| 指标名称 | 计量单位 | 2022年 | 2023年 | 增长量 | 增长率（%） |
|---|---|---|---|---|---|
| 垦区生产总值 | 万元 | 860 153 | 884 309 | 24 156 | 2.81 |
| 第一产业增加值 | 万元 | 483 755 | 491 985 | 8 230 | 1.70 |
| 第二产业增加值 | 万元 | 80 208 | 72 382 | −7 826 | −9.76 |
| 其中：工业 | 万元 | 76 571 | 67 765 | −8 806 | −11.50 |
| 第三产业增加值 | 万元 | 296 190 | 319 942 | 23 752 | 8.02 |
| 第一产业比重 | % | 56.3 | 55.6 | −0.7 | −1.24 |
| 第二产业比重 | % | 9.3 | 8.2 | −1.1 | −11.83 |
| 第三产业比重 | % | 34.4 | 36.2 | 1.8 | 5.23 |
| 垦区人均生产总值 | 元 | 22 942 | 23 915 | 973 | 4.24 |
| 非公及管区经济生产总值 | 万元 | 415 676 | 437 378 | 21 702 | 5.22 |
| 工农业总产值 | 万元 | 985 599 | 952 342 | −33 257 | −3.37 |
| 工业总产值 | 万元 | 258 398 | 259 003 | 605 | 0.23 |
| 农业总产值 | 万元 | 727 201 | 693 339 | −33 862 | −4.66 |

产业结构由上年的56.3∶9.3∶34.4调整为55.6∶8.2∶36.2。非公及管区生产总值43.74亿元，比上年增长5.22%，占垦区生产总值比重为49.46%，比上年增加1.13个百分点。全年共完成工农业总产值95.23亿元，其中，工业总产值25.90亿元，农业总产值69.33亿元。分别增长−3.37%、0.23%、−4.66%。

## 二、农林牧渔业（第一产业）

农业、牧业、渔业产值实现不同程度增长，林业、农林牧渔专业及辅助性活动产值下降。2023年，垦区实现第一产业增加值49.20亿元，比上年增长1.70%。农林牧渔业总产值69.33亿元，比上年下降4.66%。除林业和农林牧渔专业及辅助性活动外，其他行业产值均实现不同程度增长，其中，农业（种植业）产值28.20亿元，比上年增长2.33%；林业产值14.68亿元，比上年下降6.80%，其中橡胶（种植）产值12.21亿元，比上年下降10.63%；牧业产值6.36亿元，比上年增长2.51%；渔业产值2.88亿元，比上年增长11.78%；农林牧渔专业及辅助性活动产值17.22亿元，比上年下降16.56%，其中橡胶初加工产值16.99亿元，比上年下降16.18%（表2）。

**表2　2023年云南农垦农业产值**

| 指标名称 | 2022年（万元） | 2023年（万元） | 增长量（万元） | 增长率（%） |
|---|---|---|---|---|
| 农林牧渔业总产值 | 727 201 | 693 339 | −33 862 | −4.66 |
| **按农业行业分类** | | | | |
| 农业产值 | 275 536 | 281 958 | 6 422 | 2.33 |
| 其中：粮食 | 25 359 | 28 186 | 2 827 | 11.15 |
| 油料 | 179 | 90 | −89 | −49.81 |
| 糖料（甘蔗） | 16 656 | 10 826 | −5 830 | −35.00 |
| 烤烟 | 1 057 | 1 422 | 365 | 34.54 |
| 药材 | 1 617 | 835 | −782 | −48.35 |
| 蔬菜、瓜类 | 53 096 | 51 069 | −2 026 | −3.82 |
| 其他短期作物 | 12 103 | 7 049 | −5 054 | −41.76 |
| 茶叶 | 20 174 | 24 626 | 4 452 | 22.07 |
| 水果 | 124 268 | 134 799 | 10 531 | 8.47 |
| 热带、亚热带作物 | 21 027 | 23 055 | 2 028 | 9.64 |
| 林业产值 | 157 537 | 146 823 | −10 714 | −6.80 |
| 其中：橡胶 | 136 668 | 122 147 | −14 522 | −10.63 |
| 牧业产值 | 62 058 | 63 618 | 1 560 | 2.51 |
| 其中：肉类 | 53 424 | 55 619 | 2 195 | 4.11 |
| 渔业产值 | 25 741 | 28 773 | 3 031 | 11.78 |
| 农林牧渔专业及辅助性活动 | 206 329 | 172 167 | −34 161 | −16.56 |
| 其中：橡胶初加工 | 202 630 | 169 850 | −32 780 | −16.18 |
| **按经济类型分类** | | | | |
| 公有经济 | 368 480 | 329 448 | −39 032 | −10.59 |
| 非公及管区经济 | 358 721 | 363 891 | 5 169 | 1.44 |

**1. 橡胶种植面积、投产面积、产量不同程度下降**

截至2023年年末，垦区橡胶面积131 598公顷（197.40万亩，含农垦非公经济及农垦控制的境外胶园面积41.39万亩），比上年下降0.82%。其中公有橡胶107 671公顷（161.51万亩），比上年增长0.29%。橡胶平均开割面积97 335公顷（146万亩），比上年下降3.28%（表3）。

**表3　2023年云南农垦橡胶生产情况**

| 指标名称 | 计量单位 | 2022年 | 2023年 | 增长量 | 增长率（%） |
|---|---|---|---|---|---|
| 年末橡胶面积 | 公顷 | 132 684 | 131 598 | −1 086 | −0.82 |
| | 亩 | 1 990 259 | 1 973 971 | −16 287 | −0.82 |
| 其中：公有橡胶 | 公顷 | 107 361 | 107 671 | 310 | 0.29 |
| | 亩 | 1 610 422 | 1 615 064 | 4 643 | 0.29 |

（续）

| 指标名称 | 计量单位 | 2022 年 | 2023 年 | 增长量 | 增长率（%） |
| --- | --- | --- | --- | --- | --- |
| 年末橡胶株数 | 万株 | 4 764.86 | 4 762.25 | −2.61 | −0.05 |
| 其中：公有橡胶 | 万株 | 3 696.97 | 3 761.81 | 64.84 | 1.75 |
| 平均开割面积 | 公顷 | 100 634 | 97 335 | −3 299 | −3.28 |
| | 亩 | 1 509 515 | 1 460 032 | −49 484 | −3.28 |
| 平均开割株数 | 万株 | 3 236 | 3 099 | −137.64 | −4.25 |
| 橡胶总产量 | 吨 | 123 352 | 110 235 | −13 118 | −10.63 |
| 其中：公有橡胶 | 吨 | 98 278 | 88 375 | −9 903 | −10.08 |
| 橡胶产值 | 万元 | 136 668 | 122 147 | −14 522 | −10.63 |
| 橡胶平均亩产 | 公斤 | 81.72 | 75.5 | −6.22 | −7.61 |
| 橡胶平均株产 | 公斤 | 3.81 | 3.56 | −0.25 | −6.56 |
| 收购加工橡胶 | 吨 | 169 427 | 155 877 | −13 549 | −8.00 |
| 橡胶初加工产值 | 万元 | 202 630 | 169 850 | −32 780 | −16.18 |

生产橡胶 11.02 万吨，比上年下降 10.63%，其中公有橡胶产量 8.84 万吨，比上年下降 10.08%。全垦区橡胶平均亩产 75.5 公斤，比上年下降 7.61%，平均株产 3.56 公斤，比上年下降 6.56%。

全年收购加工橡胶 15.59 万吨，比上年下降 8.0%。橡胶生产成本依旧居高不下，垦区橡胶平均生产成本约为 1.4 万元/吨，高于年均销售价格。

自 2013 年以来，橡胶销售价格总体呈下跌态势，从 2013 年的 18 300 元/吨跌至 2023 年的 11 079元/吨。

橡胶产值综合产值（含收购加工）29.20 亿元，比上年下降 13.94%。

**2. 茶叶种植面积下降，产量、产值增长**

茶叶种植面积 4 093 公顷（6.14 万亩），比上年下降 2.71%，干毛茶产量 9 423 吨，比上年增长 14.41%，产值 2.46 亿元，比上年增长 22.07%（表 4）。

**表 4　2023 年云南农垦非胶农作物生产情况**

| 指标名称 | 计量单位 | 2022 年 | 2023 年 | 增长量 | 增长率（%） |
| --- | --- | --- | --- | --- | --- |
| 粮食作物 | | | | | |
| 种植面积 | 公顷 | 11 123 | 11 033 | −90 | −0.81 |
| 产量 | 吨 | 72 796 | 76 006 | 3 210 | 4.41 |
| 产值 | 万元 | 25 359 | 28 186 | 2 827 | 11.15 |
| 甘蔗 | | | | | |
| 种植面积 | 公顷 | 3 347 | 2 605 | −742 | −22.18 |
| 产量 | 吨 | 369 721 | 239 912 | − 129 809 | −35.11 |
| 产值 | 万元 | 16 656 | 10 826 | −5 830 | −35.00 |
| 蔬菜、瓜类 | | | | | |
| 种植面积 | 公顷 | 4 440 | 4 495 | 55 | 1.24 |
| 产量 | 吨 | 110 952 | 104 442 | −6 510 | −5.87 |
| 产值 | 万元 | 53 096 | 51 069 | −2 026 | −3.82 |
| 茶叶 | | | | | |
| 种植面积 | 公顷 | 4 207 | 4 093 | −114 | −2.71 |

（续）

| 指标名称 | 计量单位 | 2022年 | 2023年 | 增长量 | 增长率（%） |
|---|---|---|---|---|---|
| 产量 | 吨 | 8 237 | 9 423 | 1 187 | 14.41 |
| 产值 | 万元 | 20 174 | 24 626 | 4 452 | 22.07 |
| 水果 | | | | | |
| 种植面积 | 公顷 | 17 329 | 17 823 | 494 | 2.85 |
| 产量 | 吨 | 252 591 | 268 375 | 15 783 | 6.25 |
| 产值 | 万元 | 124 268 | 134 799 | 10 531 | 8.47 |
| 咖啡 | | | | | |
| 种植面积 | 公顷 | 724 | 751 | 27 | 3.73 |
| 产量 | 吨 | 1 056 | 1 054 | −3 | −0.26 |
| 产值 | 万元 | 1 474 | 1 605 | 131 | 8.90 |
| 澳洲坚果 | | | | | |
| 种植面积 | 公顷 | 4 386 | 4 716 | 329 | 7.50 |
| 产量 | 吨 | 3 360 | 3 545 | 185 | 5.50 |
| 产值 | 万元 | 8 253 | 7 243 | −1 010 | −12.24 |
| 石斛 | | | | | |
| 种植面积 | 公顷 | 199 | 323 | 124 | 62.11 |
| 产量 | 吨 | 1 594 | 1 703 | 109 | 6.84 |
| 产值 | 万元 | 10 291 | 10 984 | 693 | 6.74 |

**3. 水果种植面积、产量、产值不同程度增长**

水果种植面积17 823公顷（26.73万亩），比上年增长2.85%；产量26.84万吨，比上年增长6.25%；产值13.48亿元，比上年增长8.47%。

**4. 甘蔗种植面积、产量、产值不同程度下降**

2022/2023榨季种植甘蔗2 605公顷（3.91万亩），比上年下降22.18%；产量23.99万吨，比上年下降35.11%；产值1.08亿元，比上年下降35%。

**5. 蔬菜、瓜类面积增长，产量、产值不同程度下**

蔬菜、瓜类种植面积4 495公顷（6.74万亩），比上年增长1.24%；产量10.44万吨，比上年下降5.87%；产值5.11亿元，比上年下降3.82%。

**6. 粮食种植面积下降，产量、产值不同程度增长**

粮食种植面积11 033公顷（16.55万亩），比上年下降0.81%；产量7.60万吨，比上年增长4.41%；产值2.82亿元，比上年增长11.15%。

**7. 畜牧业产量、产值不同程度增长**

肉类总产量为1.29万吨，比上年增长3.84%，畜牧业产值6.36亿元，比上年增长2.51%（表5）。

**表5　2023年云南畜牧业、渔业生产情况**

| 指标名称 | 计量单位 | 2022年 | 2023年 | 增长量 | 增长率（%） |
|---|---|---|---|---|---|
| 畜牧业产值 | 万元 | 62 058 | 63 618 | 1 560 | 2.51 |
| 肉类总产量 | 吨 | 12 408 | 12 885 | 477 | 3.84 |
| 其中：猪肉 | 吨 | 6 774 | 7 176 | 403 | 5.95 |
| 渔业产值 | 万元 | 25 741 | 28 773 | 3 031 | 11.78 |
| 水产品养殖面积 | 公顷 | 1 217 | 1 219 | 2 | 0.18 |
| 水产品产量 | 吨 | 16 279 | 16 933 | 654 | 4.02 |

**8. 渔业产量、产值不同程度增长**

全年生产水产品1.69万吨，比上年增长4.02%，渔业产值2.88亿元，比上年增长11.78%。

农业产业结构调整效果持续显现，2023年垦区承包岗位人员（含职工和非职工）岗位年工资性收入1.746万元，比上年增长11.35%。

## 三、工业和建筑业（第二产业）

2023年实现第二产业增加值7.24亿元，比上年下降9.76%，其中工业增加值6.78亿元，比上年下降11.50%。2023年垦区全部工业企业（含国有、非公及管区）除食糖、咖啡粉、汽车及机械配件产量、产值保持增长外，其他主要工业品产量、产值不同程度下降（表6）。全年实现工业总产值25.90亿元，比上年增长0.23%。产销衔接不理想，全年实现工业销售产值23.52亿元，比上年下降8.39%，工业产销率90.82%，比上年下降8.55个百分点。

**表6　2023年云南农垦主要工业品产量产值**

| 指标名称 | 计量单位 | 2022年 | 2023年 | 增长量 | 增长率（%） |
|---|---|---|---|---|---|
| 食糖 | | | | | |
| 产量 | 吨 | 109 248 | 170 246 | 60 998 | 55.83 |
| 产值 | 万元 | 57 655 | 102 369 | 44 714 | 77.55 |
| 发电量 | | | | | |
| 产量 | 万度 | 47 144 | 39 612 | −7 533 | −15.98 |
| 产值 | 万元 | 18 833 | 9 396 | −9 437 | −50.11 |
| 锯材及人造板材 | | | | | |
| 产量 | 米$^3$ | 192 281 | 198 239 | 5 958 | 3.10 |
| 产值 | 万元 | 29 013 | 28 999 | −15 | −0.05 |
| 精制茶 | | | | | |
| 产量 | 吨 | 8 027 | 7 457 | −570 | −7.10 |
| 产值 | 万元 | 28 092 | 25 084 | −3 008 | −10.71 |
| 土豆片 | | | | | |
| 产量 | 吨 | 872 | 535 | −337 | −38.65 |
| 产值 | 万元 | 2 715 | 2 028 | −687 | −25.30 |
| 咖啡粉 | | | | | |
| 产量 | 吨 | 710 | 797 | 87 | 12.18 |
| 产值 | 万元 | 9 183 | 9 523 | 340 | 3.70 |
| 水泥 | | | | | |
| 产量 | 吨 | 373 369 | 355 572 | −17 798 | −4.77 |
| 产值 | 万元 | 11 243 | 11 097 | −147 | −1.31 |
| 钢模板 | | | | | |
| 产量 | 吨 | 11 736 | 10 646 | −1 090 | −9.29 |
| 产值 | 万元 | 10 052 | 6 920 | −3 133 | −31.16 |
| 橡胶加工机械 | | | | | |
| 产量 | 台 | 108 | 159 | 51 | 47.22 |
| 产值 | 万元 | 3 739 | 2 339 | −1 400 | −37.43 |
| 汽车及机械配件 | | | | | |
| 产量 | 套 | 1 388 | 1 840 | 452 | 32.52 |
| 产值 | 万元 | 1 008 | 2 136 | 1 128 | 111.93 |

2023 年全年实现建筑业总产值 1.49 亿元，比上年增长 43.27%；实现建筑业增加值 0.46 亿元，比上年增长 25.95%；全年施工建筑面积 4.74 万米$^2$，比上年增长 109.73%。

## 四、第三产业

第三产业全面恢复，总体呈现增长态势。2023 年，垦区第三产业实现增加值 31.99 亿元，比上年增长 8.02%。

**1. 交通运输业营业收入、利润、从业人员收入增长，税金下降**

交通运输业实现营业收入 3.92 亿元，比上年增长 3.18%；实现利润 1.13 亿元，比上年增长 11.36%；从业人员劳动报酬 1.05 亿元，比上年增长 14.65%；应缴税金 741 万元，比上年下降 9.25%；。

**2. 批发零售贸易业营业收入、利润、税金增长，从业人员收入下降**

批发零售贸易业实现营业收入 254.01 亿元，比上年增长 4.17%；实现利润 1.79 亿元，比上年增长 103.5%；应缴税金 1.60 元，比上年增长 79.07%；从业人员劳动报酬 3.22 亿元，比上年下降 4.27%，主要原因是云南省农垦集团贸易企业“瘦身健体”，工资总额下降。

**3. 住宿和餐饮业营业收入、利润、税金、从业人员收入实现不同幅度增长**

住宿和餐饮业营业收入 8.06 亿元，比上年增长 10.48%；实现利润 1.03 亿元，比上年增长 825.77%；应缴税金 2 853 万元，比上年增长 3.63%；从业人员劳动报酬 1.99 亿元，比上年增长 6.74%。

**4. 服务业税金增长，营业收入、从业人员收入、利润下降**

服务业实现营业收入 56.66 亿元，比上年下降 46.90%；应缴税金 3 008 万元，比上年增长 14.25%；从业人员劳动报酬 3.87 亿元，比上年下降 15.13%，实现利润 1.55 亿元，比上年下降 16.94%。

## 五、固定资产投资

固定资产投资增长，但第一产业投资同比下降。2023 年垦区固定资产投资总额为 17.74 亿元，比上年增长 57.95%。其中，第一产业 4.20 亿元，比上年下降 13.28%，第一产业中橡胶投资 1.74 亿元，比上年下降 25.54%；第二产业 2.22 亿元，比上年增长 96.34%；第三产业 11.31 亿元，比上年增长 115.45%（表 7）。

**表 7　云南垦区 2021 年固定资产投资情况**

| 指标名称 | 2022 年/亿元 | 2023 年/亿元 | 增减量/亿元 | 增减率% |
|---|---|---|---|---|
| 垦区固定资产投资额 | 112 303 | 177 377 | 65 074 | 57.95 |
| 第一产业 | 48 484.95 | 42 044 | −6 441 | −13.28 |
| 其中：橡胶生产 | 23 258 | 17 318 | −5 940 | −25.54 |
| 第二产业 | 11 307 | 22 200 | 10 893 | 96.34 |
| 第三产业 | 52 511 | 113 133 | 60 622 | 115.45 |
| 公有经济固定资产投资 | 81 286 | 144 156 | 62 870 | 77.35 |
| 第一产业 | 45 303 | 38 026 | −7 276 | −16.06 |
| 其中：橡胶生产 | 23 153 | 17 305 | −5 848 | −25.26 |
| 第二产业 | 11 264 | 4 957 | −6 307 | −55.99 |
| 第三产业 | 24 719 | 101 173 | 76 454 | 309.29 |
| 非公及管区经济固定资产投资 | 31 017 | 33 222 | 2 204 | 7.11 |

全垦区公有经济固定资产投资额为 14.42 亿元，比上年增长 77.35%，其中一、二、三产业投资额分别为 3.80 亿元、0.5 亿元、10.12 亿元，增幅分别为−16.06%、−55.99%、309.29%。非公及管区

经济固定资产投资额为3.32亿元，比上年增长7.11%。

## 六、从业人员收入及人数

2023年，垦区各类从业人员年均工资总体保持增长态势。2023年从业人员年均工资2.40万元，比上年增长2.76%；在岗职工（按月领取劳动报酬的职工）年均工资4.29万元，比上年增长1.90%；承包岗位职工（农业一线职工）年均工资2.27万元，比上年增长11.53%；承包岗位非职工（农业一线承包人）年均劳动报酬1.61万元，比上年增长12.84%；其他从业人员年均工资2.19万元，比上年增长1.37%。

2023年，垦区年末从业人员14.28万人，比上年下降0.38%。

## 七、非公经济及管区经济

非公及管区经济总体保持增长态势。垦区非公及管区经济实现生产总值43.74亿元，比上年增长5.22%。非公及管区经济总量占垦区经济总量比重为49.47%，比上年上升1.14个百分点。一、三产业保持增长，二产下降。一、二、三产业增加值分别为21.00亿元、2.56亿元、20.18亿元，增速分别为3.32%、−3.60%、8.56%。

非公及管区经济实现产值（营业收入）86.88亿元，比上年增长3.69%；劳动报酬16.95亿元，比上年增长6.24%；应缴税金1.76亿元，比上年增长6.58%；实现利润19.26亿元，比上年增长3.99%。

## 八、农业受灾情况

自然灾害频发，受灾面积、经济损失均比上年大幅增加。2023年，垦区各种农作物受灾面积38 690公顷（58.04万亩），比上年增长156.36%。其中，橡胶受灾面积35 256公顷（52.88万亩），因灾减产橡胶6 913吨；茶叶受灾面积550公顷（0.83万亩），因灾减产茶叶634吨；水果受灾面积1 942公顷（2.91万亩），因灾减产水果1.34万吨。因灾造成直接经济损失2.01万元，比上年增长208.76%。

# 西藏农垦2023年经济发展统计公报

西藏自治区农业农村厅

## 一、基本情况

西藏垦区现有国有农场4个，分布于2个市4个县（区、市），与西藏自治区农业农村厅属于监督管理关系。2023年，垦区全年实现生产总值2 844万元。其中，第一产业增加值432万元，第二产业增加值523万元，第三产业增加值1 889万元。一、二、三产业增加值占生产总值比重分别为15.2%、18.4%、66.4%。2023年，垦区经济运行呈现上升态势，4家农场全部实现扭亏为盈。全年营业总收入6 312万元，比上年增加3 147.66万元，增长99.46%。2023年，垦区4家农场实现利润总额999.12万元，比上年增长1 943.3万元，同比增长205.8%；实现净利润997.37万元，比上年增加1 949.33万元，同比增长204.77%。八一农场、米林农场、易贡茶场、察隅农场4家农场分别实现净利润268.9万元、150.6万元、122.44万元、455.43万元，分别较上年增加847.68万元、324.82万元、280.1万元、494.74万元，同比分别增长46.46%、86.44%、77.66%、258.6%。

2023年，垦区年末总人口1 745人，从业人员599人，其中，第一产业500人，第二产业19人，第三产业80人。垦区居民人均可支配收入48 915元。2023年年末职工374人，职工工资总额1 364.84万元，职工人均工资收入36 493元。

西藏垦区国有土地总面积3 631.91公顷，其中耕地面积849.62公顷，牧草地面积519.42公顷，林地面积1 262.14公顷，水面面积28.00公顷，园地面积164.99公顷，居民点及工矿用地面积227.00公顷，其他面积580.74公顷。

## 二、农业生产情况

2023年，垦区全年农作物播种面积189.16公顷，农业产值586万元。其中，粮食作物（玉米）20.3公顷，产量266吨；油料作物（花生）1.53公顷，产量6吨；蔬菜、瓜类9.33公顷，产量115.29吨；其他作物158公顷。经济作物播种面积747.33公顷。其中，茶叶种植650公顷，收获面积306.33公顷，产量56吨；水果种植97.33公顷，产量102吨。绿色食品认证3个，其中，蔬菜认证1个，水果认证2个。已认证绿色食品产量190吨。

## 三、林业情况

2023年，垦区全年造林面积97.33公顷；年末森林面积1 194.14公顷；全年实有育苗面积11公顷，其中当年新育面积8公顷；幼林抚育面积10公顷；森林覆盖率32.88%。

## 四、畜牧业情况

2023年，垦区大牲畜存栏430头。其中，肉牛230头，牛肉产量31吨；奶牛200头，牛奶产量31吨；能繁殖的母畜220头，当年生仔畜84头。

## 五、农业机械化、生产投入与技术推广情况

一是农业机械化情况。垦区农业机械总动力8 146千瓦。其中，柴油发动机机动力1 680千瓦，汽油发动机机动力216千瓦，电动机动力6 250千瓦。拥有农业机械11台。其中，小型及手扶拖拉机7台，排灌动力机械3台，农用飞机1台。全年实际耕种面积97.33公顷。二是生产投入情况。农业生产用电3千瓦·时；农业用水211 000米$^3$；农药施肥量1 426吨，其中，生物肥施用量108吨，有机肥施用量1 330吨；农用塑料薄膜使用量32吨；沼气池1个。三是技术推广情况。农田有效灌溉97.33公顷；绿色防控技术应用面积40公顷；秸秆综合利用6公顷。

## 六、建筑业情况

2023 年，垦区建筑业年末单位 1 个，年末从业人员 19 人，从业人员工资总额 190 万元，固定资产原值 26 679 万元，建筑业总产值 523 万元。

## 七、农垦科研情况

2023 年，垦区企业科技人员 3 人，用于科研的经费（政府拨款）300 万元。

## 八、固定资产投资

2023 年，垦区完成固定资产投资总额 8 072 万元，投资构成为：第一产业投资 2 000 万元，占总投资额的 24.78%；第二产业投资 6 072 万元，占总投资额的 75.22%。资金全部来源于国家预算内投资。全年新增固定资产 2 000 万元。

# 陕西农垦2023年经济发展统计公报

陕西省农垦集团有限责任公司

2023年，陕西农垦坚持以习近平新时代中国特色社会主义思想为指导，全面贯彻落实党的二十大精神，贯彻落实习近平总书记历次来陕重要讲话和重要指示精神，以及“要深化国有农垦体制改革，以垦区集团化、农场企业化为主线，推动资源资产整合、产业优化升级，建设现代农业大基地、大企业、大产业，努力形成农业领域的航母”的批示精神，持续深化落实中央、省级农垦改革文件精神，持续加强企业的党建工作，坚持市场化改革方向，坚持担当农垦职能使命，以服务国家战略全局和全省发展大局、提高企业核心竞争力和增强核心功能为重点，聚焦粮食和重要农产品稳产保供主责主业，调整优化产业布局，提升科技创新运用能力，增强市场竞争力，进一步发挥农垦企业在建设现代农业产业体系和构建新发展格局中助力乡村振兴的示范引领带动作用。持之以恒做强、做优农垦事业，提升粮食生产供应能力，在增强国有企业服务国家战略全局和全省发展大局的功能作用上取得明显成效；提升农垦农产品供应链环节水平，在推动国有企业真正按市场化机制运营上取得明显成效；提升综合发展能力水平，在加快建设一流企业和培育专精特新项目上取得明显成效，统筹推进、多措并举，进一步增强农垦企业内生动力、发展活力、整体实力，为西部农业发展作出农垦示范。

2023年，全省农垦实现生产总值57 246万元（现价，下同），同比下降0.36%。其中，第一产业增加值36 851万元，同比增长2.11%；第二产业增加值9 789万元，同比增长0.62%；第三产业增加值10 605万元，同比下降8.83%。

全省实现农业总产值70 061万元，工业总产值56 279万元。

## 一、农业

面对保持经济稳定增长的发展压力，集团努力克服上年60年不遇灾情带来的不利影响，紧扣“践行新理念、承载新使命、实现新突破，努力为全省特色现代农业建设贡献陕垦力量”的总体思路，坚持聚焦主业、推动改革发展，发挥农垦担当、履行服务职能，较好地完成了全年目标任务。2023年，农业生产克服雪灾、风灾、低温霜冻、洪涝等自然灾害带来的不利影响，实现了较好收成。全省农垦共收获稻谷473吨，小麦66 797吨，玉米93 355吨，其他谷物30吨；大豆296吨；油料合计488吨；蔬菜、瓜类合计71 749吨。

### （一）“稳”的基础更加牢固

2023年，为确保各项工作任务落实到位，实现企业稳定增长目标，集团按照既定战略，着眼全年早谋划、早部署。省直属农垦除受疫情转段带来的影响外，还受到前所未有的“烂场雨”、春季低温冻害、新旧动能转换的调速换挡3种因素影响，实现营业收入23亿元，实现利润总额3 217万元，完成固定资产投资13 510万元；科技支出投入4 521万元。保持政治稳定、大局稳定、经营稳定、人心稳定，“稳”的基础更加牢固，为集团高质量发展营造了良好的环境。

### （二）“进”的动能加速聚集

集团经济发展向好的势头明显，“进”的动能在延续，进的方向、进的领域更加清晰。集团各单位都在积极拓展业务，谋求高质量发展，蓄积“进”的动能。一是向科技创新进军。集团组建成立科技创新法人主体——陕西农垦农业科技有限公司，在集团总部设立创新工作部，依靠科技创新带动农垦现代农业发展的方向更加坚定。集团同西北农林科技大学专家教授团队合作攻关“耐旱耐热玉米新品种研发与应用”和“超级高产奶牛”育种创新；在大荔农场实施陕西省科学技术厅重点项目“关中地区盐碱化耕地粮油作物种植关键技术集成与示范”；陕西农垦大华种业有限责任公司与省大豆产业技术体系专家联合攻关大豆品种研发项目。在陕西省农业农村厅向农业农村部申报的重大项目中，农垦集团被确定为“超级高产奶牛”选育项目的实施主体单位。可以说，科技创新和成果转化已成为集团高质量发展的重要支撑。二是向战略拓展迈进。集团所属农建公司走进榆林联农带农，以6 689亩高标准农田项目建设为支撑，在靖边县、神木市打造高产示范田，得到国家开发银行金融信贷资金支持和中央政策项目资金支持。陕西省机电技工学校开展涉农培训，助力乡村振兴，为“农垦社会化服务＋地方”行动打下良好基础。三是向开放合作用力。沙苑农场与融通公司联合种植项目、朝邑农场与中铁一局康养旅游特色小镇项目有序推进。牧工商公司联合陕西正大联农带农生猪养殖的“陕垦正大三定”模式不断熟化。大荔农场与石羊集团联合养殖的首批1.2万头育肥猪出栏销售。

### （三）“好”的态势不断展现

一是粮食生产再创历史纪录。省直农垦在“烂场雨”等不利因素的影响下，14.16万亩小麦再次实现丰收，平均亩产943.79斤，总产达到6.68万吨，粮食种植面积和单产均创历史最高纪录。

二是改革创新有了明确目标。围绕农垦改革、深化国企改革三年行动持续发力见效，在推进“三项制度”改革方面进行有益探索和实践，集团总部首次通过管理人员竞争上岗，选聘了6名中层副职干部。

## 二、工业

农垦是一个特殊的社会经济系统，具有企业性、社会性、区域性等多重特征。要准确把握农垦的行业特征和内在规律，在农业农村部农垦局的宏观指导和有关配套政策的支持下，借鉴兄弟垦区的成功经验，积极稳妥地推进工业体制改革。

2023年全省共实现工业总产值56 279万元。

2023年主要工业产品产量：原煤905 900吨。

## 三、商贸服务业

2023年，批发零售业年末经营单位26个，商品销售总额1 049万元。住宿餐饮业年末经营单位15个，营业收入462万元。服务业年末经营单位16个，营业收入8 494万元。

## 四、固定资产投资

全省农垦固定资产投资34 161万元，其中，第一产业13 510万元，占投资总额的39.55%，第二产业1 615万元，占投资总额的4.73%，第三产业19 035万元，占投资总额的55.72%。

按投资来源划分，国家预算内资金6 211万元，自筹资金27 950万元。当年新增固定资产13 451万元。

## 五、劳动工资、人口

2023年，农垦社会年末从业人员6 348人，其中，第一产业5 450人，第二产业117人，第三产业781人，分别占总数的85.86%、1.84%、12.30%。

农垦从业人员中，属于国有经济从业人员的共有3 459人，劳动报酬16 508万元。其中在岗职工3 048人，劳动报酬15 960万元。陕西农垦全年居民人均可支配收入14 079元。

## 六、科研、文教、卫生

近两年来，陕西农垦将所属的部分中小学校移交地方政府，农垦现有技工学校1所。

# 甘肃农垦2023年经济发展统计公报

甘肃省农垦集团有限责任公司

2023年是全面贯彻党的二十大精神的开局之年，是三年新冠疫情防控转段后经济恢复发展的一年。面对复杂多变的宏观环境和艰巨繁重的经济增长发展稳定任务，在以习近平同志为核心的党中央坚强领导下，甘肃垦区上下坚持以习近平新时代中国特色社会主义思想为指导，全面贯彻落实党的二十大和二十届二中全会精神，按照党中央、国务院和省委、省政府关于国企、农垦改革发展的决策部署，做深做实“五量”文章。全年甘肃垦区以高质量发展统揽全局，坚持稳中求进工作总基调，以工业思维谋划农业，紧盯“3111”战略目标，持续树牢“一盘棋”思想，推动甘肃垦区持续健康发展，经济运行总体稳中有进。

## 一、综合概述

### （一）生产总值

经统计，甘肃垦区全年实现生产总值（增加值合计）24.2亿元，比上年增加6亿元，增长33%。其中，第一产业增加值16.11亿元，同比增长59.55%；第二产业增加值6.44亿元，同比增长5.54%；第三产业增加值1.64亿元，同比下降17.4%。一、二、三产业增加值占比分别为66.60%、26.63%、6.77%。2023年，各农场发挥自身优势，积极调整产业结构，进一步巩固第一产业的主业优势，以工业为主的第二产业份额稳步增长，以批发零售业、住宿餐饮业为主的第三产业受市场等客观因素影响，产值有所下滑。

### （二）人员情况

甘肃垦区年末总人口约6.46万人，同比增长0.37%。其中，21个农场常住人口4.78万人，占总人口的73.99%。甘肃垦区年末从业人员1.75万人，同比呈下降趋势。第一产业从业人员1.26万人，同比下降9.35%；第二产业从业人员0.35万人，同比下降2.44%；第三产业从业人员0.14万人，同比增长23.73%。职工生活水平稳步提升，职工工资总额7.88亿元，同比增长12.24%；居民人均可支配收入2.73万元，同比增长10%。

### （三）土地利用情况

甘肃垦区年末土地总面积437 485.95公顷。其中，耕地面积73 726.97公顷，同比增长1.81%，高标准农田44 847.03公顷，永久基本农田38 987.38公顷；牧草地面积208 054.82公顷，下降9.47%；林地面积47 192.52公顷，下降2.17%；水面面积3 307.19公顷；园地面积3 385.39公顷；可垦荒地面积3 426.77公顷；宜林地面积227.94公顷；居民点及工矿面积3 812.45公顷；其他面积94 351.90公顷。

## 二、农林牧渔业

2023年，农业作为首位产业，对甘肃垦区总体经济的支撑作用进一步凸显。经核算，全年完成农林牧渔业总产值（现价）50.33亿元，较上年增加0.48亿元，增长0.96%。各产业产值构成：种植业产值36.85亿元，增长8.27%；林业产值0.05亿元，增长16.22%；畜牧业产值12.17亿元，下降15.13%；渔业产值0.005 4亿元；农林牧渔专业及辅助性活动产值1.26亿元，下降12.07%。农林牧渔业商品总产值38.41亿元，下降7.41%。

### （一）种植业

农作物种植方面，甘肃垦区继续把粮食生产放在重要位置，持续推进种植结构调整，稳定、优化粮食生产，突出发展蔬菜、饲草等高收益作物品种。经统计，甘肃垦区涉农企业全年种植农作物79 772.36公顷，同比增长3.43%。粮食作物、经济作物、饲料作物占比分别为39%、33%、26%。

#### 1. 粮食作物

甘肃垦区上下高度重视粮食安全工作，全力抓好粮食生产，粮食种植面积和产量齐增长。经统计，全年粮食种植面积31 454.52公顷，同比增长

10.57%。其中，小麦种植面积 3 219.74 公顷，同比下降 6.71%；玉米种植面积 19 524.5 公顷，同比增长 20.08%；马铃薯种植面积 8 552.31 公顷，同比增长 2.75%（图 1）。

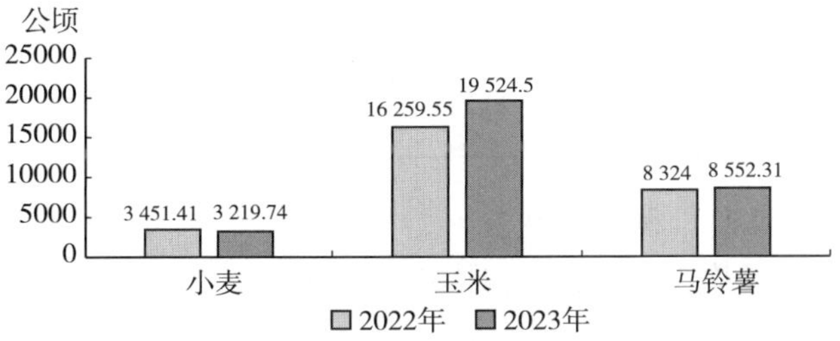

图 1　主要粮食作物播种面积

全年收获粮食 27.79 万吨，同比增长 7.2%。其中，小麦产量 1.47 万吨，同比下降 19.04%；玉米产量 19.49 万吨，同比增长 10.09%；马铃薯（商品薯为折粮后产量）产量 6.77 万吨，同比增长 9.32%（图 2）。

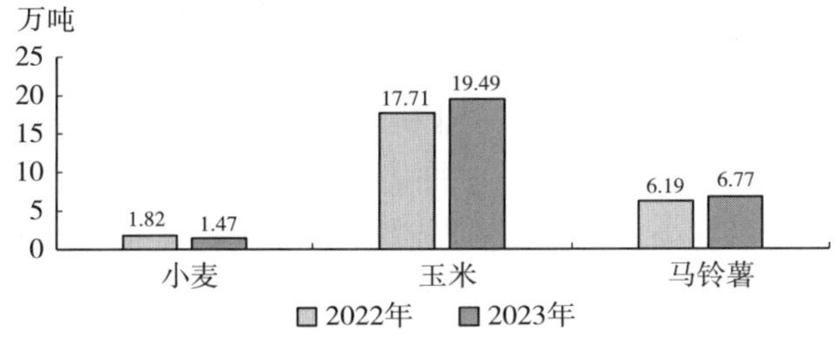

图 2　主要粮食作物产量

**2. 经济作物**

全年种植面积 26 015.04 公顷，同比增长 11.2%。其中，棉花种植面积 4 917.62 公顷，同比增长 0.99%；油料种植面积 3 753.08 公顷，同比增长 29.49%；糖料种植面积 1 236.43 公顷，同比下降 2.35%；蔬菜播种面积 8 404.41 公顷，同比增长 6.51%；瓜类 1 071.31 公顷，同比增长 42.58%；香料 1 822.16 公顷，同比下降 7.2%；中药材播种面积 4 810.03 公顷，同比增长 35.99%（图 3）。

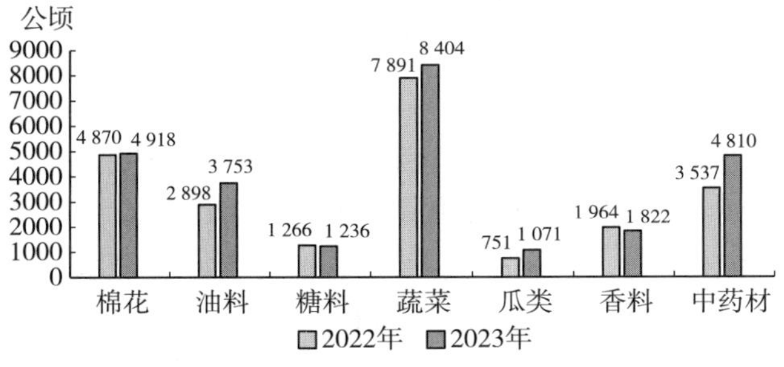

图 3　主要经济作物播种面积

经济作物实现总产量 85.57 万吨，同比增长 2.27%。其中，棉花（皮棉）产量 0.96 万吨，同比下降 5.17%；油料产量 1.26 万吨，同比增长 16.45%；糖料产量 11.65 万吨，同比下降 2.28%；蔬菜产量 65.11 万吨，同比增长 6.09%；瓜类产量 3.95 万吨，同比增长 84.94%；香料产量 0.49 万吨，同比下降 14.03%；中药材产量 2.15 万吨，同比下降 9.2%（图 4）。

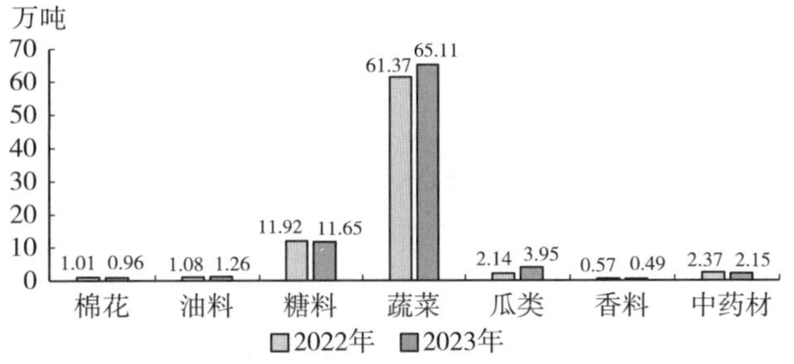

图 4　主要经济作物产量

**3. 饲料作物**

全年落实播种面积 20 935.71 公顷，同比下降 9.08%，产量 54.18 万吨，同比下降 9.85%。其中，苜蓿草种植面积 14 221.38 公顷，同比增长 4.16%；燕麦草种植面积 2 363.53 公顷，同比下降 20.87%；青贮玉米 4 337.46 公顷，同比下降 26.57%（图 5）。

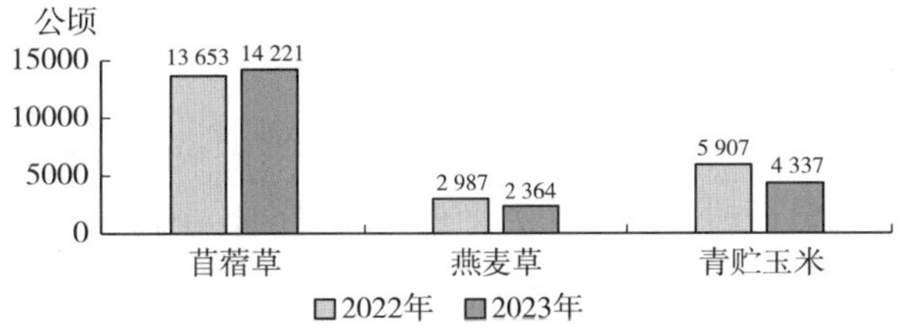

图 5　主要饲料作物播种面积

**（二）畜牧业**

截至 2023 年，奶牛存栏 4.41 万头，同比增长 1.15%；牛奶产量 22.34 万吨，同比增长 7.27%。由于玉米、豆粕等饲料投入品价格居高不下，2023 年牛奶生产成本处于高位；全年奶制品价格持续下降，奶牛养殖收益率持续下降，给正在面临严峻考验的奶牛养殖业带来更大的压力。

受新冠疫情和进口牛肉累积效应的影响，2023 年肉牛产业呈现短期的“蓄积性供给过剩”现象，活牛及牛肉等产品价格相继异常下降。2023 年肉牛存栏 1.36 万头，同比增长 19.3%；出栏肉牛 1.27 万头，同比下降 30.95%。

生猪存栏量略有下降。2023年年末，甘肃垦区生猪存栏1.4万头，同比下降0.7%（表1）。猪肉产量受市场需求乏力的影响，呈小幅下滑趋势。出栏肉猪1.7万头，同比下降5.05%（表2）。2023年生猪市场供应充裕，行情低迷，价格持续疲软，持续下跌，给养殖户带来很大的经营压力。

**表1　畜牧养殖年末存栏数**

| 牲畜种类 | 计量单位 | 2022年 | 2023年 |
|---|---|---|---|
| 羊 | 万只 | 18.5 | 15.48 |
| 生猪 | 万头 | 1.41 | 1.40 |
| 奶牛 | 万头 | 4.36 | 4.41 |
| 肉牛 | 万头 | 1.14 | 1.36 |

**表2　畜牧养殖出栏数及主要畜产品产量**

| 牲畜种类/畜产品 | 计量单位 | 产量 | 比上年增长（%） |
|---|---|---|---|
| 肉牛 | 万头 | 1.27 | −30.95 |
| 生猪 | 万头 | 1.7 | −5.05 |
| 羊 | 万只 | 14 | −1.82 |
| 牛奶 | 万吨 | 22.34 | 7.27 |
| 羊毛 | 吨 | 134.96 | 8.73 |
| 禽蛋 | 吨 | 944.87 | −5.3 |

### （三）园艺

2023年，部分农场受干旱天气影响，水情形势异常严峻，水果受灾严重，产量同比下降。年末实有果园面积1 771公顷，同比下降0.93%。其中，苹果园面积224.62公顷，同比下降6.61%，产量544.75吨，同比下降23.16%；梨园面积1 020.65公顷，同比下降0.01%，产量24 232.33吨，同比下降17.9%；葡萄园面积450公顷，产量3 000吨；红枣园面积21.47公顷，同比下降2.5%，产量62吨，同比下降1.59%（表3、表4）。

**表3　主要水果年末实有果园面积变化情况**

| 水果种类 | 果园面积（公顷） | 比上年增长（%） |
|---|---|---|
| 苹果 | 224.62 | −6.61 |
| 梨 | 1 020.65 | −0.01 |
| 葡萄 | 450 | — |
| 红枣 | 21.47 | −2.5 |

**表4　主要水果产量变化情况**

| 水果种类 | 产量（吨） | 比上年增长（%） |
|---|---|---|
| 苹果 | 544.75 | −23.16 |
| 梨 | 24 232.33 | −17.9 |
| 葡萄 | 3 000 | — |
| 红枣 | 62 | −1.59 |

### （四）林业和渔业

全年造林面积合计594.1公顷，其中，防护林310.8公顷，经济林283.2公顷。2023年零星植树2 415百株，年末实有森林面积27 161.97公顷，年末育苗面积126.67公顷，幼林抚育面积1 413.59公顷、成林抚育面积1 691.97公顷，年末森林覆盖率6.21%。

全年水产养殖面积343.7公顷，淡水鱼类产量24吨。

### （五）农机化、生产投入与技术推广情况

农机装备水平持续提高，主要农作物耕种收综合机械化水平92%，农业机械总动力401 990.58千瓦，同比增长2.97%（图6）。拥有大中型拖拉机4 773台，小型及手扶拖拉机3 973台，排灌动力机械1 889台，联合收获机165台，农用飞机27架。

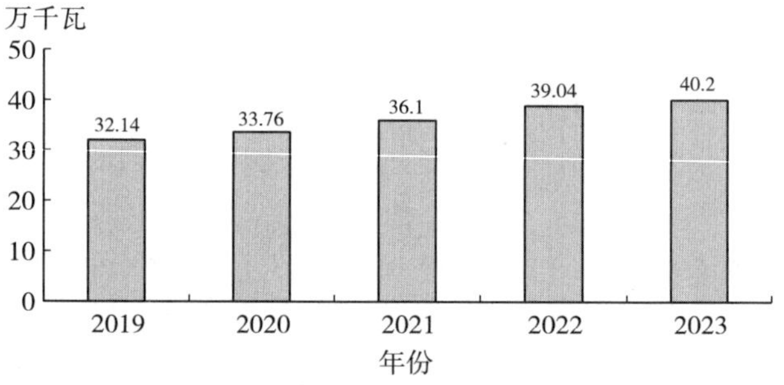


图6　2019—2023年农业机械综合动力增长情况

农业化肥用量及能源消耗持续降低。农业生产用电量15 621.42万千瓦·时，同比下降0.55%；农业用水量44 976.57万米$^3$，同比下降13.72%。农用地膜使用量0.25万吨，同比下降6.64%，地膜覆盖面积48 124.38公顷；农用化肥施用实物量7.6万吨，下降16.29%，折纯量3.13万吨，下降32.8%；测土配方施肥面积43 618.81公顷，肥料高效利用技术应用面积64 110.12公顷，其中水肥一体化技术应用面积54 468.04公顷。农田水利建设有序开展，节水灌溉面积59 737.33公顷，其中，喷灌面积9 886.47公顷，滴灌面积48 837.92

公顷。积极发展生态农业。农作物统防统治面积25 154.43公顷，秸秆还田面积19 490.01公顷，秸秆饲用面积30 669.41公顷。

**（六）绿色食品、有机食品、农产品地理标志情况**

甘肃垦区大力推进绿色有机认证，截至2023年年末，取得绿色食品、有机食品认证75个，已认证总产量27.38万吨。其中，绿色食品认证64个，认证产量25.63万吨；有机食品认证10个，认证产量0.55万吨；农产品地理标志认证1个，认证产量1.2万吨。

**（七）农作物种业**

种子播种面积及产量均增幅明显。全年种子播种7 961.86公顷，同比增长142.4%，其中，原种播种面积410.14公顷，良种播种面积7 534.22公顷。种子生产量合计7.66万吨，同比增长175.04%，其中，原种生产量1.27万吨，良种生产量6.34万吨，其中玉米种子生产量4.84万吨。

## 三、工业、建筑业

2023年，甘肃垦区所属工业企业全年完成工业总产值27.26亿元，增长4.75%（图7），其中2户大中型工业企业莫高股份、庄园牧场完成工业总产值10.38亿元，占比38.08%。

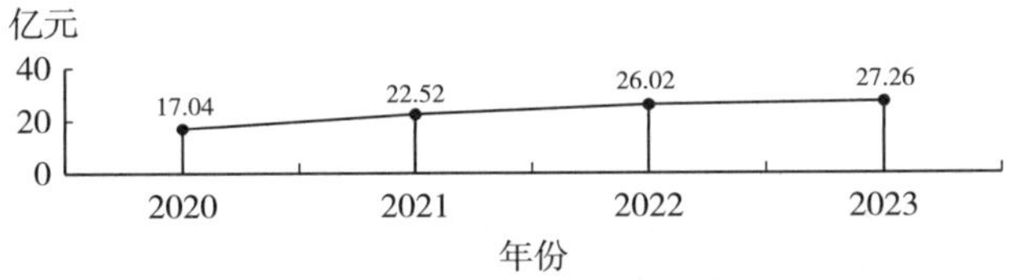


图7　2020—2023年工业总产值增长情况

主要工业品产量有升有降。生物医药企业积极应对国家计划调减、出口配额下滑等不利因素，有序生产各类工业产品。药物碱厂除国家计划产品外，主要产品产量均同比有所增长。普安康药业协调百号壳调配计划，带动产量同比增长38%。莫高股份协调复方甘草片调增计划，全年产量同比增加1倍。食品加工企业受市场订单减少等因素影响，总体产品产销量有增有减。亚盛好食邦累计完成工业总产值1.79亿元，同比增长7.2%。兴农辣椒加强销售板块，干椒加工量和速冻椒订单加工量双增，完成工业总产值1.47亿元，同比增长25.6%。黄羊河食品公司生产甜糯玉米产品9 730吨，同比略有下降。受国际、国内消费力不足，商超市场收缩，同质产品打压等因素影响，真空包装玉米和玉米糁产品销量下滑。薯业方面，甘肃垦区缩短检修时间，加大马铃薯全粉生产，完成工业总产值1.08亿元，同比增长20.1%。莫高股份积极应对葡萄酒消费需求疲软、进口葡萄酒冲击等不利因素影响，累计产销葡萄酒2 170吨，同比增长32%以上。庄园牧场乳制品加工量11.64万吨，同比略有下降，积极开拓市场，注重品牌营销，销售10.87万吨。玉门宏远2023年全年发电2.18亿千瓦·时。西部水泥生产水泥、石灰粉等制品83.38万吨，销售73.66万吨。

## 四、交通运输业、批发零售业、服务业及外贸出口

交通运输业全年完成货运量6.23万吨，客运量1.02万人次。年末实有20个交通运输单位，实现收入483.71万元。

全年甘肃垦区范围内有146户批发零售业单位及个体工商户，合计实现销售收入11.54亿元，同比增长22.93%，其中14个国有单位实现收入7.72亿元。餐饮业40个单位实现收入595.62万元，其中1户国有单位实现收入159.82万。服务业50家单位实现收入2.17亿元，其中18个国有单位实现收入2.15亿元。

出口贸易略有下降。全年出口供货商品总金额2.24亿元，同比下降11.09%。其中，农产品1.2亿元，下降36.99%；医药加工品0.99亿元，增长52.11%；食品0.04亿元，增长6.9%。

## 五、科研、固定资产投资

科技研发投入力度不断加大。2023年年末，甘肃垦区共有科研单位3户，职工合计62人，其中科技人员58人，科研经费合计843.48万元，实验地面积3.4公顷。甘肃垦区各企业拥有科技人员共计321人，科研经费合计5 680.89万元，其中企业自筹5 664.39万元。

固定资产投资保持增长。全年完成投资总额4.36亿元，同比下降72.99%，主要为项目建设投资。从产业分布看，第一产业完成投资2.03亿元，第二产业完成投资0.48亿元，第三产业完成投资1.84亿元，占比分别为46.71%、10.96%、42.33%。按资金来源划分，落实国家预算内资金1.08亿元，自筹资金1.24亿元。当年新增固定资产1.52亿元。

# 青海农垦2023年经济发展统计公报

青海省农业农村厅农垦局

2023年，青海农垦在青海省委、省政府和省农业农村厅的坚强领导下，以习近平新时代中国特色社会主义思想为指导，立足资源禀赋和区位特点，以打造青海绿色有机农畜产品输出地为抓手，以“转方式、调结构、提质量、增效益”为主题，持续深化农垦改革，加快推进全省农垦高质量发展，全省农垦经济和社会各项事业继续保持较好的发展势头。

## 一、基本情况

2023年，青海垦区共有20家农垦企业。青海农垦所属农垦企业实行省级和州、市、县三级管理体制，经过多年的艰苦创业，已发展成全省重要的青稞、油菜籽、枸杞、牧草等农产品生产基地，更是牦牛、藏羊等畜牧业良种培育和扩繁基地，在青海省现代农业建设过程中发挥着重要的示范带动作用。全年实现营收62 836.72万元，利润总额6 472.42万元。全年粮油作物种植总面积30.62万亩，总产量5.00万吨，同比增长6.39%。肉类总产量0.27万吨，同比增长25%。牦牛、藏羊、柴达木枸杞、饲草料等特色优势产业的技术推广应用渠道进一步畅通，实用技术推广应用面积不断扩大。农业基础设施建设进一步加强，科技水平、标准化水平、农产品质量安全水平不断提高，农垦企业主导产业的优势及竞争力得到进一步巩固和提升，各农牧场综合生产经营能力稳步提高。

## 二、综合

2023年，垦区全年实现生产总值5.92亿元，同比增长14.98%。其中，第一产业增加值5.5亿元，同比增长15.98%。第二产业增加值0.13亿元，同比下降2.38%；第三产业增加值0.29亿元，同比增长8.05%。一、二、三产业增加值占生产总值的比重分别为93.00%、2.12%、4.88%。农林牧渔业总产值10.33亿元，同比增长10.25%；工业总产值0.58亿元，同比增长87.1%。

2023年，垦区年末总人口42 030人，农场人口34 190人。从业人员18 964人，其中，第一产业12 648人，第二产业93人，第三产业6 223人。垦区居民人均可支配收入17 302元，同比增长13.71%。年末职工5 764人，职工工资总额22 254.11万元，职工人均工资收入38 609元，比上年增长5.4%。

## 三、种植业

2023年，全年农作物播种面积3.56万公顷，粮食作物1万公顷，粮食产量3.68万吨。其中，小麦0.16万公顷，产量0.87万吨；其他谷物0.83万公顷，产量2.81万吨。油料作物1.04万公顷，产量1.32万吨；蔬菜、瓜类0.034公顷，产量2.32万吨。

## 四、畜牧业

2023年，大牲畜年末存栏总头数48 305头。其中，肉牛存栏22 149头，全年牛肉产量962.95吨；奶牛存栏54头，全年牛奶产量50吨。年末生猪存栏4 428头，全年猪肉产量297.74吨。羊年年末存栏241 463只，全年羊肉产量1 480.07吨，其中，山羊718只，绵羊240 745只，全年绵羊毛产量233.39吨。

## 五、林业

全年造林面积1 577公顷，其中，经济林1 287公顷，防护林290公顷。年末森林面积72 073.57公顷，成林抚育面积840公顷，森林覆盖率12.95%。

## 六、固定资产投资

全年完成固定资产投资17 170.37万元。投资构成：第一产业投资7 981.31万元，占总投资额的 46.48%；第二产业投资 7 948 万元，占总投资额的 46.29%；第三产业 1 241.06 万元，占总投资额的 7.23%。

## 七、农垦科研情况

年末有垦区科研单位从业人员 846 人，其中科技人员 89 人。科研经费 322 万元，其中，政府拨款 200 万元，企业自筹 122 万元。

# 宁夏农垦2023年经济发展统计公报

宁夏农垦集团有限公司

2023年，宁夏农垦集团在自治区党委和政府的坚强领导下，紧盯习近平总书记赋予农垦建设“三大一航母”的战略定位，牢记习近平总书记维护粮食安全的殷殷嘱托，聚焦主责主业，突出统筹经济发展、安全生产和生态环保，承压前行、负重拼搏、合力攻坚，各项工作成效显著，现代化建设迈出坚实步伐。

## 一、综合

2023年，宁夏农垦综合发展实力持续壮大。为充分发挥生产经营统计实时分析的应有作用，每月依照种植业、养殖业、服务业3个产业体系，对生产经营数据进行统计分析，经济实力进一步增强。全年实现农垦生产总值（现价，下同）37.3亿元，比上年增长0.5%（图1）。其中，第一产业增加值21.8亿元，增长6.4%；第二产业增加值5.2亿元，下降8.5%；第三产业增加值10.3亿元，下降5.7%。一、二、三产业增加值构成比例为58∶14∶28（2022年比例为55∶15∶30）。

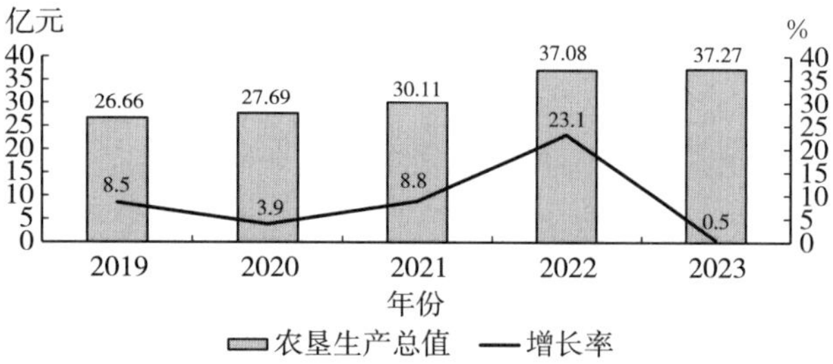


图1　2019—2023年农垦生产总值及增长速度

2023年垦区居民人均可支配收入31 321元，比上年增加2 452元，增长8.5%，是全区农村居民人均可支配收入17 772元的1.8倍，是全区城镇居民人均可支配收入42 395元的73.9%。

2023年垦区总户数46 262户，年末总人口111 081人，达到小城镇规模的农场14个。年末职工9 837人，其中在岗职工9 751人。离退休职工18 957人。职工工资总额61 057万元，职工人均工资收入62 069元，比上年下降2.7%。

## 二、农业

2023年坚持推行土地规模化经营，重点保障粮食和饲草料供给，壮大优势特色产业，严格落实土地管理，实现产量、效益双增长。全年实现农林牧渔服务业总产值53.4亿元（现价，下同），比上年增长8%。其中，种植业22.5亿元，增长0.7%；林业0.1亿元，下降48.4%；牧业28.8亿元，增长14.7%；渔业0.9亿元，增长11%；农林牧渔服务业1.1亿元，增长7.2%（图2）。

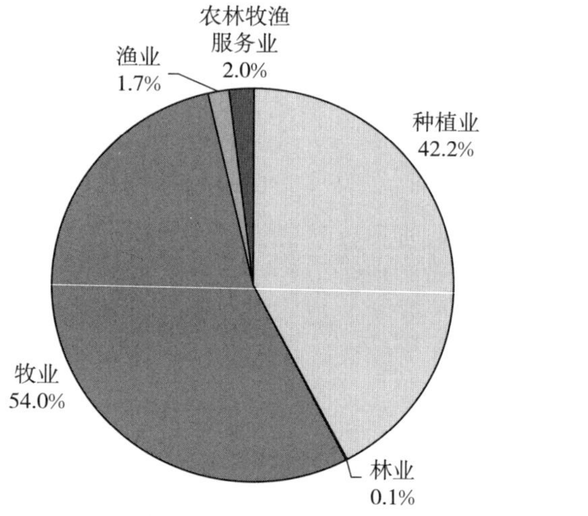


图2　农林牧渔业产值比例结构

种植业优化布局。聚焦优势特色产业，延链补链壮链，扩规提质增效。持续推进土地规模化经营，公管公种及“六统一”经营面积达42万亩，同比增长20%；2023年农作物总播种面积70万亩，比上年增加1.8万亩，增长2.5%。全年粮食播种面积39.4万亩，减少3.2万亩，下降7.5%。其中，夏粮播种面积0.5万亩，减少0.2万亩，下降24.3%；秋粮播种面积38.9万亩，下降6.4%。春小麦播种面积0.5万亩，下降24.3%；水稻播种面积6.4万亩，下降47.5%；玉米播种面积

31.1 万亩，增长 6%。

全年粮食总产量 34 万吨，比上年下降 3.7%（表 1），占自治区粮食总产量 378.8 万吨的 9%。其中，夏粮产量 0.24 万吨，下降 25.4%；秋粮产量 33.76 万吨，下降 3.5%。

**表 1　2023 年宁夏垦区种植业基本情况**

| 产品名称 | 产量（吨） | 比上年增长（%） |
|---|---|---|
| 粮食 | 339 957 | −3.7 |
| 其中：小麦 | 2 369 | −25.4 |
| 水稻 | 41 461 | −46.8 |
| 玉米 | 293 690 | 8.3 |
| 油料 | | |
| 蔬菜 | 78 311 | −18 |
| 水果 | 53 835 | −5.5 |
| 其中：葡萄 | 37 702 | −10 |

畜牧业持续壮大。垦区坚持种养结合、“草奶肉肥”一体化发展，全年实现畜牧业总产值 28.8 亿元，比上年增长 14.7%，年末奶牛存栏 16.1 万头，增长 17.5%，占总存栏数的 86.9%；全年牛奶产量 61.9 万吨，增长 22.5%（表 2）。其中乳业公司建成兴垦二场和利垦三场，规模化智慧牧场达到 19 个；奶牛存栏数由 12.8 万头增加到 15.6 万头，同比增长 22%，养殖规模紧跟伊利、蒙牛，位列全国第 3；与蒙牛合资建成日产 4 500 吨的全球最大数智化生产线，推出“宁垦牧场”系列乳制品，A2－β 纯牛奶、益生菌酸奶等产品深受市场青睐，中流砥柱作用充分发挥，有力促进垦区畜牧业的发展。

**表 2　2023 年宁夏垦区牲畜年末存栏数、出栏数及主要畜产品产量**

| 牲畜种类/畜产品 | 计量单位 | 存（出）栏数/产量 | 比上年增长（%） |
|---|---|---|---|
| 大牲畜（存栏） | 头 | 185 801 | 21 |
| 牛（存栏） | 头 | 185 801 | 21 |
| 其中：奶牛 | 头 | 161 456 | 17.5 |
| 羊（存栏） | 只 | 146 670 | 17.04 |
| 其中：山羊 | 只 | 64 035 | 101.99 |
| 绵羊 | 只 | 82 635 | −11.7 |
| 猪（存栏） | 头 | 22 919 | 3.9 |
| 其中：能繁母猪 | 头 | 2 580 | −3.2 |

（续）

| 牲畜种类/畜产品 | 计量单位 | 存（出）栏数/产量 | 比上年增长（%） |
|---|---|---|---|
| 牲畜（出栏） | | | |
| 其中：牛 | 头 | 37 118 | 79.3 |
| 羊 | 只 | 72 331 | 22.1 |
| 生猪 | 头 | 50 310 | 37.6 |
| 家禽 | 百只 | 4 921 | −55.5 |
| 肉类（总产量） | 吨 | 11 525 | 33.2 |
| 其中：猪肉 | 吨 | 3 399 | 37.2 |
| 牛肉 | 吨 | 5 647 | 56.2 |
| 羊肉 | 吨 | 1 125 | 14 |
| 禽肉 | 吨 | 1 354 | −13.7 |
| 牛奶（产量） | 吨 | 618 694 | 22.5 |
| 禽蛋（产量） | 吨 | 1 367 | −1.7 |

水产养殖业相对下降，主要原因是退渔还湿、退渔还湖。年末养殖面积 5.9 万亩，比上年减少 0.1 万亩，全年水产品产量 7 153.7 吨，下降 15%。

全年植树造林面积 645 亩，其中非林业用地造林面积 450 亩，当年零星植树 3 万株。

2023 年年末农业机械总动力 35.4 万千瓦，比上年增长 4.1%；拥有大中型拖拉机 2 786 台，小型及手扶拖拉机 1 845 台，播种机 533 台，排灌动力机械 1 433 台，联合收获机 407 台，农用运输车 1 591 台。

## 三、工业和建筑业

2023 年年末垦区工业企业 39 个，其中国有及年销售收入在 2 000 万元以上的工业企业 4 个。全年实现工业增加值 3.7 亿元，比上年增长 0.4%，占第二产业增加值的 72.1%，其中宁夏西夏嘉酿啤酒有限公司实现工业增加值 2.6 亿元，增长 7.9%，占工业增加值 70.3%。宁垦酒业原酒及成品酒累计销量 3 031 吨，同比增长 135%。其中销量较高的是原酒 2 147 吨（收入 1 345 万元）、“开元 1984” 139 吨（收入 606 万元）、“外交使节” 131 吨（收入 970 万元），葡萄酒业实现链条延伸和市场拓展双改善，万吨葡萄籽精深加工项目建成投产，延伸产业链条，填补宁夏葡萄废弃物高值化利用的空白；在葡萄酒、蒸馏白酒两大品类的基础上，创新研发推出葡萄老酒、葡萄籽油、原花青素等系列新品；大幅优化调整价格体系，让葡萄酒回归朴素消费。主要工业产品产量见表 3。

**表 3　2023 年宁夏垦区主要工业产品产量**

| 产品名称 | 计量单位 | 产量 | 比上年增长（%） |
|---|---|---|---|
| 鲜肉 | 吨 | 894 | 42.8 |
| 乳制品 | 吨 | 32 106 | −8.1 |
| 其中：酸奶 | 吨 | 1 356 | 20 |
| 饮料酒 | 千升 | 180 053 | −0.9 |
| 其中：啤酒 | 千升 | 175 065 | −1.9 |
| 白酒 | 千升 | 292 | 2.1 |
| 葡萄酒 | 千升 | 4 636 | 59.37 |
| 其中：西夏王 | 千升 | 2 788 | 158 |
| 混合饲料 | 吨 | 200 942 | 28.79 |
| 大米 | 吨 | 7 332 | −8.4 |

2023 年年末建筑企业 14 个，从业人员 945 人，全年实现建筑业增加值 1.5 亿元，比上年下降 25.6%，占第二产业增加值的 27.9%，当年施工房屋建筑面积 8.13 万米$^2$。

## 四、固定资产投资

2023 年坚持效益优先，围绕强基础、壮产业、补短板上项目，完成固定资产投资总额 17.4 亿元，比上年增长 37.3%（图 3）。其中国有投资 17.3 亿元，增长 46.9%，主要是项目建设投资，其中，宁垦乳业白土岗第二奶牛场建设项目工程 4.4 亿元，红崖子奶牛养殖场项目 2.3 亿元，12 500 头奶牛项目 3 亿元。在当年固定资产投资中，基本建设完成投资 15.9 亿元，增长 28.5%，占总投资额的 91.4%；更新改造完成投资 0.9 亿元，增长 190.7%，占总投资的 5.2%。

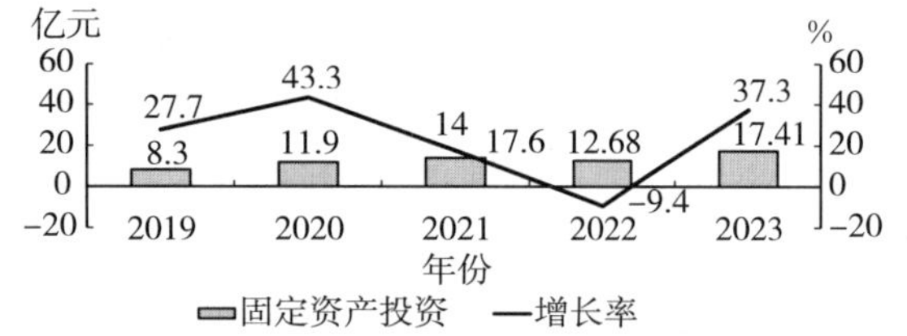


图 3　2019—2023 年宁夏垦区固定资产投资及增长速度

## 五、交通运输业、批发零售业、住宿和餐饮业、旅游业、房地产业及商品出口

2023 年，全年拥有载货汽车 364 辆，载客汽车 378 辆，实现货运量 203 万吨，客运量 194 万人；实现营业收入 8 366 万元。

年末批发零售业、住宿和餐饮业营业单位合计 1 593 个，从业人员 4 528 人，拥有固定资产原值 51 437 万元，营业用房面积 13 万米$^2$，实现社会消费品零售额 57 545 万元，比上年增长 16.6%。其中，批发零售贸易业 44 206 万元，增长 5.4%；住宿餐饮业 13 339 万元，增长 80.4%。

旅游业方面，坚持推动旅游和生态、文化、产业深度融合发展，重点在聚人气、促消费上求突破。进一步完善旅游基础设施，丰富景区旅游项目，提升旅游服务功能，策划举办具有全国影响力的大型赛事和活动，创新引客、留客举措，推动生态观光游向消费体验游延伸，夏季游向冬季游延伸，实现“门票经济”向多元消费升级。宁夏农垦沙湖景区全年接待游客 161.6 万人次，实现旅游收入 1.6 亿元，缴纳税金 907 万元。

在资产运营方面，重点是开发利用土地和盘活资产，综合整治未利用土地资源，垦区国有房地产企业销售商品房及车库 774 套，其中，现房 502 套（销售收入 4.14 亿元），预售金樾府 171 套（预售收入 6 006 万元）。期末库存成品商品房 96 套，车库 2 134 个，在建商品房 373 套、车库 530 套，库存成本 13.6 亿元。

2023 年垦区出口商品主要是供港蔬菜，年末商品出口总金额 5 634 万元，出口蔬菜 14 140 吨。

## 六、绿色食品、有机食品、无公害农产品

2023 年年末，垦区绿色食品、有机食品、无公害农产品认证 17 个，带动 4 227 农户。其中，蔬菜 1 个，带动农户 140 人，绿色 A 级种植面积 19 公顷，产量 921 吨；水果 1 个，带动农户 157 人；“西夏王”葡萄酒 4 个，带动农户 3 615 人；“灵农”猪肉 1 个，带动农户 215 人，产量 894 吨。

## 七、科研

年末农垦科研单位 1 个，科研职工 7 人，其中科技人员 7 人，科研经费 5 527 万元。

## 八、非国有经济

2023 年垦区非国有经济实现生产总值 14.73 亿元，比上年增长 5.8%，占垦区经济总量的 39.5%。其中，第一产业增加值 11.3 亿元，第二产业增加值 0.77 亿元，第三产业增加值 2.66 亿元。各产业在非国有经济中的构成比例为 77∶5∶18。年末非国有经济单位 8 394 个，从业人员 43 086人，从业人员工资总额 92 020 万元，实现利润 46 164 万元。

# 中国热带农业科学院2023年经济发展统计公报

中国热带农业科学院

2023年，中国热带农业科学院全体人员团结奋进、战胜困难，认真执行党中央、国务院、农业农村部的指导方针，紧紧围绕学习贯彻习近平新时代中国特色社会主义思想主题教育要求，艰苦奋斗、凝心聚力、勇毅前行，积极推动国家热带农业科学中心的建设和发展。科技创新成果丰硕，为热带地区的农业和乡村振兴提供了强有力的支持，为巩固拓展脱贫攻坚成果同乡村振兴有效衔接作出了重要贡献，院所管理水平不断提高，为加速实现院所治理体系和治理能力的现代化打下了坚实基础，保障能力持续增强，为院所可持续发展创造了良好条件，全面从严治党取得新突破，为热带农业科学事业的繁荣和进步提供了有力保证，圆满完成了各项工作目标。

## 一、综合及主要指标

农业农村部核定中国热带农业科学院编制5 500人，其中，财政拨款补贴人员编制4 300人，经费自理人员编制1 200人。2023年，常住总人口12 917人，年内平均人口12 800人。年末从业人员3 672人，其中，在岗职工2 948人，其他职工658人。全年职工劳动报酬56 096.79万元，比2022年增加10.37%。

全年实现生产总值62 535.05万元，比上年增加12 157.05万元，增长24.13%，年末实有住房面积99.76万米$^2$，人均住房使用面积77.23米$^2$。

土地总面积7 828.49公顷，其中，耕地面积740.93公顷，林地面积3 590.26公顷，水面面积114.87公顷，茶、果、桑园面积263.78公顷，可垦荒地面积118.11公顷，宜林地面积797.94公顷，居民点及工矿用地面积671.72公顷，其他面积1 184.88公顷。耕地面积中，水田114.67公顷，高标准农田面积37.87公顷。

## 二、科学研究

科学研究和综合技术服务业生产总值66 975.98万元，劳动者报酬53 119.68万元，固定资产投资为58 061.53万元，当年新增固定资产21 958.92万元。

## 三、农林牧渔业

全年农林牧渔业总产值15 291.11万元，下降0.72%。其中，种植业产值1 685.50万元，增长20.57%；林业产值984.33万元，下降2.64%；牧业产值1 351.11万元，下降2.76%；渔业产值60.89万元。农作物播种面积83.58公顷，其中粮食播种面积38.89公顷，产量299.38吨；水果种植面积103.9公顷，产量605.16吨，主要为香蕉、荔枝、芒果、火龙果、百香果等热带水果。水产品总产量101.1吨，养殖面积33.17公顷。

肉类总产量252.17吨，比上年减少0.05吨，下降0.02%。

## 四、科技

2023年科研经费36 140.25万元，比上年减少3 467.48万元，下降8.75%，其中政府拨款26 819.44万元，下降12.63%。

2023年新增立项各级各类科研项目531项，包括国家自然科学基金区域创新发展联合基金项目、国家重点研发计划项目等。

发表论文785篇；申请专利53项，授权专利318项，出版著作35部，授权植物新品种25个，研发标准18项。

## 五、固定资产投资

全年完成固定资产投资22 915.99万元，当年新增固定资产17 564.51万元。

# 广州农垦2023年经济发展统计公报

广州越秀食品集团有限公司

2023年，是近年来行业和市场变化最大的一年，也是企业经营压力十分突出的一年，广州越秀食品集团有限公司的各项业务均在不同程度上受到外部环境的冲击和考验。在越秀集团的正确领导和倾力支持下，食品板块以稳定业绩为总基调，坚持抓好上游养殖端生产经营正常化与下游销售端产品营销突破，在精益管理上下苦功，提升内部管控质效，基本达成年度事业计划各项目标任务。

## 一、重大变动情况说明

### 管控架构调整

2022年年初，越秀集团对乳业、生猪养殖、食品加工三大主业实施提级管理。

2022年年末，结合新阶段各业务发展特点，越秀集团继续推动食品业务管控架构调整优化，设置乳业、农牧食品、食品流通三大业务平台，2023年全年按照三大业务平台结构进行管理。

## 二、主要经济指标情况

2023年，越秀食品纳入统计报表编制范围的企业业务分布在乳制品加工业、食品加工业、饲料加工业、畜牧养殖业、青贮种植、商贸和生鲜流通业、冷链仓储业、物业资产运营业等。年末从业人员11 276人，年末职工9 714人，人均年收入99 487元。土地总面积23 248公顷。

2023年实现生产总值430 513万元，其中，第一产业主要是畜牧养殖业，全年实现生产总值68 375万元，同比下降2.66%；第二产业主要为乳制品加工、饲料加工及食品加工业务，全年实现生产总值53 685万元，同比下降21.3%；第三产业主要是食品批发零售、商贸、生鲜流通、冷链仓储和物业资产运营业务，全年实现生产总值308 453万元，同比明显提升，主要是受终端积极布局销售、零售等业务的影响，市场拓展较2022年有明显改善。

## 三、畜牧业生产经营情况

集团畜牧养殖业主要包括牧草种植、奶牛养殖、生猪养殖业务。2023年实现农林牧渔业总产值279 536万元，同比减少40 250万元，主要是受牧业产值及农林牧渔专业及辅助性活动产值降低的影响。

### （一）奶牛养殖情况

年末奶牛存栏125 865头，其中能繁奶牛5.7万头，当年产崽畜1.8万头。2023年牛奶产量596 412吨，同比增长6.8%。

### （二）生猪养殖情况

生猪养殖业务仍处于建设发展期，在广东、贵州等区域有多个在建项目同时推进，其中贵州马干山项目已竣工投产。年末种猪存栏321 221头，其中能繁母猪3.3万头。2023年出栏肉猪285 492头，同比增加54 233头，主要是贵州马干山项目带来的投产增量。

## 四、工业生产情况

集团工业生产经营主要业务为乳制品加工、饲料加工、屠宰以及肉制品深加工，纳入统计范围的工业企业8户，规模较上年有所收缩。

2023年实现工业总产值733 013万元，同比增加141 159万元，增长23.85%，增长的主要原因是生猪规模投产。乳制品总产值合计405 526万元；屠宰及肉制品深加工产值327 486万元。

## 五、固定资产投资情况

2023年，集团科学合理推进乳制品加工、生猪养殖等各个业务投资项目建设进度。全年完成固定资产投资总额604 702万元，同比增长138%。第一产业完成投资167 318万元，同比减少61 112万元；第二产业完成投资21 276万元，同比增加2 400万元；第三产业完成投资416 109万元，主要是对冷链仓储业和其余较大规模产业的投资。

# 南京农垦2023年经济发展统计公报

南京农垦产业（集团）有限公司

2023年，南京农垦在农业农村部农垦局的关心支持下，在市委、市政府的正确领导下，坚持以党建为引领，贯彻执行党的二十大精神，认真落实中央和省委、市委1号文件精神，围绕南京高水平建设都市现代农业强市方案，聚焦主责主业，深化国企改革。2023年度垦区总体发展平稳，销售业务规模稳中有升。

## 一、综合

全年实现生产总值90 688.88万元，比上年增长32.38%。其中，第一产业增加值409.85万元，比上年增长20.34%；第二产业增加值610万元，比上年下降25.61%；第三产业增加值89 669.03万元，比上年增长33.15%。全年完成固定资产投资159.40万元，比上年下降47.31%。

## 二、第一产业

南京农垦下辖1家国有市属林场——南京市青龙山林场，确权土地面积384公顷。其中，林地面积306公顷，占土地总面积的79.69%；园地面积38公顷，占土地总面积的9.90%；居民点及工矿用地面积30公顷，占土地总面积的7.81%；其他面积10公顷，占土地总面积的2.60%。林场主要负责森林防灭火、公益林管护、历史遗留问题处理等基础性管理工作，为进一步推进林场转型发展，正在积极探索林下经济项目。

全年实现第一产业增加值409.85万元，比上年增长20.34%，南京农垦系统内从事第一产业的企业包括青泉茶业公司和雪松茶业公司，全年生产干茶共计4 000余斤，销售收入达300多万元。2023年，“宝石花”牌雨花茶、龙雾茶两个产品获得“绿色食品”证书；“雪松”牌雨花茶获南京市溧水区茶叶质量评比“名茶奖”；“宝石花”品牌荣获“江苏省著名品牌”证书；雪松茶业公司成功申报中国农垦茶产业联盟成员单位。

## 三、第二产业

南京农垦全年实现第二产业增加值610万元，比上年下降25.61%，所涉工业企业为青龙山林场公司辖区企业，共4家，均为通用设备制造业企业。为积极协助青龙山健康小镇项目建设，辖区企业南京华宁阀门有限公司已于2023年停产关闭。

## 四、第三产业

南京农垦全年实现第三产业增加值89 669.03万元，比上年增长33.15%。其中，批发零售业（非国有）年末单位35个，比上年增加1个，从业人员74人，销售额2 000万元，比上年增长2.56%；餐饮业（非国有）年末单位23个，比上年增加2个，从业人员40人，营业收入920万元，比上年增长4.55%；交通运输业（非国有）年末单位1个，从业人员13人，营业收入150万元，比上年增长3.45%；其他服务业年末单位81个（其中国有及国有控股6个），比上年增加2个（其中国有2个），从业人员257人，营业收入86 599.03万元，比上年增长34.54%。

## 五、固定资产投资完成情况

南京农垦全年完成固定资产投资159.40万元。其中，第一产业投资82.40万元，占总投资额的51.69%，主要用于林区厂房改造、鱼塘管理用房扩建等；第三产业投资77万元，占总投资额的48.31%，主要用于办公房翻新、食堂经营性设备购置等。

## 六、人口、职工和劳动报酬

南京农垦年末总人口2 581人，其中农场人口2 349人。居民人均可支配收入61 634.46元，比上年增长4.50%。年末从业人员545人，其中，第一产业79人，占从业人员的14.50%；第二产业 82 人，占从业人员的 15.04%；第三产业 384 人，占从业人员的 70.46%。从业人员工资总额 3 897.86万元。年末职工 235 人，其中在岗职工 151 人，占年末职工的 64.26%。职工工资总额 2 567.83万元，比上年增长 7.07%，在岗职工工资总额 2 389.95 万元，较上年增长 7.83%。

# 二

# 主要经济与社会指标

# 综合情况

# 1-1 主要年份全国农垦经济主要指标

| 指 标 名 称 | 计量单位 | 2010年 | 2015年 | 2020年 | 2022年 | 2023年 | 2023年比2022年增长 | |
|---|---|---|---|---|---|---|---|---|
| | | | | | | | 绝对数 | 增长率(%) |
| 一、基本情况 | | | | | | | | |
| 农垦独立核算企业 | 个 | 5 261 | 5 880 | 5 743 | 6 012 | 5 756 | −256 | −4.3 |
| 农牧企业（农场） | 个 | 1 807 | 1 785 | 1 831 | 1 787 | 1 776 | −11 | −0.6 |
| 工业企业 | 个 | 1 290 | 1 237 | 1 127 | 1 046 | 1 194 | 148 | 14.1 |
| 建筑企业 | 个 | 537 | 378 | 188 | 219 | 236 | 17 | 7.8 |
| 运输企业 | 个 | 290 | 205 | 452 | 229 | 223 | −6 | −2.6 |
| 批零贸易餐饮企业 | 个 | 1 337 | 2 275 | 2 145 | 2 127 | 2 327 | 200 | 9.4 |
| 农垦年末总人口 | 万人 | 1 332.31 | 1 445.95 | 1 404.26 | 1 412.20 | 1 425.97 | 14 | 1.0 |
| 职工年末人数 | 万人 | — | — | 247.05 | 228.50 | 221.36 | −7 | −3.1 |
| 耕地面积 | 千公顷 | 5 989.27 | 6 325.42 | 6 516.61 | 7 038.90 | 7 207.54 | 169 | 2.4 |
| 当年造林面积 | 千公顷 | 88.25 | 68.50 | 105.90 | 73.01 | 53.34 | −20 | −27.4 |
| 农垦生产总值（现价） | 亿元 | 3 382.67 | 6 902.48 | 8 279.79 | 9 568.53 | 9 903.34 | 335 | |
| 第一产业增加值 | 亿元 | 1 171.30 | 1 768.13 | 1 982.30 | 2 228.31 | 2 332.91 | 105 | |
| 第二产业增加值 | 亿元 | 1 341.69 | 3 132.69 | 3 288.94 | 3 902.65 | 3 911.20 | 9 | |
| 第三产业增加值 | 亿元 | 869.68 | 2 001.65 | 3 008.55 | 3 437.57 | 3 659.22 | 222 | |
| 各产业占生产总值比重 | | | | | | | | |
| 第一产业 | % | 34.6 | 25.6 | 24.0 | 23.3 | 23.6 | 0.3 | |
| 第二产业 | % | 39.7 | 45.4 | 39.7 | 40.8 | 39.5 | −1.3 | |
| 第三产业 | % | 25.7 | 29.0 | 36.3 | 35.9 | 37.0 | 1.1 | |
| 人均生产总值 | 元/人 | 25 669 | 48 648 | 59 867 | 69 320 | 69 450 | 130.0 | |
| 工农业总产值（现价） | 亿元 | 6 535.24 | 12 528.98 | 13 948.61 | 16 443.62 | 16 500.45 | 56.8 | |
| 农林牧渔业总产值 | 亿元 | 2 342.34 | 3 449.67 | 4 230.27 | 4 804.48 | 5 000.81 | 196.3 | |
| 占工农业总产值 | % | 35.8 | 27.5 | 30.3 | 29.2 | 30.3 | 1.1 | |
| 工业总产值 | 亿元 | 4 192.90 | 9 079.31 | 9 718.34 | 11 639.14 | 11 499.64 | −139.5 | |
| 占工农业总产值 | % | 64.2 | 72.5 | 69.7 | 70.8 | 69.7 | −1.1 | |
| 职工工资总额 | 亿元 | 546.06 | 878.82 | 1 191.61 | 1 220.96 | 1 246.65 | 25.7 | |
| 职工平均工资 | 元/人 | 16 510 | 30 553 | 48 123 | 53 433 | 56 319 | 2 886 | |
| 人均纯收入 | 元/(人·年) | 8 232 | 14 629 | 21 908 | 26 302 | 28 836 | 2 534 | |
| 固定资产投资 | 亿元 | 1 811.22 | 4 593.17 | 3 493.67 | 4 213.88 | 4 161.32 | −53 | −1.3 |
| 固定资产投资按来源合计 | 亿元 | 1 808.79 | 4 327.40 | 3 035.75 | 3 839.61 | 3 816.27 | −23 | −0.6 |
| 国家预算内资金 | 亿元 | 169.01 | 480.03 | 543.33 | 680.59 | 709.75 | 29 | 4.3 |
| 利用外资 | 亿元 | 56.89 | 53.89 | 33.17 | 31.94 | 14.12 | −18 | −56.4 |
| 自筹资金 | 亿元 | 1 074.21 | 3 091.72 | 1 910.94 | 2 505.56 | 2 383.06 | −123 | −4.9 |

1－1续表1

| 指 标 名 称 | 计量单位 | 2010年 | 2015年 | 2020年 | 2022年 | 2023年 | 2023年比2022年增长 | |
|---|---|---|---|---|---|---|---|---|
| | | | | | | | 绝对数 | 增长率(%) |
| **二、主要农作物播种面积** | | | | | | | | |
| 农作物播种面积 | 千公顷 | 6 310.42 | 6 898.25 | 6 850.75 | 7 161.37 | 7 330.29 | 168.92 | 2.4 |
| 粮食作物播种面积 | 千公顷 | 4 557.64 | 4 996.98 | 4 807.81 | 5 108.36 | 5 309.11 | 200.75 | 3.9 |
| 总产量 | 万吨 | 2 953.29 | 3 665.10 | 3 562.74 | 3 848.63 | 3 993.94 | 145.31 | 3.8 |
| 公顷产量 | 千克 | 6 480 | 7 335 | 7 410 | 7 534 | 7 523 | －11.00 | －0.1 |
| 棉花播种面积 | 千公顷 | 665.37 | 834.19 | 1 016.24 | 1 032.30 | 935.61 | －96.69 | －9.4 |
| 总产量 | 万吨 | 143.93 | 175.04 | 261.84 | 270.68 | 244.30 | －26.38 | －9.7 |
| 公顷产量 | 千克 | 2 163 | 2 098 | 2 577 | 2 622 | 2 611 | －11.00 | －0.4 |
| 油料合计播种面积 | 千公顷 | 375.36 | 352.24 | 306.84 | 298.60 | 320.28 | 21.68 | 7.3 |
| 总产量 | 万吨 | 80.34 | 80.81 | 73.54 | 75.28 | 78.70 | 3.42 | 4.5 |
| 公顷产量 | 千克 | 2 140 | 2 294 | 2 397 | 2 521 | 2 457 | －64.00 | －2.5 |
| 糖料合计播种面积 | 千公顷 | 103.89 | 84.31 | 94.99 | 81.46 | 78.88 | －2.58 | －3.2 |
| 总产量 | 万吨 | 766.86 | 718.26 | 712.51 | 598.47 | 595.47 | －3.00 | －0.5 |
| 公顷产量 | 千克 | 73 815 | 85 194 | 75 005 | 73 463 | 75 486 | 2 023.00 | 2.8 |
| 水果总产量 | 万吨 | 323.40 | 649.21 | 816.97 | 825.66 | 849.31 | 23.65 | 2.9 |
| 茶叶总产量 | 万吨 | 4.63 | 5.01 | 4.65 | 4.51 | 5.47 | 0.96 | 21.3 |
| **三、畜牧、水产情况** | | | | | | | | |
| 年末牲畜存栏数 | 万头 | 2 752.10 | 3 001.45 | 2 274.44 | 2 616.19 | 2 861.47 | 245.28 | 9.4 |
| 大牲畜年末数 | 万头 | 319.22 | 281.98 | 309.80 | 387.34 | 466.56 | 79.22 | 20.5 |
| 牛 | 万头 | 292.01 | 249.80 | 262.91 | 318.51 | 353.66 | 35.15 | 11.0 |
| 奶牛 | 万头 | 143.15 | 146.44 | 136.21 | 172.36 | 178.65 | 6.29 | 3.6 |
| 猪 | 万头 | 1 134.18 | 1 227.28 | 881.69 | 1 111.80 | 1 282.25 | 170.45 | 15.3 |
| 羊 | 万只 | 1 298.74 | 1 492.20 | 1 082.95 | 1 117.05 | 1 112.66 | －4.39 | －0.4 |
| 肉类总产量 | 万吨 | 256.43 | 254.58 | 193.00 | 248.26 | 282.23 | 33.97 | 13.7 |
| 牛奶产量 | 万吨 | 366.09 | 369.08 | 435.22 | 570.23 | 656.20 | 85.97 | 15.1 |
| 羊毛产量 | 万吨 | 2.72 | 3.28 | 3.09 | 2.22 | 2.15 | －0.07 | －3.2 |
| 禽蛋产量 | 万吨 | 39.71 | 48.25 | 48.81 | 45.86 | 47.92 | 2.06 | 4.5 |
| 蜂蜜产量 | 吨 | 8 481 | 12 953 | 15 363 | 12 847 | 12 706 | －141.00 | －1.1 |
| 水产品总产量 | 万吨 | 115.17 | 152.47 | 173.47 | 180.04 | 181.95 | 1.91 | 1.1 |

1－1续表2

| 指　标　名　称 | 计量单位 | 2010年 | 2015年 | 2020年 | 2022年 | 2023年 | 2023年比2022年增长 | |
|---|---|---|---|---|---|---|---|---|
| | | | | | | | 绝对数 | 增长率(%) |
| **四、主要农业机械、电、化肥用量** | | | | | | | | |
| 农业机械总动力 | 万千瓦 | 2 126.49 | 2 838.32 | 3 208.60 | 3 430.04 | 3 480.80 | 50.76 | 1.5 |
| 大中型拖拉机 | 万台 | 14.60 | 19.72 | 23.13 | 24.54 | 25.15 | 0.61 | 2.5 |
| 小型及手扶拖拉机 | 万台 | 32.97 | 30.85 | 28.16 | 26.86 | 25.56 | －1.30 | －4.8 |
| 排灌动力机械 | 万台 | 24.84 | 27.99 | 29.64 | 29.72 | 27.94 | －1.78 | －6.0 |
| 联合收获机 | 万台 | 3.92 | 5.69 | 6.78 | 7.46 | 7.50 | 0.04 | 0.5 |
| 农业生产用电量 | 亿千瓦·时 | — | — | 114.11 | 47.06 | 54.78 | 7.72 | 16.4 |
| 农用化肥施用总量（折纯量） | 万吨 | 227.81 | 269.87 | 242.79 | 241.96 | 236.66 | －5.30 | －2.2 |
| **五、主要工业产品产量** | | | | | | | | |
| 原煤 | 万吨 | 2 901.05 | 2 505.01 | 2 321.81 | 2 187.06 | 2 283.64 | 96.58 | 4.4 |
| 混配合饲料 | 万吨 | 483.13 | 916.22 | 739.88 | 573.98 | 616.72 | 42.74 | 7.4 |
| 食用植物油 | 万吨 | 193.08 | 463.32 | 313.17 | 374.17 | 347.75 | －26.42 | －7.1 |
| 成品糖 | 万吨 | 205.79 | 293.36 | 355.19 | 322.47 | 305.34 | －17.13 | －5.3 |
| 乳制品 | 万吨 | 283.99 | 380.17 | 435.50 | 473.87 | 482.74 | 8.87 | 1.9 |
| 饮料酒（混合量） | 万千升 | 144.42 | 160.49 | 198.79 | 188.36 | 177.59 | －10.77 | －5.7 |
| 纱 | 万吨 | 51.16 | 73.48 | 115.03 | 99.15 | 113.48 | 14.33 | 14.5 |
| 布 | 亿米 | 6.48 | 5.78 | 2.65 | 8.31 | 9.65 | 1.34 | 16.1 |
| 机制纸及纸板 | 万吨 | 61.72 | 56.98 | 78.18 | 64.96 | 66.97 | 2.01 | 3.1 |
| 农用氮、磷、钾化学肥料总计(折纯量) | 万吨 | 35.67 | 90.21 | 49.10 | 52.63 | 55.89 | 3.26 | 6.2 |
| 水泥 | 万吨 | 2 245.07 | 2 158.38 | 1 580.73 | 1 542.82 | 1 714.72 | 171.90 | 11.1 |
| 砖 | 亿块 | 94.02 | 179.88 | 43.33 | 36.86 | 36.67 | －0.19 | －0.5 |
| 发电量 | 亿千瓦·时 | 156.63 | 738.31 | 964.58 | 1 131.25 | 1 214.80 | 83.55 | 7.4 |
| **六、外贸出口供货商品金额** | （人民币）亿元 | 541.50 | 822.61 | 161.54 | 126.77 | 124.67 | －2.10 | －1.7 |
| 工业品 | （人民币）亿元 | 468.25 | 754.72 | 129.32 | 97.66 | 98.29 | 0.63 | 0.6 |
| 批发零售贸易业、餐饮业销售总额 | 亿元 | 2 490.73 | 7 120.48 | 6 603.31 | 7 548.13 | 8 313.47 | 765.34 | 10.1 |
| 服务业营业收入 | 亿元 | 127.18 | 317.56 | 866.79 | 1 252.00 | 1 276.76 | 24.76 | 2.0 |

# 1－2 主要年份全国农垦主要经济指标占全国比重

计量单位：%

| 指标名称 | 2016年 | 2017年 | 2018年 | 2019年 | 2020年 | 2021年 | 2022年 | 2023年 |
|---|---|---|---|---|---|---|---|---|
| 农垦年末总人口 | 1.04 | 1.05 | 1.03 | 1.03 | 1.00 | 1.00 | 1.00 | 1.01 |
| 生产总值 | 0.99 | 0.96 | 0.91 | 0.80 | 0.81 | 0.81 | 0.79 | 0.79 |
| 固定资产投资 | 0.79 | 0.86 | 0.62 | 0.46 | 0.66 | 0.68 | 0.73 | 0.82 |
| 农作物播种面积总计 | 4.16 | 4.13 | 4.13 | 4.08 | 4.09 | 4.18 | 4.28 | 4.27 |
| 粮食作物播种面积 | 4.42 | 4.36 | 4.12 | 4.13 | 4.12 | 4.24 | 4.32 | 4.46 |
| 粮食作物总产量 | 5.65 | 5.69 | 5.55 | 5.18 | 5.32 | 5.67 | 5.61 | 5.74 |
| 棉花播种面积 | 21.66 | 24.66 | 30.50 | 30.14 | 32.07 | 33.49 | 34.41 | 33.53 |
| 棉花总产量 | 35.15 | 37.99 | 46.69 | 41.55 | 44.30 | 45.48 | 45.26 | 43.47 |
| 油料合计播种面积 | 2.56 | 2.37 | 2.38 | 2.35 | 2.34 | 2.11 | 2.27 | 2.30 |
| 油料总产量 | 2.26 | 2.05 | 2.32 | 2.12 | 2.05 | 1.90 | 2.06 | 2.04 |
| 糖料播种面积 | 5.11 | 5.38 | 5.74 | 6.00 | 6.05 | 5.59 | 5.56 | 5.55 |
| 糖料总产量 | 5.97 | 6.17 | 6.31 | 6.12 | 5.93 | 5.35 | 5.23 | 5.18 |
| 大牲畜年末存栏头数 | 2.45 | 3.08 | 2.91 | 3.03 | 3.02 | 3.36 | 3.77 | 4.20 |
| 肉类总产量 | 2.94 | 3.06 | 2.59 | 3.13 | 2.49 | 2.54 | 2.42 | 2.90 |
| 牛奶产量 | 10.52 | 10.86 | 12.68 | 13.06 | 12.65 | 12.68 | 11.88 | 15.63 |
| 羊毛产量 | 7.04 | 7.47 | 8.29 | 8.68 | 8.64 | 8.61 | 7.25 | 5.50 |
| 禽蛋产量 | 1.63 | 1.77 | 1.45 | 1.45 | 1.41 | 1.40 | 1.38 | 1.34 |
| 蜂蜜产量 | 2.95 | 2.69 | 3.51 | 3.21 | 3.36 | 3.12 | 3.10 | 2.74 |
| 农业机械总动力 | 3.05 | 3.06 | 3.06 | 3.04 | 3.04 | 3.13 | 3.00 | 3.06 |
| 大中型拖拉机 | 3.35 | 3.31 | 5.42 | 5.12 | 5.21 | 4.99 | 4.78 | 4.56 |
| 小型及手扶拖拉机 | 1.60 | 1.84 | 2.05 | 1.63 | 1.58 | 1.62 | 1.67 | 1.64 |
| 原煤 | 0.47 | 0.57 | 0.63 | 0.61 | 0.59 | 0.60 | 0.54 | 0.48 |
| 纱 | 2.29 | 2.45 | 3.96 | 3.14 | 4.39 | 4.15 | 4.38 | 5.08 |
| 布 | 0.64 | 0.74 | 0.79 | 0.63 | 1.69 | 1.51 | 1.63 | 3.27 |
| 发电量 | 1.29 | 1.34 | 1.36 | 1.19 | 1.28 | 1.31 | 1.26 | 1.28 |

# 1-3 农垦国有企业个数

计量单位：个

| 地区 | 农垦国有企业数 | | | | | |
|---|---|---|---|---|---|---|
| | 合计 | 农场 | 工业企业 | 建筑企业 | 运输企业 | 商业企业 |
| **全国农垦** | **5 756** | **1 776** | **1 194** | **236** | **223** | **2 327** |
| 北京 | 401 | 13 | 90 | | 4 | 294 |
| 天津 | 99 | 8 | 32 | 2 | | 57 |
| 河北 | 86 | 32 | 16 | 2 | 2 | 34 |
| 山西 | 33 | 21 | 2 | | | 10 |
| 内蒙古 | 147 | 102 | 15 | 1 | 1 | 28 |
| 辽宁 | 133 | 104 | 23 | 4 | | 2 |
| 吉林 | 106 | 92 | 1 | | | 13 |
| 黑龙江 | 537 | 113 | 130 | 3 | 22 | 269 |
| 上海 | 508 | 21 | 107 | 12 | 44 | 324 |
| 江苏 | 49 | 18 | 14 | 6 | | 11 |
| 浙江 | 82 | 79 | 1 | | | 2 |
| 安徽 | 55 | 20 | 13 | 4 | | 18 |
| 福建 | 162 | 110 | 32 | 1 | 9 | 10 |
| 江西 | 425 | 156 | 106 | 20 | 6 | 137 |
| 山东 | 13 | 10 | 1 | | | 2 |
| 河南 | 135 | 90 | 6 | 1 | | 38 |
| 湖北 | 300 | 65 | 36 | 21 | 4 | 174 |
| 湖南 | 156 | 59 | 19 | 2 | 2 | 74 |
| 广东 | 240 | 45 | 51 | 5 | 7 | 132 |
| 广西 | 215 | 47 | 65 | 16 | 1 | 86 |
| 海南 | 303 | 18 | 33 | 34 | 112 | 106 |
| 重庆 | 33 | 17 | 8 | | 2 | 6 |
| 四川 | 52 | 48 | 2 | | | 2 |
| 贵州 | 48 | 34 | 10 | | | 4 |
| 云南 | 157 | 43 | 27 | 3 | 1 | 83 |
| 西藏 | 5 | 4 | | 1 | | |
| 陕西 | 18 | 12 | 2 | 1 | | 3 |
| 甘肃 | 85 | 21 | 29 | 1 | 1 | 33 |
| 青海 | 20 | 19 | | | | 1 |
| 宁夏 | 54 | 14 | 10 | 1 | 1 | 28 |
| 新疆 | 1 057 | 332 | 305 | 95 | 4 | 321 |
| 热科院 | 1 | 1 | | | | |
| 广州 | 34 | 7 | 8 | | | 19 |
| 南京 | 7 | 1 | | | | 6 |

# 1－4　工农业总产值情况

（按现价计算）

| 地　区 | 工农业总产值（万元） | 农业 | | 工业 | |
|---|---|---|---|---|---|
| | | 总产值（万元） | 比重（%） | 总产值（万元） | 比重（%） |
| **全国农垦** | **165 004 564** | **50 008 117** | **30.3** | **114 996 447** | **69.7** |
| 北　京 | 6 533 551 | 700 873 | 10.7 | 5 832 678 | 89.3 |
| 天　津 | 591 235 | 260 454 | 44.1 | 330 781 | 55.9 |
| 河　北 | 10 539 764 | 1 783 006 | 16.9 | 8 756 758 | 83.1 |
| 山　西 | 61 663 | 28 459 | 46.2 | 33 204 | 53.8 |
| 内蒙古 | 2 327 359 | 1 743 971 | 74.9 | 583 388 | 25.1 |
| 辽　宁 | 4 290 670 | 1 919 588 | 44.7 | 2 371 082 | 55.3 |
| 吉　林 | 392 968 | 342 352 | 87.1 | 50 616 | 12.9 |
| 黑龙江 | 13 593 641 | 9 011 268 | 66.3 | 4 582 372 | 33.7 |
| 上　海 | 4 440 099 | 954 414 | 21.5 | 3 485 686 | 78.5 |
| 江　苏 | 4 357 835 | 742 659 | 17.0 | 3 615 176 | 83.0 |
| 浙　江 | 62 646 | 46 676 | 74.5 | 15 970 | 25.5 |
| 安　徽 | 678 898 | 304 832 | 44.9 | 374 066 | 55.1 |
| 福　建 | 487 771 | 244 548 | 50.1 | 243 224 | 49.9 |
| 江　西 | 8 577 435 | 733 170 | 8.5 | 7 844 266 | 91.5 |
| 山　东 | 17 472 | 16 870 | 96.6 | 602 | 3.4 |
| 河　南 | 569 316 | 131 617 | 23.1 | 437 700 | 76.9 |
| 湖　北 | 35 743 796 | 2 991 749 | 8.4 | 32 752 046 | 91.6 |
| 湖　南 | 7 617 286 | 1 800 464 | 23.6 | 5 816 821 | 76.4 |
| 广　东 | 3 826 134 | 1 372 836 | 35.9 | 2 447 683 | 64.1 |
| 广　西 | 4 015 848 | 1 236 112 | 30.8 | 2 779 736 | 69.2 |
| 海　南 | 2 224 062 | 1 619 760 | 72.8 | 604 302 | 27.2 |
| 重　庆 | 498 600 | 128 019 | 25.7 | 370 581 | 74.3 |
| 四　川 | 20 159 | 19 636 | 97.4 | 522 | 2.6 |
| 贵　州 | 345 128 | 132 617 | 38.4 | 212 511 | 61.6 |
| 云　南 | 952 342 | 693 339 | 72.8 | 259 003 | 27.2 |
| 西　藏 | 1 840 | 1 840 | 100.0 | | |
| 陕　西 | 126 340 | 70 061 | 55.5 | 56 279 | 44.5 |
| 甘　肃 | 775 913 | 503 346 | 64.9 | 272 567 | 35.1 |
| 青　海 | 109 080 | 103 264 | 94.7 | 5 816 | 5.3 |
| 宁　夏 | 742 459 | 533 788 | 71.9 | 208 671 | 28.1 |
| 新　疆 | 49 454 683 | 19 541 555 | 39.5 | 29 913 128 | 60.5 |
| 热科院 | 15 291 | 15 291 | 100.0 | | |
| 广　州 | 1 012 549 | 279 536 | 27.6 | 733 013 | 72.4 |
| 南　京 | 6 347 | 147 | 2.3 | 6 200 | 97.7 |

# 1-5 各垦区粮、油产量的位次及比重

| 地区 | 粮食 | | | 油料 | | |
|---|---|---|---|---|---|---|
| | 总产量（吨） | 排序 | 占全国农垦比重（%） | 总产量（吨） | 排序 | 占全国农垦比重（%） |
| **全国农垦** | **39 939 428** | | | **786 984** | | |
| 北京 | 30 503 | 25 | 0.1 | 4 | 29 | … |
| 天津 | 17 663 | 26 | … | 467 | 21 | 0.1 |
| 河北 | 519 445 | 10 | 1.3 | 5 072 | 13 | 0.6 |
| 山西 | 37 153 | 21 | 0.1 | 85 | 23 | … |
| 内蒙古 | 2 747 451 | 3 | 6.9 | 284 139 | 1 | 36.1 |
| 辽宁 | 1 417 100 | 4 | 3.5 | 12 158 | 9 | 1.5 |
| 吉林 | 774 002 | 7 | 1.9 | 8 158 | 11 | 1.0 |
| 黑龙江 | 22 794 684 | 1 | 57.1 | 2 489 | 17 | 0.3 |
| 上海 | 302 076 | 13 | 0.8 | 6 696 | 12 | 0.9 |
| 江苏 | 1 358 135 | 5 | 3.4 | 10 473 | 10 | 1.3 |
| 浙江 | 10 416 | 28 | … | 136 | 22 | … |
| 安徽 | 353 933 | 11 | 0.9 | 2 782 | 16 | 0.4 |
| 福建 | 36 660 | 23 | 0.1 | 2 487 | 18 | 0.3 |
| 江西 | 703 086 | 9 | 1.8 | 33 541 | 5 | 4.3 |
| 山东 | 60 199 | 19 | 0.2 | 8 | 27 | … |
| 河南 | 275 516 | 15 | 0.7 | 13 688 | 6 | 1.7 |
| 湖北 | 931 500 | 6 | 2.3 | 105 823 | 3 | 13.5 |
| 湖南 | 704 906 | 8 | 1.8 | 52 570 | 4 | 6.7 |
| 广东 | 46 942 | 20 | 0.1 | 4 991 | 14 | 0.6 |
| 广西 | 13 331 | 27 | … | 1 388 | 19 | 0.2 |
| 海南 | 82 568 | 17 | 0.2 | 3 470 | 15 | 0.4 |
| 重庆 | | | | | | |
| 四川 | 826 | 29 | … | 31 | 25 | … |
| 贵州 | 589 | 30 | … | | | |
| 云南 | 76 006 | 18 | 0.2 | 83 | 24 | … |
| 西藏 | 266 | 32 | … | 6 | 28 | … |
| 陕西 | 163 381 | 16 | 0.4 | 488 | 20 | 0.1 |
| 甘肃 | 277 904 | 14 | 0.7 | 12 559 | 8 | 1.6 |
| 青海 | 36 836 | 22 | 0.1 | 13 192 | 7 | 1.7 |
| 宁夏 | 339 957 | 14 | 0.9 | | | |
| 新疆 | 5 791 147 | 2 | 14.5 | 209 989 | 2 | 26.7 |
| 热科院 | 299 | 31 | … | 10 | 26 | … |
| 广州 | 34 949 | 24 | 0.1 | | | |
| 南京 | | | | | | |

注："…"为数值不足0.1。

# 1-6 各垦区糖料、水果产量的位次及比重

| 地区 | 糖料 | | | 水果 | | |
| --- | --- | --- | --- | --- | --- | --- |
| | 总产量（吨） | 排序 | 占全国农垦比重（%） | 总产量（吨） | 排序 | 占全国农垦比重（%） |
| **全国农垦** | **5 954 653** | | | **8 493 072** | | |
| 北京 | | | | 555 | 27 | … |
| 天津 | | | | 293 | 29 | … |
| 河北 | 22 884 | 8 | 0.4 | 43 800 | 12 | 0.5 |
| 山西 | | | | 2 444 | 25 | … |
| 内蒙古 | 450 794 | 4 | 7.6 | 9 474 | 19 | 0.1 |
| 辽宁 | 405 | 13 | … | 129 979 | 9 | 1.5 |
| 吉林 | | | | 25 011 | 16 | 0.3 |
| 黑龙江 | 213 | 14 | … | 13 366 | 18 | 0.2 |
| 上海 | | | | 427 | 28 | … |
| 江苏 | | | | 4 794 | 22 | 0.1 |
| 浙江 | | | | 5 651 | 20 | 0.1 |
| 安徽 | | | | 43 290 | 13 | 0.5 |
| 福建 | 2 149 | 12 | … | 139 920 | 8 | 1.6 |
| 江西 | 10 358 | 9 | 0.2 | 93 473 | 10 | 1.1 |
| 山东 | | | | 3 620 | 24 | … |
| 河南 | | | | 26 365 | 15 | 0.3 |
| 湖北 | 2 979 | 11 | … | 178 259 | 7 | 2.1 |
| 湖南 | 4 256 | 10 | 0.1 | 219 892 | 6 | 2.6 |
| 广东 | 1 734 591 | 2 | 29.1 | 964 014 | 2 | 11.4 |
| 广西 | 1 837 872 | 1 | 30.9 | 275 357 | 4 | 3.2 |
| 海南 | 82 119 | 7 | 1.4 | 676 941 | 3 | 8.0 |
| 重庆 | | | | | | |
| 四川 | | | | 4 491 | 23 | 0.1 |
| 贵州 | | | | 14 031 | 17 | 0.2 |
| 云南 | 239 912 | 5 | 4.0 | 268 375 | 5 | 3.2 |
| 西藏 | | | | 102 | 31 | … |
| 陕西 | | | | 5 648 | 21 | 0.1 |
| 甘肃 | 116 469 | 6 | 2.0 | 33 356 | 14 | 0.4 |
| 青海 | | | | 111 | 30 | … |
| 宁夏 | | | | 53 835 | 11 | 0.6 |
| 新疆 | 1 449 652 | 3 | 24.3 | 5 255 594 | 1 | 61.9 |
| 热科院 | 2 | 15 | … | 605 | 26 | … |
| 广州 | | | | | | |
| 南京 | | | | | | |

注："…"为数值不足0.1。

# 1－7 各垦区肉类、牛奶产量的位次及比重

| 地区 | 肉类 | | | 牛奶 | | |
|---|---|---|---|---|---|---|
| | 总产量（吨） | 排序 | 占全国农垦比重（%） | 总产量（吨） | 排序 | 占全国农垦比重（%） |
| **全国农垦** | **2 822 333** | | | **6 562 069** | | |
| 北京 | 135 364 | 6 | 4.8 | 604 891 | 5 | 9.2 |
| 天津 | 6 402 | 25 | 0.2 | 285 744 | 9 | 4.4 |
| 河北 | 69 569 | 13 | 2.5 | 654 587 | 3 | 10.0 |
| 山西 | 2 465 | 29 | 0.1 | 29 696 | 18 | 0.5 |
| 内蒙古 | 98 997 | 10 | 3.5 | 600 810 | 6 | 9.2 |
| 辽宁 | 138 486 | 5 | 4.9 | 33 821 | 16 | 0.5 |
| 吉林 | 10 425 | 21 | 0.4 | 9 090 | 21 | 0.1 |
| 黑龙江 | 268 658 | 3 | 9.5 | 427 269 | 8 | 6.5 |
| 上海 | 79 329 | 12 | 2.8 | 659 673 | 2 | 10.1 |
| 江苏 | 62 916 | 14 | 2.2 | 84 894 | 14 | 1.3 |
| 浙江 | 9 493 | 23 | 0.3 | | | |
| 安徽 | 9 428 | 24 | 0.3 | 64 | 26 | … |
| 福建 | 20 706 | 16 | 0.7 | 2 410 | 24 | … |
| 江西 | 62 860 | 15 | 2.2 | 1 953 | 25 | … |
| 山东 | 393 | 31 | … | | | |
| 河南 | 5 408 | 29 | 0.2 | 12 946 | 19 | 0.2 |
| 湖北 | 119 355 | 9 | 4.2 | 38 035 | 15 | 0.6 |
| 湖南 | 123 751 | 8 | 4.4 | 6 525 | 22 | 0.1 |
| 广东 | 144 778 | 4 | 5.1 | 91 171 | 13 | 1.4 |
| 广西 | 371 998 | 2 | 13.2 | 10 169 | 20 | 0.2 |
| 海南 | 133 935 | 7 | 4.7 | | | |
| 重庆 | 11 233 | 19 | 0.4 | 252 469 | 10 | 3.8 |
| 四川 | 1 784 | 30 | 0.1 | 3 370 | 23 | 0.1 |
| 贵州 | 11 120 | 20 | 0.4 | 101 832 | 12 | 1.6 |
| 云南 | 12 885 | 17 | 0.5 | | | |
| 西藏 | 48 | 33 | … | 31 | 28 | … |
| 陕西 | 2 588 | 28 | 0.1 | 29 773 | 17 | 0.5 |
| 甘肃 | 9 505 | 22 | 0.3 | 223 420 | 11 | 3.4 |
| 青海 | 2 744 | 27 | 0.1 | 50 | 27 | … |
| 宁夏 | 11 525 | 18 | 0.4 | 618 694 | 4 | 9.4 |
| 新疆 | 791 954 | 1 | 28.1 | 1 182 270 | 1 | 18.0 |
| 热科院 | 252 | 32 | … | | | |
| 广州 | 91 979 | 11 | 3.3 | 596 412 | 7 | 9.1 |
| 南京 | | | | | | |

注："…"为数值不足0.1。

# 1－8　出口商品总金额

| 地　　区 | 总金额 | | | | 其中：工业品金额 | | |
|---|---|---|---|---|---|---|---|
| | 2022年（万元） | 2023年（万元） | 增长率（%） | 排序 | 2022年（万元） | 2023年（万元） | 增长率（%） |
| **全国农垦** | **1 267 671** | **1 246 742** | **－1.7** | | **976 646** | **982 859** | **0.6** |
| 北　京 | 37 798 | 42 645 | 12.8 | 5 | 12 612 | 10 930 | －13.3 |
| 天　津 | 7 770 | 8 765 | 12.8 | 14 | 7 770 | 8 765 | 12.8 |
| 河　北 | 295 054 | 294 282 | －0.3 | 2 | 290 851 | 290 229 | －0.2 |
| 山　西 | | | | | | | |
| 内蒙古 | | | | | | | |
| 辽　宁 | 17 065 | 13 325 | －21.9 | 13 | 10 065 | 10 325 | 2.6 |
| 吉　林 | | | | | | | |
| 黑龙江 | 39 473 | 30 191 | －23.5 | 8 | 3 689 | 2 252 | －38.9 |
| 上　海 | 75 427 | 72 240 | －4.2 | 4 | 59 450 | 53 329 | －10.3 |
| 江　苏 | 21 258 | 20 302 | －4.5 | 11 | 19 246 | 18 300 | －4.9 |
| 浙　江 | 120 | | －100.0 | | | | |
| 安　徽 | | | | | | | |
| 福　建 | 1 127 | 778 | －31.0 | 18 | 824 | 475 | －42.4 |
| 江　西 | 32 709 | 33 069 | 1.1 | 7 | 32 417 | 32 787 | 1.1 |
| 山　东 | | | | | | | |
| 河　南 | | | | | | | |
| 湖　北 | 175 276 | 173 268 | －1.1 | 3 | 101 313 | 99 302 | －2.0 |
| 湖　南 | 35 527 | 36 132 | 1.7 | 6 | 30 266 | 30 871 | 2.0 |
| 广　东 | 432 741 | 439 477 | 1.6 | 1 | 381 884 | 387 102 | 1.4 |
| 广　西 | 33 803 | 30 119 | －10.9 | 9 | 10 979 | 9 104 | －17.1 |
| 海　南 | | | | | | | |
| 重　庆 | 4 552 | 5 189 | 14.0 | 17 | 4 552 | 5 189 | 14.0 |
| 四　川 | | | | | | | |
| 贵　州 | | | | | | | |
| 云　南 | 18 852 | 5 338 | －71.7 | 16 | | | |
| 西　藏 | | | | | | | |
| 陕　西 | | | | | | | |
| 甘　肃 | 25 238 | 22 438 | －11.1 | 10 | 6 924 | 10 349 | 49.5 |
| 青　海 | | | | | | | |
| 宁　夏 | 10 078 | 5 634 | －44.1 | 15 | | | |
| 新　疆 | 3 803 | 13 550 | 256.3 | 12 | 3 803 | 13 550 | 256.3 |
| 热科院 | | | | | | | |
| 广　州 | | | | | | | |
| 南　京 | | | | | | | |

注：出口商品总金额、工业品金额不包含新疆生产建设兵团。

# 1－9 农垦生产总值

（按现价计算）

| 地 区 | 农垦生产总值（万元） | 第一产业 | | 第二产业 | | 第三产业 | |
|---|---|---|---|---|---|---|---|
| | | 增加值（万元） | 占农垦生产总值（%） | 增加值（万元） | 占农垦生产总值（%） | 增加值（万元） | 占农垦生产总值（%） |
| **全国农垦** | **99 033 382** | **23 329 148** | **23.6** | **39 112 031** | **39.5** | **36 592 203** | **36.9** |
| 北　京 | 1 482 191 | 155 941 | 10.5 | 521 807 | 35.2 | 804 443 | 54.3 |
| 天　津 | 236 351 | 48 176 | 20.4 | 66 427 | 28.1 | 121 748 | 51.5 |
| 河　北 | 5 465 047 | 862 909 | 15.8 | 3 046 581 | 55.7 | 1 555 556 | 28.5 |
| 山　西 | 56 895 | 14 518 | 25.5 | 26 851 | 47.2 | 15 526 | 27.3 |
| 内蒙古 | 1 577 037 | 994 930 | 63.1 | 406 762 | 25.8 | 175 346 | 11.1 |
| 辽　宁 | 2 809 649 | 975 198 | 34.7 | 765 793 | 27.3 | 1 068 658 | 38.0 |
| 吉　林 | 223 697 | 190 659 | 85.2 | 9 330 | 4.2 | 23 708 | 10.6 |
| 黑龙江 | 6 469 954 | 4 618 032 | 71.4 | 498 764 | 7.7 | 1 353 158 | 20.9 |
| 上　海 | 2 123 756 | 189 835 | 8.9 | 1 282 008 | 60.4 | 651 913 | 30.7 |
| 江　苏 | 2 123 622 | 234 477 | 11.0 | 1 489 407 | 70.1 | 399 738 | 18.8 |
| 浙　江 | 43 228 | 25 847 | 59.8 | 4 599 | 10.6 | 12 782 | 29.6 |
| 安　徽 | 428 801 | 170 794 | 39.8 | 107 808 | 25.1 | 150 200 | 35.0 |
| 福　建 | 298 621 | 130 020 | 43.5 | 76 033 | 25.5 | 92 569 | 31.0 |
| 江　西 | 2 926 775 | 379 074 | 13.0 | 1 710 780 | 58.5 | 836 921 | 28.6 |
| 山　东 | 15 745 | 12 875 | 81.8 | 136 | 0.9 | 2 733 | 17.4 |
| 河　南 | 103 783 | 52 230 | 50.3 | 28 190 | 27.2 | 23 364 | 22.5 |
| 湖　北 | 23 101 541 | 1 514 008 | 6.6 | 11 270 143 | 48.8 | 10 317 390 | 44.7 |
| 湖　南 | 3 534 133 | 606 774 | 17.2 | 1 487 145 | 42.1 | 1 440 213 | 40.8 |
| 广　东 | 2 070 700 | 732 424 | 35.4 | 684 656 | 33.1 | 653 620 | 31.6 |
| 广　西 | 2 189 242 | 761 955 | 34.8 | 1 021 227 | 46.6 | 406 060 | 18.5 |
| 海　南 | 1 688 781 | 893 872 | 52.9 | 149 856 | 8.9 | 645 053 | 38.2 |
| 重　庆 | 118 739 | 33 195 | 28.0 | 67 351 | 56.7 | 18 193 | 15.3 |
| 四　川 | 8 800 | 7 745 | 88.0 | 342 | 3.9 | 713 | 8.1 |
| 贵　州 | 122 523 | 62 286 | 50.8 | 59 061 | 48.2 | 1 176 | 1.0 |
| 云　南 | 884 309 | 491 985 | 55.6 | 72 382 | 8.2 | 319 942 | 36.2 |
| 西　藏 | 2 844 | 432 | 15.2 | 523 | 18.4 | 1 889 | 66.4 |
| 陕　西 | 57 246 | 36 851 | 64.4 | 9 789 | 17.1 | 10 605 | 18.5 |
| 甘　肃 | 241 846 | 161 069 | 66.6 | 64 409 | 26.6 | 16 368 | 6.8 |
| 青　海 | 59 156 | 55 015 | 93.0 | 1 255 | 2.1 | 2 885 | 4.9 |
| 宁　夏 | 372 717 | 217 822 | 58.4 | 51 881 | 13.9 | 103 014 | 27.6 |
| 新　疆 | 37 611 915 | 8 614 125 | 22.9 | 14 076 437 | 37.4 | 14 921 353 | 39.7 |
| 热科院 | 62 535 | 15 291 | 24.5 | | | 47 244 | 75.5 |
| 广　州 | 430 513 | 68 375 | 15.9 | 53 685 | 12.5 | 308 453 | 71.6 |
| 南　京 | 90 689 | 410 | 0.5 | 610 | 0.7 | 89 669 | 98.9 |

# 农业部分

# 2-1 农场基本情况

| 地区 | 农场数（个） | 农垦人口情况（人） | | |
|---|---|---|---|---|
| | | 农垦年末总人口 | 农场人口 | 农垦年平均人口 |
| **全国农垦** | **1 776** | **14 259 739** | **11 071 208** | **13 881 324** |
| 北京 | 13 | 69 030 | 10 366 | 67 945 |
| 天津 | 8 | 10 093 | 3 412 | 10 109 |
| 河北 | 32 | 438 493 | 374 349 | 433 686 |
| 山西 | 21 | 26 973 | 25 791 | 26 549 |
| 内蒙古 | 102 | 437 406 | 387 914 | 430 450 |
| 辽宁 | 104 | 871 195 | 728 509 | 861 197 |
| 吉林 | 92 | 167 408 | 164 347 | 159 533 |
| 黑龙江 | 113 | 1 364 103 | 1 162 199 | 1 376 898 |
| 上海 | 21 | 78 867 | 9 172 | 80 205 |
| 江苏 | 18 | 178 640 | 152 821 | 179 965 |
| 浙江 | 79 | 34 855 | 29 521 | 33 142 |
| 安徽 | 20 | 124 797 | 94 781 | 117 972 |
| 福建 | 110 | 185 325 | 140 079 | 158 538 |
| 江西 | 156 | 1 448 230 | 1 204 882 | 1 367 445 |
| 山东 | 10 | 8 382 | 8 145 | 8 421 |
| 河南 | 90 | 67 843 | 63 927 | 64 863 |
| 湖北 | 65 | 1 476 668 | 1 305 146 | 1 469 845 |
| 湖南 | 59 | 773 063 | 586 741 | 683 778 |
| 广东 | 45 | 390 796 | 332 065 | 388 620 |
| 广西 | 47 | 267 816 | 185 501 | 247 209 |
| 海南 | 18 | 851 076 | 753 225 | 848 102 |
| 重庆 | 17 | 5 906 | 1 005 | 5 906 |
| 四川 | 48 | 6 370 | 6 048 | 3 510 |
| 贵州 | 34 | 19 984 | 17 995 | 15 660 |
| 云南 | 43 | 369 709 | 346 804 | 372 320 |
| 西藏 | 4 | 1 745 | 1 745 | 1 531 |
| 陕西 | 12 | 26 083 | 25 056 | 26 562 |
| 甘肃 | 21 | 64 641 | 47 848 | 64 638 |
| 青海 | 19 | 42 030 | 34 190 | 34 101 |
| 宁夏 | 14 | 111 081 | 99 830 | 109 271 |
| 新疆 | 332 | 4 316 036 | 2 755 146 | 4 205 537 |
| 热科院 | 1 | 12 917 | 9 886 | 12 800 |
| 广州 | 7 | 9 597 | 413 | 12 442 |
| 南京 | 1 | 2 581 | 2 349 | 2 574 |

2－1续表1

| 地　区 | 从业人员及工资总额 | | | | |
|---|---|---|---|---|---|
| | 从业人员年末人数（人） | 第一产业 | 第二产业 | 第三产业 | 从业人员工资总额（万元） |
| **全国农垦** | **6 070 080** | **2 945 554** | **1 317 666** | **1 806 860** | **17 001 078** |
| 北　京 | 50 968 | 8 325 | 23 544 | 19 099 | 520 651 |
| 天　津 | 10 093 | 3 412 | 3 274 | 3 407 | 107 922 |
| 河　北 | 262 975 | 85 006 | 75 843 | 102 126 | 1 058 424 |
| 山　西 | 12 069 | 5 107 | 2 341 | 4 621 | 16 905 |
| 内蒙古 | 168 985 | 142 350 | 6 401 | 20 234 | 582 952 |
| 辽　宁 | 385 898 | 252 987 | 49 953 | 82 958 | 823 765 |
| 吉　林 | 64 007 | 59 805 | 1 278 | 2 924 | 132 630 |
| 黑龙江 | 459 406 | 367 846 | 15 491 | 76 069 | 2 080 609 |
| 上　海 | 78 867 | 9 669 | 35 656 | 33 542 | 1 132 185 |
| 江　苏 | 78 220 | 16 500 | 30 888 | 30 832 | 434 121 |
| 浙　江 | 2 786 | 1 806 | 376 | 604 | 15 740 |
| 安　徽 | 44 595 | 25 286 | 7 317 | 11 992 | 217 851 |
| 福　建 | 56 411 | 33 378 | 12 225 | 10 808 | 117 665 |
| 江　西 | 400 255 | 211 972 | 126 530 | 61 753 | 904 128 |
| 山　东 | 1 896 | 1 726 | 74 | 96 | 9 512 |
| 河　南 | 33 563 | 26 026 | 4 152 | 3 385 | 74 943 |
| 湖　北 | 981 845 | 334 749 | 337 007 | 310 089 | 3 823 442 |
| 湖　南 | 331 282 | 143 775 | 80 636 | 106 871 | 1 166 186 |
| 广　东 | 124 597 | 56 577 | 30 759 | 37 261 | 725 545 |
| 广　西 | 107 406 | 52 602 | 31 602 | 23 202 | 590 248 |
| 海　南 | 326 620 | 212 484 | 13 791 | 100 345 | 1 158 174 |
| 重　庆 | 5 906 | 1 042 | 3 606 | 1 258 | 63 998 |
| 四　川 | 2 880 | 2 774 | 26 | 80 | 13 728 |
| 贵　州 | 4 894 | 3 462 | 1 246 | 186 | 18 523 |
| 云　南 | 142 779 | 106 332 | 5 403 | 31 044 | 357 005 |
| 西　藏 | 599 | 500 | 19 | 80 | 1 525 |
| 陕　西 | 6 348 | 5 450 | 117 | 781 | 16 557 |
| 甘　肃 | 17 495 | 12 581 | 3 480 | 1 434 | 101 981 |
| 青　海 | 18 964 | 12 648 | 93 | 6 223 | 34 158 |
| 宁　夏 | 54 452 | 43 180 | 2 792 | 8 480 | 61 057 |
| 新　疆 | 1 817 526 | 700 300 | 408 046 | 709 180 | 482 327 |
| 热科院 | 3 672 | 241 | | 3 431 | 57 134 |
| 广　州 | 11 276 | 5 577 | 3 618 | 2 081 | 95 588 |
| 南　京 | 545 | 79 | 82 | 384 | 3 898 |

2－1 续表 2

| 地　　区 | 职工及工资总额 | | | |
| --- | --- | --- | --- | --- |
| | 职工年末人数（人） | 在岗职工人数 | 职工工资总额（万元） | 在岗职工工资总额 |
| **全国农垦** | **2 213 551** | **1 792 232** | **12 466 539.62** | **10 566 046.42** |
| 北　　京 | 47 999 | 44 540 | 505 870.00 | 492 085.00 |
| 天　　津 | 10 093 | 10 093 | 107 922.00 | 107 922.00 |
| 河　　北 | 59 000 | 56 995 | 270 036.14 | 257 661.71 |
| 山　　西 | 2 796 | 1 845 | 7 238.31 | 5 386.62 |
| 内 蒙 古 | 101 159 | 42 902 | 485 689.48 | 228 418.44 |
| 辽　　宁 | 161 598 | 114 225 | 366 690.17 | 281 959.89 |
| 吉　　林 | 32 173 | 19 303 | 75 169.13 | 48 099.51 |
| 黑 龙 江 | 213 925 | 213 925 | 1 137 754.00 | 1 137 754.00 |
| 上　　海 | 60 254 | 60 254 | 1 009 411.00 | 1 009 411.00 |
| 江　　苏 | 35 346 | 35 007 | 381 864.00 | 379 797.00 |
| 浙　　江 | 1 762 | 987 | 12 294.57 | 9 917.15 |
| 安　　徽 | 13 431 | 13 324 | 98 652.89 | 98 644.65 |
| 福　　建 | 28 047 | 12 416 | 84 594.72 | 30 176.09 |
| 江　　西 | 210 368 | 178 885 | 480 429.18 | 386 966.56 |
| 山　　东 | 1 860 | 1 637 | 7 649.93 | 7 477.93 |
| 河　　南 | 22 913 | 17 273 | 65 336.68 | 54 438.93 |
| 湖　　北 | 371 497 | 324 128 | 1 299 792.61 | 1 159 477.14 |
| 湖　　南 | 105 820 | 94 257 | 255 569.68 | 229 386.51 |
| 广　　东 | 41 122 | 31 174 | 317 016.48 | 278 275.12 |
| 广　　西 | 21 330 | 20 043 | 187 469.00 | 186 789.00 |
| 海　　南 | 35 706 | 33 521 | 321 512.00 | 228 699.00 |
| 重　　庆 | 4 219 | 4 203 | 45 023.00 | 45 011.00 |
| 四　　川 | 1 585 | 1 275 | 11 998.68 | 10 938.95 |
| 贵　　州 | 3 052 | 2 491 | 15 575.33 | 15 327.09 |
| 云　　南 | 106 970 | 26 800 | 256 645.00 | 114 980.00 |
| 西　　藏 | 374 | 374 | 1 364.84 | 1 364.84 |
| 陕　　西 | 3 459 | 3 048 | 16 507.97 | 15 959.97 |
| 甘　　肃 | 10 545 | 9 591 | 78 816.50 | 76 578.63 |
| 青　　海 | 5 764 | 4 125 | 22 254.11 | 18 829.87 |
| 宁　　夏 | 9 837 | 9 751 | 61 057.00 | 60 548.00 |
| 新　　疆 | 476 006 | 391 147 | 4 317 114.10 | 3 427 863.71 |
| 热 科 院 | 3 592 | 2 948 | 56 096.79 | 53 954.66 |
| 广　　州 | 9 714 | 9 594 | 103 556.50 | 103 556.50 |
| 南　　京 | 235 | 151 | 2 567.83 | 2 389.95 |

2－1续表3

| 地　　区 | 收入及住房情况 | | 小城镇情况 | | |
|---|---|---|---|---|---|
| | 居民人均可支配收入（元） | 年末实有住房面积（米²） | 小城镇数（个） | 小城镇人口（人） | 小城镇占地面积（米²） |
| **全国农垦** | **28 836** | **396 178 698** | **625** | **5 082 475** | **1 606 996 136** |
| 北　　京 | 105 471 | 440 314 | | | |
| 天　　津 | 106 927 | 420 000 | | | |
| 河　　北 | 27 935 | 17 113 299 | 47 | 278 634 | 27 220 835 |
| 山　　西 | 11 700 | 605 742 | 3 | 10 350 | 2 184 230 |
| 内 蒙 古 | 19 936 | 17 839 201 | 19 | 111 267 | 64 343 200 |
| 辽　　宁 | 18 623 | 35 798 763 | 39 | 356 468 | 190 741 234 |
| 吉　　林 | 23 790 | 3 825 230 | 1 | 3 786 | 18 000 000 |
| 黑 龙 江 | 34 260 | 47 598 399 | 121 | 1 081 520 | 313 466 000 |
| 上　　海 | 141 162 | 1 688 905 | | | |
| 江　　苏 | 41 439 | 9 444 228 | 27 | 131 619 | 31 823 900 |
| 浙　　江 | 42 250 | 2 165 379 | | | |
| 安　　徽 | 54 762 | 5 476 905 | 11 | 61 631 | 27 522 667 |
| 福　　建 | 20 823 | 7 317 981 | 9 | 48 449 | 126 951 350 |
| 江　　西 | 17 515 | 39 827 367 | 86 | 564 296 | 196 033 364 |
| 山　　东 | 28 977 | 287 080 | | | |
| 河　　南 | 23 810 | 2 484 772 | 1 | 3 446 | 180 000 |
| 湖　　北 | 31 840 | 57 734 278 | 53 | 427 683 | 88 606 116 |
| 湖　　南 | 18 688 | 60 942 848 | 20 | 383 661 | 169 504 551 |
| 广　　东 | 31 964 | 14 298 325 | 40 | 146 248 | 59 705 124 |
| 广　　西 | 28 778 | 10 787 066 | 30 | 116 013 | 12 672 607 |
| 海　　南 | 19 207 | 18 914 071 | | | |
| 重　　庆 | 19 178 | | | | |
| 四　　川 | 32 514 | 398 685 | | | |
| 贵　　州 | 32 837 | 819 277 | | | |
| 云　　南 | 27 110 | 10 114 566 | 15 | 81 993 | 30 578 200 |
| 西　　藏 | 48 915 | 116 470 | | | |
| 陕　　西 | 14 079 | 2 078 666 | 6 | 18 346 | 52 760 360 |
| 甘　　肃 | 27 335 | 2 535 355 | 2 | 7 346 | 1 450 000 |
| 青　　海 | 17 302 | 865 578 | 1 | 6 253 | 173 766 000 |
| 宁　　夏 | 31 321 | 5 429 000 | 14 | 57 694 | 11 505 150 |
| 新　　疆 | 37 364 | 17 516 892 | 80 | 1 185 772 | 7 981 248 |
| 热 科 院 | 123 337 | 997 563 | | | |
| 广　　州 | 99 487 | 173 293 | | | |
| 南　　京 | 61 634 | 123 200 | | | |

# 2－2 土地利用面积和耕地变动情况

| 地 区 | 土地利用情况（公顷） | | | | |
| --- | --- | --- | --- | --- | --- |
| | 土地总面积 | 耕地面积 | #水田 | #高标准农田面积 | #永久基本农田 |
| **全国农垦** | **34 994 746** | **7 207 540** | **2 132 182** | **2 786 284** | **3 954 544** |
| 北 京 | 9 102 | 1 316 | | | 256 |
| 天 津 | 5 656 | 2 289 | | 1 613 | 1 613 |
| 河 北 | 365 170 | 100 580 | 35 352 | 52 008 | 65 725 |
| 山 西 | 21 837 | 6 051 | | 1 710 | 4 061 |
| 内 蒙 古 | 3 267 200 | 764 033 | 8 259 | 237 178 | 576 724 |
| 辽 宁 | 495 565 | 162 581 | 92 022 | 39 131 | 89 029 |
| 吉 林 | 266 422 | 108 830 | 29 390 | 14 893 | 62 159 |
| 黑 龙 江 | 5 363 525 | 3 249 621 | 1 635 418 | 1 945 420 | 2 573 836 |
| 上 海 | 64 734 | 29 985 | 29 250 | 23 620 | |
| 江 苏 | 118 931 | 63 905 | 63 350 | 33 733 | 33 733 |
| 浙 江 | 15 159 | 3 590 | 1 944 | 551 | 1 033 |
| 安 徽 | 59 023 | 32 759 | 12 976 | 20 620 | 27 437 |
| 福 建 | 79 694 | 7 772 | 3 882 | 1 159 | 2 767 |
| 江 西 | 685 580 | 82 999 | 66 483 | 29 525 | 35 189 |
| 山 东 | 9 716 | 6 261 | 555 | 1 460 | 2 554 |
| 河 南 | 33 362 | 21 049 | 1 712 | 13 759 | 9 292 |
| 湖 北 | 392 170 | 144 079 | 58 955 | 89 104 | 107 351 |
| 湖 南 | 170 025 | 79 532 | 39 198 | 42 030 | 40 912 |
| 广 东 | 222 647 | 57 470 | 3 899 | 27 549 | 40 848 |
| 广 西 | 131 165 | 35 330 | 1 520 | 9 720 | 7 652 |
| 海 南 | 642 473 | 35 588 | 11 847 | | |
| 重 庆 | 2 563 | | | | |
| 四 川 | 400 443 | 825 | 39 | 91 | 96 |
| 贵 州 | 12 058 | 675 | 138 | | |
| 云 南 | 224 916 | 14 092 | 4 444 | 1 001 | 579 |
| 西 藏 | 3 632 | 850 | 28 | 56 | 56 |
| 陕 西 | 19 698 | 11 169 | 989 | 4 894 | 5 598 |
| 甘 肃 | 437 486 | 73 727 | | 44 847 | 38 987 |
| 青 海 | 556 572 | 29 272 | | 6 778 | 18 105 |
| 宁 夏 | 128 154 | 50 214 | 10 332 | 11 154 | |
| 新 疆 | 20 758 607 | 2 007 309 | 20 085 | 132 641 | 185 658 |
| 热 科 院 | 7 828 | 741 | 115 | 38 | 249 |
| 广 州 | 23 248 | 23 045 | | | 23 045 |
| 南 京 | 384 | | | | |

2－2续表1

| 地区 | 土地利用情况（公顷） | | | | | |
|---|---|---|---|---|---|---|
| | 土地总面积 | | | | | |
| | 牧草地面积 | 林地面积 | 水面面积 | #可养殖水面 | 园地面积 | 可垦荒地面积 |
| **全国农垦** | **15 746 018** | **4 080 809** | **863 675** | **231 051** | **778 038** | **466 962** |
| 北京 | 1 288 | 1 082 | 41 | | 714 | |
| 天津 | | 324 | 996 | 674 | 512 | |
| 河北 | 84 499 | 73 894 | 30 821 | 19 386 | 3 571 | 1 975 |
| 山西 | 4 054 | 7 936 | 7 | | 244 | 327 |
| 内蒙古 | 2 134 196 | 216 335 | 16 717 | 5 016 | 997 | 11 016 |
| 辽宁 | 9 194 | 73 718 | 46 005 | 23 637 | 11 048 | 1 563 |
| 吉林 | 65 311 | 47 159 | 3 814 | 288 | 1 397 | 1 467 |
| 黑龙江 | 281 283 | 962 415 | 362 433 | 63 086 | 3 724 | 113 831 |
| 上海 | | 10 996 | 7 911 | 3 613 | 548 | |
| 江苏 | | 18 125 | 12 818 | 4 419 | 17 | |
| 浙江 | 20 | 5 332 | 982 | 150 | 2 595 | 183 |
| 安徽 | | 10 536 | 5 149 | 924 | 4 301 | 302 |
| 福建 | 209 | 42 959 | 2 899 | 1 543 | 12 784 | 620 |
| 江西 | 3 559 | 474 513 | 29 881 | 15 400 | 15 454 | 6 923 |
| 山东 | | 431 | 445 | 371 | 120 | |
| 河南 | 60 | 4 006 | 1 198 | 337 | 1 120 | 275 |
| 湖北 | 553 | 50 186 | 77 723 | 54 805 | 6 661 | 1 863 |
| 湖南 | 1 543 | 30 452 | 27 522 | 16 775 | 7 128 | 961 |
| 广东 | 127 | 37 963 | 5 999 | 4 115 | 88 037 | 1 612 |
| 广西 | 1 308 | 34 039 | 2 081 | 1 230 | 19 668 | 1 599 |
| 海南 | | 159 335 | 2 883 | 2 883 | 296 183 | |
| 重庆 | | | 1 897 | 339 | 74 | |
| 四川 | 250 680 | 33 192 | 48 | 42 | 525 | 17 |
| 贵州 | 2 720 | 1 783 | 268 | 104 | 3 876 | 194 |
| 云南 | | 132 000 | 3 502 | 1 350 | 25 525 | 621 |
| 西藏 | 519 | 1 262 | 28 | | 165 | |
| 陕西 | 1 205 | 2 745 | 128 | 13 | 717 | 10 |
| 甘肃 | 208 055 | 47 193 | 3 307 | 344 | 3 385 | 3 427 |
| 青海 | 341 853 | 68 576 | 535 | | 3 546 | 588 |
| 宁夏 | 19 966 | 7 193 | 9 422 | 3 921 | 4 986 | 2 475 |
| 新疆 | 12 333 789 | 1 521 156 | 206 102 | 6 217 | 257 796 | 314 998 |
| 热科院 | 28 | 3 590 | 115 | 70 | 582 | 118 |
| 广州 | | 80 | | | | |
| 南京 | | 306 | | | 38 | |

2－2续表2

| 地区 | 土地利用情况（公顷） | | | 现代化农业园区情况 | |
|---|---|---|---|---|---|
| | 土地总面积 | | | | |
| | 宜林地面积 | 居民点及工矿用地面积 | 其他面积 | 现代化农业园区数（个） | 现代化农业园区占地面积（公顷） |
| **全国农垦** | **100 433** | **555 558** | **5 195 703** | **109** | **435 051** |
| 北京 | | 908 | 3 754 | 2 | 114 |
| 天津 | | 199 | 1 336 | | |
| 河北 | 356 | 44 483 | 24 990 | 5 | 23 066 |
| 山西 | 297 | 1 138 | 1 784 | | |
| 内蒙古 | 9 232 | 42 019 | 72 654 | | |
| 辽宁 | 4 994 | 45 426 | 141 036 | | |
| 吉林 | 472 | 14 595 | 23 378 | 5 | 6 186 |
| 黑龙江 | 15 731 | 37 756 | 336 732 | 14 | 230 573 |
| 上海 | | | 15 294 | | |
| 江苏 | | 6 286 | 17 780 | | |
| 浙江 | 10 | 485 | 1 961 | 5 | 423 |
| 安徽 | 473 | 2 549 | 2 954 | 1 | 2 421 |
| 福建 | 3 049 | 3 357 | 6 044 | 1 | 10 |
| 江西 | 10 275 | 29 016 | 32 960 | 26 | 10 174 |
| 山东 | | 464 | 1 995 | 3 | 143 |
| 河南 | 176 | 2 839 | 2 640 | | |
| 湖北 | 3 381 | 46 376 | 61 349 | 5 | 7 538 |
| 湖南 | 804 | 10 208 | 11 875 | 6 | 651 |
| 广东 | 1 700 | 9 001 | 20 739 | 5 | 100 361 |
| 广西 | 6 362 | 6 380 | 24 398 | 15 | 5 184 |
| 海南 | | 16 797 | 131 688 | | |
| 重庆 | | 8 | 585 | | |
| 四川 | 5 | 270 | 114 881 | 3 | 40 |
| 贵州 | 23 | 442 | 2 077 | 1 | 827 |
| 云南 | 309 | 13 275 | 35 592 | | |
| 西藏 | | 227 | 581 | 1 | 6 |
| 陕西 | 504 | 1 264 | 1 956 | 4 | 187 |
| 甘肃 | 228 | 3 812 | 94 352 | 2 | 15 292 |
| 青海 | 6 426 | 1 999 | 103 778 | 1 | 31 557 |
| 宁夏 | 4 346 | 4 578 | 24 974 | | |
| 新疆 | 30 482 | 208 684 | 3 878 292 | 4 | 297 |
| 热科院 | 798 | 672 | 1 185 | | |
| 广州 | | 16 | 108 | | |
| 南京 | | 30 | 10 | | |

2-2续表 3

| 地　　区 | 土地变动情况（公顷） | | | |
|---|---|---|---|---|
| | 年初实有耕地面积 | 当年增加的耕地面积 | 当年被政府收回的土地 | 当年减少的耕地面积 |
| **全国农垦** | **7 062 097** | **155 393** | **1 527** | **9 950** |
| 北　　京 | 1 139 | 233 | 17 | 56 |
| 天　　津 | 2 289 | | | |
| 河　　北 | 100 464 | 207 | | 91 |
| 山　　西 | 6 012 | 39 | | |
| 内 蒙 古 | 756 426 | 8 209 | 317 | 602 |
| 辽　　宁 | 161 905 | 806 | 271 | 131 |
| 吉　　林 | 109 590 | 566 | | 1 327 |
| 黑 龙 江 | 3 121 274 | 128 347 | | |
| 上　　海 | 29 497 | 488 | | |
| 江　　苏 | 64 043 | 10 | | 148 |
| 浙　　江 | 3 601 | 4 | 26 | 15 |
| 安　　徽 | 32 925 | 231 | 1 | 398 |
| 福　　建 | 7 809 | 75 | 107 | 112 |
| 江　　西 | 83 237 | 94 | 21 | 332 |
| 山　　东 | 5 849 | 418 | 5 | 5 |
| 河　　南 | 21 009 | 70 | 7 | 30 |
| 湖　　北 | 143 999 | 174 | 47 | 94 |
| 湖　　南 | 79 916 | 415 | 224 | 799 |
| 广　　东 | 54 133 | 3 531 | 295 | 194 |
| 广　　西 | 35 709 | | 118 | 379 |
| 海　　南 | 36 550 | 1 103 | | 2 065 |
| 重　　庆 | | | | |
| 四　　川 | 786 | 39 | | |
| 贵　　州 | 675 | | | |
| 云　　南 | 13 368 | 724 | | |
| 西　　藏 | 850 | | | |
| 陕　　西 | 11 169 | | | |
| 甘　　肃 | 72 177 | 2 228 | | 677 |
| 青　　海 | 29 272 | | | |
| 宁　　夏 | 48 483 | 1 813 | 51 | 82 |
| 新　　疆 | 2 004 156 | 5 567 | | 2 414 |
| 热 科 院 | 741 | | 20 | |
| 广　　州 | 23 045 | | | |
| 南　　京 | | | | |

# 2－3 农作物播种面积情况

计量单位：公顷

| 地区 | 农作物播种面积合计 | 粮食作物合计 | | | | |
|---|---|---|---|---|---|---|
| | | | | 谷物合计 | | |
| | | | #夏收作物 | | 稻谷 | #早稻 |
| **全国农垦** | **7 330 289.49** | **5 309 110.50** | **491 510.06** | **4 097 267.19** | **1 973 556.26** | **76 309.13** |
| 北京 | 8 116.96 | 4 326.80 | 132.22 | 4 319.30 | 1 293.50 | |
| 天津 | 2 637.30 | 2 148.60 | 169.10 | 2 146.90 | 1 405.00 | |
| 河北 | 92 833.90 | 78 645.24 | 12 401.84 | 68 473.00 | 25 708.48 | |
| 山西 | 6 286.17 | 5 134.22 | 280.00 | 4 946.46 | | |
| 内蒙古 | 697 408.52 | 492 177.21 | 260.47 | 342 714.95 | 5 254.88 | |
| 辽宁 | 160 602.15 | 147 011.65 | 651.52 | 141 449.83 | 94 078.93 | |
| 吉林 | 107 438.06 | 103 531.24 | 3.10 | 92 912.89 | 29 361.19 | |
| 黑龙江 | 3 119 196.24 | 3 097 658.33 | 3 982.81 | 2 169 435.51 | 1 424 409.00 | |
| 上海 | 48 104.59 | 35 745.92 | 14 438.67 | 35 268.39 | 20 829.73 | |
| 江苏 | 161 760.09 | 153 518.22 | 77 453.90 | 150 442.92 | 66 814.13 | |
| 浙江 | 3 864.53 | 1 568.21 | 670.99 | 1 451.49 | 942.67 | 487.78 |
| 安徽 | 50 287.98 | 46 942.04 | 20 520.15 | 41 360.78 | 16 694.47 | 1 343.68 |
| 福建 | 12 392.15 | 6 379.81 | 1 412.26 | 4 443.70 | 3 880.86 | 1 101.29 |
| 江西 | 138 594.99 | 106 578.11 | 16 094.54 | 101 086.81 | 98 917.53 | 36 783.39 |
| 山东 | 8 252.57 | 7 982.77 | 4 100.04 | 7 947.84 | 528.00 | |
| 河南 | 39 100.55 | 34 428.38 | 19 203.17 | 32 645.67 | 768.30 | |
| 湖北 | 244 342.77 | 143 174.77 | 51 140.05 | 131 589.81 | 61 963.69 | 2 654.90 |
| 湖南 | 171 630.77 | 96 147.06 | 19 244.84 | 92 399.84 | 77 903.59 | 24 642.34 |
| 广东 | 45 089.62 | 8 314.24 | 2 595.80 | 4 888.20 | 3 962.18 | 1 876.62 |
| 广西 | 30 627.39 | 2 366.59 | 193.60 | 1 920.46 | 1 111.00 | 554.00 |
| 海南 | 28 230.53 | 14 516.14 | 7 193.13 | 12 373.60 | 11 635.60 | 6 309.33 |
| 重庆 | | | | | | |
| 四川 | 1 623.04 | 242.59 | 0.08 | 137.55 | 37.65 | |
| 贵州 | 174.53 | 108.53 | 17.20 | 108.53 | 82.53 | |
| 云南 | 18 869.00 | 11 033.00 | 3 196.00 | 10 188.00 | 4 256.00 | 536.00 |
| 西藏 | 189.16 | 20.30 | | 20.30 | | |
| 陕西 | 23 450.39 | 20 641.60 | 10 597.25 | 20 054.49 | 123.67 | |
| 甘肃 | 79 772.36 | 31 454.52 | 3 350.71 | 22 771.24 | | |
| 青海 | 35 638.71 | 9 967.64 | | 9 948.84 | | |
| 宁夏 | 49 366.00 | 26 260.00 | 356.00 | 25 370.00 | 4 267.00 | |
| 新疆 | 1 921 879.20 | 616 115.73 | 221 850.62 | 559 497.94 | 17 306.88 | |
| 热科院 | 83.58 | 38.89 | | 19.80 | 19.80 | 19.80 |
| 广州 | 22 445.69 | 4 932.15 | | 4 932.15 | | |
| 南京 | | | | | | |

2-3 续表 1

| 地区 | 粮食作物合计 | | | | | |
|---|---|---|---|---|---|---|
| | 谷物合计 | | | | | |
| | 小麦 | #春小麦 | 玉米 | 谷子 | 高粱 | 其他谷物 |
| **全国农垦** | **543 862.56** | **214 045.45** | **1 478 037.48** | **6 539.73** | **30 103.78** | **65 167.38** |
| 北京 | 132.22 | | 400.94 | | 2 492.64 | |
| 天津 | 169.10 | | 217.00 | | | 355.80 |
| 河北 | 12 798.98 | | 21 338.86 | 47.00 | 2 758.41 | 5 821.27 |
| 山西 | 315.40 | | 4 500.87 | 21.16 | 13.80 | 95.23 |
| 内蒙古 | 114 669.55 | 114 669.55 | 184 254.74 | 2 763.95 | 2 063.82 | 33 708.01 |
| 辽宁 | 27.95 | 27.95 | 43 791.12 | 2 484.86 | 802.63 | 264.34 |
| 吉林 | 8.60 | 8.60 | 62 258.84 | 180.00 | 480.26 | 624.00 |
| 黑龙江 | 3 982.81 | 3 982.81 | 728 206.78 | 70.76 | 12 756.89 | 9.27 |
| 上海 | 12 085.53 | | | | | 2 353.13 |
| 江苏 | 66 452.20 | | 9 225.99 | | | 7 950.60 |
| 浙江 | 328.00 | | 110.82 | | 13.00 | 57.00 |
| 安徽 | 20 520.15 | | 910.60 | | 3 235.56 | |
| 福建 | | | 546.84 | | | 16.00 |
| 江西 | 824.00 | | 1 106.44 | | 0.67 | 238.17 |
| 山东 | 3 991.44 | | 3 371.93 | | 56.47 | |
| 河南 | 18 948.82 | | 12 185.67 | 174.33 | 568.55 | |
| 湖北 | 44 011.20 | | 24 818.43 | | 470.03 | 326.46 |
| 湖南 | 4 121.00 | | 7 782.20 | 780.00 | 639.05 | 1 174.00 |
| 广东 | | | 904.12 | | | 21.90 |
| 广西 | | | 778.73 | | | 30.73 |
| 海南 | | | 738.00 | | | |
| 重庆 | | | | | | |
| 四川 | 8.28 | | 26.09 | | | 65.53 |
| 贵州 | | | 26.00 | | | |
| 云南 | 5.00 | | 5 912.00 | | | 15.00 |
| 西藏 | | | 20.30 | | | |
| 陕西 | 9 436.68 | | 10 467.44 | 13.00 | 3.70 | 10.00 |
| 甘肃 | 3 219.74 | 3 137.00 | 19 524.50 | | 27.00 | |
| 青海 | 1 649.54 | 1 649.54 | | | | 8 299.30 |
| 宁夏 | 356.00 | 340.00 | 20 711.00 | | 15.00 | 21.00 |
| 新疆 | 225 800.37 | 90 230.00 | 308 969.08 | 4.67 | 3 706.30 | 3 710.64 |
| 热科院 | | | | | | |
| 广州 | | | 4 932.15 | | | |
| 南京 | | | | | | |

2-3续表2

| 地区 | 粮食作物合计 | | | | 油料合计 | |
|---|---|---|---|---|---|---|
| | 豆类合计 | | | 薯类 | | |
| | | 大豆 | 杂豆 | | | 花生 |
| **全国农垦** | **1 154 534.02** | **1 143 637.85** | **10 530.30** | **57 309.29** | **320 275.39** | **32 658.85** |
| 北京 | 1.00 | | 1.00 | 6.50 | 1.00 | 1.00 |
| 天津 | | | | 1.70 | 366.90 | 0.20 |
| 河北 | 299.53 | 293.13 | 6.40 | 9 872.71 | 2 512.83 | 303.99 |
| 山西 | 125.73 | 25.40 | 68.33 | 62.03 | 43.17 | 12.00 |
| 内蒙古 | 136 293.69 | 134 613.52 | 1 680.17 | 13 168.57 | 144 935.71 | 1 060.70 |
| 辽宁 | 4 655.98 | 4 487.29 | 168.67 | 905.84 | 3 926.78 | 3 532.13 |
| 吉林 | 10 618.35 | 10 415.35 | 203.00 | | 2 721.03 | 2 617.53 |
| 黑龙江 | 922 552.76 | 919 471.24 | 3 081.52 | 5 670.06 | 816.68 | 661.04 |
| 上海 | 477.53 | 477.53 | | | 2 069.33 | |
| 江苏 | 3 075.30 | 3 075.30 | | | 3 051.07 | |
| 浙江 | 114.55 | 66.70 | 35.85 | 2.17 | 66.52 | |
| 安徽 | 5 494.83 | 5 492.87 | 1.96 | 86.43 | 955.70 | 138.69 |
| 福建 | 781.62 | 634.19 | 146.43 | 1 154.49 | 942.67 | 805.29 |
| 江西 | 3 177.66 | 2 508.05 | 604.28 | 2 313.64 | 15 325.65 | 2 670.28 |
| 山东 | 33.60 | 33.60 | | 1.33 | 2.00 | 2.00 |
| 河南 | 1 746.11 | 1 746.11 | | 36.60 | 3 597.93 | 3 343.76 |
| 湖北 | 10 756.88 | 10 340.67 | 219.78 | 828.08 | 27 826.97 | 6 866.87 |
| 湖南 | 2 523.52 | 2 041.23 | 457.07 | 1 223.70 | 31 676.44 | 542.95 |
| 广东 | 212.79 | 156.95 | 54.84 | 3 213.25 | 1 825.12 | 1 784.32 |
| 广西 | 187.80 | 175.13 | 12.67 | 258.33 | 316.93 | 314.93 |
| 海南 | 311.87 | 83.00 | 228.87 | 1 830.67 | 1 190.60 | 1 171.40 |
| 重庆 | | | | | | |
| 四川 | 11.08 | 11.08 | | 93.96 | 19.44 | 3.33 |
| 贵州 | | | | | | |
| 云南 | 432.00 | | 432.00 | 413.00 | 43.00 | 21.00 |
| 西藏 | | | | | 1.53 | 1.53 |
| 陕西 | 102.70 | 102.70 | | 484.41 | 93.79 | 17.79 |
| 甘肃 | 130.97 | | 130.97 | 8 552.31 | 3 753.08 | |
| 青海 | | | | 18.80 | 10 448.64 | |
| 宁夏 | 890.00 | 890.00 | | | | |
| 新疆 | 49 525.97 | 46 496.81 | 2 996.29 | 7 091.82 | 61 741.66 | 6 782.90 |
| 热科院 | 0.20 | | 0.20 | 18.89 | 3.22 | 3.22 |
| 广州 | | | | | | |
| 南京 | | | | | | |

2-3 续表 3

| 地区 | 油料合计 | | | | 棉花 | |
|---|---|---|---|---|---|---|
| | 油菜籽 | 芝麻 | 胡麻子 | 向日葵 | | 长绒棉 |
| **全国农垦** | **207 522.50** | **3 320.39** | **200.20** | **66 732.36** | **935 609.03** | **20 601.51** |
| 北京 | | | | | | |
| 天津 | 366.70 | | | | | |
| 河北 | 1 630.97 | | 167.20 | 410.67 | 175.00 | |
| 山西 | 8.00 | | | 23.17 | | |
| 内蒙古 | 114 954.90 | | | 28 810.11 | | |
| 辽宁 | 14.87 | | | 379.78 | | |
| 吉林 | | | | 103.50 | | |
| 黑龙江 | 1.93 | | | 19.63 | | |
| 上海 | 2 069.33 | | | | | |
| 江苏 | 3 051.07 | | | | | |
| 浙江 | 66.52 | | | | | |
| 安徽 | 798.71 | 18.30 | | | 32.00 | |
| 福建 | 105.50 | 30.88 | | | | |
| 江西 | 11 987.19 | 633.18 | | | 772.73 | 235.51 |
| 山东 | | | | | 1.20 | 1.20 |
| 河南 | 254.17 | | | | 35.70 | |
| 湖北 | 18 822.63 | 2 071.37 | | 23.30 | 4 475.81 | |
| 湖南 | 30 630.21 | 485.66 | | 1.62 | 9 385.11 | |
| 广东 | | 40.80 | | | | |
| 广西 | | 2.00 | | | | |
| 海南 | | 19.20 | | | | |
| 重庆 | | | | | | |
| 四川 | 16.11 | | | | | |
| 贵州 | | | | | | |
| 云南 | 19.00 | | | | | |
| 西藏 | | | | | | |
| 陕西 | | | | 76.00 | | |
| 甘肃 | 666.66 | | | 3 086.42 | 4 917.62 | |
| 青海 | 10 448.64 | | | | | |
| 宁夏 | | | | | | |
| 新疆 | 11 609.39 | 19.00 | 33.00 | 33 798.16 | 915 813.86 | 20 364.80 |
| 热科院 | | | | | | |
| 广州 | | | | | | |
| 南京 | | | | | | |

2－3续表4

| 地　　区 | 麻类合计 | 黄红麻 | 苎麻 | 大麻（线麻） | 亚麻 |
|---|---|---|---|---|---|
| **全国农垦** | **4 766.48** | **41.28** | **62.60** | **736.09** | **1 102.40** |
| 北　　京 | | | | | |
| 天　　津 | | | | | |
| 河　　北 | | | | | |
| 山　　西 | | | | | |
| 内 蒙 古 | | | | | |
| 辽　　宁 | | | | | |
| 吉　　林 | | | | | |
| 黑 龙 江 | 736.09 | | | 736.09 | |
| 上　　海 | | | | | |
| 江　　苏 | | | | | |
| 浙　　江 | | | | | |
| 安　　徽 | | | | | |
| 福　　建 | | | | | |
| 江　　西 | | | | | |
| 山　　东 | | | | | |
| 河　　南 | | | | | |
| 湖　　北 | 31.00 | | 31.00 | | |
| 湖　　南 | 72.90 | 41.28 | 31.60 | | |
| 广　　东 | 2 824.09 | | | | |
| 广　　西 | | | | | |
| 海　　南 | | | | | |
| 重　　庆 | | | | | |
| 四　　川 | | | | | |
| 贵　　州 | | | | | |
| 云　　南 | | | | | |
| 西　　藏 | | | | | |
| 陕　　西 | | | | | |
| 甘　　肃 | | | | | |
| 青　　海 | | | | | |
| 宁　　夏 | | | | | |
| 新　　疆 | 1 102.40 | | | | 1 102.40 |
| 热 科 院 | | | | | |
| 广　　州 | | | | | |
| 南　　京 | | | | | |

2－3续表5

| 地区 | 糖料合计 | 甘蔗 | 甜菜 | 烟叶合计 | 烤烟叶 | 药材类合计 |
| --- | --- | --- | --- | --- | --- | --- |
| **全国农垦** | **78 884.13** | **46 925.96** | **31 956.67** | **1 137.50** | **1 135.50** | **57 875.03** |
| 北京 | | | | | | |
| 天津 | | | | | | |
| 河北 | 377.07 | | 377.07 | | | |
| 山西 | | | | | | |
| 内蒙古 | 12 925.88 | | 12 925.88 | 20.00 | 20.00 | 20 256.69 |
| 辽宁 | 7.00 | | 7.00 | 76.00 | 76.00 | 468.57 |
| 吉林 | | | | | | 209.20 |
| 黑龙江 | 7.09 | | 7.09 | 29.07 | 29.07 | 666.92 |
| 上海 | | | | | | 86.07 |
| 江苏 | | | | | | |
| 浙江 | | | | | | 7.32 |
| 安徽 | | | | | | 12.07 |
| 福建 | 95.30 | 95.30 | | 283.30 | 281.30 | 114.65 |
| 江西 | 276.02 | 275.12 | 0.90 | 85.00 | 85.00 | 769.27 |
| 山东 | | | | | | 72.00 |
| 河南 | | | | | | 15.00 |
| 湖北 | 35.00 | 35.00 | | | | 795.00 |
| 湖南 | 71.73 | 71.23 | | 565.13 | 565.13 | 931.30 |
| 广东 | 21 963.55 | 21 963.55 | | | | 1 637.67 |
| 广西 | 20 451.07 | 20 451.07 | | | | 5.20 |
| 海南 | 1 429.33 | 1 429.33 | | | | |
| 重庆 | | | | | | |
| 四川 | | | | | | 26.00 |
| 贵州 | | | | 2.00 | 2.00 | |
| 云南 | 2 605.00 | 2 605.00 | | 77.00 | 77.00 | 99.00 |
| 西藏 | | | | | | |
| 陕西 | | | | | | |
| 甘肃 | 1 236.43 | | 1 235.43 | | | 4 810.03 |
| 青海 | | | | | | 6 740.66 |
| 宁夏 | | | | | | 450.00 |
| 新疆 | 17 403.30 | | 17 403.30 | | | 19 702.41 |
| 热科院 | 0.36 | 0.36 | | | | |
| 广州 | | | | | | |
| 南京 | | | | | | |

2－3续表6

| 地　区 | 蔬菜、瓜类 | 蔬菜 | 瓜类 | 其他作物 | 啤酒花 | 青饲料 |
|---|---|---|---|---|---|---|
| **全国农垦** | **308 273.00** | **243 300.73** | **61 905.53** | **314 358.43** | **2 125.46** | **165 319.53** |
| 北　京 | 162.29 | 153.29 | 9.00 | 3 626.87 | | 3 626.87 |
| 天　津 | 7.40 | 5.70 | 1.70 | 114.40 | | 114.40 |
| 河　北 | 5 592.33 | 4 466.30 | 444.67 | 5 531.43 | | 5 531.43 |
| 山　西 | 528.38 | 333.82 | 166.26 | 580.40 | | 409.00 |
| 内蒙古 | 7 441.95 | 4 037.34 | 3 378.60 | 19 651.08 | | 9 450.22 |
| 辽　宁 | 8 810.01 | 7 874.51 | 851.54 | 302.14 | | 302.14 |
| 吉　林 | 474.25 | 340.95 | 133.30 | 502.34 | | 75.00 |
| 黑龙江 | 1 524.96 | 920.24 | 604.72 | 17 757.10 | | 16 208.81 |
| 上　海 | 4 913.00 | 4 398.00 | 515.00 | 5 290.27 | | 2 807.00 |
| 江　苏 | 5 190.80 | 312.33 | 4 878.47 | | | |
| 浙　江 | 1 623.72 | 1 002.30 | 621.37 | 598.76 | | |
| 安　徽 | 1 950.84 | 1 351.54 | 557.67 | 395.33 | | 230.00 |
| 福　建 | 4 231.68 | 3 726.91 | 406.67 | 344.74 | 2.00 | 151.88 |
| 江　西 | 11 682.07 | 9 340.85 | 2 058.83 | 3 106.14 | 90.77 | 1 256.98 |
| 山　东 | 135.60 | 117.70 | 17.90 | 59.00 | | 22.00 |
| 河　南 | 1 023.54 | 723.14 | 205.40 | | | |
| 湖　北 | 60 024.26 | 51 982.84 | 7 901.93 | 7 979.96 | | 5 388.33 |
| 湖　南 | 28 637.00 | 24 164.17 | 3 700.35 | 4 144.10 | | 1 002.10 |
| 广　东 | 7 467.04 | 6 755.23 | 711.81 | 1 057.91 | | 786.75 |
| 广　西 | 5 743.27 | 2 638.27 | 3 105.00 | 1 744.33 | | 54.87 |
| 海　南 | 9 516.93 | 9 369.13 | 147.80 | 1 577.53 | | |
| 重　庆 | | | | | | |
| 四　川 | 67.65 | 58.67 | 8.98 | 1 267.36 | | 1 226.33 |
| 贵　州 | 64.00 | 64.00 | | | | |
| 云　南 | 4 495.00 | 2 371.00 | 2 124.00 | 517.00 | | 412.00 |
| 西　藏 | 9.33 | 9.33 | | 158.00 | | |
| 陕　西 | 2 443.90 | 2 181.99 | 261.91 | 271.10 | | 201.90 |
| 甘　肃 | 9 475.72 | 8 404.41 | 1 071.31 | 24 124.96 | 663.27 | 20 935.71 |
| 青　海 | 343.46 | 338.29 | 5.17 | 8 138.31 | | 2 632.89 |
| 宁　夏 | 2 425.00 | 1 861.00 | 564.00 | 20 231.00 | | 16 163.00 |
| 新　疆 | 122 248.72 | 93 980.39 | 27 450.37 | 167 751.12 | 1 369.42 | 58 810.21 |
| 热科院 | 18.90 | 17.09 | 1.80 | 22.21 | | 6.17 |
| 广　州 | | | | 17 513.54 | | 17 513.54 |
| 南　京 | | | | | | |

# 2－4 农作物产量情况

计量单位：吨

| 地区 | 粮食作物合计 | #夏收作物 | 谷物合计 | 稻谷 | #早稻 |
|---|---|---|---|---|---|
| **全国农垦** | **39 939 427.93** | **3 383 552.38** | **36 524 739.33** | **17 851 348.45** | **492 223.13** |
| 北京 | 30 502.72 | 671.04 | 30 457.72 | 14 473.00 | |
| 天津 | 17 662.86 | 728.00 | 17 651.60 | 14 169.00 | |
| 河北 | 519 444.64 | 70 907.00 | 429 633.21 | 197 046.52 | |
| 山西 | 37 152.70 | 1 660.00 | 36 071.62 | | |
| 内蒙古 | 2 747 451.10 | 1 539.67 | 2 354 979.27 | 42 546.13 | |
| 辽宁 | 1 417 099.52 | 1 298.03 | 1 397 971.30 | 944 653.76 | |
| 吉林 | 774 001.66 | 6.60 | 756 000.83 | 261 932.95 | |
| 黑龙江 | 22 794 684.34 | 17 933.11 | 20 310 271.89 | 13 218 429.30 | |
| 上海 | 302 076.00 | 108 301.00 | 300 906.00 | 179 371.00 | |
| 江苏 | 1 358 135.28 | 664 317.90 | 1 355 037.84 | 607 220.77 | |
| 浙江 | 10 415.83 | 5 012.31 | 10 031.07 | 7 246.82 | 3 204.27 |
| 安徽 | 353 933.21 | 160 754.98 | 339 040.16 | 156 428.09 | 14 310.55 |
| 福建 | 36 660.46 | 7 967.00 | 29 383.64 | 26 799.86 | 7 662.13 |
| 江西 | 703 086.19 | 108 733.53 | 683 834.79 | 675 304.18 | 244 677.12 |
| 山东 | 60 199.16 | 27 664.81 | 60 098.96 | 4 840.00 | |
| 河南 | 275 516.02 | 151 849.82 | 270 785.69 | 6 570.00 | |
| 湖北 | 931 500.08 | 257 870.20 | 903 853.33 | 534 073.63 | 22 390.30 |
| 湖南 | 704 905.61 | 69 314.43 | 684 378.17 | 607 583.50 | 141 192.42 |
| 广东 | 46 942.28 | 14 867.91 | 30 020.76 | 23 804.40 | 10 787.12 |
| 广西 | 13 331.00 | 1 290.00 | 11 421.00 | 5 384.00 | 2 639.00 |
| 海南 | 82 568.00 | 44 175.00 | 73 456.00 | 70 903.00 | 40 552.00 |
| 重庆 | | | | | |
| 四川 | 826.02 | 0.71 | 609.27 | 294.80 | |
| 贵州 | 588.56 | 82.56 | 588.56 | 469.56 | |
| 云南 | 76 006.00 | 24 611.00 | 67 421.00 | 32 764.00 | 4 711.00 |
| 西藏 | 266.00 | | 266.00 | | |
| 陕西 | 163 381.25 | 76 708.13 | 160 786.49 | 472.50 | |
| 甘肃 | 277 903.98 | 15 100.55 | 209 884.13 | | |
| 青海 | 36 835.80 | | 36 754.80 | | |
| 宁夏 | 339 957.00 | 2 369.00 | 337 686.00 | 41 461.00 | |
| 新疆 | 5 791 146.50 | 1 547 818.09 | 5 590 412.23 | 177 009.46 | |
| 热科院 | 299.38 | | 97.22 | 97.22 | 97.22 |
| 广州 | 34 948.78 | | 34 948.78 | | |
| 南京 | | | | | |

2－4续表1

| 地区 | 粮食作物合计 | | | | | |
|---|---|---|---|---|---|---|
| | 谷物合计 | | | | | |
| | 小麦 | ＃春小麦 | 玉米 | 谷子 | 高粱 | 其他谷物 |
| **全国农垦** | **3 404 552.45** | **1 018 626.72** | **14 787 625.03** | **30 465.25** | **204 611.78** | **246 136.37** |
| 北京 | 671.04 | | 1 982.48 | | 13 331.20 | |
| 天津 | 728.00 | | 1 344.10 | | | 1 410.50 |
| 河北 | 69 275.48 | | 138 985.68 | 190.00 | 15 899.54 | 8 235.99 |
| 山西 | 1 857.37 | | 33 880.22 | 87.03 | 63.00 | 184.00 |
| 内蒙古 | 435 019.99 | 435 019.99 | 1 758 614.00 | 11 254.98 | 12 942.70 | 94 601.47 |
| 辽宁 | 162.43 | 162.43 | 432 790.49 | 14 015.90 | 5 706.82 | 641.90 |
| 吉林 | 34.60 | 34.60 | 489 844.78 | 467.00 | 1 940.25 | 1 781.25 |
| 黑龙江 | 17 933.11 | 17 933.11 | 6 975 617.52 | 329.04 | 97 933.04 | 29.88 |
| 上海 | 102 925.00 | | | | | 18 610.00 |
| 江苏 | 587 915.92 | | 93 863.88 | | | 66 037.27 |
| 浙江 | 1 909.01 | | 555.79 | | 59.45 | 260.00 |
| 安徽 | 160 754.98 | | 6 711.68 | | 15 145.41 | |
| 福建 | | | 2 551.78 | | | 32.00 |
| 江西 | 2 751.90 | | 4 916.88 | | 2.55 | 859.28 |
| 山东 | 26 914.81 | | 27 920.65 | | 423.50 | |
| 河南 | 149 706.32 | | 109 162.82 | 884.30 | 4 462.25 | |
| 湖北 | 213 562.17 | | 152 701.27 | | 2 173.00 | 1 343.26 |
| 湖南 | 17 616.42 | | 49 425.58 | 3 113.00 | 2 040.67 | 4 599.00 |
| 广东 | | | 6 133.36 | | | 83.00 |
| 广西 | | | 5 778.00 | | | 259.00 |
| 海南 | | | 2 553.00 | | | |
| 重庆 | | | | | | |
| 四川 | 40.23 | | 157.01 | | | 117.23 |
| 贵州 | | | 119.00 | | | |
| 云南 | 13.00 | | 34 634.00 | | | 10.00 |
| 西藏 | | | 266.00 | | | |
| 陕西 | 66 796.61 | | 93 355.38 | 110.00 | 22.00 | 30.00 |
| 甘肃 | 14 747.60 | 14 057.00 | 194 942.13 | | 194.40 | |
| 青海 | 8 680.10 | 8 680.10 | | | | 28 074.70 |
| 宁夏 | 2 369.00 | 2 243.00 | 293 690.00 | | 57.00 | 109.00 |
| 新疆 | 1 522 167.36 | 540 496.49 | 3 840 178.77 | 14.00 | 32 215.00 | 18 827.64 |
| 热科院 | | | | | | |
| 广州 | | | 34 948.78 | | | |
| 南京 | | | | | | |

2-4 续表 2

| 地区 | 粮食作物合计 | | | | 油料合计 | |
|---|---|---|---|---|---|---|
| | 豆类合计 | 大豆 | 杂豆 | 薯类 | | 花生 |
| **全国农垦** | **2 957 337.61** | **2 912 735.91** | **27 914.53** | **457 350.99** | **786 984.37** | **157 822.39** |
| 北京 | 2.00 | | 2.00 | 43.00 | 4.00 | 4.00 |
| 天津 | | | | 11.26 | 467.20 | 0.50 |
| 河北 | 768.17 | 761.36 | 6.81 | 89 043.26 | 5 072.18 | 1 628.94 |
| 山西 | 306.08 | 96.08 | 166.00 | 775.00 | 85.00 | 37.00 |
| 内蒙古 | 290 836.23 | 278 268.23 | 2 567.00 | 101 635.60 | 284 139.14 | 4 968.90 |
| 辽宁 | 12 254.49 | 12 060.94 | 173.55 | 6 873.73 | 12 158.46 | 10 830.71 |
| 吉林 | 18 000.83 | 17 770.33 | 230.00 | | 8 158.40 | 7 958.40 |
| 黑龙江 | 2 448 641.79 | 2 441 160.37 | 7 481.42 | 35 770.66 | 2 488.64 | 2 404.23 |
| 上海 | 1 170.00 | 1 170.00 | | | 6 696.00 | |
| 江苏 | 3 097.44 | 3 097.44 | | | 10 473.18 | |
| 浙江 | 375.20 | 223.66 | 107.54 | 9.56 | 136.05 | |
| 安徽 | 14 251.49 | 14 247.39 | 4.10 | 641.56 | 2 782.20 | 454.70 |
| 福建 | 2 486.25 | 2 129.74 | 350.01 | 4 790.57 | 2 486.93 | 2 277.94 |
| 江西 | 7 039.92 | 5 636.46 | 1 330.68 | 12 211.48 | 33 541.07 | 9 136.56 |
| 山东 | 92.20 | 92.20 | | 8.00 | 7.50 | 7.50 |
| 河南 | 4 599.93 | 4 599.93 | | 130.40 | 13 687.64 | 12 984.04 |
| 湖北 | 22 954.24 | 16 231.81 | 628.84 | 4 692.51 | 105 823.33 | 53 931.30 |
| 湖南 | 6 013.69 | 4 486.02 | 1 221.67 | 14 513.75 | 52 570.10 | 1 148.00 |
| 广东 | 619.01 | 378.47 | 240.54 | 16 302.51 | 4 990.69 | 4 894.09 |
| 广西 | 696.00 | 630.00 | 66.00 | 1 214.00 | 1 388.00 | 1 386.00 |
| 海南 | 872.00 | 271.00 | 601.00 | 8 240.00 | 3 470.00 | 3 424.00 |
| 重庆 | | | | | | |
| 四川 | 19.95 | 19.95 | | 196.80 | 30.94 | 6.86 |
| 贵州 | | | | | | |
| 云南 | 2 915.00 | | 2 915.00 | 5 670.00 | 83.00 | 66.00 |
| 西藏 | | | | | 6.00 | 6.00 |
| 陕西 | 295.50 | 295.50 | | 2 299.26 | 488.20 | 185.20 |
| 甘肃 | 352.95 | | 352.95 | 67 666.90 | 12 559.46 | |
| 青海 | | | | 81.00 | 13 192.21 | |
| 宁夏 | 2 271.00 | 2 271.00 | | | | |
| 新疆 | 116 406.09 | 106 838.03 | 9 469.26 | 84 328.18 | 209 989.07 | 40 071.74 |
| 热科院 | 0.16 | | 0.16 | 202.00 | 9.78 | 9.78 |
| 广州 | | | | | | |
| 南京 | | | | | | |

2-4续表3

| 地 区 | 油料合计 | | | | 棉花 | |
|---|---|---|---|---|---|---|
| | 油菜籽 | 芝麻 | 胡麻子 | 向日葵 | | 长绒棉 |
| **全国农垦** | **386 170.99** | **6 467.23** | **223.94** | **213 702.13** | **2 442 977.60** | **101 242.60** |
| 北 京 | | | | | | |
| 天 津 | 466.70 | | | | | |
| 河 北 | 2 041.00 | | 158.94 | 1 243.30 | 521.00 | |
| 山 西 | 9.00 | | | 39.00 | | |
| 内 蒙 古 | 192 172.89 | | | 86 491.35 | | |
| 辽 宁 | 34.57 | | | 1 293.18 | | |
| 吉 林 | | | | 200.00 | | |
| 黑 龙 江 | 2.56 | | | 25.71 | | |
| 上 海 | 6 696.00 | | | | | |
| 江 苏 | 10 473.18 | | | | | |
| 浙 江 | 134.05 | | | | | |
| 安 徽 | 2 299.00 | 28.50 | | | 75.50 | |
| 福 建 | 151.00 | 50.99 | | | | |
| 江 西 | 22 796.80 | 1 133.72 | | | 1 891.38 | 869.37 |
| 山 东 | | | | | 2.00 | 2.00 |
| 河 南 | 702.30 | | | | 80.50 | |
| 湖 北 | 47 639.85 | 3 774.65 | | 75.00 | 5 250.19 | |
| 湖 南 | 50 108.83 | 1 292.77 | | 2.30 | 46 048.23 | |
| 广 东 | | 95.60 | | | | |
| 广 西 | | 2.00 | | | | |
| 海 南 | | 46.00 | | | | |
| 重 庆 | | | | | | |
| 四 川 | 24.08 | | | | | |
| 贵 州 | | | | | | |
| 云 南 | 17.00 | | | | | |
| 西 藏 | | | | | | |
| 陕 西 | | | | 303.00 | | |
| 甘 肃 | 1 588.00 | | | 10 971.46 | 9 580.80 | |
| 青 海 | 13 192.21 | | | | | |
| 宁 夏 | | | | | | |
| 新 疆 | 35 621.97 | 43.00 | 65.00 | 113 057.83 | 2 379 528.00 | 100 371.23 |
| 热 科 院 | | | | | | |
| 广 州 | | | | | | |
| 南 京 | | | | | | |

2－4续表4

| 地　　区 | 麻类合计 | 黄红麻 | 苎麻 | 大麻（线麻） | 亚麻 |
|---|---|---|---|---|---|
| **全国农垦** | **16 354.89** | **95.98** | **95.10** | **5 047.67** | **5 762.28** |
| 北　　京 | | | | | |
| 天　　津 | | | | | |
| 河　　北 | | | | | |
| 山　　西 | | | | | |
| 内 蒙 古 | | | | | |
| 辽　　宁 | | | | | |
| 吉　　林 | | | | | |
| 黑 龙 江 | 5 047.67 | | | 5 047.67 | |
| 上　　海 | | | | | |
| 江　　苏 | | | | | |
| 浙　　江 | | | | | |
| 安　　徽 | | | | | |
| 福　　建 | | | | | |
| 江　　西 | | | | | |
| 山　　东 | | | | | |
| 河　　南 | | | | | |
| 湖　　北 | 22.35 | | 22.35 | | |
| 湖　　南 | 168.95 | 95.98 | 72.75 | | |
| 广　　东 | 5 353.64 | | | | |
| 广　　西 | | | | | |
| 海　　南 | | | | | |
| 重　　庆 | | | | | |
| 四　　川 | | | | | |
| 贵　　州 | | | | | |
| 云　　南 | | | | | |
| 西　　藏 | | | | | |
| 陕　　西 | | | | | |
| 甘　　肃 | | | | | |
| 青　　海 | | | | | |
| 宁　　夏 | | | | | |
| 新　　疆 | 5 762.28 | | | | 5 762.28 |
| 热 科 院 | | | | | |
| 广　　州 | | | | | |
| 南　　京 | | | | | |

2－4续表5

| 地　　区 | 糖料合计 | | | 烟叶合计 | |
|---|---|---|---|---|---|
| | | 甘蔗 | 甜菜 | | 烤烟叶 |
| **全国农垦** | **5 954 653.35** | **3 900 245.13** | **2 040 467.99** | **3 233.75** | **3 230.75** |
| 北　　京 | | | | | |
| 天　　津 | | | | | |
| 河　　北 | 22 884.00 | | 22 884.00 | | |
| 山　　西 | | | | | |
| 内 蒙 古 | 450 793.60 | | 450 793.60 | 67.53 | 67.53 |
| 辽　　宁 | 405.00 | | 405.00 | 287.00 | 287.00 |
| 吉　　林 | | | | | |
| 黑 龙 江 | 212.70 | | 212.70 | 87.21 | 87.21 |
| 上　　海 | | | | | |
| 江　　苏 | | | | | |
| 浙　　江 | | | | | |
| 安　　徽 | | | | | |
| 福　　建 | 2 148.55 | 2 148.55 | | 584.80 | 581.80 |
| 江　　西 | 10 358.26 | 10 302.26 | 56.00 | 127.20 | 127.20 |
| 山　　东 | | | | | |
| 河　　南 | | | | | |
| 湖　　北 | 2 978.50 | 2 978.50 | | | |
| 湖　　南 | 4 255.80 | 4 245.07 | | 1 378.01 | 1 378.01 |
| 广　　东 | 1 734 591.05 | 1 734 591.05 | | | |
| 广　　西 | 1 837 872.00 | 1 837 872.00 | | | |
| 海　　南 | 82 119.00 | 68 194.00 | | | |
| 重　　庆 | | | | | |
| 四　　川 | | | | | |
| 贵　　州 | | | | 18.00 | 18.00 |
| 云　　南 | 239 912.00 | 239 912.00 | | 684.00 | 684.00 |
| 西　　藏 | | | | | |
| 陕　　西 | | | | | |
| 甘　　肃 | 116 469.05 | | 116 464.55 | | |
| 青　　海 | | | | | |
| 宁　　夏 | | | | | |
| 新　　疆 | 1 449 652.14 | | 1 449 652.14 | | |
| 热 科 院 | 1.70 | 1.70 | | | |
| 广　　州 | | | | | |
| 南　　京 | | | | | |

2－4续表6

| 地区 | 蔬菜、瓜类 | | | 其他作物 |
|---|---|---|---|---|
| | | 蔬菜 | 瓜类 | 啤酒花 |
| **全国农垦** | **15 608 168.92** | **12 901 079.83** | **2 580 533.90** | **10 646.84** |
| 北京 | 12 217.83 | 12 027.83 | 190.00 | |
| 天津 | 199.90 | 175.90 | 24.00 | |
| 河北 | 258 276.17 | 240 823.97 | 16 767.20 | |
| 山西 | 14 691.00 | 9 058.00 | 5 633.00 | |
| 内蒙古 | 258 656.10 | 160 146.04 | 97 124.06 | |
| 辽宁 | 461 386.96 | 397 236.44 | 57 752.16 | |
| 吉林 | 4 802.2 | 3 469.2 | 1 333.00 | |
| 黑龙江 | 82 262.59 | 61 581.73 | 20 680.86 | |
| 上海 | 258 271.00 | 231 862.00 | 26 409.00 | |
| 江苏 | 279 544.89 | 23 425.00 | 256 119.89 | |
| 浙江 | 40 855.20 | 22 184.50 | 18 510.26 | |
| 安徽 | 115 188.12 | 41 287.16 | 13 606.52 | |
| 福建 | 76 762.54 | 63 471.64 | 11 615.10 | 2.00 |
| 江西 | 235 219.33 | 195 972.82 | 34 886.73 | 2 603.29 |
| 山东 | 5 590.75 | 4 995.50 | 595.25 | |
| 河南 | 21 740.50 | 14 600.51 | 4 909.99 | |
| 湖北 | 2 155 827.50 | 1 868 453.03 | 256 793.04 | |
| 湖南 | 1 022 003.32 | 882 271.98 | 129 736.34 | |
| 广东 | 210 006.58 | 193 661.39 | 16 245.19 | |
| 广西 | 237 833.00 | 142 090.00 | 95 743.00 | |
| 海南 | 205 772.00 | 201 068.00 | 4 704.00 | |
| 重庆 | | | | |
| 四川 | 1 595.17 | 1 418.01 | 177.16 | |
| 贵州 | 1 200.00 | 1 200.00 | | |
| 云南 | 104 442.00 | 51 726.00 | 52 716.00 | |
| 西藏 | 115.29 | 115.29 | | |
| 陕西 | 71 748.75 | 62 823.00 | 8 925.75 | |
| 甘肃 | 691 012.79 | 651 085.83 | 39 497.15 | 1 961.79 |
| 青海 | 23 210.10 | 22 987.10 | 222.60 | |
| 宁夏 | 110 402.00 | 78 311.00 | 32 091.00 | |
| 新疆 | 8 647 176.08 | 7 261 411.13 | 1 377 506.67 | 6 079.76 |
| 热科院 | 159.26 | 139.83 | 18.98 | |
| 广州 | | | | |
| 南京 | | | | |

# 2－5 农作物单位面积产量

计量单位：公斤/公顷

| 地区 | 粮食作物合计 | #夏收作物 | 谷物合计 | 稻谷 | #早稻 |
|---|---|---|---|---|---|
| **全国农垦** | **7 523** | **6 884** | **8 914** | **9 045** | **6 450** |
| 北京 | 7 050 | 5 075 | 7 052 | 11 189 | |
| 天津 | 8 221 | 4 305 | 8 222 | 10 085 | |
| 河北 | 6 605 | 5 717 | 6 274 | 7 665 | |
| 山西 | 7 236 | 5 929 | 7 292 | | |
| 内蒙古 | 5 582 | 5 911 | 6 872 | 8 097 | |
| 辽宁 | 9 639 | 1 992 | 9 883 | 10 041 | |
| 吉林 | 7 476 | 2 129 | 8 137 | 8 921 | |
| 黑龙江 | 7 359 | 4 503 | 9 362 | 9 280 | |
| 上海 | 8 451 | 7 501 | 8 532 | 8 611 | |
| 江苏 | 8 847 | 8 577 | 9 007 | 9 088 | |
| 浙江 | 6 642 | 7 470 | 6 911 | 7 688 | 6 569 |
| 安徽 | 7 540 | 7 834 | 8 197 | 9 370 | 10 650 |
| 福建 | 5 746 | 5 641 | 6 612 | 6 906 | 6 957 |
| 江西 | 6 597 | 6 756 | 6 765 | 6 827 | 6 652 |
| 山东 | 7 541 | 6 747 | 7 562 | 9 167 | |
| 河南 | 8 003 | 7 908 | 8 295 | 8 551 | |
| 湖北 | 6 506 | 5 042 | 6 869 | 8 619 | 8 434 |
| 湖南 | 7 332 | 3 602 | 7 407 | 7 799 | 5 730 |
| 广东 | 5 646 | 5 728 | 6 141 | 6 008 | 5 748 |
| 广西 | 5 633 | 6 663 | 5 947 | 4 846 | 4 764 |
| 海南 | 5 688 | 6 141 | 5 937 | 6 094 | 6 427 |
| 重庆 | | | | | |
| 四川 | 3 405 | 8 875 | 4 429 | 7 830 | |
| 贵州 | 5 423 | 4 800 | 5 423 | 5 690 | |
| 云南 | 6 889 | 7 701 | 6 618 | 7 698 | 8 789 |
| 西藏 | 13 103 | | 13 103 | | |
| 陕西 | 7 915 | 7 238 | 8 017 | 3 821 | |
| 甘肃 | 8 835 | 4 507 | 9 217 | | |
| 青海 | 3 696 | | 3 694 | | |
| 宁夏 | 12 946 | 6 654 | 13 310 | 9 717 | |
| 新疆 | 9 399 | 6 977 | 9 992 | 10 228 | |
| 热科院 | 7 698 | | 4 910 | 4 910 | 4 910 |
| 广州 | 7 086 | | 7 086 | | |
| 南京 | | | | | |

2－5 续表 1

| 地　区 | 粮食作物合计 | | | | | |
|---|---|---|---|---|---|---|
| | 谷物合计 | | | | | |
| | 小麦 | ＃春小麦 | 玉米 | 谷子 | 高粱 | 其他谷物 |
| **全国农垦** | **6 260** | **4 766** | **10 005** | **4 658** | **6 797** | **3 777** |
| 北　京 | 5 075 | | 4 945 | | 5 348 | |
| 天　津 | 4 305 | | 6 194 | | | 3 964 |
| 河　北 | 5 413 | | 6 513 | 4 043 | 5 764 | 1 415 |
| 山　西 | 5 889 | | 7 527 | 4 113 | 4 565 | 1 932 |
| 内蒙古 | 3 794 | 3 794 | 9 544 | 4 072 | 6 271 | 2 807 |
| 辽　宁 | 5 811 | 5 811 | 9 883 | 5 641 | 7 110 | 2 428 |
| 吉　林 | 4 023 | 4 023 | 7 868 | 2 594 | 4 040 | 2 855 |
| 黑龙江 | 4 503 | 4 503 | 9 579 | 4 650 | 7 677 | 3 223 |
| 上　海 | 8 516 | | | | | 7 909 |
| 江　苏 | 8 847 | | 10 174 | | | 8 306 |
| 浙　江 | 5 820 | | 5 015 | | 4 573 | 4 561 |
| 安　徽 | 7 834 | | 7 371 | | 4 681 | |
| 福　建 | | | 4 666 | | | 2 000 |
| 江　西 | 3 340 | | 4 444 | | 3 806 | 3 608 |
| 山　东 | 6 743 | | 8 280 | | 7 500 | |
| 河　南 | 7 901 | | 8 958 | 5 073 | 7 848 | |
| 湖　北 | 4 852 | | 6 153 | | 4 623 | 4 115 |
| 湖　南 | 4 275 | | 6 351 | 3 991 | 3 193 | 3 917 |
| 广　东 | | | 6 784 | | | 3 790 |
| 广　西 | | | 7 420 | | | 8 428 |
| 海　南 | | | 3 459 | | | |
| 重　庆 | | | | | | |
| 四　川 | 4 859 | | 6 018 | | | 1 789 |
| 贵　州 | | | 4 577 | | | |
| 云　南 | 2 600 | | 5 858 | | | 667 |
| 西　藏 | | | 13 103 | | | |
| 陕　西 | 7 078 | | 8 919 | 8 462 | 5 946 | 3 000 |
| 甘　肃 | 4 580 | 4 481 | 9 984 | | 7 200 | |
| 青　海 | 5 262 | 5 262 | | | | 3 383 |
| 宁　夏 | 6 654 | 6 597 | 14 180 | | 3 800 | 5 190 |
| 新　疆 | 6 741 | 5 990 | 12 429 | 2 988 | 8 692 | 5 074 |
| 热科院 | | | | | | |
| 广　州 | | | 7 086 | | | |
| 南　京 | | | | | | |

2－5 续表 2

| 地区 | 粮食作物合计 | | | | 油料合计 | |
|---|---|---|---|---|---|---|
| | 豆类合计 | 大豆 | 杂豆 | 薯类 | | 花生 |
| **全国农垦** | **2 562** | **2 547** | **2 651** | **7 980** | **2 457** | **4 832** |
| 北京 | 2 000 | | 2 000 | 6 615 | 4 000 | 4 000 |
| 天津 | | | | 6 624 | 1 273 | 2 500 |
| 河北 | 2 565 | 2 597 | 1 064 | 9 019 | 2 019 | 5 359 |
| 山西 | 2 434 | 3 783 | 2 429 | 12 494 | 1 969 | 3 083 |
| 内蒙古 | 2 134 | 2 067 | 1 528 | 7 718 | 1 960 | 4 685 |
| 辽宁 | 2 632 | 2 688 | 1 029 | 7 588 | 3 096 | 3 066 |
| 吉林 | 1 695 | 1 706 | 1 133 | | 2 998 | 3 040 |
| 黑龙江 | 2 654 | 2 655 | 2 428 | 6 309 | 3 047 | 3 637 |
| 上海 | 2 450 | 2 450 | | | 3 236 | |
| 江苏 | 1 007 | 1 007 | | | 3 433 | |
| 浙江 | 3 275 | 3 353 | 3 000 | 4 406 | 2 045 | |
| 安徽 | 2 594 | 2 594 | 2 092 | 7 423 | 2 911 | 3 279 |
| 福建 | 3 181 | 3 358 | 2 390 | 4 150 | 2 638 | 2 829 |
| 江西 | 2 215 | 2 247 | 2 202 | 5 278 | 2 189 | 3 422 |
| 山东 | 2 744 | 2 744 | | 6 015 | 3 750 | 3 750 |
| 河南 | 2 634 | 2 634 | | 3 563 | 3 804 | 3 883 |
| 湖北 | 2 134 | 1 570 | 2 861 | 5 667 | 3 803 | 7 854 |
| 湖南 | 2 383 | 2 198 | 2 673 | 11 861 | 1 660 | 2 114 |
| 广东 | 2 909 | 2 411 | 4 386 | 5 074 | 2 734 | 2 750 |
| 广西 | 3 706 | 3 597 | 5 209 | 4 699 | 4 380 | 4 401 |
| 海南 | 2 796 | 3 265 | 2 626 | 4 501 | 2 915 | 2 923 |
| 重庆 | | | | | | |
| 四川 | 1 801 | 1 801 | | 2 095 | 1 592 | 2 060 |
| 贵州 | | | | | | |
| 云南 | 6 748 | | 6 748 | 13 729 | 1 930 | 3 143 |
| 西藏 | | | | | 3 922 | 3 922 |
| 陕西 | 2 877 | 2 877 | | 4 747 | 5 205 | 10 410 |
| 甘肃 | 2 695 | | 2 695 | 7 912 | 3 346 | |
| 青海 | | | | 4 309 | 1 263 | |
| 宁夏 | 2 552 | 2 552 | | | | |
| 新疆 | 2 350 | 2 298 | 3 160 | 11 891 | 3 401 | 5 908 |
| 热科院 | 800 | | 800 | 10 693 | 3 037 | 3 037 |
| 广州 | | | | | | |
| 南京 | | | | | | |

2－5 续表 3

| 地　区 | 油料合计 | | | | 棉花 | |
|---|---|---|---|---|---|---|
| | 油菜籽 | 芝麻 | 胡麻子 | 向日葵 | | 长绒棉 |
| **全国农垦** | **1 861** | **1 948** | **1 119** | **3 202** | **2 611** | **4 914** |
| 北　京 | | | | | | |
| 天　津 | 1 273 | | | | | |
| 河　北 | 1 251 | | 951 | 3 027 | 2 977 | |
| 山　西 | 1 125 | | | 1 683 | | |
| 内蒙古 | 1 672 | | | 3 002 | | |
| 辽　宁 | 2 325 | | | 3 405 | | |
| 吉　林 | | | | 1 932 | | |
| 黑龙江 | 1 326 | | | 1 310 | | |
| 上　海 | 3 236 | | | | | |
| 江　苏 | 3 433 | | | | | |
| 浙　江 | 2 015 | | | | | |
| 安　徽 | 2 878 | 1 557 | | | 2 359 | |
| 福　建 | 1 431 | 1 651 | | | | |
| 江　西 | 1 902 | 1 791 | | | 2 448 | 3 691 |
| 山　东 | | | | | 1 667 | 1 667 |
| 河　南 | 2 763 | | | | 2 255 | |
| 湖　北 | 2 531 | 1 822 | | 3 219 | 1 173 | |
| 湖　南 | 1 636 | 2 662 | | 1 420 | 4 907 | |
| 广　东 | | 2 343 | | | | |
| 广　西 | | 1 000 | | | | |
| 海　南 | | 2 396 | | | | |
| 重　庆 | | | | | | |
| 四　川 | 1 495 | | | | | |
| 贵　州 | | | | | | |
| 云　南 | 895 | | | | | |
| 西　藏 | | | | | | |
| 陕　西 | | | | 3 987 | | |
| 甘　肃 | 2 382 | | | 3 555 | 1 948 | |
| 青　海 | 1 263 | | | | | |
| 宁　夏 | | | | | | |
| 新　疆 | 3 068 | 2 263 | 1 970 | 3 345 | 2 598 | 4 929 |
| 热科院 | | | | | | |
| 广　州 | | | | | | |
| 南　京 | | | | | | |

2－5续表4

| 地　　区 | 麻类合计 | | | | |
|---|---|---|---|---|---|
| | | 黄红麻 | 苎麻 | 大麻（线麻） | 亚麻 |
| **全国农垦** | **3 431** | **2 325** | **1 519** | **6 857** | **5 227** |
| 北　京 | | | | | |
| 天　津 | | | | | |
| 河　北 | | | | | |
| 山　西 | | | | | |
| 内蒙古 | | | | | |
| 辽　宁 | | | | | |
| 吉　林 | | | | | |
| 黑龙江 | 6 857 | | | 6 857 | |
| 上　海 | | | | | |
| 江　苏 | | | | | |
| 浙　江 | | | | | |
| 安　徽 | | | | | |
| 福　建 | | | | | |
| 江　西 | | | | | |
| 山　东 | | | | | |
| 河　南 | | | | | |
| 湖　北 | 721 | | 721 | | |
| 湖　南 | 2 318 | 2 325 | 2 302 | | |
| 广　东 | 1 896 | | | | |
| 广　西 | | | | | |
| 海　南 | | | | | |
| 重　庆 | | | | | |
| 四　川 | | | | | |
| 贵　州 | | | | | |
| 云　南 | | | | | |
| 西　藏 | | | | | |
| 陕　西 | | | | | |
| 甘　肃 | | | | | |
| 青　海 | | | | | |
| 宁　夏 | | | | | |
| 新　疆 | 5 227 | | | | 5 227 |
| 热科院 | | | | | |
| 广　州 | | | | | |
| 南　京 | | | | | |

2-5续表5

| 地　　区 | 糖料合计 | | | 烟叶合计 | |
|---|---|---|---|---|---|
| | | 甘蔗 | 甜菜 | | 烤烟叶 |
| **全国农垦** | **75 486** | **83 115** | **63 851** | **2 843** | **2 845** |
| 北　　京 | | | | | |
| 天　　津 | | | | | |
| 河　　北 | 60 689 | | 60 689 | | |
| 山　　西 | | | | | |
| 内 蒙 古 | 34 875 | | 34 875 | 3 377 | 3 377 |
| 辽　　宁 | 57 857 | | 57 857 | 3 776 | 3 776 |
| 吉　　林 | | | | | |
| 黑 龙 江 | 30 000 | | 30 000 | 3 000 | 3 000 |
| 上　　海 | | | | | |
| 江　　苏 | | | | | |
| 浙　　江 | | | | | |
| 安　　徽 | | | | | |
| 福　　建 | 22 545 | 22 545 | | 2 064 | 2 068 |
| 江　　西 | 37 527 | 37 446 | 62 222 | 1 496 | 1 496 |
| 山　　东 | | | | | |
| 河　　南 | | | | | |
| 湖　　北 | 85 100 | 85 100 | | | |
| 湖　　南 | 59 331 | 59 597 | | 2 438 | 2 438 |
| 广　　东 | 78 976 | 78 976 | | | |
| 广　　西 | 89 867 | 89 867 | | | |
| 海　　南 | 57 453 | 47 710 | | | |
| 重　　庆 | | | | | |
| 四　　川 | | | | | |
| 贵　　州 | | | | 9 000 | 9 000 |
| 云　　南 | 92 097 | 92 097 | | 8 883 | 8 883 |
| 西　　藏 | | | | | |
| 陕　　西 | | | | | |
| 甘　　肃 | 94 198 | | 94 270 | | |
| 青　　海 | | | | | |
| 宁　　夏 | | | | | |
| 新　　疆 | 83 298 | | 83 298 | | |
| 热 科 院 | 4 722 | 4 722 | | | |
| 广　　州 | | | | | |
| 南　　京 | | | | | |

2-5 续表 6

| 地区 | 蔬菜、瓜类 | 蔬菜 | 瓜类 | 其他作物<br>啤酒花 |
|---|---|---|---|---|
| **全国农垦** | **50 631** | **53 025** | **41 685** | **5 009** |
| 北京 | 75 284 | 78 465 | 21 111 | |
| 天津 | 27 014 | 30 860 | 14 118 | |
| 河北 | 46 184 | 53 920 | 37 707 | |
| 山西 | 27 804 | 27 134 | 33 881 | |
| 内蒙古 | 34 757 | 39 666 | 28 747 | |
| 辽宁 | 52 371 | 50 446 | 67 821 | |
| 吉林 | 10 126 | 10 175 | 10 000 | |
| 黑龙江 | 53 944 | 66 919 | 34 199 | |
| 上海 | 52 569 | 52 720 | 51 280 | |
| 江苏 | 53 854 | 75 001 | 52 500 | |
| 浙江 | 25 161 | 22 134 | 29 789 | |
| 安徽 | 59 045 | 30 548 | 24 399 | |
| 福建 | 18 140 | 17 031 | 28 561 | 1 000 |
| 江西 | 20 135 | 20 980 | 16 945 | 28 680 |
| 山东 | 41 230 | 42 443 | 33 254 | |
| 河南 | 21 241 | 20 190 | 23 905 | |
| 湖北 | 35 916 | 35 944 | 32 498 | |
| 湖南 | 35 688 | 36 512 | 35 061 | |
| 广东 | 28 124 | 28 668 | 22 822 | |
| 广西 | 41 411 | 53 857 | 30 835 | |
| 海南 | 21 622 | 21 461 | 31 827 | |
| 重庆 | | | | |
| 四川 | 23 580 | 24 169 | 19 728 | |
| 贵州 | 18 750 | 18 750 | | |
| 云南 | 23 235 | 21 816 | 24 819 | |
| 西藏 | 12 357 | 12 357 | | |
| 陕西 | 29 358 | 28 792 | 34 079 | |
| 甘肃 | 72 925 | 77 470 | 36 868 | 2 958 |
| 青海 | 67 577 | 67 951 | 43 056 | |
| 宁夏 | 45 527 | 42 080 | 56 899 | |
| 新疆 | 70 734 | 77 265 | 50 182 | 4 440 |
| 热科院 | 8 426 | 8 182 | 10 544 | |
| 广州 | | | | |
| 南京 | | | | |

# 2－6　茶、果和桑年末实有面积

计量单位：公顷

| 地区 | 茶叶 | 水果 | 香蕉 | 苹果 | 柑、橘、橙、柚 | 梨 | 桃 |
|---|---|---|---|---|---|---|---|
| **全国农垦** | **33 567** | **385 532** | **17 335** | **46 069** | **27 657** | **37 185** | **16 208** |
| 北京 | | 144 | | 78 | | 5 | 2 |
| 天津 | | 95 | | 9 | | 78 | |
| 河北 | | 1 639 | | 112 | | 623 | 474 |
| 山西 | | 96 | | 20 | | 12 | 55 |
| 内蒙古 | | 1 898 | | 367 | | 91 | 5 |
| 辽宁 | | 8 589 | | 4 779 | | 1 304 | 1 009 |
| 吉林 | | 2 672 | | 535 | | 1 808 | 3 |
| 黑龙江 | | 655 | | 152 | | 88 | |
| 上海 | 144 | 144 | | | 2 | 18 | 9 |
| 江苏 | | 153 | | | 1 | 91 | 3 |
| 浙江 | 1 162 | 389 | | | 169 | 17 | 24 |
| 安徽 | 2 225 | 1 618 | | | 6 | 680 | 430 |
| 福建 | 6 699 | 8 040 | 583 | | 2 199 | 90 | 194 |
| 江西 | 8 293 | 8 460 | | | 5 986 | 989 | 590 |
| 山东 | | 113 | | 13 | | 2 | 71 |
| 河南 | 2 | 1 196 | | 123 | 30 | 365 | 480 |
| 湖北 | 814 | 9 047 | | 29 | 1 811 | 962 | 4 109 |
| 湖南 | 3 791 | 6 925 | | | 5 602 | 105 | 268 |
| 广东 | 735 | 36 008 | 7 709 | | 1 074 | | |
| 广西 | 563 | 10 437 | 1 807 | | 4 437 | | 23 |
| 海南 | 1 287 | 43 413 | 2 700 | | 2 570 | | |
| 重庆 | | | | | | | |
| 四川 | 143 | 269 | | 1 | 137 | 7 | 5 |
| 贵州 | 2 043 | 795 | | | 450 | 9 | 11 |
| 云南 | 4 093 | 17 823 | 4 498 | 180 | 3 180 | | |
| 西藏 | 650 | 97 | | 87 | | | 6 |
| 陕西 | | 632 | | 1 | | 24 | 55 |
| 甘肃 | | 1 771 | | 225 | | 1 021 | |
| 青海 | | 3 | | | | | |
| 宁夏 | | 4 784 | | 761 | | 269 | 83 |
| 新疆 | 885 | 217 520 | | 38 598 | | 28 528 | 8 298 |
| 热科院 | | 104 | 39 | | 3 | | |
| 广州 | | | | | | | |
| 南京 | 38 | | | | | | |

2－6 续表 1

| 地　区 | 水果 | | | | | | |
|---|---|---|---|---|---|---|---|
| | 葡萄 | 菠萝 | 红枣 | 柿子 | 荔枝 | 龙眼 | 芒果 |
| **全国农垦** | **42 969** | **15 451** | **86 010** | **356** | **16 097** | **7 673** | **22 781** |
| 北　京 | 1 | | | | | | |
| 天　津 | 8 | | | | | | |
| 河　北 | 168 | | 248 | | | | |
| 山　西 | 1 | | 3 | 1 | | | |
| 内蒙古 | 196 | | 97 | 3 | | | |
| 辽　宁 | 511 | | 6 | | | | |
| 吉　林 | 10 | | | | | | |
| 黑龙江 | 159 | | | | | | |
| 上　海 | 17 | | | | | | |
| 江　苏 | 19 | | | 3 | | | |
| 浙　江 | 45 | | | | | | |
| 安　徽 | 85 | | | 16 | | | |
| 福　建 | 45 | 132 | | 74 | 684 | 1 204 | 51 |
| 江　西 | 232 | | | 4 | | | |
| 山　东 | 26 | | | | | | |
| 河　南 | 100 | | | 8 | | | |
| 湖　北 | 1 202 | | 18 | 65 | | | |
| 湖　南 | 468 | | 3 | 3 | | | |
| 广　东 | 9 | 12 060 | | | 6 724 | 3 042 | 137 |
| 广　西 | 120 | 1 | | | 1 329 | 875 | 869 |
| 海　南 | | 1 909 | | | 7 117 | 2 348 | 19 332 |
| 重　庆 | | | | | | | |
| 四　川 | 73 | | | | 5 | 16 | |
| 贵　州 | 321 | | | 1 | | | |
| 云　南 | 2 272 | 1 342 | | | 232 | 185 | 2 382 |
| 西　藏 | 1 | | | | | | |
| 陕　西 | 112 | | | 179 | | | |
| 甘　肃 | 450 | | 21 | | | | |
| 青　海 | | | | | | | |
| 宁　夏 | 3 419 | | 89 | | | | |
| 新　疆 | 32 895 | | 85 526 | | | | |
| 热科院 | 2 | 6 | | | 7 | 4 | 9 |
| 广　州 | | | | | | | |
| 南　京 | | | | | | | |

2-6续表2

| 地　　区 | 水果 | | | | | | 桑园 |
|---|---|---|---|---|---|---|---|
| | 杨桃 | 火龙果 | 番石榴 | 红毛丹 | 西番莲 | 其他水果 | |
| **全国农垦** | **355** | **2 905** | **971** | **376** | **248** | **44 885** | **1 423** |
| 北　　京 | | | | | | 58 | |
| 天　　津 | | | | | | 1 | |
| 河　　北 | | | | | | 14 | |
| 山　　西 | | | | | | 5 | |
| 内 蒙 古 | | | | | | 1 138 | |
| 辽　　宁 | | | | | | 980 | |
| 吉　　林 | | | | | | 316 | |
| 黑 龙 江 | | | | | | 256 | |
| 上　　海 | | | | | | 97 | |
| 江　　苏 | | | | | | 36 | 17 |
| 浙　　江 | | | | | | 133 | 25 |
| 安　　徽 | | | | | | 401 | |
| 福　　建 | 43 | 73 | 17 | | 237 | 2 415 | 28 |
| 江　　西 | 30 | 30 | 1 | | | 597 | 40 |
| 山　　东 | | | | | | | |
| 河　　南 | | | | | | 91 | |
| 湖　　北 | 1 | 20 | | | | 831 | 3 |
| 湖　　南 | | 1 | | | | 474 | 2 |
| 广　　东 | 198 | 1 492 | 880 | | | 2 685 | 265 |
| 广　　西 | | 238 | | | | 737 | |
| 海　　南 | 82 | 849 | 73 | 376 | 11 | 6 046 | 27 |
| 重　　庆 | | | | | | | |
| 四　　川 | | | | | | 26 | 127 |
| 贵　　州 | | | | | | 4 | |
| 云　　南 | | 197 | | | | 3 355 | |
| 西　　藏 | | | | | | 3 | |
| 陕　　西 | | | | | | 260 | |
| 甘　　肃 | | | | | | 55 | |
| 青　　海 | | | | | | 3 | |
| 宁　　夏 | | | | | | 163 | |
| 新　　疆 | | 1 | | | | 23 675 | 887 |
| 热 科 院 | | 3 | 1 | | | 29 | 3 |
| 广　　州 | | | | | | | |
| 南　　京 | | | | | | | |

# 2-7 茶、果和桑收获面积

计量单位：公顷

| 地区 | 茶叶 | 水果 | 香蕉 | 苹果 | 柑、橘、橙、柚 | 梨 | 桃 |
|---|---|---|---|---|---|---|---|
| **全国农垦** | **29 253** | **339 288** | **15 169** | **37 583** | **23 618** | **34 839** | **13 276** |
| 北京 | | 144 | | 78 | | 5 | 2 |
| 天津 | | 95 | | 9 | | 78 | |
| 河北 | | 1 639 | | 112 | | 623 | 474 |
| 山西 | | 96 | | 20 | | 12 | 55 |
| 内蒙古 | | 1 036 | | 247 | | 76 | 5 |
| 辽宁 | | 7 450 | | 3 814 | | 1 256 | 929 |
| 吉林 | | 2 609 | | 477 | | 1 803 | 3 |
| 黑龙江 | | 655 | | 152 | | 88 | |
| 上海 | 91 | 100 | | | 1 | 2 | 7 |
| 江苏 | | 153 | | | 1 | 91 | 3 |
| 浙江 | 1 097 | 289 | | | 119 | 16 | 23 |
| 安徽 | 1 909 | 1 514 | | | 6 | 680 | 416 |
| 福建 | 5 982 | 7 570 | 529 | | 2 084 | 74 | 169 |
| 江西 | 7 304 | 7 955 | | | 5 565 | 962 | 566 |
| 山东 | | 112 | | 13 | | 2 | 71 |
| 河南 | 2 | 1 175 | | 122 | 30 | 358 | 470 |
| 湖北 | 635 | 8 953 | | 29 | 1 773 | 958 | 4 107 |
| 湖南 | 3 768 | 6 804 | | | 5 535 | 91 | 241 |
| 广东 | 538 | 28 741 | 6 762 | | 940 | | |
| 广西 | 446 | 9 142 | 1 795 | | 3 676 | | 13 |
| 海南 | 795 | 38 270 | 2 587 | | 1 377 | | |
| 重庆 | | | | | | | |
| 四川 | 140 | 237 | | | 113 | 7 | 5 |
| 贵州 | 1 621 | 729 | | | 390 | 9 | 9 |
| 云南 | 3 696 | 13 683 | 3 484 | 180 | 2 007 | | |
| 西藏 | 306 | 97 | | 87 | | | 6 |
| 陕西 | | 468 | | 1 | | 24 | 55 |
| 甘肃 | | 1 771 | | 225 | | 1 021 | |
| 青海 | | 3 | | | | | |
| 宁夏 | | 4 784 | | 761 | | 269 | 83 |
| 新疆 | 885 | 192 969 | | 31 256 | | 26 335 | 5 563 |
| 热科院 | | 44 | 12 | | 1 | | |
| 广州 | | | | | | | |
| 南京 | 38 | | | | | | |

2－7 续表 1

| 地　区 | 水果 | | | | | | |
|---|---|---|---|---|---|---|---|
| | 葡萄 | 菠萝 | 红枣 | 柿子 | 荔枝 | 龙眼 | 芒果 |
| **全国农垦** | **41 099** | **10 920** | **83 178** | **314** | **14 161** | **6 931** | **21 408** |
| 北　京 | 1 | | | | | | |
| 天　津 | 8 | | | | | | |
| 河　北 | 168 | | 248 | | | | |
| 山　西 | 1 | | 3 | 1 | | | |
| 内 蒙 古 | 192 | | 2 | 3 | | | |
| 辽　宁 | 500 | | 5 | | | | |
| 吉　林 | 10 | | | | | | |
| 黑 龙 江 | 159 | | | | | | |
| 上　海 | 12 | | | | | | |
| 江　苏 | 19 | | | 3 | | | |
| 浙　江 | 44 | | | | | | |
| 安　徽 | 85 | | | 15 | | | |
| 福　建 | 45 | 88 | | 57 | 653 | 1 107 | 45 |
| 江　西 | 217 | | | 3 | | | |
| 山　东 | 25 | | | | | | |
| 河　南 | 96 | | | 8 | | | |
| 湖　北 | 1 161 | | 18 | 65 | | | |
| 湖　南 | 467 | | 3 | 3 | | | |
| 广　东 | 9 | 7 987 | | | 5 894 | 2 495 | 104 |
| 广　西 | 77 | 1 | | | 963 | 835 | 831 |
| 海　南 | | 1 656 | | | 6 426 | 2 304 | 18 591 |
| 重　庆 | | | | | | | |
| 四　川 | 72 | | | | 5 | 16 | |
| 贵　州 | 319 | | | | | | |
| 云　南 | 2 272 | 1 184 | | | 217 | 173 | 1 829 |
| 西　藏 | 1 | | | | | | |
| 陕　西 | 107 | | | 156 | | | |
| 甘　肃 | 450 | | 21 | | | | |
| 青　海 | | | | | | | |
| 宁　夏 | 3 419 | | 89 | | | | |
| 新　疆 | 31 160 | | 82 788 | | | | |
| 热 科 院 | 2 | 4 | | | 2 | 2 | 8 |
| 广　州 | | | | | | | |
| 南　京 | | | | | | | |

2－7 续表 2

| 地　　区 | 水果 | | | | | | 桑园 |
|---|---|---|---|---|---|---|---|
| | 杨桃 | 火龙果 | 番石榴 | 红毛丹 | 西番莲 | 其他水果 | |
| **全国农垦** | **334** | **2 752** | **914** | **376** | **245** | **32 171** | **1 413** |
| 北　　京 | | | | | | 58 | |
| 天　　津 | | | | | | 1 | |
| 河　　北 | | | | | | 14 | |
| 山　　西 | | | | | | 5 | |
| 内 蒙 古 | | | | | | 511 | |
| 辽　　宁 | | | | | | 945 | |
| 吉　　林 | | | | | | 316 | |
| 黑 龙 江 | | | | | | 256 | |
| 上　　海 | | | | | | 78 | |
| 江　　苏 | | | | | | 36 | 17 |
| 浙　　江 | | | | | | 87 | 25 |
| 安　　徽 | | | | | | 312 | |
| 福　　建 | 43 | 73 | 17 | | 237 | 2 349 | 28 |
| 江　　西 | 30 | 30 | | | | 582 | 40 |
| 山　　东 | | | | | | | |
| 河　　南 | | | | | | 91 | |
| 湖　　北 | 1 | 16 | | | | 825 | 3 |
| 湖　　南 | | 1 | | | | 462 | 2 |
| 广　　东 | 182 | 1 366 | 836 | | | 2 167 | 264 |
| 广　　西 | | 238 | | | | 713 | |
| 海　　南 | 77 | 842 | 60 | 376 | 8 | 3 965 | 27 |
| 重　　庆 | | | | | | | |
| 四　　川 | | | | | | 19 | 118 |
| 贵　　州 | | | | | | 3 | |
| 云　　南 | | 182 | | | | 2 155 | |
| 西　　藏 | | | | | | 3 | |
| 陕　　西 | | | | | | 124 | |
| 甘　　肃 | | | | | | 55 | |
| 青　　海 | | | | | | 3 | |
| 宁　　夏 | | | | | | 163 | |
| 新　　疆 | | 1 | | | | 15 864 | 887 |
| 热 科 院 | | 3 | 1 | | | 9 | 3 |
| 广　　州 | | | | | | | |
| 南　　京 | | | | | | | |

# 2-8 茶、果和桑产量

计量单位：吨

| 地区 | 茶叶 | 水果 | 香蕉 | 苹果 | 柑、橘、橙、柚 | 梨 | 桃 |
|---|---|---|---|---|---|---|---|
| **全国农垦** | **54 734** | **8 493 072** | **623 380** | **1 242 369** | **586 139** | **952 664** | **319 528** |
| 北京 | | 555 | | 475 | | 28 | 7 |
| 天津 | | 293 | | 95 | | 149 | |
| 河北 | | 43 800 | | 3 605 | | 11 636 | 21 598 |
| 山西 | | 2 444 | | 194 | | 262 | 1 816 |
| 内蒙古 | | 9 474 | | 1 744 | | 1 520 | 5 |
| 辽宁 | | 129 979 | | 84 633 | | 13 410 | 14 788 |
| 吉林 | | 25 011 | | 1 516 | | 21 661 | 120 |
| 黑龙江 | | 13 366 | | 2 698 | | 1 579 | |
| 上海 | 4 | 427 | | | 11 | 18 | 28 |
| 江苏 | | 4 794 | | | 35 | 2 252 | 17 |
| 浙江 | 3 160 | 5 651 | | | 2 786 | 236 | 159 |
| 安徽 | 19 427 | 43 290 | | | 280 | 24 425 | 7 989 |
| 福建 | 6 463 | 139 920 | 8 675 | | 43 006 | 522 | 882 |
| 江西 | 4 404 | 93 473 | | | 72 363 | 7 394 | 4 718 |
| 山东 | | 3 620 | | 348 | | 38 | 2 731 |
| 河南 | 1 | 26 365 | | 2 725 | 330 | 11 347 | 9 732 |
| 湖北 | 535 | 178 259 | | 151 | 36 033 | 17 500 | 88 126 |
| 湖南 | 5 673 | 219 892 | | | 201 465 | 1 782 | 2 064 |
| 广东 | 583 | 964 014 | 359 239 | | 14 400 | | |
| 广西 | 581 | 275 357 | 88 810 | | 145 276 | | 230 |
| 海南 | 584 | 676 941 | 80 401 | | 18 618 | | |
| 重庆 | | | | | | | |
| 四川 | 230 | 4 491 | | 2 | 1 653 | 240 | 102 |
| 贵州 | 2 524 | 14 031 | | | 8 893 | 185 | 241 |
| 云南 | 9 423 | 268 375 | 85 944 | 2 270 | 40 989 | | |
| 西藏 | 56 | 102 | | 79 | | | 20 |
| 陕西 | | 5 648 | | 5 | | 180 | 101 |
| 甘肃 | | 33 356 | | 5 445 | | 24 232 | |
| 青海 | | 111 | | | | | |
| 宁夏 | | 53 835 | | 10 419 | | 1 989 | 1 490 |
| 新疆 | 1 083 | 5 255 594 | | 1 125 965 | | 810 078 | 162 563 |
| 热科院 | | 605 | 312 | | 1 | | |
| 广州 | | | | | | | |
| 南京 | 4 | | | | | | |

2－8 续表 1

| 地　区 | 水果 | | | | | | |
|---|---|---|---|---|---|---|---|
| | 葡萄 | 菠萝 | 红枣 | 柿子 | 荔枝 | 龙眼 | 芒果 |
| **全国农垦** | **1 067 773** | **540 665** | **1 980 137** | **3 936** | **128 181** | **50 786** | **335 828** |
| 北　京 | 6 | | | | | | |
| 天　津 | 41 | | | | | | |
| 河　北 | 5 651 | | 1 105 | | | | |
| 山　西 | 28 | | 50 | 20 | | | |
| 内蒙古 | 3 026 | | 6 | 2 | | | |
| 辽　宁 | 8 741 | | 399 | | | | |
| 吉　林 | 54 | | | | | | |
| 黑龙江 | 3 757 | | | | | | |
| 上　海 | 80 | | | 1 | | | |
| 江　苏 | 392 | | | 37 | | | |
| 浙　江 | 767 | | | | | | |
| 安　徽 | 2 380 | | | 49 | | | |
| 福　建 | 412 | 1 489 | | 413 | 2 748 | 6 954 | 382 |
| 江　西 | 3 470 | | | 32 | | | |
| 山　东 | 502 | | | | | | |
| 河　南 | 1 608 | | | 127 | | | |
| 湖　北 | 28 121 | | 30 | 1 118 | | | |
| 湖　南 | 2 131 | 1 | 8 | 40 | | | |
| 广　东 | 35 | 456 126 | | | 40 150 | 11 877 | 335 |
| 广　西 | 1 629 | 24 | | | 6 598 | 4 927 | 8 475 |
| 海　南 | | 52 196 | | | 77 118 | 24 475 | 304 863 |
| 重　庆 | | | | | | | |
| 四　川 | 2 196 | | | | 28 | 25 | |
| 贵　州 | 4 700 | | | | | | |
| 云　南 | 48 723 | 30 729 | | | 1 508 | 2 514 | 21 688 |
| 西　藏 | 2 | | | | | | |
| 陕　西 | 1 591 | | | 2 097 | | | |
| 甘　肃 | 3 000 | | 62 | | | | |
| 青　海 | | | | | | | |
| 宁　夏 | 37 702 | | 897 | | | | |
| 新　疆 | 907 027 | | 1 977 579 | | | | |
| 热科院 | 3 | 101 | | | 30 | 14 | 85 |
| 广　州 | | | | | | | |
| 南　京 | | | | | | | |

2－8 续表 2

| 地　区 | 水果 | | | | | | 桑园 |
|---|---|---|---|---|---|---|---|
| | 杨桃 | 火龙果 | 番石榴 | 红毛丹 | 西番莲 | 其他水果 | |
| **全国农垦** | **4 136** | **91 550** | **22 147** | **3 178** | **45 672** | **495 003** | **16 743** |
| 北　京 | | | | | | 39 | |
| 天　津 | | | | | | 7 | |
| 河　北 | | | | | | 204 | |
| 山　西 | | | | | | 74 | |
| 内蒙古 | | | | | | 3 171 | |
| 辽　宁 | | | | | | 8 008 | |
| 吉　林 | | | | | | 1 660 | |
| 黑龙江 | | | | | | 5 332 | |
| 上　海 | | | | | | 290 | |
| 江　苏 | | | | | | 2 061 | 41 |
| 浙　江 | | | | | | 1 704 | 310 |
| 安　徽 | | | | | | 8 167 | |
| 福　建 | 795 | 3 390 | 122 | | 45 452 | 24 678 | 143 |
| 江　西 | 408 | 503 | | | | 4 584 | 975 |
| 山　东 | | | | | | | |
| 河　南 | | | | | | 497 | |
| 湖　北 | 1 | 227 | | | | 6 952 | 43 |
| 湖　南 | | 16 | | | | 12 387 | 22 |
| 广　东 | 2 156 | 47 124 | 20 650 | | | 11 921 | 11 972 |
| 广　西 | | 7 196 | | | | 12 192 | |
| 海　南 | 760 | 27 899 | 1 357 | 3 178 | 220 | 85 856 | 5 |
| 重　庆 | | | | | | | |
| 四　川 | | | | | | 245 | 2 119 |
| 贵　州 | | | | | | 12 | |
| 云　南 | | 5 102 | | | | 28 908 | |
| 西　藏 | | | | | | 1 | |
| 陕　西 | | | | | | 1 673 | |
| 甘　肃 | | | | | | 617 | |
| 青　海 | | | | | | 111 | |
| 宁　夏 | | | | | | 1 338 | |
| 新　疆 | | 84 | | | | 272 298 | 1 083 |
| 热科院 | 16 | 9 | 18 | | | 17 | 30 |
| 广　州 | | | | | | | |
| 南　京 | | | | | | | |

# 2-9 林业生产情况

| 地　　区 | 营林情况 | | | | | |
|---|---|---|---|---|---|---|
| | 当年造林面积（公顷） | 用材林 | 经济林 | 防护林 | 薪炭林 | 特种用材林 |
| **全国农垦** | **53 338** | **9 149** | **12 875** | **30 520** | **226** | **567** |
| 北　　京 | | | | | | |
| 天　　津 | | | | | | |
| 河　　北 | 1 296 | 97 | 273 | 926 | | |
| 山　　西 | 283 | | 49 | 234 | | |
| 内 蒙 古 | 1 307 | 40 | 658 | 609 | | |
| 辽　　宁 | 2 661 | 537 | 171 | 1 953 | | |
| 吉　　林 | 92 | 4 | 9 | 79 | | |
| 黑 龙 江 | 856 | 483 | | 348 | | 24 |
| 上　　海 | 8 114 | 1 047 | 262 | 6 805 | | |
| 江　　苏 | 262 | 202 | 25 | 35 | | |
| 浙　　江 | 235 | | 20 | 35 | | 180 |
| 安　　徽 | 284 | 71 | 108 | 105 | | |
| 福　　建 | 1 398 | 509 | 550 | 324 | 1 | 14 |
| 江　　西 | 5 082 | 2 675 | 1 645 | 430 | | 333 |
| 山　　东 | 3 | | | 3 | | |
| 河　　南 | 787 | 26 | 82 | 680 | | |
| 湖　　北 | 2 467 | 1 576 | 572 | 319 | | |
| 湖　　南 | 3 903 | 1 321 | 614 | 1 968 | | |
| 广　　东 | 687 | 161 | 232 | 53 | 225 | 16 |
| 广　　西 | 304 | 70 | 234 | | | |
| 海　　南 | 21 | 21 | | | | |
| 重　　庆 | | | | | | |
| 四　　川 | 2 | | 2 | | | |
| 贵　　州 | 473 | 27 | 30 | 416 | | |
| 云　　南 | 61 | | 61 | | | |
| 西　　藏 | 97 | | 97 | | | |
| 陕　　西 | 406 | | 406 | | | |
| 甘　　肃 | 594 | | 283 | 311 | | |
| 青　　海 | 1 577 | | 1 287 | 290 | | |
| 宁　　夏 | 43 | | 4 | 39 | | |
| 新　　疆 | 20 041 | 283 | 5 200 | 14 558 | | |
| 热 科 院 | | | | | | |
| 广　　州 | | | | | | |
| 南　　京 | | | | | | |

2－9续表

| 地区 | 营林情况 | | | | | | |
|---|---|---|---|---|---|---|---|
| | 年末森林面积（公顷） | 当年零星植树（百株） | 年末实有育苗面积（公顷） | 当年新育面积 | 幼林抚育面积（公顷） | 成林抚育面积（公顷） | 森林覆盖率（%） |
| **全国农垦** | **3 044 126** | **1 172 753** | **15 086** | **1 793** | **280 512** | **125 451** | **23** |
| 北京 | 267 | | 51 | | | 451 | 3 |
| 天津 | 324 | | | | | | 6 |
| 河北 | 81 223 | 8 578 | 77 | | 914 | 1 039 | 22 |
| 山西 | 3 913 | 3 110 | 681 | | 3 | 7 | 18 |
| 内蒙古 | 208 272 | 119 289 | 242 | 173 | 927 | 3 322 | 6 |
| 辽宁 | 80 558 | 56 917 | 117 | 70 | 690 | 1 258 | 16 |
| 吉林 | 46 445 | 8 256 | | | 77 | 46 | 17 |
| 黑龙江 | 996 419 | 16 992 | 1 877 | 675 | 4 922 | 12 021 | 19 |
| 上海 | 8 742 | 15 | 628 | | 726 | 743 | 14 |
| 江苏 | 18 104 | 46 | 1 387 | 80 | 1 214 | 956 | 15 |
| 浙江 | 3 614 | 8 764 | 32 | | 4 | 183 | 24 |
| 安徽 | 13 975 | 3 105 | 116 | 4 | 435 | 2 138 | 24 |
| 福建 | 45 786 | 1 713 | 797 | 1 | 1 200 | 4 068 | 57 |
| 江西 | 473 743 | 13 584 | 503 | 124 | 8 927 | 12 202 | 69 |
| 山东 | 691 | | | | | 149 | 7 |
| 河南 | 4 175 | 28 943 | 160 | 34 | 174 | 439 | 13 |
| 湖北 | 45 600 | 16 129 | 1 232 | 127 | 4 746 | 9 723 | 12 |
| 湖南 | 43 890 | 837 232 | 1 007 | 79 | 4 026 | 1 474 | 26 |
| 广东 | 92 374 | 1 471 | 23 | 2 | 7 161 | 42 446 | 41 |
| 广西 | 23 990 | 62 | 1 198 | | 2 991 | 11 826 | 18 |
| 海南 | 159 997 | | | | 453 | 870 | 25 |
| 重庆 | | | | | | | |
| 四川 | 33 053 | 111 | | | 10 | 18 | 8 |
| 贵州 | 3 109 | 401 | 28 | 2 | 2 | 262 | 26 |
| 云南 | 137 562 | | 6 | | 131 | 579 | 61 |
| 西藏 | 1 194 | | 11 | 8 | 10 | | 33 |
| 陕西 | 2 219 | 11 950 | | | 161 | 560 | 11 |
| 甘肃 | 27 162 | 2 415 | 127 | 6 | 1 414 | 1 692 | 6 |
| 青海 | 72 074 | 20 | 19 | 2 | 10 | 840 | 13 |
| 宁夏 | 1 483 | 300 | 187 | 17 | 721 | 1 483 | 1 |
| 新疆 | 410 381 | 33 349 | 4 582 | 388 | 238 051 | 13 065 | 12 |
| 热科院 | 3 405 | | | | 412 | 1 287 | 44 |
| 广州 | 80 | | | | | | |
| 南京 | 306 | | | | | 306 | 80 |

# 2-10 牧业生产情况（饲养情况）

| 地　区 | 年末数合计 | | | |
|---|---|---|---|---|
| | 大牲畜总头数（头） | 牛 | #肉牛 | #奶牛 |
| **全国农垦** | **4 665 632** | **3 536 632** | **1 676 927** | **1 786 511** |
| 北　京 | 113 231 | 113 231 | 7 839 | 103 508 |
| 天　津 | 59 409 | 59 409 | | 59 409 |
| 河　北 | 278 805 | 211 877 | 42 183 | 169 694 |
| 山　西 | 10 923 | 10 923 | 1 110 | 9 813 |
| 内蒙古 | 905 654 | 547 982 | 357 920 | 184 069 |
| 辽　宁 | 60 596 | 60 192 | 52 899 | 6 420 |
| 吉　林 | 52 651 | 49 315 | 44 542 | 4 773 |
| 黑龙江 | 231 931 | 223 630 | 120 001 | 103 629 |
| 上　海 | 130 946 | 130 946 | | 130 946 |
| 江　苏 | 21 655 | 21 655 | | 19 900 |
| 浙　江 | | | | |
| 安　徽 | 992 | 980 | 980 | |
| 福　建 | 4 236 | 4 236 | 2 732 | 1 504 |
| 江　西 | 26 924 | 17 732 | 17 279 | 356 |
| 山　东 | | | | |
| 河　南 | 6 319 | 6 319 | 1 517 | 4 802 |
| 湖　北 | 45 675 | 42 696 | 36 859 | 5 837 |
| 湖　南 | 43 674 | 43 674 | 42 296 | 1 280 |
| 广　东 | 33 754 | 33 754 | 5 868 | 27 886 |
| 广　西 | 12 867 | 12 867 | 9 701 | 3 166 |
| 海　南 | 56 585 | 56 585 | 56 585 | |
| 重　庆 | 46 574 | 46 574 | | 46 574 |
| 四　川 | 43 473 | 37 760 | 14 491 | 1 327 |
| 贵　州 | 19 667 | 19 667 | 844 | 18 823 |
| 云　南 | 11 059 | 10 925 | 10 925 | |
| 西　藏 | 430 | 430 | 230 | 200 |
| 陕　西 | 7 227 | 7 227 | 1 658 | 5 569 |
| 甘　肃 | 58 090 | 57 735 | 13 616 | 44 119 |
| 青　海 | 48 305 | 22 203 | 22 149 | 54 |
| 宁　夏 | 185 801 | 185 801 | 24 345 | 161 456 |
| 新　疆 | 1 701 093 | 1 374 442 | 788 358 | 545 532 |
| 热科院 | | | | |
| 广　州 | 447 086 | 125 865 | | 125 865 |
| 南　京 | | | | |

2－10续表1

| 地　区 | 年末数合计 | | | | | |
|---|---|---|---|---|---|---|
| | 猪（头） | 羊（只） | 山羊 | #绒山羊 | 绵羊 | 家禽（只） |
| **全国农垦** | **12 822 515** | **11 126 586** | **1 534 024** | **346 422** | **9 592 562** | **78 819 715** |
| 北　京 | 348 479 | | | | | 1 019 579 |
| 天　津 | 17 085 | 86 207 | | | 86 207 | 1 822 320 |
| 河　北 | 405 809 | 86 610 | 5 464 | | 81 146 | 2 566 790 |
| 山　西 | 4 278 | 6 787 | 466 | | 6 321 | 124 949 |
| 内蒙古 | 98 327 | 2 867 540 | 226 968 | 75 458 | 2 640 572 | 1 459 699 |
| 辽　宁 | 416 465 | 165 044 | 67 808 | 13 274 | 97 236 | 6 776 061 |
| 吉　林 | 40 262 | 193 911 | 18 563 | 11 000 | 175 348 | 364 827 |
| 黑龙江 | 616 511 | 246 956 | 30 466 | 4 201 | 216 490 | 7 182 594 |
| 上　海 | 827 989 | | | | | 751 284 |
| 江　苏 | 52 756 | 12 607 | 12 607 | | | 4 326 600 |
| 浙　江 | 42 713 | 2 535 | 30 | | 2 505 | 51 085 |
| 安　徽 | 28 769 | 2 186 | 2 186 | 937 | | 1 905 469 |
| 福　建 | 100 615 | 10 940 | 4 135 | 150 | 6 805 | 561 063 |
| 江　西 | 267 631 | 8 081 | 8 029 | 1 574 | 52 | 1 824 740 |
| 山　东 | 1 410 | | | | | |
| 河　南 | 26 454 | 19 530 | 2 580 | 300 | 16 950 | 88 322 |
| 湖　北 | 642 880 | 50 214 | 48 891 | 470 | 1 323 | 4 142 165 |
| 湖　南 | 602 968 | 25 608 | 25 608 | 180 | | 1 548 754 |
| 广　东 | 836 780 | 2 910 | 2 910 | | | 3 770 900 |
| 广　西 | 1 818 275 | 1 402 | 1 402 | | | 697 678 |
| 海　南 | 1 873 151 | 173 548 | 173 548 | | | 16 210 000 |
| 重　庆 | 107 729 | | | | | |
| 四　川 | 3 721 | 14 063 | 7 472 | | 6 591 | 1 708 |
| 贵　州 | 18 000 | | | | | 2 580 000 |
| 云　南 | 69 739 | 8 073 | 8 073 | | | 1 732 265 |
| 西　藏 | | | | | | |
| 陕　西 | 2 550 | 21 454 | 20 119 | 2 934 | 1 335 | 26 700 |
| 甘　肃 | 13 962 | 154 745 | 8 230 | | 146 515 | 132 577 |
| 青　海 | 4 428 | 241 463 | 718 | 200 | 240 745 | |
| 宁　夏 | 22 919 | 146 670 | 64 035 | | 82 635 | 492 100 |
| 新　疆 | 3 188 639 | 6 577 502 | 793 716 | 235 744 | 5 783 786 | 16 659 486 |
| 热科院 | | | | | | |
| 广　州 | 321 221 | | | | | |
| 南　京 | | | | | | |

2-10续表2

| 地区 | 能繁殖的母畜 | | | | | |
|---|---|---|---|---|---|---|
| | 大牲畜总头数（头） | 牛 | #肉牛 | #奶牛 | 猪（头） | 羊（只） |
| **全国农垦** | **2 153 688** | **1 817 159** | **576 593** | **1 026 970** | **1 267 682** | **5 431 297** |
| 北京 | 54 388 | 54 388 | | 54 239 | 33 059 | |
| 天津 | 48 778 | 48 778 | | 48 778 | 6 031 | |
| 河北 | 74 866 | 72 866 | 22 152 | 47 730 | 17 352 | 37 386 |
| 山西 | 1 749 | 1 749 | 7 | 1 742 | 1 098 | 1 060 |
| 内蒙古 | 441 577 | 333 888 | 183 199 | 138 353 | 24 059 | 1 360 621 |
| 辽宁 | 24 189 | 23 428 | 20 325 | 2 391 | 38 500 | 25 850 |
| 吉林 | 31 349 | 30 346 | 26 747 | 3 599 | 6 986 | 38 830 |
| 黑龙江 | 117 867 | 113 984 | 57 740 | 56 244 | 70 273 | 103 026 |
| 上海 | 66 263 | 66 263 | | 66 263 | 65 745 | |
| 江苏 | 10 843 | 10 843 | | 10 843 | 8 228 | |
| 浙江 | | | | | 3 404 | |
| 安徽 | 2 | | | | 5 057 | 300 |
| 福建 | 536 | 536 | 535 | 1 | 15 001 | 83 |
| 江西 | 10 400 | 9 113 | 8 951 | 118 | 33 855 | 761 |
| 山东 | | | | | 400 | |
| 河南 | 913 | 913 | 490 | 423 | 5 322 | 14 620 |
| 湖北 | 13 466 | 11 363 | 5 486 | 5 837 | 80 212 | 19 355 |
| 湖南 | 9 492 | 9 492 | 8 792 | 700 | 134 700 | 6 080 |
| 广东 | 16 042 | 16 042 | 776 | 15 261 | 83 097 | 86 |
| 广西 | 3 162 | 3 162 | 1 538 | 1 624 | 150 448 | 571 |
| 海南 | 17 244 | 17 244 | 17 244 | | 78 433 | 31 281 |
| 重庆 | 18 461 | 18 461 | | 18 461 | 9 778 | |
| 四川 | 14 740 | 13 027 | 4 171 | 334 | 618 | 5 093 |
| 贵州 | 15 258 | 15 258 | | 15 258 | 2 300 | |
| 云南 | 2 063 | 2 063 | 2 063 | | 4 438 | 982 |
| 西藏 | 220 | 220 | 150 | 70 | | |
| 陕西 | 704 | 704 | 612 | 45 | 453 | 1 393 |
| 甘肃 | 45 633 | 45 551 | 2 937 | 42 614 | 1 601 | 46 655 |
| 青海 | 17 907 | 5 279 | 5 240 | 39 | 359 | 8 334 |
| 宁夏 | 94 790 | 94 790 | 2 941 | 91 849 | 2 580 | |
| 新疆 | 910 685 | 740 022 | 204 497 | 346 768 | 351 580 | 3 728 930 |
| 热科院 | | | | | | |
| 广州 | 90 101 | 57 386 | | 57 386 | 32 715 | |
| 南京 | | | | | | |

2-10续表3

| 地区 | 当年生仔畜（头） | | | |
|---|---|---|---|---|
| | 大牲畜总头数 | 牛 | #肉牛 | #奶牛 |
| **全国农垦** | **1 120 255** | **989 727** | **403 748** | **553 241** |
| 北京 | 62 099 | 62 099 | | 62 018 |
| 天津 | 16 301 | 16 301 | | 16 301 |
| 河北 | 33 411 | 31 621 | 2 695 | 23 291 |
| 山西 | 1 442 | 1 442 | 3 | 1 439 |
| 内蒙古 | 252 049 | 175 389 | 110 442 | 60 105 |
| 辽宁 | 7 348 | 6 830 | 6 116 | 603 |
| 吉林 | 16 970 | 16 349 | 14 478 | 1 871 |
| 黑龙江 | 51 551 | 48 547 | 22 860 | 25 687 |
| 上海 | | | | |
| 江苏 | 10 005 | 10 005 | | 10 005 |
| 浙江 | | | | |
| 安徽 | | | | |
| 福建 | 296 | 296 | 296 | |
| 江西 | 7 628 | 3 908 | 3 787 | 101 |
| 山东 | | | | |
| 河南 | 686 | 686 | 288 | 398 |
| 湖北 | 5 556 | 3 841 | 2 494 | 1 317 |
| 湖南 | 5 163 | 5 163 | 4 763 | 400 |
| 广东 | 5 576 | 5 576 | 236 | 5 336 |
| 广西 | 1 934 | 1 934 | 900 | 1 034 |
| 海南 | 8 915 | 8 915 | 8 915 | |
| 重庆 | 20 571 | 20 571 | | 20 571 |
| 四川 | 4 568 | 3 796 | 1 805 | 192 |
| 贵州 | 8 718 | 8 718 | 844 | 7 874 |
| 云南 | 670 | 670 | 670 | |
| 西藏 | 84 | 84 | 34 | 50 |
| 陕西 | 663 | 663 | 605 | 38 |
| 甘肃 | 1 203 | 1 128 | 998 | 130 |
| 青海 | 6 559 | 287 | 278 | 9 |
| 宁夏 | 70 977 | 70 977 | 1 306 | 69 671 |
| 新疆 | 501 272 | 465 891 | 218 935 | 226 760 |
| 热科院 | | | | |
| 广州 | 18 040 | 18 040 | | 18 040 |
| 南京 | | | | |

2－10续表4

| 地区 | 规模化养殖场（个） | | | |
|---|---|---|---|---|
| | 大牲畜 | 牛 | #肉牛 | #奶牛 |
| **全国农垦** | **2 375** | **2 274** | **1 806** | **454** |
| 北京 | 39 | 39 | 3 | 35 |
| 天津 | 16 | 16 | | 16 |
| 河北 | 19 | 17 | 5 | 12 |
| 山西 | 11 | 11 | 1 | 10 |
| 内蒙古 | 53 | 52 | 15 | 32 |
| 辽宁 | 7 | 5 | 1 | 2 |
| 吉林 | 15 | 14 | 7 | 7 |
| 黑龙江 | 69 | 69 | 15 | 54 |
| 上海 | 31 | 31 | | 31 |
| 江苏 | 23 | | | |
| 浙江 | | | | |
| 安徽 | 1 | 1 | 1 | |
| 福建 | 2 | 2 | 2 | |
| 江西 | 9 | 2 | 1 | |
| 山东 | | | | |
| 河南 | 3 | 3 | 3 | |
| 湖北 | 11 | 10 | 8 | 2 |
| 湖南 | 27 | 23 | 22 | 1 |
| 广东 | 9 | 9 | 1 | 8 |
| 广西 | 6 | 6 | 3 | 3 |
| 海南 | 2 | 2 | 2 | |
| 重庆 | 8 | 8 | | 8 |
| 四川 | 1 | 1 | | 1 |
| 贵州 | 5 | | | |
| 云南 | 7 | 7 | 7 | |
| 西藏 | 2 | 2 | 1 | 1 |
| 陕西 | | | | |
| 甘肃 | 3 | 3 | 1 | 2 |
| 青海 | 2 | 1 | 1 | |
| 宁夏 | 27 | 27 | 6 | 21 |
| 新疆 | 1 918 | 1 864 | 1 700 | 159 |
| 热科院 | | | | |
| 广州 | 49 | 49 | | 49 |
| 南京 | | | | |

2-10续表 5

| 地区 | 规模化养殖场（个） | | | | | |
|---|---|---|---|---|---|---|
| | 猪 | 羊 | 山羊 | ♯绒山羊 | 绵羊 | 家禽 |
| **全国农垦** | **1 417** | **8 550** | **117** | **14** | **8 433** | **780** |
| 北京 | 14 | | | | | 22 |
| 天津 | 4 | 2 | | | 2 | 1 |
| 河北 | 5 | 10 | 9 | | 1 | 39 |
| 山西 | | 4 | 1 | | 3 | 4 |
| 内蒙古 | 7 | 7 | | | 7 | 1 |
| 辽宁 | 16 | 3 | | | 3 | 25 |
| 吉林 | 7 | 10 | | | 10 | 5 |
| 黑龙江 | 70 | 4 | | | 4 | 57 |
| 上海 | 50 | | | | | 3 |
| 江苏 | | | | | | |
| 浙江 | 1 | | | | | |
| 安徽 | 1 | | | | | |
| 福建 | 36 | | | | | 4 |
| 江西 | 24 | | | | | 12 |
| 山东 | | | | | | |
| 河南 | 4 | 1 | 1 | | | 1 |
| 湖北 | 90 | 12 | 12 | | | 33 |
| 湖南 | 117 | 2 | 2 | | | 66 |
| 广东 | 73 | 1 | 1 | | | 42 |
| 广西 | 86 | | | | | 15 |
| 海南 | 15 | | | | | 9 |
| 重庆 | 4 | | | | | |
| 四川 | 2 | 2 | 1 | | 1 | |
| 贵州 | 13 | | | | | 3 |
| 云南 | 10 | | | | | 23 |
| 西藏 | | | | | | |
| 陕西 | 4 | | | | | |
| 甘肃 | | | | | | |
| 青海 | 2 | 2 | | | 2 | |
| 宁夏 | 5 | 1 | | | 1 | |
| 新疆 | 757 | 8 489 | 90 | 14 | 8399 | 415 |
| 热科院 | | | | | | |
| 广州 | | | | | | |
| 南京 | | | | | | |

2－10续表6

| 地区 | 规模化养殖量 | | | |
|---|---|---|---|---|
| | 大牲畜总头数（头） | 牛 | #肉牛 | #奶牛 |
| **全国农垦** | **2 010 504** | **1 917 168** | **831 082** | **1 056 419** |
| 北京 | 112 384 | 112 384 | 7 839 | 102 661 |
| 天津 | 59 409 | 59 409 | | 59 409 |
| 河北 | 78 229 | 77 679 | 455 | 65 937 |
| 山西 | 8 920 | 8 920 | 230 | 8 690 |
| 内蒙古 | 119 360 | 118 105 | 28 646 | 78 258 |
| 辽宁 | 6 415 | 3 015 | 200 | 1 745 |
| 吉林 | 9 680 | 8 120 | 6 339 | 1 781 |
| 黑龙江 | 96 710 | 96 710 | 6 655 | 90 055 |
| 上海 | 192 704 | 192 704 | | 192 704 |
| 江苏 | 1 | | | |
| 浙江 | | | | |
| 安徽 | 220 | 220 | 220 | |
| 福建 | 656 | 656 | 656 | |
| 江西 | 21 568 | 10 990 | 10 490 | |
| 山东 | | | | |
| 河南 | 700 | 700 | 700 | |
| 湖北 | 12 765 | 12 765 | 6 928 | 5 837 |
| 湖南 | 15 026 | 6 741 | 5 578 | 1 100 |
| 广东 | 28 021 | 28 021 | 200 | 27 821 |
| 广西 | 12 081 | 12 081 | 6 181 | 5 900 |
| 海南 | 558 | 558 | 558 | |
| 重庆 | 30 642 | 30 642 | | 30 642 |
| 四川 | 486 | 486 | | 486 |
| 贵州 | 20 888 | | | |
| 云南 | 2 436 | 2 436 | 2 436 | |
| 西藏 | 430 | 430 | 230 | 200 |
| 陕西 | | | | |
| 甘肃 | 15 378 | 15 378 | 4 378 | 11 000 |
| 青海 | 25 650 | 850 | 850 | |
| 宁夏 | 165 383 | 165 383 | 13 594 | 151 789 |
| 新疆 | 960 939 | 938 920 | 727 719 | 207 539 |
| 热科院 | | | | |
| 广州 | 12 865 | 12 865 | | 12 865 |
| 南京 | | | | |

2－10续表7

| 地区 | 规模化养殖量 | | | | | |
|---|---|---|---|---|---|---|
| | 猪（头） | 羊（只） | 山羊 | #绒山羊 | 绵羊 | 家禽（只） |
| **全国农垦** | **14 961 238** | **6 268 402** | **229 471** | **456 124** | **6 038 931** | **132 295 131** |
| 北京 | 339 508 | | | | | 3 740 419 |
| 天津 | 17 085 | 86 207 | | | 86 207 | 1 822 320 |
| 河北 | 91 139 | 4 866 | 3 866 | | 1 000 | 1 220 000 |
| 山西 | | 2 999 | 554 | | 2 445 | 95 994 |
| 内蒙古 | 33 752 | 15 895 | | | 15 895 | 20 000 |
| 辽宁 | 53 099 | 3 280 | | | 3 280 | 1 505 939 |
| 吉林 | 8 064 | 12 000 | | | 12 000 | 100 000 |
| 黑龙江 | 601 672 | 13 515 | | | 13 515 | 81 731 733 |
| 上海 | 1 687 845 | | | | | 966 387 |
| 江苏 | | | | | | |
| 浙江 | 32 000 | | | | | |
| 安徽 | 16 000 | | | | | |
| 福建 | 152 707 | | | | | 124 212 |
| 江西 | 166 737 | | | | | 1 162 378 |
| 山东 | | | | | | |
| 河南 | 43 380 | 360 | 360 | | | 45 000 |
| 湖北 | 389 301 | 8 174 | 8 174 | | | 1 105 257 |
| 湖南 | 228 753 | 1 236 | 1 236 | | | 1 576 225 |
| 广东 | 1 545 016 | 620 | 620 | | | 4 810 063 |
| 广西 | 1 424 176 | | | | | 4 056 492 |
| 海南 | 35 714 | | | | | 600 000 |
| 重庆 | 30 100 | | | | | |
| 四川 | 3 000 | 5 887 | 3 887 | | 2 000 | |
| 贵州 | 85 478 | | | | | 2 580 000 |
| 云南 | 9 926 | | | | | 646 212 |
| 西藏 | | | | | | |
| 陕西 | 7 601 | | | | | |
| 甘肃 | | | | | | |
| 青海 | 4 500 | 6 597 | | | 6 597 | |
| 宁夏 | 7 592 | 8 124 | | | 8 124 | |
| 新疆 | 7 947 093 | 6 098 642 | 210 774 | 456 124 | 5 887 868 | 24 386 500 |
| 热科院 | | | | | | |
| 广州 | | | | | | |
| 南京 | | | | | | |

2－10续表8

| 地　区 | 带动农户数（个） | | | |
|---|---|---|---|---|
| | 大牲畜 | 牛 | #肉牛 | #奶牛 |
| **全国农垦** | **21 607** | **20 176** | **8 027** | **11 954** |
| 北　京 | 86 | 86 | 36 | 50 |
| 天　津 | | | | |
| 河　北 | 1 000 | 1 000 | | 1 000 |
| 山　西 | 59 | 59 | | 59 |
| 内蒙古 | 219 | 214 | 67 | 35 |
| 辽　宁 | 89 | 17 | 6 | 1 |
| 吉　林 | 170 | 150 | 121 | 26 |
| 黑龙江 | 1 117 | 1 117 | 330 | 787 |
| 上　海 | | | | |
| 江　苏 | 80 | | | |
| 浙　江 | | | | |
| 安　徽 | 30 | 30 | 30 | |
| 福　建 | 285 | 284 | 283 | 1 |
| 江　西 | 118 | 62 | 30 | |
| 山　东 | | | | |
| 河　南 | 30 | 30 | 30 | |
| 湖　北 | 49 | 49 | 39 | 10 |
| 湖　南 | 510 | 210 | 210 | |
| 广　东 | 5 000 | 5 000 | | 5 000 |
| 广　西 | 15 | 15 | | 15 |
| 海　南 | | | | |
| 重　庆 | 2 666 | 2 666 | | 2 666 |
| 四　川 | 61 | 20 | | |
| 贵　州 | 403 | | | |
| 云　南 | | | | |
| 西　藏 | | | | |
| 陕　西 | | | | |
| 甘　肃 | | | | |
| 青　海 | 117 | | | |
| 宁　夏 | | | | |
| 新　疆 | 9 254 | 8 918 | 6 845 | 2 055 |
| 热科院 | | | | |
| 广　州 | 249 | 249 | | 249 |
| 南　京 | | | | |

2－10 续表 9

| 地区 | 带动农户数（个） | | | | | |
|---|---|---|---|---|---|---|
| | 猪 | 羊 | 山羊 | ＃绒山羊 | 绵羊 | 家禽 |
| **全国农垦** | **18 218** | **30 887** | **1 328** | **148** | **29 559** | **25 966** |
| 北京 | | | | | | 247 |
| 天津 | | | | | | |
| 河北 | | | | | | |
| 山西 | | 45 | 1 | | 44 | 10 |
| 内蒙古 | 41 | 31 | | | 31 | |
| 辽宁 | 12 | 3 | | | 3 | 16 |
| 吉林 | 98 | 160 | 5 | | 155 | 1 115 |
| 黑龙江 | 501 | 547 | 2 | | 545 | 590 |
| 上海 | | | | | | |
| 江苏 | | | | | | |
| 浙江 | 2 531 | | | | | |
| 安徽 | 4 | | | | | 12 |
| 福建 | 130 | 22 | 22 | | | 376 |
| 江西 | 76 | 7 | 7 | | | 57 |
| 山东 | | | | | | |
| 河南 | 1 878 | | | | | |
| 湖北 | 230 | 5 | 5 | | | 387 |
| 湖南 | 10 361 | 180 | 180 | | | 15 225 |
| 广东 | 125 | | | | | 86 |
| 广西 | 214 | | | | | 1 308 |
| 海南 | | | | | | |
| 重庆 | 34 | | | | | |
| 四川 | 50 | 168 | 155 | | 13 | |
| 贵州 | 148 | | | | | 242 |
| 云南 | | | | | | |
| 西藏 | | | | | | |
| 陕西 | | | | | | |
| 甘肃 | | | | | | |
| 青海 | 30 | | | | | |
| 宁夏 | | | | | | |
| 新疆 | 1 755 | 29 719 | 951 | 148 | 28 768 | 6 295 |
| 热科院 | | | | | | |
| 广州 | | | | | | |
| 南京 | | | | | | |

# 2－11　牧业生产情况（畜产品）

| 地　　区 | 肉类总产量（吨） | 当年出栏肉猪（头） | 猪肉产量（吨） | 当年出售的肉用牛（头） | 牛肉产量（吨） |
|---|---|---|---|---|---|
| **全国农垦** | **2 822 333** | **19 887 548** | **1 772 430** | **1 422 424** | **250 641** |
| 北　　京 | 135 364 | 570 975 | 50 381 | 8 057 | 2 428 |
| 天　　津 | 6 402 | 22 580 | 2 119 | 6 992 | 1 468 |
| 河　　北 | 69 569 | 700 521 | 40 503 | 31 249 | 6 717 |
| 山　　西 | 2 465 | 12 140 | 547 | 1 907 | 588 |
| 内 蒙 古 | 98 997 | 137 142 | 13 472 | 190 168 | 32 543 |
| 辽　　宁 | 138 486 | 603 918 | 53 071 | 70 978 | 16 821 |
| 吉　　林 | 10 425 | 41 913 | 3 851 | 6 836 | 1 909 |
| 黑 龙 江 | 268 658 | 1 048 305 | 80 079 | 128 316 | 21 330 |
| 上　　海 | 79 329 | 859 856 | 75 570 | 17 523 | 3 329 |
| 江　　苏 | 62 916 | 105 336 | 11 491 | 453 | 113 |
| 浙　　江 | 9 493 | 109 027 | 9 323 | | |
| 安　　徽 | 9 428 | 26 532 | 2 430 | 2 121 | 392 |
| 福　　建 | 20 706 | 184 261 | 15 540 | 4 171 | 492 |
| 江　　西 | 62 860 | 543 348 | 49 245 | 9 287 | 3 988 |
| 山　　东 | 393 | 4 000 | 393 | | |
| 河　　南 | 5 408 | 66 565 | 4 929 | 757 | 203 |
| 湖　　北 | 119 355 | 1 011 618 | 94 340 | 23 323 | 4 923 |
| 湖　　南 | 123 751 | 823 720 | 83 276 | 18 988 | 5 218 |
| 广　　东 | 144 778 | 1 287 885 | 121 215 | 3 257 | 624 |
| 广　　西 | 371 998 | 4 090 409 | 364 046 | 8 556 | 2 142 |
| 海　　南 | 133 935 | 1 117 127 | 109 824 | 8 011 | 1 702 |
| 重　　庆 | 11 233 | 93 610 | 11 233 | | |
| 四　　川 | 1 784 | 7 310 | 746 | 5 354 | 766 |
| 贵　　州 | 11 120 | 85 511 | 11 119 | | |
| 云　　南 | 12 885 | 85 680 | 7 176 | 4 779 | 745 |
| 西　　藏 | 48 | 416 | 17 | 210 | 31 |
| 陕　　西 | 2 588 | 18 842 | 2 309 | 389 | 83 |
| 甘　　肃 | 9 505 | 17 030 | 1 311 | 12 660 | 5 366 |
| 青　　海 | 2 744 | 3 152 | 298 | 11 073 | 963 |
| 宁　　夏 | 11 525 | 50 310 | 3 399 | 37 118 | 5 647 |
| 新　　疆 | 791 954 | 5 870 895 | 457 027 | 809 812 | 130 104 |
| 热 科 院 | 252 | 2 122 | 173 | 79 | 7 |
| 广　　州 | 91 979 | 285 492 | 91 979 | | |
| 南　　京 | | | | | |

2－11 续表 1

| 地　区 | 当年出售的肉用羊（只） | 羊肉产量（吨） | 兔肉产量（吨） | 禽肉产量（吨） | 牛奶产量（吨） |
|---|---|---|---|---|---|
| **全国农垦** | **10 068 049** | **186 543** | **4 051** | **549 928** | **6 562 069** |
| 北　京 | | | | 82 555 | 604 891 |
| 天　津 | 61 482 | 1 607 | | 1 208 | 285 744 |
| 河　北 | 43 427 | 828 | | 19 013 | 654 587 |
| 山　西 | 63 923 | 1 251 | | 1 | 29 696 |
| 内蒙古 | 1 998 986 | 34 305 | 1 | 13 895 | 600 810 |
| 辽　宁 | 183 961 | 2 995 | | 61 319 | 33 821 |
| 吉　林 | 81 785 | 1 668 | 1 | 2 996 | 9 090 |
| 黑龙江 | 385 744 | 6 836 | 1 | 159 823 | 427 269 |
| 上　海 | | | | 331 | 659 673 |
| 江　苏 | 20 719 | 1 272 | 2 | 50 038 | 84 894 |
| 浙　江 | 450 | 13 | | 157 | |
| 安　徽 | 10 209 | 240 | | 6 362 | 64 |
| 福　建 | 10 056 | 155 | 69 | 3 876 | 2 410 |
| 江　西 | 14 287 | 1 112 | 21 | 4 564 | 1 953 |
| 山　东 | | | | | |
| 河　南 | 4 356 | 49 | 1 | 221 | 12 946 |
| 湖　北 | 52 109 | 1 058 | 2 049 | 15 014 | 38 035 |
| 湖　南 | 40 814 | 1 020 | 26 | 5 694 | 6 525 |
| 广　东 | 3 675 | 91 | 158 | 21 828 | 91 171 |
| 广　西 | 1 143 | 35 | | 5 030 | 10 169 |
| 海　南 | 104 033 | 1 726 | 109 | 20 574 | |
| 重　庆 | | | | | 252 469 |
| 四　川 | 3 388 | 88 | | 153 | 3 370 |
| 贵　州 | | | | 1 | 101 832 |
| 云　南 | 4 723 | 148 | | 4 816 | |
| 西　藏 | | | | | 31 |
| 陕　西 | 11 242 | 186 | | 10 | 29 773 |
| 甘　肃 | 140 047 | 2 491 | 1 | 107 | 223 420 |
| 青　海 | 79 799 | 1 480 | | | 50 |
| 宁　夏 | 72 331 | 1 125 | | 1 354 | 618 694 |
| 新　疆 | 6 674 260 | 124 752 | 1 613 | 68 931 | 1 182 270 |
| 热科院 | 1 100 | 11 | | 58 | |
| 广　州 | | | | | 596 412 |
| 南　京 | | | | | |

2－11续表2

| 地　　区 | 山羊毛产量（吨） | 绵羊毛产量（吨） | | | 羊绒产量（吨） |
|---|---|---|---|---|---|
| | | | 细羊毛 | 半细羊毛 | |
| **全国农垦** | **1 005** | **20 534** | **5 477** | **9 801** | **3 060** |
| 北　　京 | | | | | |
| 天　　津 | | | | | |
| 河　　北 | 3 | 184 | 45 | 131 | |
| 山　　西 | 1 | 4 | 4 | | |
| 内 蒙 古 | 46 | 5 337 | 780 | 3 700 | 76 |
| 辽　　宁 | 45 | 166 | 5 | 112 | 6 |
| 吉　　林 | 8 | 185 | 33 | 152 | 10 |
| 黑 龙 江 | 33 | 417 | 102 | 316 | 7 |
| 上　　海 | | | | | |
| 江　　苏 | | | | | |
| 浙　　江 | | | | | |
| 安　　徽 | | | | | |
| 福　　建 | | | | | |
| 江　　西 | 1 | | | | |
| 山　　东 | | | | | |
| 河　　南 | | | | | |
| 湖　　北 | | | | | |
| 湖　　南 | | | | | |
| 广　　东 | | | | | |
| 广　　西 | | | | | |
| 海　　南 | | | | | |
| 重　　庆 | | | | | |
| 四　　川 | | 3 | | 3 | |
| 贵　　州 | | | | | |
| 云　　南 | | | | | |
| 西　　藏 | | | | | |
| 陕　　西 | 1 | | | | 2 |
| 甘　　肃 | 14 | 120 | 34 | 85 | 1 |
| 青　　海 | 2 | 233 | 88 | 95 | 1 |
| 宁　　夏 | 15 | 69 | 57 | 12 | 11 |
| 新　　疆 | 836 | 13 816 | 4 329 | 5 197 | 2 946 |
| 热 科 院 | | | | | |
| 广　　州 | | | | | |
| 南　　京 | | | | | |

2－11 续表 3

| 地　　区 | 蜂蜜产量（吨） | 禽蛋产量（吨） | 蚕茧产量（吨） | |
|---|---|---|---|---|
| | | | | 桑蚕茧 |
| **全国农垦** | **12 706** | **479 159** | **1 462** | **1 147** |
| 北　　京 | | 1 750 | | |
| 天　　津 | | 27 239 | | |
| 河　　北 | | 11 569 | | |
| 山　　西 | | 2 044 | | |
| 内 蒙 古 | 1 264 | 8 192 | 109 | |
| 辽　　宁 | 60 | 35 118 | | |
| 吉　　林 | 23 | 2 642 | | |
| 黑 龙 江 | 678 | 29 066 | 165 | |
| 上　　海 | | 9 780 | | |
| 江　　苏 | 10 | 20 499 | 41 | |
| 浙　　江 | | 14 | 46 | 46 |
| 安　　徽 | 60 | 6 637 | | |
| 福　　建 | 114 | 4 216 | | |
| 江　　西 | 1 599 | 16 771 | 166 | 166 |
| 山　　东 | | | | |
| 河　　南 | | 1 235 | | |
| 湖　　北 | 460 | 38 633 | | |
| 湖　　南 | 535 | 19 263 | 6 | 6 |
| 广　　东 | 46 | 8 017 | 800 | 800 |
| 广　　西 | | 3 203 | | |
| 海　　南 | 109 | 19 168 | | |
| 重　　庆 | | | | |
| 四　　川 | | 14 | 129 | 129 |
| 贵　　州 | | 25 359 | | |
| 云　　南 | | 5 303 | | |
| 西　　藏 | | 13 | | |
| 陕　　西 | | 25 | | |
| 甘　　肃 | | 945 | | |
| 青　　海 | | | | |
| 宁　　夏 | | 1 367 | | |
| 新　　疆 | 7 749 | 181 076 | | |
| 热 科 院 | | 1 | | |
| 广　　州 | | | | |
| 南　　京 | | | | |

# 2－12 渔业生产情况

| 地区 | 水产品总产量（吨） | #养殖产量 | 鱼类 | 虾蟹类 | 对虾 |
|---|---|---|---|---|---|
| **全国农垦** | **1 819 508** | **1 221 360** | **1 219 153** | **376 105** | **72 369** |
| 北京 | 7 292 | | 7 292 | | |
| 天津 | 5 172 | 5 172 | 4 942 | 188 | |
| 河北 | 193 400 | 177 233 | 88 233 | 46 448 | 39 482 |
| 山西 | 6 | 6 | 6 | | |
| 内蒙古 | 2 871 | 417 | 2 805 | 67 | |
| 辽宁 | 324 388 | 140 895 | 146 753 | 54 500 | 10 513 |
| 吉林 | 341 | 313 | 341 | | |
| 黑龙江 | 27 406 | 21 673 | 26 105 | 1 300 | |
| 上海 | 189 464 | 30 837 | 126 470 | 42 501 | 1 419 |
| 江苏 | 64 711 | 64 711 | 61 068 | 3 417 | 2 907 |
| 浙江 | 2 905 | 1 412 | 624 | 1 442 | 160 |
| 安徽 | 14 126 | 12 575 | 3 925 | 9 967 | |
| 福建 | 15 057 | 10 033 | 13 629 | 912 | 802 |
| 江西 | 76 764 | 71 163 | 62 075 | 13 283 | 23 |
| 山东 | 834 | 594 | 834 | | |
| 河南 | 2 956 | 2 830 | 2 950 | 6 | |
| 湖北 | 539 388 | 366 760 | 381 259 | 145 017 | 1 444 |
| 湖南 | 147 446 | 116 128 | 108 190 | 34 535 | 84 |
| 广东 | 44 239 | 44 219 | 28 071 | 16 158 | 12 694 |
| 广西 | 8 698 | 8 698 | 8 240 | 190 | 190 |
| 海南 | 24 396 | 24 396 | 24 250 | 118 | |
| 重庆 | 647 | 647 | 647 | | |
| 四川 | 963 | 963 | 963 | | |
| 贵州 | 3 160 | | 3 160 | | |
| 云南 | 16 933 | 16 688 | 16 688 | | |
| 西藏 | | | | | |
| 陕西 | | | | | |
| 甘肃 | 24 | 24 | 24 | | |
| 青海 | | | | | |
| 宁夏 | 7 154 | 7 145 | 7 094 | 60 | |
| 新疆 | 98 660 | 95 728 | 92 409 | 5 996 | 2 650 |
| 热科院 | 101 | 101 | 101 | | |
| 广州 | | | | | |
| 南京 | 6 | | 6 | | |

2－12 续表 1

| 地区 | 水产品总产量（吨） | | | 养殖面积（公顷） | | 海水 |
|---|---|---|---|---|---|---|
| | 贝类 | 藻类 | 其他水产品 | | 对虾 | 水产品总产量（吨） |
| **全国农垦** | **106 241** | **61** | **117 948** | **320 535** | **28 297** | **433 888** |
| 北京 | | | | | | 7 292 |
| 天津 | 18 | | 24 | 743 | | 259 |
| 河北 | 9 099 | | 49 620 | 28 319 | 19 146 | 101 610 |
| 山西 | | | | | | |
| 内蒙古 | | | | 4 438 | | |
| 辽宁 | 96 436 | | 26 699 | 88 445 | 4 123 | 145 166 |
| 吉林 | | | | 334 | | |
| 黑龙江 | | | | 29 010 | | |
| 上海 | | | 20 493 | 4 180 | | 158 627 |
| 江苏 | | | 226 | 4 472 | 1 918 | |
| 浙江 | 217 | | 622 | 798 | 472 | 349 |
| 安徽 | | | 234 | 733 | | |
| 福建 | 183 | | 333 | 1 193 | 342 | 984 |
| 江西 | | | 1 406 | 20 076 | 25 | |
| 山东 | | | | 401 | | |
| 河南 | | | | 305 | | |
| 湖北 | 112 | | 13 000 | 54 958 | 1 120 | |
| 湖南 | 176 | 1 | 4 543 | 23 666 | 4 | |
| 广东 | | | 10 | 3 934 | 1 052 | 19 424 |
| 广西 | | | 268 | 556 | 50 | 178 |
| 海南 | | | 28 | 3 035 | | |
| 重庆 | | | | 339 | | |
| 四川 | | | | 28 | | |
| 贵州 | | | | 327 | | |
| 云南 | | | 245 | 1 219 | | |
| 西藏 | | | | | | |
| 陕西 | | | | | | |
| 甘肃 | | | | 344 | | |
| 青海 | | | | | | |
| 宁夏 | | | | 3 921 | | |
| 新疆 | | 60 | 196 | 44 722 | 46 | |
| 热科院 | | | | 33 | | |
| 广州 | | | | | | |
| 南京 | | | | 6 | | |

2-12续表2

| 地区 | 海水 | | | | | |
| --- | --- | --- | --- | --- | --- | --- |
| | 水产品总产量（吨） | | | | | |
| | #养殖产量 | 鱼类 | 虾蟹类 | #对虾 | 贝类 | 藻类 |
| **全国农垦** | **193 854** | **132 407** | **98 783** | **42 719** | **105 887** | |
| 北京 | | 7 292 | | | | |
| 天津 | 259 | 54 | 187 | | 18 | |
| 河北 | 85 558 | 15 008 | 27 883 | 23 647 | 9 099 | |
| 山西 | | | | | | |
| 内蒙古 | | | | | | |
| 辽宁 | 87 600 | 8 507 | 13 589 | 4 699 | 96 371 | |
| 吉林 | | | | | | |
| 黑龙江 | | | | | | |
| 上海 | | 97 545 | 40 589 | 1 419 | | |
| 江苏 | | | | | | |
| 浙江 | 349 | 35 | 97 | 60 | 217 | |
| 安徽 | | | | | | |
| 福建 | 490 | 672 | 130 | 50 | 182 | |
| 江西 | | | | | | |
| 山东 | | | | | | |
| 河南 | | | | | | |
| 湖北 | | | | | | |
| 湖南 | | | | | | |
| 广东 | 19 421 | 3 294 | 16 130 | 12 666 | | |
| 广西 | 178 | | 178 | 178 | | |
| 海南 | | | | | | |
| 重庆 | | | | | | |
| 四川 | | | | | | |
| 贵州 | | | | | | |
| 云南 | | | | | | |
| 西藏 | | | | | | |
| 陕西 | | | | | | |
| 甘肃 | | | | | | |
| 青海 | | | | | | |
| 宁夏 | | | | | | |
| 新疆 | | | | | | |
| 热科院 | | | | | | |
| 广州 | | | | | | |
| 南京 | | | | | | |

2－12续表3

| 地　　区 | 海水 | | | 淡水 | | |
|---|---|---|---|---|---|---|
| | 水产品总产量(吨) | 养殖面积（公顷） | | 水产品总产量（吨） | | |
| | 其他水产品 | | 对虾 | | #养殖产量 | 鱼类 |
| **全国农垦** | **96 812** | **34 581** | **19 689** | **1 385 620** | **1 027 506** | **1 086 746** |
| 北　　京 | | | | | | |
| 天　　津 | | 157 | | 4 914 | 4 914 | 4 888 |
| 河　　北 | 49 620 | 20 762 | 15 326 | 91 790 | 91 675 | 73 225 |
| 山　　西 | | | | 6 | 6 | 6 |
| 内 蒙 古 | | | | 2 871 | 417 | 2 805 |
| 辽　　宁 | 26 699 | 11 485 | 3 103 | 179 222 | 53 295 | 138 246 |
| 吉　　林 | | | | 341 | 313 | 341 |
| 黑 龙 江 | | | | 27 406 | 21 673 | 26 105 |
| 上　　海 | 20 493 | | | 30 837 | 30 837 | 28 925 |
| 江　　苏 | | | | 64 711 | 64 711 | 61 068 |
| 浙　　江 | | 26 | 22 | 2 556 | 1 063 | 589 |
| 安　　徽 | | | | 14 126 | 12 575 | 3 925 |
| 福　　建 | | 293 | 147 | 14 073 | 9 543 | 12 957 |
| 江　　西 | | | | 76 764 | 71 163 | 62 075 |
| 山　　东 | | | | 834 | 594 | 834 |
| 河　　南 | | | | 2 956 | 2 830 | 2 950 |
| 湖　　北 | | | | 539 388 | 366 760 | 381 259 |
| 湖　　南 | | | | 147 446 | 116 128 | 108 190 |
| 广　　东 | | 1 818 | 1 050 | 24 815 | 24 798 | 24 777 |
| 广　　西 | | 40 | 40 | 8 520 | 8 520 | 8 240 |
| 海　　南 | | | | 24 396 | 24 396 | 24 250 |
| 重　　庆 | | | | 647 | 647 | 647 |
| 四　　川 | | | | 963 | 963 | 963 |
| 贵　　州 | | | | 3 160 | | 3 160 |
| 云　　南 | | | | 16 933 | 16 688 | 16 688 |
| 西　　藏 | | | | | | |
| 陕　　西 | | | | | | |
| 甘　　肃 | | | | 24 | 24 | 24 |
| 青　　海 | | | | | | |
| 宁　　夏 | | | | 7 154 | 7 145 | 7 094 |
| 新　　疆 | | | | 98 660 | 95 728 | 92 409 |
| 热 科 院 | | | | 101 | 101 | 101 |
| 广　　州 | | | | | | |
| 南　　京 | | | | 6 | | 6 |

2－12续表4

| 地　　区 | 淡水 | | | | | | |
|---|---|---|---|---|---|---|---|
| | 水产品总产量（吨） | | | | | 养殖面积（公顷） | |
| | 虾蟹类 | #对虾 | 贝类 | 藻类 | 其他水产品 | | 对虾 |
| **全国农垦** | **277 323** | **29 650** | **354** | **61** | **21 136** | **285 954** | **8 608** |
| 北　　京 | | | | | | | |
| 天　　津 | 2 | | | | 24 | 586 | |
| 河　　北 | 18 565 | 15 836 | | | | 7 557 | 3 819 |
| 山　　西 | | | | | | | |
| 内 蒙 古 | 67 | | | | | 4 438 | |
| 辽　　宁 | 40 911 | 5 814 | 65 | | | 76 959 | 1 020 |
| 吉　　林 | | | | | | 334 | |
| 黑 龙 江 | 1 300 | | | | | 29 010 | |
| 上　　海 | 1 912 | | | | | 4 180 | |
| 江　　苏 | 3 417 | 2 907 | | | 226 | 4 472 | 1 918 |
| 浙　　江 | 1 345 | 100 | | | 622 | 772 | 450 |
| 安　　徽 | 9 967 | | | | 234 | 733 | |
| 福　　建 | 782 | 752 | 1 | | 333 | 900 | 195 |
| 江　　西 | 13 283 | 23 | | | 1 406 | 20 076 | 25 |
| 山　　东 | | | | | | 401 | |
| 河　　南 | 6 | | | | | 305 | |
| 湖　　北 | 145 017 | 1 444 | 112 | | 13 000 | 54 958 | 1 120 |
| 湖　　南 | 34 535 | 84 | 176 | 1 | 4 543 | 23 666 | 4 |
| 广　　东 | 28 | 28 | | | 10 | 2 116 | 2 |
| 广　　西 | 12 | 12 | | | 268 | 516 | 10 |
| 海　　南 | 118 | | | | 28 | 3 035 | |
| 重　　庆 | | | | | | 339 | |
| 四　　川 | | | | | | 28 | |
| 贵　　州 | | | | | | 327 | |
| 云　　南 | | | | | 245 | 1 219 | |
| 西　　藏 | | | | | | | |
| 陕　　西 | | | | | | | |
| 甘　　肃 | | | | | | 344 | |
| 青　　海 | | | | | | | |
| 宁　　夏 | 60 | | | | | 3 921 | |
| 新　　疆 | 5 996 | 2 650 | | 60 | 196 | 44 722 | 46 |
| 热 科 院 | | | | | | 33 | |
| 广　　州 | | | | | | | |
| 南　　京 | | | | | | 6 | |

# 2－13　农业机械化情况

| 地　区 | 农业机械总动力（千瓦） | | | | |
| --- | --- | --- | --- | --- | --- |
| | 总动力合计 | 柴油发动机动力 | 汽油发动机动力 | 电动机动力 | 其他机械动力 |
| **全国农垦** | **34 808 026** | **28 459 613** | **1 663 390** | **4 419 050** | **265 972** |
| 北　京 | 39 941 | 36 241 | 2 655 | 1 011 | 35 |
| 天　津 | 30 296 | 24 714 | 556 | 5 027 | |
| 河　北 | 1 022 115 | 621 105 | 10 270 | 390 740 | |
| 山　西 | 29 278 | 13 168 | 4 981 | 10 397 | 732 |
| 内蒙古 | 2 498 566 | 2 010 407 | 156 956 | 323 544 | 7 659 |
| 辽　宁 | 1 067 734 | 842 505 | 48 319 | 147 304 | 29 606 |
| 吉　林 | 625 659 | 554 710 | 26 073 | 44 207 | 670 |
| 黑龙江 | 14 048 612 | 12 320 663 | 750 015 | 894 446 | 83 488 |
| 上　海 | 295 435 | 243 976 | 753 | 47 660 | 3 046 |
| 江　苏 | 1 144 559 | 1 026 374 | 4 504 | 113 681 | |
| 浙　江 | 11 068 | 3 276 | 1 057 | 5 544 | 1 191 |
| 安　徽 | 472 186 | 351 145 | 54 219 | 65 812 | 1 010 |
| 福　建 | 30 996 | 17 993 | 3 573 | 7 944 | 1 486 |
| 江　西 | 624 561 | 475 431 | 32 659 | 108 276 | 8 196 |
| 山　东 | 24 767 | 20 235 | 30 | 4 306 | 196 |
| 河　南 | 250 819 | 165 812 | 14 812 | 70 157 | 39 |
| 湖　北 | 1 737 613 | 1 254 286 | 97 083 | 373 263 | 12 981 |
| 湖　南 | 1 424 856 | 1 082 387 | 87 967 | 195 738 | 58 764 |
| 广　东 | 484 871 | 276 834 | 55 606 | 146 232 | 6 199 |
| 广　西 | 255 533 | 182 389 | 22 063 | 51 081 | |
| 海　南 | 347 657 | 246 554 | 61 424 | 25 227 | 14 452 |
| 重　庆 | | | | | |
| 四　川 | 12 278 | 588 | 98 | 11 512 | 80 |
| 贵　州 | 3 289 | 1 184 | 105 | 1 431 | 569 |
| 云　南 | 278 529 | 128 782 | 74 944 | 74 803 | |
| 西　藏 | 8 146 | 1 680 | 216 | 6 250 | |
| 陕　西 | 47 183 | 34 660 | 402 | 11 308 | 814 |
| 甘　肃 | 401 991 | 316 502 | 4 051 | 77 739 | 3 699 |
| 青　海 | 61 432 | 56 891 | 3 690 | 581 | 269 |
| 宁　夏 | 353 965 | 303 103 | 5 768 | 42 311 | 2 783 |
| 新　疆 | 7 109 918 | 5 781 880 | 138 535 | 1 161 493 | 28 009 |
| 热科院 | 1 963 | 1 928 | 7 | 28 | |
| 广　州 | 62 211 | 62 211 | | | |
| 南　京 | | | | | |

2－13 续表 1

| 地　区 | 拖拉机及配套机械 | | | | |
|---|---|---|---|---|---|
| | 大中型拖拉机（台） | 小型及手扶拖拉机（台） | 排灌动力机械（台） | 联合收获机（台） | 农用飞机（架） |
| **全国农垦** | **251 504** | **255 591** | **279 421** | **75 031** | **3 758** |
| 北　京 | 102 | 41 | 52 | 14 | |
| 天　津 | 87 | 55 | 88 | 3 | |
| 河　北 | 4 452 | 14 522 | 12 277 | 863 | 8 |
| 山　西 | 81 | 1 265 | 553 | 23 | |
| 内蒙古 | 18 162 | 44 113 | 10 799 | 2 600 | 27 |
| 辽　宁 | 6 223 | 8 550 | 13 966 | 1 313 | 34 |
| 吉　林 | 5 051 | 14 755 | 6 844 | 973 | 25 |
| 黑龙江 | 100 262 | 16 831 | 95 247 | 53 108 | 77 |
| 上　海 | 1 431 | 216 | 665 | 206 | 74 |
| 江　苏 | 7 348 | 1 200 | 1 974 | 2 267 | 213 |
| 浙　江 | 29 | 18 | 484 | 6 | |
| 安　徽 | 2 615 | 4 542 | 4 829 | 1 209 | 91 |
| 福　建 | 21 | 462 | 1 108 | 30 | |
| 江　西 | 1 892 | 7 482 | 9 816 | 1 428 | 28 |
| 山　东 | 100 | 488 | 612 | 49 | |
| 河　南 | 888 | 5 695 | 6 703 | 425 | 27 |
| 湖　北 | 8 649 | 45 536 | 23 764 | 3 465 | 151 |
| 湖　南 | 5 376 | 5 282 | 25 615 | 3 766 | 67 |
| 广　东 | 750 | 3 843 | 10 123 | 66 | 13 |
| 广　西 | 1 347 | 3 960 | 2 234 | 39 | 4 |
| 海　南 | 372 | 4 497 | 10 453 | | |
| 重　庆 | | | | | |
| 四　川 | 12 | 20 | 97 | 5 | |
| 贵　州 | 5 | 10 | 19 | | |
| 云　南 | 522 | 1 608 | 1 230 | 72 | |
| 西　藏 | | 7 | 3 | | 1 |
| 陕　西 | 273 | 1 615 | 466 | 62 | 1 |
| 甘　肃 | 4 773 | 3 973 | 1 889 | 165 | 27 |
| 青　海 | 275 | 2 533 | 14 | 173 | |
| 宁　夏 | 2 786 | 1 845 | 1 433 | 407 | |
| 新　疆 | 77 304 | 60 595 | 36 056 | 2 188 | 2 890 |
| 热科院 | 19 | 31 | 8 | | |
| 广　州 | 297 | | | 106 | |
| 南　京 | | | | | |

2－13续表2

| 地　　区 | 机械化耕种情况（公顷） | | | |
|---|---|---|---|---|
| | 当年实际机耕面积（按耕地面积计算） | 机械深耕深松面积 | 当年实际机播面积（按播种面积计算） | 机械插秧面积（按插秧面积计算） |
| **全国农垦** | **6 380 308** | **2 505 448** | **6 528 547** | **1 834 539** |
| 北　　京 | 3 245 | 2 540 | 3 365 | 573 |
| 天　　津 | 2 213 | | 2 213 | 1 405 |
| 河　　北 | 81 408 | 5 799 | 81 767 | 28 897 |
| 山　　西 | 5 433 | 60 | 4 764 | 742 |
| 内 蒙 古 | 469 676 | 107 859 | 654 250 | 5 171 |
| 辽　　宁 | 144 789 | 13 354 | 134 496 | 83 163 |
| 吉　　林 | 91 641 | 11 369 | 102 732 | 28 873 |
| 黑 龙 江 | 2 975 409 | 722 720 | 3 116 353 | 1 422 255 |
| 上　　海 | 45 364 | 37 177 | 40 235 | 5 258 |
| 江　　苏 | 90 734 | 55 602 | 132 759 | 93 374 |
| 浙　　江 | 669 | 170 | 172 | 169 |
| 安　　徽 | 33 582 | 9 489 | 43 034 | 8 699 |
| 福　　建 | 4 538 | | 3 463 | 1 |
| 江　　西 | 63 967 | 12 409 | 31 585 | 4 158 |
| 山　　东 | 6 070 | | 7 264 | 528 |
| 河　　南 | 22 242 | 715 | 31 979 | 702 |
| 湖　　北 | 140 867 | 38 109 | 83 524 | 22 263 |
| 湖　　南 | 138 201 | 34 | 60 772 | 38 640 |
| 广　　东 | 35 387 | 2 483 | 8 364 | 13 |
| 广　　西 | 20 126 | 10 714 | 1 219 | |
| 海　　南 | 6 414 | | 1 814 | 1 150 |
| 重　　庆 | | | | |
| 四　　川 | 658 | 25 | 610 | |
| 贵　　州 | 165 | | 165 | |
| 云　　南 | 7 947 | | 3 936 | 2 952 |
| 西　　藏 | 97 | 97 | 97 | |
| 陕　　西 | 19 964 | 481 | 19 144 | |
| 甘　　肃 | 74 387 | 44 834 | 71 895 | 1 394 |
| 青　　海 | 26 717 | 516 | 26 437 | |
| 宁　　夏 | 47 330 | | 47 045 | |
| 新　　疆 | 1 797 932 | 1 428 891 | 1 790 053 | 84 160 |
| 热 科 院 | 92 | | | |
| 广　　州 | 23 045 | | 23 045 | |
| 南　　京 | | | | |

2－13续表3

| 地　区 | 机械化耕种情况（公顷） | | | | |
|---|---|---|---|---|---|
| | 当年机械收割面积（按收获面积计算） | 飞机播种面积 | 使用无人机播种面积 | 飞机施肥面积 | 使用无人机施肥面积 |
| **全国农垦** | **6 369 465** | **34 209** | **30 536** | **2 221 739** | **1 304 938** |
| 北　京 | 5 182 | 165 | 165 | | |
| 天　津 | 2 213 | | | | |
| 河　北 | 80 029 | | | 6 100 | 6 100 |
| 山　西 | 2 269 | | | | |
| 内蒙古 | 603 597 | | | 81 491 | 77 758 |
| 辽　宁 | 116 071 | 1 | | 11 956 | 8 544 |
| 吉　林 | 100 739 | 739 | 739 | 7 952 | 7 336 |
| 黑龙江 | 3 112 020 | | | 1 870 228 | 974 677 |
| 上　海 | 38 903 | 8 989 | 8 989 | 32 281 | 32 281 |
| 江　苏 | 110 054 | 7 242 | 7 242 | 160 944 | 160 944 |
| 浙　江 | 356 | 56 | 56 | 70 | 70 |
| 安　徽 | 44 486 | 4 480 | 4 480 | 2 840 | 2 840 |
| 福　建 | 2 781 | | | 7 | 7 |
| 江　西 | 70 712 | 1 476 | 1 026 | 1 056 | 1 056 |
| 山　东 | 7 252 | | | | |
| 河　南 | 33 283 | 364 | 364 | 1 165 | 860 |
| 湖　北 | 126 063 | 6 122 | 6 107 | 3 904 | 3 904 |
| 湖　南 | 111 827 | 4 575 | 1 368 | 14 227 | 1 378 |
| 广　东 | 5 433 | | | 4 055 | 3 720 |
| 广　西 | 670 | | | 230 | 230 |
| 海　南 | 3 407 | | | | |
| 重　庆 | | | | | |
| 四　川 | 12 | | | | |
| 贵　州 | 119 | | | | |
| 云　南 | 5 306 | | | | |
| 西　藏 | | | | | |
| 陕　西 | 17 230 | | | 2 | 2 |
| 甘　肃 | 71 697 | | | 1 220 | 1 220 |
| 青　海 | 29 424 | | | | |
| 宁　夏 | 48 540 | | | | |
| 新　疆 | 1 597 344 | | | 22 013 | 22 013 |
| 热科院 | | | | | |
| 广　州 | 22 446 | | | | |
| 南　京 | | | | | |

2－13续表4

| 地区 | 机械化耕种情况（公顷） | | | |
|---|---|---|---|---|
| | 飞机病虫害防治面积 | 使用无人机防治面积 | 精准平地（激光、卫星导航） | 免耕播种面积 |
| **全国农垦** | **3 482 694** | **2 477 707** | **49 027** | **413 242** |
| 北京 | 483 | 483 | 165 | 1 888 |
| 天津 | | | | |
| 河北 | 18 018 | 16 019 | 1 000 | 1 387 |
| 山西 | 60 | 58 | | |
| 内蒙古 | 78 693 | 69 712 | 17 871 | 196 343 |
| 辽宁 | 25 311 | 21 874 | | 9 037 |
| 吉林 | 22 037 | 18 627 | 2 297 | 15 756 |
| 黑龙江 | 1 999 370 | 1 083 145 | | 143 787 |
| 上海 | 27 051 | 27 051 | | |
| 江苏 | 448 442 | 448 442 | 9 500 | 100 |
| 浙江 | 82 | 70 | | 96 |
| 安徽 | 44 589 | 44 589 | | |
| 福建 | 22 | 22 | | |
| 江西 | 19 525 | 9 306 | 127 | 413 |
| 山东 | 744 | 113 | | |
| 河南 | 27 288 | 27 120 | 15 | 5 456 |
| 湖北 | 33 199 | 31 267 | 1 412 | 3 724 |
| 湖南 | 27 094 | 2 736 | | |
| 广东 | 3 642 | 3 642 | | 18 |
| 广西 | 3 752 | 3 752 | | |
| 海南 | | | | |
| 重庆 | | | | |
| 四川 | | | | |
| 贵州 | 534 | 534 | | |
| 云南 | | | | |
| 西藏 | | | | 66 |
| 陕西 | 969 | 502 | | |
| 甘肃 | 20 114 | 20 114 | 2 915 | 4 813 |
| 青海 | 1 748 | 1 748 | 4 267 | |
| 宁夏 | | | | |
| 新疆 | 679 927 | 646 780 | 9 458 | 30 360 |
| 热科院 | | | | |
| 广州 | | | | |
| 南京 | | | | |

# 2－14 农业生产投入与技术推广情况

| 地　　区 | 农业生产用电量（千瓦·时） | 农业用水量（米³） | 农药施用量（吨） | 农用肥料施用情况 |
|---|---|---|---|---|
| | | | | 农用化肥施用总量（实物量）（吨） |
| **全国农垦** | **5 477 526 095** | **10 490 875 093** | **92 666** | **3 710 148** |
| 北　　京 | 233 385 481 | 11 470 499 | 26 | 2 706 |
| 天　　津 | | | 26 | 1 763 |
| 河　　北 | 38 550 844 | 247 447 458 | 530 | 62 202 |
| 山　　西 | 19 218 788 | 3 619 561 | 746 | 7 064 |
| 内 蒙 古 | 123 209 176 | 390 357 329 | 5 893 | 270 944 |
| 辽　　宁 | 53 356 833 | 273 260 359 | 2 162 | 110 634 |
| 吉　　林 | 1 421 292 679 | 66 561 893 | 546 | 71 859 |
| 黑 龙 江 | 885 890 000 | 6 689 117 118 | 14 791 | 1 197 916 |
| 上　　海 | 289 069 201 | 9 205 724 | 359 | 28 993 |
| 江　　苏 | 40 580 | 105 373 771 | 2 264 | 160 824 |
| 浙　　江 | 4 113 319 | 9 763 833 | 102 | 4 450 |
| 安　　徽 | 31 663 088 | 14 340 691 | 631 | 57 183 |
| 福　　建 | 20 631 391 | 3 271 241 | 557 | 21 607 |
| 江　　西 | 821 106 227 | 80 307 836 | 5 474 | 60 185 |
| 山　　东 | 1 432 190 | 1 885 000 | 109 | 6 237 |
| 河　　南 | 18 620 134 | 17 133 738 | 727 | 27 279 |
| 湖　　北 | 142 596 412 | 609 681 011 | 3 546 | 358 184 |
| 湖　　南 | 16 176 853 | 727 604 | 3 096 | 121 294 |
| 广　　东 | 143 689 943 | 19 393 892 | 3 943 | 218 906 |
| 广　　西 | 128 782 629 | 13 896 599 | 15 811 | 134 466 |
| 海　　南 | 547 940 000 | | 9 568 | 183 695 |
| 重　　庆 | | | | |
| 四　　川 | 470 113 | 58 655 | 18 | 574 |
| 贵　　州 | 2 444 620 | 26 043 | 62 | 2 252 |
| 云　　南 | 13 850 | | 863 | 61 826 |
| 西　　藏 | 3 | 211 000 | 1 426 | |
| 陕　　西 | 6 987 321 | 33 720 | 61 | 7 726 |
| 甘　　肃 | 156 214 248 | 449 765 748 | 2 148 | 75 985 |
| 青　　海 | 304 500 | 21 564 800 | 45 | 12 634 |
| 宁　　夏 | | | 444 | 85 599 |
| 新　　疆 | 355 269 971 | 1 452 079 793 | 16 421 | 335 984 |
| 热 科 院 | 15 055 700 | 320 177 | 15 | 645 |
| 广　　州 | | | 251 | 18 523 |
| 南　　京 | | | | |

2－14 续表 1

| 地　　区 | 农用肥料施用情况 | | | |
|---|---|---|---|---|
| | 农用化肥施用总量（折纯量）（吨） | 施用于农作物的数量 | 生物肥施用量（实物量）（吨） | 有机肥施用量（实物量）（吨） |
| **全国农垦** | **2 366 598** | **1 338 920** | **316 503** | **2 137 498** |
| 北　　京 | 2 210 | 1 994 | 414 | 12 242 |
| 天　　津 | 865 | 865 | 5 | |
| 河　　北 | 29 703 | 14 200 | 138 | 12 878 |
| 山　　西 | 3 992 | 3 563 | 61 | 39 649 |
| 内 蒙 古 | 144 333 | 124 103 | 894 | 284 842 |
| 辽　　宁 | 55 739 | 40 675 | 6 051 | 51 914 |
| 吉　　林 | 28 994 | 25 281 | 3 953 | 10 164 |
| 黑 龙 江 | 582 543 | 582 543 | 55 169 | 667 330 |
| 上　　海 | 12 975 | 12 975 | 2 892 | 45 521 |
| 江　　苏 | 70 445 | 70 445 | 206 | 2 332 |
| 浙　　江 | 2 930 | 2 118 | 27 | 4 697 |
| 安　　徽 | 26 875 | 24 453 | 796 | 21 157 |
| 福　　建 | 16 522 | 8 244 | 4 017 | 16 815 |
| 江　　西 | 27 949 | 11 280 | 4 448 | 13 189 |
| 山　　东 | 3 538 | 3 226 | | 372 |
| 河　　南 | 16 008 | 13 287 | 3 227 | 32 829 |
| 湖　　北 | 99 627 | 67 222 | 75 525 | 165 342 |
| 湖　　南 | 47 719 | 29 962 | 62 652 | 20 751 |
| 广　　东 | 58 263 | 48 414 | 33 358 | 157 454 |
| 广　　西 | 46 341 | 29 741 | 13 035 | 137 026 |
| 海　　南 | 58 367 | 33 144 | | 4 274 |
| 重　　庆 | | | | |
| 四　　川 | 301 | 136 | 363 | 1 713 |
| 贵　　州 | 1 254 | 449 | 205 | 1 388 |
| 云　　南 | 25 088 | 25 088 | | 6 105 |
| 西　　藏 | | | 108 | 1 330 |
| 陕　　西 | 5 324 | 2 026 | 460 | 10 424 |
| 甘　　肃 | 31 319 | 31 246 | 7 611 | 40 411 |
| 青　　海 | 7 575 | 3 624 | 5 462 | 34 182 |
| 宁　　夏 | 40 867 | 38 526 | 6 962 | 36 442 |
| 新　　疆 | 908 939 | 89 760 | 28 435 | 302 969 |
| 热 科 院 | 351 | 332 | 29 | 1 691 |
| 广　　州 | 9 631 | | | |
| 南　　京 | | | | |

2－14续表2

| 地区 | 农用肥料施用情况 | | | | |
|---|---|---|---|---|---|
| | 测土配方施肥面积（公顷） | 肥料高效利用技术应用面积（公顷） | | | |
| | | | 有机肥施用面积 | 肥料机械深施面积 | 水肥一体化技术应用面积 |
| **全国农垦** | **3 511 576** | **1 216 849** | **427 977** | **659 842** | **116 766** |
| 北京 | 1 322 | 125 | 57 | 34 | 34 |
| 天津 | | | | | |
| 河北 | 8 344 | 7 883 | 1 806 | 5 218 | 265 |
| 山西 | 95 | 80 | 40 | | 40 |
| 内蒙古 | 76 494 | 44 882 | 2 308 | 36 402 | 6 172 |
| 辽宁 | 40 857 | 7 198 | 1 511 | 3 476 | 1 515 |
| 吉林 | 35 730 | 6 918 | 160 | 1 556 | 3 723 |
| 黑龙江 | 2 878 000 | 842 113 | 302 000 | 531 333 | 8 780 |
| 上海 | 21 400 | 39 583 | 5 780 | 33 771 | 32 |
| 江苏 | 79 337 | | | | |
| 浙江 | | 148 | 95 | 53 | |
| 安徽 | 16 341 | 219 | | 207 | 12 |
| 福建 | 208 | | | | |
| 江西 | 34 116 | 2 588 | 2 480 | 35 | 73 |
| 山东 | 1 000 | 72 | 72 | | |
| 河南 | 13 873 | 15 916 | 5 277 | 10 328 | 293 |
| 湖北 | 55 795 | 31 751 | 17 290 | 7 668 | 5 973 |
| 湖南 | 12 984 | 3 565 | 545 | 537 | 1 439 |
| 广东 | 44 843 | 38 039 | 31 545 | 1 130 | 718 |
| 广西 | 11 518 | 23 582 | 9 236 | 12 654 | 1 692 |
| 海南 | | | | | |
| 重庆 | | | | | |
| 四川 | 29 | 75 | 42 | 13 | 20 |
| 贵州 | 296 | 10 | | | 10 |
| 云南 | 2 366 | | | | |
| 西藏 | | 10 | 3 | 2 | 5 |
| 陕西 | | 218 | 1 | 1 | 216 |
| 甘肃 | 43 619 | 64 110 | 1 519 | 6 873 | 54 468 |
| 青海 | 4 989 | 9 120 | 7 906 | | 1 213 |
| 宁夏 | 16 636 | | | | |
| 新疆 | 88 341 | 78 632 | 38300 | 8 552 | 30 064 |
| 热科院 | | 12 | 5 | | 7 |
| 广州 | 23 045 | | | | |
| 南京 | | | | | |

2-14 续表 3

| 地　　区 | 农用塑料薄膜使用量（吨） | 地膜使用量（吨） | 地膜覆盖面积（公顷） | 沼气池（个） | 沼气池体积（米³） |
|---|---|---|---|---|---|
| **全国农垦** | **155 708** | **113 242** | **1 557 582** | **18 909** | **954 835** |
| 北　京 | 20 | 20 | 355 | 4 | 24 090 |
| 天　津 | 9 | 9 | 28 | | |
| 河　北 | 796 | 467 | 6 011 | 4 | 41 |
| 山　西 | 156 | 153 | 2 391 | 2 | 32 |
| 内蒙古 | 2 275 | 1 962 | 51 969 | 99 | 1 018 |
| 辽　宁 | 3 029 | 1 242 | 8 887 | 987 | 25 870 |
| 吉　林 | 339 | 166 | 1 944 | | |
| 黑龙江 | 12 573 | 2 040 | 13 257 | 2 | 3 800 |
| 上　海 | 73 | 18 | 226 | | |
| 江　苏 | 1 943 | 482 | 2 556 | | |
| 浙　江 | 134 | 57 | 4 921 | 6 | 1 750 |
| 安　徽 | 232 | 55 | 418 | | |
| 福　建 | 708 | 82 | 1 956 | 2 136 | 21 209 |
| 江　西 | 2 690 | 2 224 | 3 397 | 1 653 | 34 480 |
| 山　东 | 12 | 10 | 103 | | |
| 河　南 | 391 | 324 | 936 | 146 | 3 442 |
| 湖　北 | 2 953 | 1 591 | 64 413 | 5 525 | 38 674 |
| 湖　南 | 2 661 | 1 990 | 23 313 | 4 135 | 226 527 |
| 广　东 | 762 | 734 | 14 970 | 375 | 488 076 |
| 广　西 | 514 | 509 | 7 636 | 1 244 | 19 763 |
| 海　南 | | | | 1 511 | 36 696 |
| 重　庆 | | | | | |
| 四　川 | 15 | 11 | 73 | 39 | 1 180 |
| 贵　州 | 307 | 304 | 172 | 6 | 200 |
| 云　南 | 625 | 309 | 7 360 | 163 | 1 950 |
| 西　藏 | 32 | 23 | 21 | 1 | 8 |
| 陕　西 | 108 | 73 | 936 | 4 | 4 500 |
| 甘　肃 | 2 522 | 2 510 | 48 124 | 1 | 500 |
| 青　海 | 31 | 12 | 154 | | |
| 宁　夏 | 112 | 70 | 1 598 | 608 | 5 451 |
| 新　疆 | 119 683 | 95 795 | 1 289 435 | 138 | 13 918 |
| 热科院 | 1 | 1 | 23 | 114 | 967 |
| 广　州 | | | | | |
| 南　京 | | | | | |

2-14续表4

| 地区 | 农田水利情况 | | | | | |
|---|---|---|---|---|---|---|
| | 有效灌溉面积（公顷） | 节水灌溉面积 | #喷灌面积 | #滴灌面积 | 漫灌面积 | 机电井数量（眼） |
| **全国农垦** | **2 951 908** | **1 091 984** | **454 922** | **544 020** | **321 416** | **166 598** |
| 北　　京 | 2 516 | 2 437 | 2 131 | 39 | 68 | 171 |
| 天　　津 | 1 752 | | | | | 52 |
| 河　　北 | 69 169 | 52 204 | 14 049 | 5 888 | 657 | 4 625 |
| 山　　西 | 4 724 | 521 | 45 | 436 | 498 | 289 |
| 内 蒙 古 | 268 883 | 166 324 | 110 440 | 46 689 | 48 155 | 21 388 |
| 辽　　宁 | 119 942 | 22 599 | 1 697 | 6 612 | 19 603 | 5 383 |
| 吉　　林 | 49 885 | 12 510 | 2 887 | 6 142 | 9 912 | 7 373 |
| 黑 龙 江 | 1 524 096 | 421 210 | 260 100 | 161 111 | | 96 575 |
| 上　　海 | 20 346 | 400 | 256 | 144 | 18 847 | |
| 江　　苏 | 72 119 | 6 806 | 3 200 | 2 400 | 2 800 | 82 |
| 浙　　江 | 1 076 | 386 | 77 | 261 | 124 | 13 |
| 安　　徽 | 24 861 | 3 535 | 2 158 | 315 | 5 706 | 661 |
| 福　　建 | 3 307 | 173 | 23 | 31 | 1 295 | 305 |
| 江　　西 | 39 409 | 10 959 | 2 805 | 292 | 13 671 | 2 269 |
| 山　　东 | 5 288 | 2 274 | 2 058 | 79 | | 691 |
| 河　　南 | 22 262 | 14 194 | 10 944 | 1 646 | 614 | 6 898 |
| 湖　　北 | 100 235 | 23 055 | 13 460 | 6 458 | 69 554 | 1 768 |
| 湖　　南 | 67 512 | 2 295 | 431 | 352 | 5 578 | 4 734 |
| 广　　东 | 27 347 | 8 375 | 6 235 | 1 784 | 3 488 | 2 665 |
| 广　　西 | 17 657 | 14 223 | 7 513 | 6 536 | 3 431 | 625 |
| 海　　南 | 15 560 | 939 | 939 | | 5 783 | 395 |
| 重　　庆 | | | | | | |
| 四　　川 | 169 | 69 | 10 | 46 | 42 | 10 |
| 贵　　州 | 144 | 10 | | 10 | 66 | 3 |
| 云　　南 | 9 639 | 6 230 | 301 | 2 434 | 3 409 | 7 |
| 西　　藏 | 97 | 82 | | 82 | 18 | 12 |
| 陕　　西 | 16 995 | 5 642 | 930 | 1 142 | 2 039 | 1 246 |
| 甘　　肃 | 79 997 | 59 737 | 9 886 | 48 838 | 11 581 | 2 251 |
| 青　　海 | 17 208 | 2 985 | | 2 985 | 14 185 | 72 |
| 宁　　夏 | 49 704 | 12 935 | | 12 935 | | 1 246 |
| 新　　疆 | 319 872 | 238 741 | 2 330 | 228 213 | 80 292 | 4 763 |
| 热 科 院 | 103 | 103 | 16 | 87 | | 19 |
| 广　　州 | 33 | 33 | | 33 | | 7 |
| 南　　京 | | | | | | |

2-14 续表 5

| 地 区 | 绿色防控技术应用面积（公顷） | 农作物统防统治面积 | 粮食 | 棉花 | 油料 | 糖料 | 茶叶 |
|---|---|---|---|---|---|---|---|
| **全国农垦** | **3 358 442** | **2 556 449** | **2 315 194** | **26 414** | **53 225** | **19 134** | **1 755** |
| 北 京 | 294 | 108 | 90 | | | | |
| 天 津 | | | | | | | |
| 河 北 | 14 626 | 13 967 | 10 977 | 10 | | | |
| 山 西 | | | | | | | |
| 内 蒙 古 | 76 152 | 75 152 | 37 003 | | 35 694 | 2 447 | |
| 辽 宁 | 5 571 | 2 201 | 1 680 | | | | |
| 吉 林 | 2 813 | 2 677 | 2 677 | | | | |
| 黑 龙 江 | 2 400 001 | 1 866 667 | 1 866 667 | | | | |
| 上 海 | 54 596 | 37 969 | 35 746 | | 2 069 | | 154 |
| 江 苏 | 238 530 | 143 280 | 95 250 | | | | |
| 浙 江 | 735 | 620 | 326 | | | | 295 |
| 安 徽 | 18 985 | 16 686 | 16 686 | | | | |
| 福 建 | 281 | 94 | | | | | 94 |
| 江 西 | 17 684 | 14 341 | 12 083 | 40 | 742 | | 149 |
| 山 东 | | | | | | | |
| 河 南 | 14 976 | 13 086 | 12 180 | | 905 | | |
| 湖 北 | 87 669 | 66 263 | 61 568 | 156 | 4 124 | | 410 |
| 湖 南 | 212 591 | 150 747 | 121 779 | | 1 452 | | 172 |
| 广 东 | 8 644 | 5 289 | 718 | | 38 | 4 533 | |
| 广 西 | 37 389 | 11 249 | | | | 11 089 | 43 |
| 海 南 | | | | | | | |
| 重 庆 | | | | | | | |
| 四 川 | 67 | | | | | | |
| 贵 州 | 250 | 250 | | | | | 189 |
| 云 南 | 51 000 | 51 000 | 900 | | | 460 | 248 |
| 西 藏 | 40 | 10 | | | | | |
| 陕 西 | 2 | | | | | | |
| 甘 肃 | 37 834 | 25 154 | 11 034 | 3 195 | 1 561 | 124 | |
| 青 海 | 11 883 | 6 202 | 2 939 | | 3 263 | | |
| 宁 夏 | | | | | | | |
| 新 疆 | 65 811 | 53 434 | 24 892 | 23 013 | 3 374 | 481 | |
| 热 科 院 | 17 | 1 | | | | | 1 |
| 广 州 | | | | | | | |
| 南 京 | | | | | | | |

2-14续表6

| 地区 | 绿色防控技术应用面积（公顷） | | | 秸秆综合利用（公顷） | |
|---|---|---|---|---|---|
| | 生物防治技术应用面积 | 物理防治技术应用面积 | 生物农药应用面积 | 秸秆还田面积 | 秸秆饲用面积 |
| **全国农垦** | **340 720** | **32 525** | **327 937** | **4 556 174** | **312 588** |
| 北京 | | 178 | 2 | 90 | 502 |
| 天津 | | | | | |
| 河北 | | 184 | 475 | 5 505 | 2 448 |
| 山西 | | | | 45 | |
| 内蒙古 | 1 000 | | | 170 136 | 117 088 |
| 辽宁 | | 2 120 | 245 | 19 124 | 9 265 |
| 吉林 | | 136 | | 8 903 | 10 735 |
| 黑龙江 | 266 667 | | 266 667 | 2 989 933 | 16 209 |
| 上海 | | | 16 627 | 33 264 | |
| 江苏 | | | | 143 280 | 270 |
| 浙江 | | | | 58 | |
| 安徽 | | | | 10 122 | |
| 福建 | | 121 | 66 | 16 | 60 |
| 江西 | 254 | 1 683 | 727 | 35 826 | 7 377 |
| 山东 | | | | 1 947 | 241 |
| 河南 | 200 | 85 | 1 606 | 16 545 | 3 360 |
| 湖北 | 6 424 | 4 109 | 10 343 | 77 850 | 15 820 |
| 湖南 | 41 180 | 8 745 | 11 919 | 141 | |
| 广东 | 3 350 | 5 | | 5 774 | 3 900 |
| 广西 | 11 648 | 7 050 | 7 442 | 9 878 | |
| 海南 | | | | | |
| 重庆 | | | | | |
| 四川 | | 60 | 7 | | |
| 贵州 | | | | | |
| 云南 | | | | | |
| 西藏 | 10 | 10 | 10 | 2 | 4 |
| 陕西 | | | 2 | | |
| 甘肃 | 3 500 | 6 389 | 2 000 | 19 490 | 30 669 |
| 青海 | 1 907 | | 3 774 | 6 048 | 7 309 |
| 宁夏 | | | | | |
| 新疆 | 4 569 | 1 647 | 6 026 | 1 002 198 | 87 332 |
| 热科院 | 10 | 5 | | | |
| 广州 | | | | | |
| 南京 | | | | | |

# 2－15 绿色食品、有机食品、农产品地理标志情况（一）

| 项　　目 | 绿色食品认证数（个） | 已认证绿色食品产量（吨） | 有机食品认证数（个） | 已认证有机食品产量（吨） |
|---|---|---|---|---|
| **合计** | **1 138** | **14 189 541** | **736** | **2 134 849** |
| 一、农林产品 | 842 | 10 418 578 | 582 | 1 783 028 |
| （一）主要农作物 | 582 | 9 448 144 | 500 | 1 739 843 |
| 1. 水稻 | 132 | 3 347 982 | 91 | 469 535 |
| 2. 小麦 | 19 | 379 433 | 16 | 22 850 |
| 3. 玉米 | 58 | 3 186 740 | 131 | 693 946 |
| 4. 大豆 | 73 | 1 161 592 | 133 | 303 386 |
| 5. 油料 | 7 | 69 295 | 5 | 3 951 |
| 6. 糖料 | 7 | 154 855 | | |
| 7. 药材 | 6 | 483 | 3 | 30 |
| 8. 蔬菜 | 241 | 382 010 | 21 | 61 537 |
| 9. 其他农作物 | 39 | 765 754 | 100 | 184 609 |
| （二）茶叶 | 45 | 7 192 | 45 | 1 121 |
| （三）水果 | 206 | 844 141 | 31 | 41 618 |
| 1. 香蕉 | 1 | 1 | | |
| 2. 苹果 | 23 | 67 571 | 8 | 8 755 |
| 3. 柑、橘、橙、柚 | 28 | 87 049 | 3 | 538 |
| 4. 梨 | 25 | 85 896 | 3 | 2 861 |
| 5. 桃 | 16 | 62 111 | 3 | 15 409 |
| 6. 葡萄 | 19 | 104 751 | 6 | 357 |
| 7. 菠萝 | | | | |
| 8. 荔枝 | 3 | 34 333 | 1 | 600 |
| 9. 龙眼 | | | | |
| 10. 芒果 | 3 | 11 610 | 1 | 6 000 |
| 11. 西瓜 | 12 | 56 611 | | |
| 12. 其他水果 | 76 | 334 208 | 6 | 7 098 |
| （四）食用菌 | 9 | 119 101 | 6 | 445 |
| 二、水产品 | 25 | 30 185 | 1 | 1 392 |
| 1. 淡水鱼 | 21 | 29 684 | 1 | 1 392 |
| 2. 海水鱼 | | | | |
| 3. 虾 | | | | |
| 4. 蟹 | 4 | 501 | | |
| 5. 甲鱼 | | | | |
| 6. 贝 | | | | |
| 7. 其他水产品 | | | | |

2-15续表

| 项　　目 | 绿色食品认证数（个） | 已认证绿色食品产量（吨） | 有机食品认证数（个） | 已认证有机食品产量（吨） |
|---|---|---|---|---|
| 三、畜禽类产品 | 20 | 864 314 | 28 | 233 771 |
| 1. 猪肉 | 3 | 905 | | |
| 2. 牛肉 | 2 | 20 | 1 | 245 |
| 3. 牛奶 | 4 | 854 444 | 14 | 60 057 |
| 4. 羊肉 | 1 | 160 | 5 | 917 |
| 5. 禽肉 | 6 | 600 | | |
| 6. 禽蛋 | 3 | 7 885 | 1 | 11 |
| 7. 其他畜禽品 | 1 | 300 | 7 | 172 542 |
| 四、加工品 | 251 | 2 876 464 | 125 | 116 658 |
| 1. 面粉加工类 | 7 | 1 185 | 25 | 11 000 |
| 2. 蔬菜加工类 | | | 5 | 3 548 |
| 3. 饮品类 | 2 | 67 004 | | |
| 4. 乳制品 | 18 | 40 049 | 33 | 31 132 |
| 5. 果脯类 | 5 | 435 | | |
| 6. 酒类 | 16 | 6 910 | 5 | 41 |
| 7. 糖类 | 12 | 828 596 | 1 | 4 208 |
| 8. 其他加工品 | 191 | 1 932 285 | 56 | 66 729 |

# 2－16 绿色食品、有机食品、农产品地理标志情况（二）

| 项　　目 | 农产品地理标志认证数（个） | 农产品地理标志产品面积（公顷） | 农产品地理标志产品产量（吨） | 绿色食品原料标准化生产基地面积（公顷） |
|---|---|---|---|---|
| **合计** | **97** | **480 764** | **4 093 334** | **784 802** |
| 一、农林产品 | 86 | 411 457 | 2 010 228 | 784 802 |
| （一）主要农作物 | 36 | 331 235 | 1 107 905 | 774 901 |
| 1. 水稻 | 21 | 26 885 | 305 446 | 561 297 |
| 2. 小麦 | | | | 67 287 |
| 3. 玉米 | | | | 54 000 |
| 4. 大豆 | 3 | 173 540 | 496 546 | 22 400 |
| 5. 油料 | 2 | 95 387 | 158 500 | 67 685 |
| 6. 糖料 | | | | |
| 7. 药材 | 3 | 13 724 | 10 973 | |
| 8. 蔬菜 | 2 | 4 833 | 87 500 | 670 |
| 9. 其他农作物 | 5 | 16 866 | 48 940 | 1 563 |
| （二）茶叶 | 13 | 4 554 | 2 365 | 1 650 |
| （三）水果 | 37 | 75 667 | 899 958 | 8 250 |
| 1. 香蕉 | | | | |
| 2. 苹果 | 7 | 17 935 | 257 100 | 120 |
| 3. 柑、橘、橙、柚 | 1 | 2 000 | 2 500 | 1 583 |
| 4. 梨 | 4 | 6 816 | 86 000 | 719 |
| 5. 桃 | 2 | 967 | 12 000 | 333 |
| 6. 葡萄 | 5 | 12 618 | 163 492 | |
| 7. 菠萝 | 1 | 2 145 | 72 300 | |
| 8. 荔枝 | | | | |
| 9. 龙眼 | | | | |
| 10. 芒果 | 2 | 553 | 8 300 | 766 |
| 11. 西瓜 | 3 | 4 003 | 109 250 | |
| 12. 其他水果 | 12 | 28 631 | 189 016 | 4 729 |
| （四）食用菌 | | | | |
| 二、水产品 | 3 | 40 064 | 1 700 | |
| 1. 淡水鱼 | 3 | 40 064 | 1 700 | |
| 2. 海水鱼 | | | | |
| 3. 虾 | | | | |
| 4. 蟹 | | | | |
| 5. 甲鱼 | | | | |
| 6. 贝 | | | | |
| 7. 其他水产品 | | | | |

2－16续表

| 项　　目 | 农产品地理标志认证数（个） | 农产品地理标志产品面积（公顷） | 农产品地理标志产品产量（吨） | 绿色食品原料标准化生产基地面积（公顷） |
|---|---|---|---|---|
| 三、畜禽类产品 | 4 | 29 243 | 5 595 | |
| 1. 猪肉 | 1 | | 5 000 | |
| 2. 牛肉 | | | | |
| 3. 牛奶 | | | | |
| 4. 羊肉 | 2 | 29 243 | 295 | |
| 5. 禽肉 | | | | |
| 6. 禽蛋 | | | | |
| 7. 其他畜禽品 | 1 | | 300 | |
| 四、加工品 | 4 | | 2 075 811 | |
| 1. 面粉加工类 | | | | |
| 2. 蔬菜加工类 | | | | |
| 3. 饮品类 | | | | |
| 4. 乳制品 | | | | |
| 5. 果脯类 | | | | |
| 6. 酒类 | | | | |
| 7. 糖类 | | | | |
| 8. 其他加工品 | 4 | | 2 075 811 | |

# 2－17 农作物种业基本情况

| 地 区 | 种子播种面积合计（公顷） | ＃原种播种面积 | ＃良种播种面积 | 种子生产量合计（吨） |
|---|---|---|---|---|
| **全国农垦** | **333 907** | **35 132** | **290 468** | **1 961 835** |
| 北 京 | 94 | | 94 | 280 |
| 天 津 | | | | |
| 河 北 | 3 129 | 208 | 2 921 | 17 375 |
| 山 西 | 29 | 9 | 20 | 21 |
| 内 蒙 古 | 282 | | 282 | 800 |
| 辽 宁 | 237 | | 237 | 793 |
| 吉 林 | 50 | | 50 | 118 |
| 黑 龙 江 | 52 714 | 3 668 | 49 046 | 149 156 |
| 上 海 | 4 842 | 477 | 4 365 | 40 797 |
| 江 苏 | 117 951 | 700 | 108 962 | 855 556 |
| 浙 江 | 107 | 21 | 86 | 851 |
| 安 徽 | 9 558 | 431 | 9 127 | 90 773 |
| 福 建 | | | | |
| 江 西 | 522 | 35 | 487 | 827 |
| 山 东 | 1 784 | 186 | 1 598 | 12 589 |
| 河 南 | 6 030 | 2 354 | 3 677 | 46 963 |
| 湖 北 | 2 314 | 503 | 1 811 | 12 272 |
| 湖 南 | 5 080 | 9 | 5 070 | 4 478 |
| 广 东 | 53 | | 53 | 91 |
| 广 西 | | | | |
| 海 南 | | | | |
| 重 庆 | | | | |
| 四 川 | 21 | | 21 | 159 |
| 贵 州 | | | | |
| 云 南 | | | | |
| 西 藏 | | | | |
| 陕 西 | 14 470 | 9 876 | 4 594 | 95 516 |
| 甘 肃 | 7 962 | 410 | 7 534 | 76 594 |
| 青 海 | 740 | | 740 | 1 886 |
| 宁 夏 | 109 | | 109 | 613 |
| 新 疆 | 105 829 | 16 245 | 89 584 | 553 328 |
| 热 科 院 | | | | |
| 广 州 | | | | |
| 南 京 | | | | |

2－17续表1

| 地区 | 种子生产量合计（吨） | | | | | |
|---|---|---|---|---|---|---|
| | #原种生产量 | #良种生产量 | 水稻 | 小麦 | 玉米 | 大豆 |
| **全国农垦** | **92 902** | **1 858 770** | **472 344** | **615 498** | **447 682** | **55 022** |
| 北京 | | 280 | 12 | 35 | 233 | |
| 天津 | | | | | | |
| 河北 | 1 558 | 15 817 | | 15 181 | 421 | 12 |
| 山西 | | | | | | |
| 内蒙古 | | 800 | | 800 | | |
| 辽宁 | | 793 | | | 628 | 165 |
| 吉林 | | 118 | | | | 118 |
| 黑龙江 | 9 280 | 139 876 | 66 825 | 8 966 | 9 512 | 54 573 |
| 上海 | 4 193 | 36 604 | 2 303 | 34 301 | | |
| 江苏 | 1 512 | 849 891 | 382 740 | 296 532 | | |
| 浙江 | 122 | 729 | 471 | 258 | | |
| 安徽 | 3 931 | 86 232 | 5 810 | 80 422 | | |
| 福建 | | | | | | |
| 江西 | 81 | 627 | 625 | | | 2 |
| 山东 | 1 339 | 11 250 | | 11 250 | | |
| 河南 | 8 066 | 38 897 | | 37 712 | 979 | 17 |
| 湖北 | 2 624 | 9 648 | 6 210 | 3 363 | 73 | 2 |
| 湖南 | 118 | 4 176 | 3 565 | 198 | 355 | 43 |
| 广东 | | 91 | 91 | | | |
| 广西 | | | | | | |
| 海南 | | | | | | |
| 重庆 | | | | | | |
| 四川 | | 139 | 139 | | | |
| 贵州 | | | | | | |
| 云南 | | | | | | |
| 西藏 | | | | | | |
| 陕西 | 405 | 95 102 | | 63 412 | 28 110 | 90 |
| 甘肃 | 12 713 | 63 387 | | | 48 362 | |
| 青海 | | 1 886 | | | | |
| 宁夏 | | 613 | | | 613 | |
| 新疆 | 46 961 | 501 816 | 3 553 | 63 069 | 358 398 | |
| 热科院 | | | | | | |
| 广州 | | | | | | |
| 南京 | | | | | | |

2-17 续表 2

| 地　　区 | 新品种更新更换 | | | | 加工厂情况 | |
|---|---|---|---|---|---|---|
| | 总面积（公顷） | #更新面积 | #更换面积 | 更新更换品种数量（个） | 加工厂数量（个） | 加工厂生产能力（吨） |
| **全国农垦** | **148 862** | **123 063** | **53 157** | **183** | **295** | **1 557 212** |
| 北　　京 | | | | | | |
| 天　　津 | | | | | | |
| 河　　北 | 134 | | 134 | 6 | 7 | 16 005 |
| 山　　西 | | | | | | |
| 内 蒙 古 | 390 | 390 | | 1 | 1 | 4 000 |
| 辽　　宁 | | | | | 3 | 6 807 |
| 吉　　林 | 453 | 453 | | 8 | 2 | 5 000 |
| 黑 龙 江 | 43 031 | 40 670 | 2 305 | 56 | 62 | 213 788 |
| 上　　海 | 290 | 290 | 290 | 6 | 4 | 82 880 |
| 江　　苏 | 732 | 732 | 250 | 7 | 26 | 320 008 |
| 浙　　江 | | | | | | |
| 安　　徽 | 526 | 526 | | 4 | 13 | 112 110 |
| 福　　建 | | | | | | |
| 江　　西 | | | | | | |
| 山　　东 | | | | | 2 | 6 687 |
| 河　　南 | 2 705 | 756 | 1 515 | 33 | 16 | 341 881 |
| 湖　　北 | 14 438 | 5 739 | 8 260 | 6 | 7 | 5 782 |
| 湖　　南 | 1 925 | 875 | 1 050 | 2 | 43 | 190 100 |
| 广　　东 | | | | | | |
| 广　　西 | | | | | | |
| 海　　南 | | | | | | |
| 重　　庆 | | | | | | |
| 四　　川 | | | | | | |
| 贵　　州 | | | | | | |
| 云　　南 | | | | | | |
| 西　　藏 | | | | | | |
| 陕　　西 | 255 | 235 | 20 | 3 | 2 | 10 |
| 甘　　肃 | 1 300 | 380 | | 28 | 5 | 17 075 |
| 青　　海 | 667 | | 667 | 2 | 1 | |
| 宁　　夏 | 2 017 | 2 017 | | 9 | 7 | 180 |
| 新　　疆 | 80 000 | 70 000 | 38 666 | 12 | 94 | 234 900 |
| 热 科 院 | | | | | | |
| 广　　州 | | | | | | |
| 南　　京 | | | | | | |

2－17续表3

| 地　　区 | 精选单机 | | 包衣机 | | 加工精选总量（吨） |
|---|---|---|---|---|---|
| | 精选单机数量（个） | 单机加工能力（吨） | 包衣机数量（个） | 包衣能力（吨） | |
| **全国农垦** | **2 554** | **179 523** | **425** | **485 302** | **1 034 443** |
| 北　　京 | | | | | |
| 天　　津 | | | | | |
| 河　　北 | 10 | 1 578 | 7 | 780 | 5 541 |
| 山　　西 | | | | | |
| 内 蒙 古 | 7 | 5 | | | |
| 辽　　宁 | 6 | 1 004 | 4 | 11 | 1 000 |
| 吉　　林 | | | | | 1 200 |
| 黑 龙 江 | 151 | 140 335 | 69 | 161 750 | 143 226 |
| 上　　海 | 7 | 72 | 1 | 8 | 64 084 |
| 江　　苏 | 135 | 1 058 | 28 | 188 000 | 385 755 |
| 浙　　江 | | | | | |
| 安　　徽 | 154 | 41 | 19 | 95 | 92 425 |
| 福　　建 | | | | | |
| 江　　西 | | | | | |
| 山　　东 | 6 | 600 | 3 | 2 400 | |
| 河　　南 | 64 | 28 304 | 29 | 32 785 | 47 924 |
| 湖　　北 | 1 809 | 1 145 | 1 | 10 | 2 316 |
| 湖　　南 | | | | | |
| 广　　东 | | | | | |
| 广　　西 | | | | | |
| 海　　南 | | | | | |
| 重　　庆 | | | | | |
| 四　　川 | | | | | |
| 贵　　州 | | | | | |
| 云　　南 | | | | | |
| 西　　藏 | | | | | |
| 陕　　西 | 10 | 7 | 6 | 12 | 5 000 |
| 甘　　肃 | 29 | 2 162 | 7 | 1 342 | 25 135 |
| 青　　海 | 12 | | 1 | | |
| 宁　　夏 | 49 | 158 | 13 | | |
| 新　　疆 | 105 | 3 054 | 237 | 98 110 | 260 838 |
| 热 科 院 | | | | | |
| 广　　州 | | | | | |
| 南　　京 | | | | | |

2－17 续表 4

| 地区 | 生产包衣量（吨） | 晒场面积（米²） | 仓储面积（米²） | 库存能力（吨） | 种子公司数（个） |
|---|---|---|---|---|---|
| **全国农垦** | **237 098** | **4 887 336** | **999 499** | **1 795 521** | **226** |
| 北京 | | 200 | 60 | 20 | |
| 天津 | | | | | |
| 河北 | 2 127 | 90 560 | 14 159 | 16 000 | 8 |
| 山西 | | | | | |
| 内蒙古 | | 28 000 | 15 220 | 10 000 | 1 |
| 辽宁 | 1 634 | 48 170 | 17 000 | 4 100 | 3 |
| 吉林 | | 2 000 | 2 500 | 2 000 | |
| 黑龙江 | 83 480 | 414 910 | 159 848 | 213 652 | 95 |
| 上海 | 2 500 | 13 600 | 9 830 | 36 085 | 2 |
| 江苏 | 15 920 | 1 320 770 | 165 956 | 379 450 | 4 |
| 浙江 | | 2 900 | 1 564 | | |
| 安徽 | 5 971 | 119 878 | 52 653 | 95 500 | 16 |
| 福建 | | | | | |
| 江西 | | | 4 365 | 8 300 | |
| 山东 | | 53 300 | 8 680 | 23 900 | 2 |
| 河南 | 15 128 | 457 673 | 57 423 | 91 475 | 16 |
| 湖北 | | 43 433 | 15 611 | 18 758 | 6 |
| 湖南 | | 25 865 | 13 182 | 14 400 | 1 |
| 广东 | | 8 000 | 1 000 | 100 | 2 |
| 广西 | | | | | |
| 海南 | | | | | |
| 重庆 | | | | | |
| 四川 | | | 54 | 3 500 | |
| 贵州 | | | 3 240 | 500 | |
| 云南 | | | | | |
| 西藏 | | | 2 000 | 120 | |
| 陕西 | 1 500 | 32 000 | 12 223 | 102 182 | 2 |
| 甘肃 | 16 428 | 564 004 | 88 512 | 109 754 | 6 |
| 青海 | | 100 268 | 30 661 | 28 400 | |
| 宁夏 | | 1 070 454 | 58 826 | 34 060 | 2 |
| 新疆 | 92 410 | 491 351 | 264 932 | 603 265 | 60 |
| 热科院 | | | | | |
| 广州 | | | | | |
| 南京 | | | | | |

2－17 续表 5

| 地　　区 | 年末从业人员（人） | 技术人员 | 种子质量检验室数（个） | 种子检验人员（人） |
|---|---|---|---|---|
| **全国农垦** | **9 667** | **2 089** | **201** | **802** |
| 北　　京 | | | | |
| 天　　津 | | | | |
| 河　　北 | 81 | 26 | 6 | 14 |
| 山　　西 | | | | |
| 内 蒙 古 | 10 | 6 | 1 | 2 |
| 辽　　宁 | 85 | 27 | 3 | 8 |
| 吉　　林 | 8 | 2 | | |
| 黑 龙 江 | 1 360 | 397 | | 161 |
| 上　　海 | 86 | 11 | 4 | 7 |
| 江　　苏 | 1 639 | 128 | 25 | 89 |
| 浙　　江 | 34 | 18 | 1 | 1 |
| 安　　徽 | 208 | 35 | 13 | 16 |
| 福　　建 | | | | |
| 江　　西 | 7 | 4 | | 1 |
| 山　　东 | 31 | 7 | 3 | 12 |
| 河　　南 | 699 | 100 | 23 | 81 |
| 湖　　北 | 87 | 34 | 6 | 17 |
| 湖　　南 | 1 120 | 67 | | 2 |
| 广　　东 | 56 | 7 | | 2 |
| 广　　西 | | | | |
| 海　　南 | | | | |
| 重　　庆 | | | | |
| 四　　川 | 57 | 13 | | 5 |
| 贵　　州 | 16 | 3 | | |
| 云　　南 | | | | |
| 西　　藏 | | | | |
| 陕　　西 | 38 | 22 | 2 | 16 |
| 甘　　肃 | 190 | 84 | 6 | 22 |
| 青　　海 | | | 3 | 9 |
| 宁　　夏 | 4 | 2 | 2 | 2 |
| 新　　疆 | 3 851 | 1096 | 103 | 335 |
| 热 科 院 | | | | |
| 广　　州 | | | | |
| 南　　京 | | | | |

# 2－18 农林牧渔业总产值

计量单位：万元

| 地区 | 农林牧渔业总产值 | 农业产值 | 林业产值 | #橡胶产值 |
|---|---|---|---|---|
| **全国农垦** | **50 008 117** | **31 143 393** | **1 116 103** | **338 291** |
| 北京 | 700 873 | 21 324 | 2 045 | |
| 天津 | 260 454 | 11 111 | | |
| 河北 | 1 783 006 | 337 599 | 8 157 | |
| 山西 | 28 459 | 12 999 | 1 332 | |
| 内蒙古 | 1 743 971 | 1 003 872 | 12 610 | |
| 辽宁 | 1 919 588 | 973 592 | 26 040 | |
| 吉林 | 342 352 | 292 936 | 2 379 | |
| 黑龙江 | 9 011 268 | 6 934 353 | 103 324 | |
| 上海 | 954 414 | 178 577 | 4 431 | |
| 江苏 | 742 659 | 476 206 | 38 916 | |
| 浙江 | 46 676 | 20 657 | 612 | |
| 安徽 | 304 832 | 243 821 | 4 026 | |
| 福建 | 244 548 | 115 053 | 9 374 | |
| 江西 | 733 170 | 358 826 | 67 434 | |
| 山东 | 16 870 | 13 589 | 910 | |
| 河南 | 131 617 | 93 124 | 654 | |
| 湖北 | 2 991 749 | 1 400 241 | 56 176 | |
| 湖南 | 1 800 464 | 1 223 146 | 26 126 | |
| 广东 | 1 372 836 | 729 608 | 78 919 | 40 765 |
| 广西 | 1 236 112 | 362 618 | 18 781 | |
| 海南 | 1 619 760 | 1 020 854 | 206 027 | 174 395 |
| 重庆 | 128 019 | | | |
| 四川 | 19 636 | 4 445 | 46 | |
| 贵州 | 132 617 | 9 964 | 163 | |
| 云南 | 693 339 | 281 958 | 146 823 | 122 147 |
| 西藏 | 1 840 | 1 840 | | |
| 陕西 | 70 061 | 54 327 | 100 | |
| 甘肃 | 503 346 | 368 465 | 562 | |
| 青海 | 103 264 | 75 796 | 9 326 | |
| 宁夏 | 533 788 | 225 058 | 774 | |
| 新疆 | 19 541 555 | 14 246 046 | 289 052 | |
| 热科院 | 15 291 | 1 686 | 984 | 984 |
| 广州 | 279 536 | 49 562 | | |
| 南京 | 147 | 139 | | |

2-18 续表

| 地　　区 | 农林牧渔业总产值 | | | 农林牧渔业商品总产值 |
|---|---|---|---|---|
| | 牧业产值 | 渔业产值 | 农林牧渔服务业产值 | |
| **全国农垦** | **11 305 030** | **3 564 513** | **2 879 079** | **22 862 531** |
| 北　　京 | 512 228 | 12 130 | 153 145 | 523 943 |
| 天　　津 | 231 721 | 17 622 | | |
| 河　　北 | 494 617 | 814 016 | 128 617 | 1 419 052 |
| 山　　西 | 12 795 | 24 | 1 309 | 21 659 |
| 内 蒙 古 | 684 069 | 3 714 | 39 706 | 1 215 040 |
| 辽　　宁 | 342 028 | 503 765 | 74 163 | 1 263 098 |
| 吉　　林 | 41 915 | 1 210 | 3 913 | 267 285 |
| 黑 龙 江 | 1 156 008 | 67 178 | 750 406 | 7 844 252 |
| 上　　海 | 495 939 | 262 699 | 12 768 | 923 599 |
| 江　　苏 | 146 869 | 80 668 | | 704 246 |
| 浙　　江 | 20 668 | 3 350 | 1 390 | 5 246 |
| 安　　徽 | 27 274 | 27 521 | 2 190 | 212 806 |
| 福　　建 | 89 977 | 25 899 | 4 245 | 166 997 |
| 江　　西 | 142 537 | 120 806 | 43 566 | 433 871 |
| 山　　东 | 1 192 | 519 | 660 | 6 729 |
| 河　　南 | 29 494 | 4 241 | 4 104 | 108 885 |
| 湖　　北 | 451 375 | 985 797 | 98 160 | 2 090 360 |
| 湖　　南 | 289 256 | 198 979 | 62 956 | 651 593 |
| 广　　东 | 436 312 | 124 060 | 3 937 | 1 224 132 |
| 广　　西 | 828 692 | 13 770 | 12 251 | 1 092 106 |
| 海　　南 | 367 708 | 25 171 | | |
| 重　　庆 | 126 176 | 1 843 | | 121 459 |
| 四　　川 | 4 230 | 79 | 10 837 | 4 343 |
| 贵　　州 | 87 661 | 34 760 | 69 | 45 868 |
| 云　　南 | 63 618 | 28 773 | 172 167 | 658 600 |
| 西　　藏 | | | | 586 |
| 陕　　西 | 11 648 | | 3 986 | 24 582 |
| 甘　　肃 | 121 710 | 54 | 12 555 | 384 082 |
| 青　　海 | 17 742 | | 400 | 70 255 |
| 宁　　夏 | 288 360 | 8 917 | 10 679 | 515 103 |
| 新　　疆 | 3 549 904 | 196 879 | 1 259 673 | 842 966 |
| 热 科 院 | 1 351 | 61 | 11 209 | 1 831 |
| 广　　州 | 229 956 | | 18 | 17 956 |
| 南　　京 | | 8 | | |

# 2-19 农场按经济总量（1亿元以上）排序

| 地区 | 农场名称 | 生产总值（现价） | | 工业增加值 | | 农业增加值 | | 利润总额 | | 耕地面积 | | 年平均职工 | |
|---|---|---|---|---|---|---|---|---|---|---|---|---|---|
| | | 金额（万元） | 排序 | 金额（万元） | 排序 | 金额（万元） | 排序 | 金额（万元） | 排序 | 数量（公顷） | 排序 | 数量（人） | 排序 |
| 江西 | 江西省共青垦殖场 | 1 567 446 | 1 | 939 362 | 1 | 78 547 | 20 | 419 120 | 1 | 8 627 | 134 | 45 866 | 1 |
| 河北 | 河北省国营柏各庄农场 | 1 419 171 | 2 | 458 638 | 4 | 444 705 | 1 | −3 274 | 362 | 30 348 | 55 | 26 750 | 2 |
| 河北 | 国宫中捷友谊农场 | 1 015 502 | 3 | 792 869 | 2 | 53 717 | 53 | 1 059 | 222 | 6 375 | 157 | 23 112 | 4 |
| 河北 | 芦台农场 | 845 029 | 4 | 641 848 | 3 | 38 792 | 75 | 5 306 | 92 | 8 077 | 139 | 2 262 | 86 |
| 湖北 | 湖北省国营总口农场 | 587 099 | 5 | 138 140 | 13 | 64 044 | 33 | 18 314 | 22 | 5 723 | 166 | 6 711 | 28 |
| 河北 | 河北省南大港农场集团公司 | 480 000 | 6 | 271 000 | 7 | 13 000 | 225 | 370 | 258 | 10 540 | 122 | 7 050 | 25 |
| 湖南 | 湖南省常德市国营西洞庭农场 | 457 015 | 7 | 232 568 | 9 | 58 442 | 40 | 40 028 | 8 | 6 953 | 150 | 24 902 | 3 |
| 河北 | 河北省汉沽农场 | 384 278 | 8 | 151 712 | 12 | 48 089 | 60 | 115 406 | 3 | 7 625 | 145 | 2 234 | 88 |
| 广西 | 广西农垦山圩农场有限公司 | 383 015 | 9 | 378 957 | 5 | 3 462 | 340 | 6 219 | 81 | 4 910 | 174 | 179 | 326 |
| 辽宁 | 大洼县东风农场 | 360 891 | 10 | 257 680 | 8 | 54 021 | 51 | 86 821 | 5 | 5 992 | 163 | 32 | 363 |
| 内蒙古 | 贺斯格乌拉牧场 | 320 269 | 11 | 278 567 | 6 | 28 089 | 117 | 91 241 | 4 | 7 850 | 144 | 1 082 | 173 |
| 辽宁 | 大洼县国营前进农场 | 234 500 | 12 | 25 000 | 36 | 45 500 | 63 | −401 | 344 | 2 741 | 232 | 2 157 | 91 |
| 辽宁 | 大洼县唐家农场 | 229 935 | 13 | 68 915 | 17 | 13 680 | 210 | 1 072 | 221 | 6 047 | 162 | 4 423 | 46 |
| 辽宁 | 锦州市果树农场 | 228 000 | 14 | 26 900 | 35 | 13 600 | 214 | 20 725 | 18 | 200 | 319 | 599 | 239 |
| 湖北 | 湖北省国营后湖农场 | 217 944 | 15 | 164 785 | 11 | 53 159 | 55 | 3 815 | 117 | 319 | 314 | 17 915 | 8 |
| 黑龙江 | 北大荒集团黑龙江友谊农场有限公司 | 197 803 | 16 | 62 | 260 | 183 631 | 2 | 12 227 | 34 | 140 878 | 1 | 8 635 | 19 |
| 江苏 | 东辛农场有限公司 | 190 317 | 17 | 55 596 | 19 | 16 247 | 189 | 35 506 | 10 | | | 2 493 | 78 |
| 河北 | 河北省国营察北牧场 | 186 424 | 18 | 51 845 | 22 | 91 193 | 14 | 35 811 | 9 | 11 545 | 116 | 1 204 | 159 |
| 北京 | 北京市西郊农场有限公司 | 181 695 | 19 | 5 427 | 85 | 7 725 | 310 | 141 238 | 2 | 108 | 327 | 1 690 | 121 |
| 贵州 | 贵州南方乳业股份有限公司 | 178 564 | 20 | 178 564 | 10 | | | 19 887 | 20 | | | 1 556 | 133 |
| 辽宁 | 盘山坝墙子农垦有限公司 | 165 215 | 21 | 6 015 | 82 | 75 750 | 25 | −335 | 341 | 3 546 | 208 | 10 070 | 16 |
| 湖北 | 湖北省国营蒋湖农场 | 163 000 | 22 | 23 998 | 39 | 20 824 | 152 | 451 | 251 | 3 646 | 203 | 4 675 | 44 |
| 辽宁 | 大洋县清水农场 | 158 070 | 23 | 67 419 | 18 | 73 129 | 26 | −11 | 322 | 4 365 | 187 | 2 800 | 68 |
| 黑龙江 | 北大荒集团黑龙江七星农场有限公司 | 154 705 | 24 | | | 137 478 | 3 | 2 448 | 149 | 86 846 | 4 | 4 971 | 40 |
| 河北 | 河北省国营沽源牧场集团有限公司 | 153 069 | 25 | 20 589 | 41 | 114 820 | 5 | 2 388 | 152 | 8 773 | 133 | 2 816 | 66 |
| 海南 | 海南农垦八一总场有限公司 | 144 938 | 26 | 13 886 | 56 | 51 842 | 57 | 20 923 | 17 | 5 512 | 168 | 404 | 278 |
| 江西 | 江西云山集团有限责任公司 | 142 766 | 27 | 111 654 | 14 | 15 717 | 192 | 1 572 | 192 | 1 764 | 262 | 12 666 | 14 |
| 内蒙古 | 乌拉盖农牧场 | 134 222 | 28 | 34 147 | 28 | 12 970 | 226 | −2 240 | 358 | 6 886 | 153 | 2 169 | 90 |
| 湖北 | 湖北省国营运粮湖农场 | 131 486 | 29 | 85 123 | 15 | 36 511 | 82 | −519 | 348 | 3 386 | 216 | 2 631 | 71 |
| 辽宁 | 盘山太平农垦有限公司 | 131 426 | 30 | 54 317 | 21 | 40 957 | 70 | −119 | 330 | 3 450 | 213 | 4 786 | 42 |
| 黑龙江 | 北大荒集团黑龙江八五三农场有限公司 | 128 377 | 31 | 164 | 241 | 112 416 | 6 | 13 042 | 31 | 74 151 | 8 | 3 668 | 56 |
| 黑龙江 | 北大荒集团黑龙江前锋农场有限公司 | 127 952 | 32 | 483 | 208 | 117 308 | 4 | 8 691 | 58 | 80 450 | 5 | 1 551 | 135 |
| 辽宁 | 大洼县城郊农场 | 127 727 | 33 | 30 077 | 33 | 18 110 | 174 | −10 | 321 | 1 051 | 278 | 6 945 | 26 |
| 黑龙江 | 北大荒集团黑龙江八五九农场有限公司 | 120 384 | 34 | 657 | 193 | 108 693 | 7 | 2 195 | 160 | 92 362 | 2 | 1 691 | 120 |
| 黑龙江 | 北大荒集团黑龙江八五二农场有限公司 | 115 893 | 35 | | | 100 057 | 9 | 9 907 | 50 | 88 661 | 3 | 5 665 | 38 |
| 黑龙江 | 北大荒集团黑龙江宝泉岭农场有限公司 | 115 356 | 36 | | | 103 166 | 8 | 8 036 | 61 | 44 401 | 24 | 2 567 | 75 |
| 黑龙江 | 北大荒集团黑龙江八五六农场有限公司 | 110 595 | 37 | 41 | 269 | 99 204 | 10 | 4 029 | 112 | 76 834 | 7 | 2 598 | 73 |

2－19 续表 1

| 地区 | 农场名称 | 生产总值（现价） | | 工业增加值 | | 农业增加值 | | 利润总额 | | 耕地面积 | | 年平均职工 | |
|---|---|---|---|---|---|---|---|---|---|---|---|---|---|
| | | 金额（万元） | 排序 | 金额（万元） | 排序 | 金额（万元） | 排序 | 金额（万元） | 排序 | 数量（公顷） | 排序 | 数量（人） | 排序 |
| 黑　龙　江 | 北大荒集团黑龙江军川农场有限公司 | 108 170 | 38 | 230 | 225 | 86 871 | 15 | 7 685 | 65 | 43 829 | 25 | 2 919 | 63 |
| 黑　龙　江 | 北大荒集团黑龙江勤得利农场有限公司 | 108 130 | 39 | 1 076 | 169 | 92 469 | 13 | 2 759 | 138 | 66 571 | 10 | 1 522 | 137 |
| 黑　龙　江 | 北大荒集团黑龙江五九七农场有限公司 | 107 349 | 40 | | | 99 069 | 11 | 12 557 | 32 | 59 274 | 14 | 4 407 | 48 |
| 河　　北 | 承德御道口农垦实业集团有限公司 | 106 014 | 41 | 73 975 | 16 | 18 937 | 171 | 2 076 | 167 | 2 120 | 248 | 735 | 212 |
| 辽　　宁 | 大洼县新立农场 | 105 955 | 42 | 14 875 | 52 | 36 950 | 81 | | | 3 865 | 197 | 145 | 337 |
| 黑　龙　江 | 北大荒集团黑龙江八五四农场有限公司 | 105 543 | 43 | 181 | 237 | 94 962 | 12 | 1 852 | 177 | 72 286 | 9 | 2 313 | 84 |
| 海　　南 | 海南农垦东新农场有限公司 | 104 231 | 44 | 65 | 259 | 82 258 | 18 | 4 668 | 99 | 1 082 | 277 | 584 | 244 |
| 海　　南 | 海南农垦神泉集团有限公司 | 100 664 | 45 | | | 53 751 | 52 | 2 642 | 140 | 857 | 283 | 1 118 | 166 |
| 海　　南 | 海南农垦红明农场有限公司 | 98 300 | 46 | | | 78 104 | 21 | 205 | 274 | 1 836 | 257 | 223 | 311 |
| 海　　南 | 海南农垦乌石农场有限公司 | 97 340 | 47 | 3 184 | 106 | 56 918 | 43 | 951 | 227 | 1 951 | 251 | 394 | 285 |
| 广　　西 | 广西农垦新兴农场有限公司 | 94 059 | 48 | 3 250 | 104 | 7 236 | 313 | 6 640 | 75 | 52 042 | 19 | 208 | 317 |
| 湖　　北 | 湖北省国营熊口农场 | 94 025 | 49 | 55 530 | 20 | 34 495 | 91 | 19 505 | 21 | 3 461 | 212 | 7 408 | 24 |
| 黑　龙　江 | 北大荒集团黑龙江共青农场有限公司 | 93 402 | 50 | 14 | 280 | 85 209 | 16 | 5 408 | 89 | 38 002 | 40 | 2 241 | 87 |
| 黑　龙　江 | 北大荒集团黑龙江北兴农场有限公司 | 93 248 | 51 | | | 82 941 | 17 | 11 666 | 38 | 43 633 | 26 | 2 767 | 69 |
| 黑　龙　江 | 北大荒集团黑龙江前进农场有限公司 | 92 844 | 52 | 922 | 174 | 76 434 | 23 | 2 279 | 156 | 59 534 | 13 | 2 076 | 99 |
| 黑　龙　江 | 北大荒集团黑龙江二九〇农场有限公司 | 89 778 | 53 | 172 | 239 | 76 144 | 24 | 2 975 | 132 | 53 656 | 16 | 4 062 | 53 |
| 江　　苏 | 岗埠农场有限公司 | 87 191 | 54 | 30 027 | 34 | 5 889 | 328 | 23 236 | 15 | | | 376 | 289 |
| 海　　南 | 海南农垦金江农场有限公司 | 86 399 | 55 | 1 785 | 144 | 49 459 | 58 | 3 335 | 127 | 432 | 308 | 240 | 308 |
| 黑　龙　江 | 北大荒集团黑龙江饶河农场有限公司 | 85 184 | 56 | 22 | 277 | 79 192 | 19 | 4 107 | 109 | 40 139 | 33 | 2 765 | 70 |
| 黑　龙　江 | 北大荒集团黑龙江二九一农场有限公司 | 84 596 | 57 | 16 | 279 | 76 665 | 22 | 2 900 | 135 | 42 588 | 29 | 4 065 | 52 |
| 广　　西 | 广西农垦九曲湾农场有限公司 | 83 500 | 58 | 3 488 | 99 | 3 850 | 339 | 11 995 | 36 | 1 710 | 265 | 88 | 354 |
| 湖　　北 | 湖北省国营综合农场 | 82 101 | 59 | 18 569 | 45 | 9 416 | 282 | 1 098 | 219 | 454 | 306 | 8 865 | 17 |
| 海　　南 | 海南农垦荣光农场有限公司 | 81 770 | 60 | | | 44 825 | 64 | 2 882 | 136 | 1 452 | 272 | 425 | 272 |
| 黑　龙　江 | 北大荒集团黑龙江大兴农场有限公司 | 80 989 | 61 | 645 | 194 | 72 284 | 27 | 7 384 | 69 | 57 225 | 15 | 2 046 | 100 |
| 黑　龙　江 | 北大荒集团黑龙江绥滨农场有限公司 | 80 865 | 62 | 55 | 265 | 66 355 | 32 | 8 495 | 59 | 36 679 | 41 | 2 500 | 77 |
| 黑　龙　江 | 北大荒集团黑龙江洪河农场有限公司 | 79 926 | 63 | | | 69 866 | 30 | 5 317 | 91 | 49 465 | 21 | 949 | 186 |
| 黑　龙　江 | 北大荒集团黑龙江查哈阳农场有限公司 | 79 505 | 64 | 98 | 252 | 63 944 | 34 | 11 650 | 39 | 60 041 | 12 | 4 214 | 50 |
| 黑　龙　江 | 北大荒集团黑龙江新华农场有限公司 | 79 400 | 65 | 1 654 | 148 | 72 141 | 28 | 10 293 | 46 | 38 046 | 39 | 1 923 | 107 |
| 广　　东 | 广东省广前糖业发展有限公司 | 78 377 | 66 | 1 125 | 165 | 72 121 | 29 | 5 759 | 87 | 6 785 | 154 | 1 118 | 166 |
| 新　　疆 | 阿瓦提县丰收三场农业发展有限公司 | 77 894 | 67 | 3 124 | 107 | 1 561 | 351 | | | 13 587 | 109 | 1 | 365 |
| 黑　龙　江 | 北大荒集团黑龙江普阳农场有限公司 | 77 690 | 68 | 905 | 175 | 54 247 | 50 | 8 477 | 60 | 32 825 | 53 | 1 886 | 110 |
| 湖　　北 | 湖北省国营白鹭湖农场 | 76 785 | 69 | 46 923 | 23 | 21 864 | 144 | −281 | 340 | 2 887 | 227 | 2 029 | 102 |
| 海　　南 | 海南农垦西达农场有限公司 | 76 648 | 70 | | | 40 319 | 72 | 366 | 260 | 5 661 | 167 | 442 | 269 |
| 辽　　宁 | 大洼县平安农场 | 75 310 | 71 | 36 200 | 27 | 33 670 | 93 | 2 | 311 | 3 772 | 201 | 3 897 | 54 |
| 黑　龙　江 | 北大荒集团黑龙江庆丰农场有限公司 | 74 615 | 72 | | | 67 321 | 31 | 2 975 | 133 | 46 403 | 23 | 1 343 | 150 |
| 黑　龙　江 | 北大荒集团黑龙江胜利农场有限公司 | 73 893 | 73 | 853 | 178 | 63 160 | 37 | 7 947 | 62 | 49 680 | 20 | 2 348 | 83 |
| 海　　南 | 海南农垦西联农场有限公司 | 73 326 | 74 | 3 266 | 103 | 28 818 | 114 | 12 484 | 33 | 1 664 | 266 | 396 | 280 |

2－19 续表 2

| 地区 | 农场名称 | 生产总值（现价） | | 工业增加值 | | 农业增加值 | | 利润总额 | | 耕地面积 | | 年平均职工 | |
|---|---|---|---|---|---|---|---|---|---|---|---|---|---|
| | | 金额（万元） | 排序 | 金额（万元） | 排序 | 金额（万元） | 排序 | 金额（万元） | 排序 | 数量（公顷） | 排序 | 数量（人） | 排序 |
| 黑龙江 | 北大荒集团黑龙江创业农场有限公司 | 72 321 | 75 | 561 | 202 | 63 494 | 35 | 4 090 | 110 | 39 596 | 36 | 2 507 | 76 |
| 黑龙江 | 北大荒集团黑龙江浓江农场有限公司 | 72 226 | 76 | 578 | 199 | 63 338 | 36 | 7 252 | 70 | 40 844 | 32 | 998 | 184 |
| 黑龙江 | 北大荒集团黑龙江红卫农场有限公司 | 69 319 | 77 | 874 | 177 | 60 945 | 39 | 1 282 | 205 | 42 667 | 27 | 1 284 | 151 |
| 湖北 | 湖北省国营三湖农场 | 67 323 | 78 | 14 144 | 54 | 19 547 | 162 | 3 548 | 123 | 3 126 | 222 | 8 343 | 21 |
| 海南 | 海南农垦母瑞山农场有限公司 | 66 994 | 79 | | | 53 091 | 56 | 873 | 232 | 1 939 | 252 | 349 | 297 |
| 黑龙江 | 北大荒集团黑龙江二道河农场有限公司 | 66 870 | 80 | 66 | 258 | 61 100 | 38 | 7 718 | 63 | 38 906 | 37 | 882 | 196 |
| 上海 | 上海花卉园艺（集团）有限公司 | 66 801 | 81 | | | 22 309 | 142 | 43 953 | 7 | 97 | 328 | 1 262 | 153 |
| 黑龙江 | 北大荒集团黑龙江八五八农场有限公司 | 66 563 | 82 | 2 045 | 137 | 56 847 | 44 | 9 912 | 49 | 42 558 | 30 | 909 | 192 |
| 黑龙江 | 北大荒集团黑龙江赵光农场有限公司 | 66 202 | 83 | 85 | 253 | 58 299 | 41 | 5 234 | 93 | 36 018 | 42 | 3 169 | 61 |
| 海南 | 海南农垦红昇农场有限公司 | 65 494 | 84 | 1 720 | 146 | 47 418 | 61 | 689 | 242 | 921 | 281 | 589 | 243 |
| 黑龙江 | 北大荒集团黑龙江前哨农场有限公司 | 65 072 | 85 | 570 | 201 | 58 236 | 42 | 190 | 276 | 53 147 | 17 | 1 597 | 128 |
| 黑龙江 | 北大荒集团黑龙江尖山农场有限公司 | 65 065 | 86 | 133 | 246 | 46 158 | 62 | 3 868 | 116 | 23 929 | 73 | 2 155 | 92 |
| 江西 | 国营分宜县介桥垦殖场 | 65 000 | 87 | 32 450 | 31 | 1 612 | 350 | 1 158 | 214 | 729 | 290 | 19 850 | 6 |
| 内蒙古 | 哈拉盖图农牧场 | 64 484 | 88 | 19 811 | 42 | 31 825 | 97 | 1 888 | 175 | 16 238 | 98 | 639 | 232 |
| 广东 | 广东农垦铜锣湖农场有限公司 | 64 410 | 89 | 33 925 | 29 | 11 630 | 249 | 464 | 250 | 774 | 287 | 134 | 339 |
| 黑龙江 | 北大荒集团黑龙江兴凯湖农场有限公司 | 64 178 | 90 | | | 56 225 | 46 | 1 380 | 201 | 42 657 | 28 | 1 638 | 126 |
| 辽宁 | 大洼县榆树农场 | 63 850 | 91 | 3 650 | 97 | 43 200 | 65 | −619 | 352 | 5 079 | 173 | 2 352 | 81 |
| 辽宁 | 大洼县新开农场 | 63 253 | 92 | 16 988 | 49 | 13 500 | 217 | −21 | 323 | 3 434 | 215 | 2 571 | 74 |
| 海南 | 海南农垦中坤农场有限公司 | 63 042 | 93 | 4 663 | 90 | 35 713 | 88 | 1 331 | 202 | 2 638 | 234 | 366 | 290 |
| 黑龙江 | 北大荒集团黑龙江八五七农场有限公司 | 62 864 | 94 | 215 | 230 | 54 353 | 49 | 6 778 | 73 | 35 632 | 43 | 2 349 | 82 |
| 湖北 | 湖北省国营中洲垸农场 | 62 679 | 95 | 3 987 | 94 | 23 589 | 135 | 55 | 295 | 3 610 | 206 | 6 395 | 31 |
| 黑龙江 | 北大荒集团黑龙江青龙山农场有限公司 | 62 313 | 96 | 814 | 183 | 56 228 | 45 | 289 | 267 | 40 036 | 34 | 1 911 | 108 |
| 江西 | 九龙山垦殖场 | 61 583 | 97 | 38 260 | 25 | 1 468 | 352 | 1 163 | 213 | 739 | 288 | 18 793 | 7 |
| 江西 | 南英垦殖场 | 61 536 | 98 | 37 620 | 26 | 13 260 | 221 | 1 168 | 212 | 829 | 285 | 19 980 | 5 |
| 黑龙江 | 北大荒集团黑龙江鹤山农场有限公司 | 61 143 | 99 | 523 | 203 | 53 379 | 54 | 6 496 | 76 | 33 286 | 50 | 2 886 | 65 |
| 湖北 | 湖北省国营大同湖农场 | 60 911 | 100 | 7 943 | 75 | 36 342 | 84 | 2 158 | 162 | 2 224 | 243 | 15 985 | 9 |
| 黑龙江 | 北大荒集团黑龙江逊克农场有限公司 | 59 904 | 101 | | | 55 460 | 48 | 6 997 | 72 | 77 786 | 6 | 1 777 | 114 |
| 黑龙江 | 北大荒集团黑龙江延军农场有限公司 | 59 774 | 102 | | | 55 902 | 47 | 667 | 244 | 17 892 | 91 | 944 | 187 |
| 江苏 | 黄海农场有限公司 | 59 600 | 103 | 6 066 | 81 | 10 095 | 273 | 6 112 | 82 | | | 2 392 | 79 |
| 黑龙江 | 北大荒集团黑龙江嫩北农场有限公司 | 59 115 | 104 | 110 | 250 | 36 380 | 83 | 4 953 | 97 | 27 662 | 63 | 1 816 | 112 |
| 黑龙江 | 北大荒集团黑龙江鸭绿河农场有限公司 | 59 103 | 105 | 349 | 217 | 49 312 | 59 | 4 311 | 104 | 34 807 | 46 | 882 | 196 |
| 江苏 | 滨淮农场有限公司 | 58 486 | 106 | | | 2 752 | 344 | 11 859 | 37 | | | 666 | 223 |
| 海南 | 海南农垦龙江农场有限公司 | 57 971 | 107 | 853 | 179 | 35 180 | 89 | 1 221 | 206 | 1 431 | 274 | 202 | 320 |
| 江苏 | 新曹农场有限公司 | 56 678 | 108 | 385 | 213 | 11 741 | 246 | 23 479 | 14 | | | 1 490 | 140 |
| 江苏 | 江心沙农场有限公司 | 56 087 | 109 | 39 105 | 24 | 1 822 | 348 | 15 018 | 28 | | | 478 | 262 |
| 辽宁 | 大洼县新兴农场 | 54 428 | 110 | 19 428 | 43 | 35 000 | 90 | −30 | 324 | 3 274 | 219 | 7 864 | 22 |
| 新疆 | 新疆清源农业发展有限公司 | 54 303 | 111 | 104 | 251 | 12 265 | 239 | 304 | 266 | 4 688 | 179 | 452 | 266 |

2－19续表3

| 地区 | 农场名称 | 生产总值（现价） | | 工业增加值 | | 农业增加值 | | 利润总额 | | 耕地面积 | | 年平均职工 | |
|---|---|---|---|---|---|---|---|---|---|---|---|---|---|
| | | 金额（万元） | 排序 | 金额（万元） | 排序 | 金额（万元） | 排序 | 金额（万元） | 排序 | 数量（公顷） | 排序 | 数量（人） | 排序 |
| 黑龙江 | 北大荒集团黑龙江江滨农场有限公司 | 52 682 | 112 | 1 107 | 168 | 42 925 | 66 | 1 479 | 198 | 25 986 | 67 | 2 124 | 96 |
| 云南 | 黎明农场 | 52 605 | 113 | 338 | 218 | 35 959 | 86 | 15 791 | 26 | 7 492 | 146 | 6 123 | 35 |
| 黑龙江 | 北大荒集团黑龙江八五〇农场有限公司 | 51 613 | 114 | | | 42 863 | 67 | 6 443 | 77 | 35 314 | 45 | 1 493 | 139 |
| 辽宁 | 大洼区高家农场 | 51 200 | 115 | 30 600 | 32 | 3 100 | 343 | 441 | 252 | 1 801 | 258 | 1 073 | 174 |
| 江苏 | 白马湖农场有限公司 | 50 744 | 116 | 12 655 | 60 | 6 707 | 323 | 17 941 | 23 | | | 1 277 | 152 |
| 云南 | 弥勒东风农场 | 50 563 | 117 | 2 604 | 122 | 38 768 | 76 | 21 059 | 16 | 3 858 | 199 | 568 | 246 |
| 辽宁 | 大洼县赵圈河苇场 | 50 400 | 118 | | | 36 300 | 85 | 57 | 294 | 1 883 | 254 | 2 306 | 85 |
| 广东 | 广东农垦平岗农场有限公司 | 50 225 | 119 | | | 41 646 | 68 | 388 | 256 | | | 283 | 304 |
| 广东 | 广东农垦湖光农场有限公司 | 49 033 | 120 | 3 291 | 102 | 27 568 | 119 | 962 | 226 | 2 468 | 238 | 1 211 | 158 |
| 黑龙江 | 北大荒集团黑龙江嫩江农场有限公司 | 47 480 | 121 | | | 40 388 | 71 | 6 237 | 80 | 30 223 | 57 | 1 681 | 124 |
| 湖北 | 湖北省国营大沙湖农场 | 47 477 | 122 | 17 469 | 47 | 20 987 | 149 | 87 | 290 | 3 028 | 224 | 15 466 | 10 |
| 云南 | 景洪农场 | 47 451 | 123 | 1 524 | 154 | 28 874 | 113 | 11 227 | 43 | 9 521 | 126 | 8 702 | 18 |
| 湖北 | 武汉市国营汉南农场 | 46 788 | 124 | 3 970 | 95 | 33 368 | 94 | −749 | 353 | 1 725 | 264 | 549 | 248 |
| 内蒙古 | 建洋农场 | 46 291 | 125 | 36 | 272 | 33 724 | 92 | −279 | 339 | 3 567 | 207 | 1 004 | 183 |
| 北京 | 北京市东郊农场有限公司 | 46 209 | 126 | | | | | 75 938 | 6 | 83 | 329 | 93 | 353 |
| 广东 | 广东省华海糖业发展有限公司 | 45 965 | 127 | 66 | 257 | 38 293 | 78 | 3 765 | 118 | 7 139 | 148 | 633 | 233 |
| 辽宁 | 锦州小东农工商有限责任公司 | 45 800 | 128 | 515 | 204 | 41 295 | 69 | 23 | 302 | 13 444 | 110 | 12 884 | 13 |
| 云南 | 勐捧农场 | 45 564 | 129 | | | 31 456 | 99 | 10 851 | 44 | 28 191 | 61 | 7 518 | 23 |
| 广东 | 广东农垦胜利农场有限公司 | 44 895 | 130 | 5 432 | 84 | 19 400 | 165 | 1 172 | 211 | | | 541 | 249 |
| 广东 | 广东省丰收糖业发展有限公司 | 44 755 | 131 | 1 896 | 143 | 31 091 | 101 | 3 927 | 114 | 9 039 | 129 | 710 | 217 |
| 黑龙江 | 北大荒集团黑龙江江川农场有限公司 | 44 574 | 132 | 230 | 225 | 39 604 | 73 | 1 386 | 200 | 21 317 | 81 | 2 391 | 80 |
| 安徽 | 安徽省农垦集团皖河农场有限公司 | 44 325 | 133 | 2 750 | 115 | 32 125 | 96 | 1 801 | 181 | 4 609 | 184 | 2 151 | 94 |
| 黑龙江 | 北大荒集团黑龙江七星泡农场有限公司 | 43 804 | 134 | | | 37 287 | 79 | 2 600 | 142 | 34 184 | 47 | 2 816 | 66 |
| 新疆 | 察布查尔锡伯自治县种羊场 | 43 485 | 135 | 882 | 176 | 15 860 | 191 | 3 | 310 | 8 287 | 137 | 641 | 229 |
| 黑龙江 | 北大荒集团黑龙江长水河农场有限公司 | 43 295 | 136 | 210 | 231 | 39 055 | 74 | 3 052 | 130 | 27 752 | 62 | 1 803 | 113 |
| 黑龙江 | 北大荒集团黑龙江二龙山农场有限公司 | 42 750 | 137 | 271 | 221 | 38 497 | 77 | 5 167 | 94 | 33 028 | 52 | 3 190 | 60 |
| 北京 | 北京市南郊农场有限公司 | 42 538 | 138 | 33 632 | 30 | 2 478 | 345 | 26 517 | 12 | 19 | 336 | 1 088 | 171 |
| 黑龙江 | 北大荒集团黑龙江云山农场有限公司 | 42 534 | 139 | 609 | 197 | 35 807 | 87 | 10 096 | 47 | 33 892 | 48 | 1 111 | 168 |
| 黑龙江 | 北大荒集团黑龙江梧桐河农场有限公司 | 42 345 | 140 | 384 | 215 | 31 656 | 98 | 2 822 | 137 | 20 414 | 84 | 1 195 | 160 |
| 云南 | 东风农场 | 41 135 | 141 | 393 | 212 | 25 799 | 125 | 5 716 | 88 | 16 743 | 96 | 10 651 | 15 |
| 黑龙江 | 北大荒集团黑龙江红旗岭农场有限公司 | 40 762 | 142 | | | 36 955 | 80 | 4 428 | 101 | 21 142 | 82 | 1 552 | 134 |
| 辽宁 | 大洼县西安农场 | 40 612 | 143 | 50 | 267 | 10 172 | 272 | −72 | 327 | 4 815 | 177 | 2 985 | 62 |
| 广东 | 广东农垦曙光农场有限公司 | 40 149 | 144 | 1 983 | 139 | 24 221 | 130 | 1 728 | 183 | 23 | 335 | 361 | 291 |
| 江苏 | 宝应湖农场有限公司 | 39 841 | 145 | 17 622 | 46 | 3 360 | 341 | 9 650 | 52 | | | 502 | 259 |
| 黑龙江 | 北大荒集团黑龙江山河农场有限公司 | 39 517 | 146 | | | 30 797 | 102 | 1 188 | 209 | 27 538 | 64 | 1 629 | 127 |
| 江苏 | 新洋农场有限公司 | 39 489 | 147 | 13 222 | 57 | 2 288 | 347 | 2 237 | 158 | | | 935 | 190 |
| 黑龙江 | 北大荒集团黑龙江克山农场有限公司 | 39 381 | 148 | 217 | 229 | 31 174 | 100 | 948 | 228 | 28 995 | 58 | 4 423 | 46 |

2－19 续表 4

| 地区 | 农场名称 | 生产总值（现价） | | 工业增加值 | | 农业增加值 | | 利润总额 | | 耕地面积 | | 年平均职工 | |
|---|---|---|---|---|---|---|---|---|---|---|---|---|---|
| | | 金额（万元） | 排序 | 金额（万元） | 排序 | 金额（万元） | 排序 | 金额（万元） | 排序 | 数量（公顷） | 排序 | 数量（人） | 排序 |
| 安徽 | 安徽省农垦集团华阳河农场有限公司 | 39 060 | 149 | 2 388 | 128 | 30 066 | 103 | 3 429 | 125 | 6 938 | 151 | 1 193 | 161 |
| 北京 | 北京首农东风资产管理有限公司 | 39 036 | 150 | | | | | 10 485 | 45 | | | 524 | 252 |
| 黑龙江 | 北大荒集团黑龙江八五一一农场有限公司 | 38 776 | 151 | 4 314 | 92 | 27 017 | 121 | 1 201 | 208 | 27 025 | 65 | 1 596 | 129 |
| 黑龙江 | 北大荒集团黑龙江名山农场有限公司 | 38 664 | 152 | 24 | 276 | 27 325 | 120 | 847 | 234 | 20 034 | 85 | 1 573 | 132 |
| 云南 | 思茅农场 | 38 623 | 153 | 1 484 | 156 | 46 | 359 | 20 438 | 19 | 110 | 326 | 264 | 306 |
| 安徽 | 安徽省农垦集团寿西湖农场有限公司 | 38 590 | 154 | 14 735 | 53 | 12 047 | 243 | 1 611 | 189 | 4 145 | 191 | 1 866 | 111 |
| 安徽 | 安徽省农垦集团十字铺茶场有限公司 | 38 208 | 155 | 24 145 | 38 | 6 777 | 322 | 1 695 | 185 | 528 | 304 | 800 | 206 |
| 广西 | 广西农垦金光农场有限公司 | 38 185 | 156 | 1 603 | 151 | 22 512 | 141 | 4 690 | 98 | 63 425 | 11 | 701 | 219 |
| 广西 | 广西农垦西江农场有限公司 | 38 081 | 157 | | | 13 510 | 216 | 13 564 | 29 | 71 | 330 | 559 | 247 |
| 黑龙江 | 北大荒集团黑龙江八五一〇农场有限公司 | 37 935 | 158 | 197 | 234 | 29 722 | 106 | 3 690 | 121 | 21 507 | 79 | 929 | 191 |
| 辽宁 | 盘山胡家农垦有限公司 | 37 722 | 159 | 3 602 | 98 | 23 860 | 132 | −201 | 334 | 8 073 | 140 | 6 532 | 29 |
| 江苏 | 临海农场有限公司 | 37 101 | 160 | 19 025 | 44 | 5 948 | 327 | 11 576 | 40 | | | 692 | 220 |
| 黑龙江 | 北大荒集团黑龙江红星农场有限公司 | 36 745 | 161 | 3 455 | 100 | 29 768 | 105 | 3 706 | 120 | 28 393 | 59 | 2 098 | 98 |
| 海南 | 海南农垦广坝农场有限公司 | 36 575 | 162 | 6 722 | 78 | 20 978 | 150 | 944 | 229 | 542 | 303 | 126 | 342 |
| 黑龙江 | 北大荒集团黑龙江建边农场有限公司 | 36 370 | 163 | 171 | 240 | 22 568 | 140 | 901 | 231 | 21 767 | 78 | 943 | 188 |
| 江苏 | 三河农场有限公司 | 36 141 | 164 | 12 295 | 61 | 5 827 | 329 | 16 311 | 25 | | | 892 | 194 |
| 广东 | 广东农垦红峰农场有限公司 | 35 982 | 165 | 6 009 | 83 | 13 675 | 211 | −39 | 325 | 15 | 338 | 583 | 245 |
| 上海 | 光明食品集团上海五四有限公司 | 35 862 | 166 | 3 099 | 108 | 10 926 | 257 | 10 093 | 48 | 1 854 | 256 | 2 039 | 101 |
| 广东 | 广东农垦团结农场有限公司 | 35 397 | 167 | 3 372 | 101 | 13 754 | 208 | 1 699 | 184 | 6 | 340 | 475 | 263 |
| 湖北 | 湖北省国营万福店农场 | 35 152 | 168 | 11 294 | 65 | 10 748 | 259 | 2 712 | 139 | 2 148 | 245 | 15 318 | 11 |
| 黑龙江 | 北大荒集团黑龙江双鸭山农场有限公司 | 34 785 | 169 | | | 29 621 | 107 | 2 012 | 173 | 18 285 | 89 | 2 154 | 93 |
| 湖北 | 湖北省国营清河农场 | 34 746 | 170 | 11 561 | 64 | 19 419 | 164 | 1 144 | 216 | 2 086 | 249 | 6 320 | 32 |
| 广东 | 广东农垦南华农场有限公司 | 34 737 | 171 | 2 508 | 125 | 24 978 | 127 | 1 651 | 187 | 2 508 | 237 | 517 | 256 |
| 黑龙江 | 北大荒集团黑龙江八五五农场有限公司 | 34 418 | 172 | | | 28 451 | 116 | 3 940 | 113 | 31 326 | 54 | 1 530 | 136 |
| 黑龙江 | 北大荒集团黑龙江龙镇农场有限公司 | 34 248 | 173 | 660 | 192 | 28 728 | 115 | 5 047 | 95 | 25 538 | 68 | 1 987 | 105 |
| 黑龙江 | 北大荒集团黑龙江哈拉海农场有限公司 | 34 227 | 174 | 46 | 268 | 28 973 | 112 | 2 014 | 172 | 11 981 | 113 | 728 | 213 |
| 湖北 | 武汉国营东城垸农场 | 33 789 | 175 | 40 | 270 | 7 950 | 308 | −504 | 347 | 1 631 | 267 | 844 | 199 |
| 黑龙江 | 北大荒集团黑龙江大西江农场有限公司 | 33 719 | 176 | 203 | 232 | 25 459 | 126 | 2 338 | 154 | 24 586 | 71 | 1 775 | 115 |
| 新疆 | 地方国营伊宁县多浪农场 | 33 687 | 177 | 57 | 263 | 26 304 | 123 | 272 | 269 | 2 847 | 228 | 37 | 359 |
| 江苏 | 弶港农场有限公司 | 33 345 | 178 | 8 028 | 74 | 5 825 | 330 | 9 832 | 51 | | | 668 | 222 |
| 黑龙江 | 北大荒集团黑龙江建设农场有限公司 | 32 992 | 179 | 696 | 190 | 28 063 | 118 | 1 579 | 191 | 24 455 | 72 | 1 739 | 117 |
| 北京 | 北京市北郊农场有限公司 | 32 987 | 180 | 410 | 211 | 6 827 | 320 | 34 804 | 11 | | | 975 | 185 |
| 黑龙江 | 北大荒集团黑龙江齐齐哈尔种畜场有限公司 | 32 711 | 181 | | | 23 609 | 134 | 105 | 287 | 4 685 | 180 | 861 | 198 |
| 辽宁 | 辽阳市首山农场 | 32 341 | 182 | 14 035 | 55 | 13 268 | 220 | | | 791 | 286 | 712 | 216 |

2－19 续表 5

| 地　　区 | 农场名称 | 生产总值（现价） | | 工业增加值 | | 农业增加值 | | 利润总额 | | 耕地面积 | | 年平均职工 | |
|---|---|---|---|---|---|---|---|---|---|---|---|---|---|
| | | 金额（万元） | 排序 | 金额（万元） | 排序 | 金额（万元） | 排序 | 金额（万元） | 排序 | 数量（公顷） | 排序 | 数量（人） | 排序 |
| 内 蒙 古 | 三河农牧场有限公司 | 32 300 | 183 | | | 32 300 | 95 | 9 036 | 55 | 38 783 | 38 | 1 054 | 179 |
| 内 蒙 古 | 巴彦淖尔农垦乌兰布和农场有限公司 | 32 178 | 184 | 11 014 | 66 | 18 685 | 172 | －114 | 329 | 7 367 | 147 | 510 | 258 |
| 江　　西 | 九江市国营赛湖农场 | 32 047 | 185 | 24 996 | 37 | 7 047 | 315 | 866 | 233 | 730 | 289 | 13 504 | 12 |
| 广　　西 | 广西农垦滨海农场有限公司 | 31 692 | 186 | 7 011 | 77 | 9 644 | 279 | 70 | 292 | 17 657 | 93 | 120 | 345 |
| 广　　东 | 广东农垦新时代农场有限公司 | 31 341 | 187 | 2 351 | 130 | 12 460 | 235 | 643 | 247 | 15 | 339 | 393 | 286 |
| 云　　南 | 勐腊农场 | 31 249 | 188 | 1 135 | 164 | 20 559 | 155 | 4 085 | 111 | 8 864 | 132 | 4 892 | 41 |
| 湖　　北 | 武汉银莲湖农场 | 31 192 | 189 | 2 647 | 118 | 22 245 | 143 | －203 | 335 | 2 027 | 250 | 302 | 303 |
| 云　　南 | 瑞丽农场 | 31 092 | 190 | 1 450 | 157 | 20 621 | 154 | 7 717 | 64 | 6 172 | 158 | 2 621 | 72 |
| 内 蒙 古 | 内蒙古大兴安岭农垦（集团）有限责任公司甘河农牧场分公司 | 30 940 | 191 | | | 30 056 | 104 | 4 594 | 100 | 30 340 | 56 | 1 224 | 157 |
| 黑 龙 江 | 北大荒集团黑龙江引龙河农场有限公司 | 30 789 | 192 | | | 29 021 | 110 | 8 794 | 57 | 28 306 | 60 | 1 441 | 143 |
| 湖　　北 | 湖北省国营菱角湖农场 | 30 718 | 193 | 8 657 | 70 | 13 221 | 222 | 105 | 286 | 2 666 | 233 | 3 836 | 55 |
| 广　　东 | 广东农垦火星农场有限公司 | 30 707 | 194 | 1 020 | 170 | 13 565 | 215 | 2 467 | 147 | | | 482 | 261 |
| 广　　西 | 广西农垦沙塘农场有限公司 | 30 651 | 195 | 15 958 | 51 | 9 148 | 285 | 2 506 | 146 | 3 747 | 202 | 96 | 351 |
| 内 蒙 古 | 呼伦贝尔农垦那吉屯农牧场有限公司 | 30 611 | 196 | 141 | 244 | 23 411 | 136 | 4 319 | 103 | 23 316 | 75 | 167 | 331 |
| 内 蒙 古 | 呼伦贝尔农垦上库力农牧场有限公司 | 30 599 | 197 | | | 29 486 | 108 | 11 430 | 42 | 39 686 | 35 | 1 165 | 163 |
| 辽　　宁 | 盘山县东郭苇场 | 30 353 | 198 | 12 035 | 62 | 11 100 | 255 | －4 307 | 363 | 2 169 | 244 | 2 011 | 104 |
| 云　　南 | 橄榄坝农场 | 30 195 | 199 | 1 978 | 140 | 20 097 | 159 | 9 310 | 54 | 7 994 | 141 | 6 503 | 30 |
| 云　　南 | 陇川农场 | 29 505 | 200 | 6 649 | 79 | 20 550 | 156 | 12 087 | 35 | 5 329 | 171 | 4 392 | 49 |
| 广　　东 | 广东农垦火炬农场有限公司 | 29 356 | 201 | 10 147 | 68 | 14 498 | 204 | 2 551 | 144 | 2 903 | 226 | 396 | 280 |
| 辽　　宁 | 国营盖州市西海农场 | 29 050 | 202 | | | 29 050 | 109 | | | 695 | 292 | 1 490 | 140 |
| 辽　　宁 | 大洼区国营二界沟农场 | 29 000 | 203 | | | 29 000 | 111 | | | 444 | 307 | 2 190 | 89 |
| 广　　东 | 广东农垦东方红农场有限公司 | 28 847 | 204 | 4 934 | 89 | 20 863 | 151 | 2 021 | 171 | 3 438 | 214 | 418 | 274 |
| 内 蒙 古 | 呼伦贝尔农垦拉布大林农牧场有限公司 | 28 716 | 205 | | | 26 218 | 124 | 13 397 | 30 | 35 588 | 44 | 1 083 | 172 |
| 新　　疆 | 温泉县呼和托哈种畜场管理委员会 | 28 675 | 206 | | | 26 572 | 122 | －97 | 328 | 9 201 | 127 | 4 597 | 45 |
| 广　　东 | 广东农垦五一农场有限公司 | 28 126 | 207 | 1 155 | 162 | 23 885 | 131 | 2 450 | 148 | 2 142 | 246 | 450 | 267 |
| 湖　　北 | 湖北省国营万丈湖农场 | 27 837 | 208 | 13 075 | 59 | 13 707 | 209 | 61 | 293 | 1 438 | 273 | 6 879 | 27 |
| 黑 龙 江 | 北大荒集团黑龙江襄河农场有限公司 | 27 542 | 209 | | | 23 690 | 133 | 3 306 | 128 | 33 101 | 51 | 1 108 | 169 |
| 广　　西 | 广西农垦红河农场有限公司 | 27 532 | 210 | 1 743 | 145 | 16 826 | 181 | 699 | 241 | 16 888 | 95 | 113 | 348 |
| 内 蒙 古 | 乌拉盖管理区乌拉盖牧场 | 27 463 | 211 | 2 761 | 114 | 17 878 | 176 | －3 075 | 361 | 3 641 | 204 | 396 | 280 |
| 湖　　北 | 六合垸农场管理委员会 | 27 273 | 212 | 11 729 | 63 | 8 716 | 290 | 33 | 299 | 2 270 | 242 | 1 690 | 121 |
| 黑 龙 江 | 北大荒集团黑龙江尾山农场有限公司 | 27 024 | 213 | 11 | 281 | 22 990 | 137 | 2 301 | 155 | 16 311 | 97 | 903 | 193 |
| 黑 龙 江 | 北大荒集团黑龙江红五月农场有限公司 | 26 959 | 214 | | | 24 788 | 128 | 3 707 | 119 | 18 776 | 88 | 1 013 | 181 |
| 黑 龙 江 | 北大荒集团黑龙江曙光农场有限公司 | 26 887 | 215 | | | 21 095 | 148 | 1 643 | 188 | 12 817 | 111 | 1 484 | 142 |
| 新　　疆 | 新疆呼图壁种牛场有限公司 | 26 880 | 216 | 16 246 | 50 | 10 011 | 275 | 8 907 | 56 | 11 206 | 118 | 1 925 | 106 |
| 云　　南 | 江城橡胶公司 | 26 465 | 217 | | | 21 841 | 145 | 3 405 | 126 | 14 420 | 105 | 2 893 | 64 |
| 江　　西 | 国营彭泽县上十岭综合垦殖场 | 26 110 | 218 | 23 860 | 40 | 1 032 | 354 | 2 446 | 150 | 280 | 315 | 1 435 | 144 |

2－19 续表 6

| 地　区 | 农场名称 | 生产总值（现价） | | 工业增加值 | | 农业增加值 | | 利润总额 | | 耕地面积 | | 年平均职工 | |
|---|---|---|---|---|---|---|---|---|---|---|---|---|---|
| | | 金额（万元） | 排序 | 金额（万元） | 排序 | 金额（万元） | 排序 | 金额（万元） | 排序 | 数量（公顷） | 排序 | 数量（人） | 排序 |
| 上　海 | 光明食品集团上海崇明农场有限公司 | 25 950 | 219 | 10 793 | 67 | 2 423 | 346 | 761 | 238 | 11 492 | 117 | 1 242 | 155 |
| 广　东 | 广东农垦建设农场有限公司 | 25 914 | 220 | 2 620 | 121 | 13 911 | 207 | 1 556 | 195 | 3 | 342 | 217 | 313 |
| 辽　宁 | 盘山县大荒农场 | 25 800 | 221 | 17 000 | 48 | 8 800 | 289 | 270 | 270 | 4 550 | 185 | 8 400 | 20 |
| 广　东 | 广东农垦幸福农场有限公司 | 25 772 | 222 | 2 532 | 124 | 19 088 | 168 | 2 392 | 151 | 4 313 | 188 | 524 | 252 |
| 内蒙古 | 巴彦淖尔市临农农牧业发展有限公司 | 25 325 | 223 | 7 250 | 76 | 16 600 | 182 | 6 078 | 83 | 1 733 | 263 | 1 419 | 148 |
| 黑龙江 | 北大荒集团黑龙江富裕牧场有限公司 | 25 304 | 224 | | | 20 406 | 158 | 83 | 291 | 10 952 | 120 | 592 | 242 |
| 黑龙江 | 北大荒集团黑龙江锦河农场有限公司 | 25 073 | 225 | 495 | 206 | 20 526 | 157 | 2 186 | 161 | 17 942 | 90 | 1 243 | 154 |
| 广　东 | 广东农垦新华农场有限公司 | 24 950 | 226 | 2 283 | 131 | 8 332 | 303 | 498 | 249 | 38 | 333 | 412 | 276 |
| 黑龙江 | 北大荒集团黑龙江红色边疆农场有限公司 | 24 807 | 227 | | | 20 819 | 153 | 1 567 | 193 | 25 531 | 69 | 1 434 | 145 |
| 广　西 | 广西农垦龙北农场有限公司 | 24 789 | 228 | 823 | 182 | 14 809 | 201 | 775 | 237 | 21 486 | 80 | 201 | 321 |
| 黑龙江 | 北大荒集团黑龙江铁力农场有限公司 | 24 770 | 229 | | | 24 222 | 129 | 1 693 | 186 | 17 889 | 92 | 1 503 | 138 |
| 云　南 | 勐满农场 | 24 537 | 230 | | | 21 541 | 146 | 1 130 | 217 | 9 052 | 128 | 5 845 | 37 |
| 甘　肃 | 甘肃黄羊河农工商（集团）有限责任公司 | 24 272 | 231 | 6 230 | 80 | 16 864 | 180 | 11 448 | 41 | 5 815 | 164 | 777 | 210 |
| 黑龙江 | 北大荒集团黑龙江荣军农场有限公司 | 24 221 | 232 | 124 | 248 | 19 068 | 170 | 4 233 | 105 | 14 831 | 103 | 1 433 | 146 |
| 海　南 | 海南农垦东路农场有限公司 | 24 039 | 233 | 139 | 245 | 22 802 | 138 | 909 | 230 | 278 | 316 | 146 | 336 |
| 海　南 | 海南农垦立才农场有限公司 | 24 003 | 234 | 52 | 266 | 13 111 | 224 | 2 030 | 170 | 667 | 296 | 351 | 295 |
| 海　南 | 海南农垦牛岭农场有限公司 | 23 763 | 235 | 60 | 262 | 12 527 | 234 | －589 | 351 | 943 | 280 | 113 | 348 |
| 湖　北 | 湖北省国营八里湖农场 | 23 677 | 236 | 5 192 | 88 | 8 923 | 287 | 89 | 289 | 1 010 | 279 | 6 310 | 33 |
| 黑龙江 | 北大荒集团黑龙江嘉荫农场有限公司 | 23 321 | 237 | | | 22 693 | 139 | 6 293 | 78 | 18 963 | 86 | 1 686 | 123 |
| 广　东 | 广东农垦金星农场有限公司 | 22 747 | 238 | 582 | 198 | 12 900 | 228 | 2 133 | 163 | 4 640 | 183 | 422 | 273 |
| 内蒙古 | 呼伦贝尔农垦谢尔塔拉农牧场有限公司 | 22 660 | 239 | 37 | 271 | 19 706 | 161 | 7 595 | 67 | 22 066 | 77 | 833 | 202 |
| 内蒙古 | 特泥河农牧场有限公司 | 22 348 | 240 | 219 | 228 | 16 437 | 185 | 6 701 | 74 | 26 308 | 66 | 942 | 189 |
| 辽　宁 | 国营建平县八家农场 | 22 030 | 241 | 8 470 | 72 | 10 330 | 266 | 14 | 306 | 4 047 | 194 | 4 200 | 51 |
| 黑龙江 | 北大荒集团黑龙江海伦农场有限公司 | 21 938 | 242 | | | 21 469 | 147 | 1 805 | 180 | 16 195 | 99 | 885 | 195 |
| 黑龙江 | 北大荒集团黑龙江格球山农场有限公司 | 21 659 | 243 | 61 | 261 | 18 667 | 173 | 1 729 | 182 | 15 244 | 101 | 1 030 | 180 |
| 广　东 | 广东农垦红阳农场有限公司 | 21 547 | 244 | 2 130 | 135 | 11 668 | 248 | －1 266 | 356 | | | 171 | 330 |
| 云　南 | 坝洒农场 | 21 544 | 245 | | | 16 354 | 187 | 5 838 | 86 | 9 797 | 125 | 844 | 199 |
| 广　西 | 广西农垦源头农场有限公司 | 21 540 | 246 | 3 213 | 105 | 11 697 | 247 | 782 | 236 | 326 | 313 | 229 | 309 |
| 广　东 | 广东农垦和平农场有限公司 | 21 435 | 247 | 361 | 216 | 12 165 | 241 | 1 286 | 204 | 152 | 322 | 341 | 298 |
| 黑龙江 | 北大荒集团黑龙江汤原农场有限公司 | 21 290 | 248 | | | 12 859 | 229 | 746 | 239 | 10 462 | 123 | 789 | 208 |
| 上　海 | 光明食品集团上海农场有限公司 | 21 078 | 249 | 4 340 | 91 | | | 26 033 | 13 | 14 276 | 106 | 1 179 | 162 |
| 广　东 | 广东农垦红星农场有限公司 | 21 021 | 250 | 633 | 195 | 19 081 | 169 | 3 219 | 129 | 2 792 | 230 | 458 | 265 |
| 黑龙江 | 北大荒集团黑龙江依安农场有限公司 | 20 954 | 251 | 179 | 238 | 14 707 | 202 | 151 | 277 | 6 060 | 161 | 645 | 228 |
| 广　西 | 广西农垦良圻农场有限公司 | 20 947 | 252 | 2 229 | 133 | 11 602 | 250 | 15 741 | 27 | 41 171 | 31 | 350 | 296 |
| 内蒙古 | 格尼河农牧场有限公司 | 20 868 | 253 | | | 19 204 | 167 | 2 968 | 134 | 14 177 | 107 | 152 | 334 |

2－19 续表 7

| 地　区 | 农场名称 | 生产总值（现价） | | 工业增加值 | | 农业增加值 | | 利润总额 | | 耕地面积 | | 年平均职工 | |
|---|---|---|---|---|---|---|---|---|---|---|---|---|---|
| | | 金额（万元） | 排序 | 金额（万元） | 排序 | 金额（万元） | 排序 | 金额（万元） | 排序 | 数量（公顷） | 排序 | 数量（人） | 排序 |
| 广　西 | 广西农垦星星农场有限公司 | 20 861 | 254 | | | 19 385 | 166 | 201 | 275 | 48 745 | 22 | 328 | 299 |
| 广　西 | 广西农垦东方农场有限公司 | 20 766 | 255 | 8 593 | 71 | 7 957 | 307 | 1 | 312 | 671 | 295 | 37 | 359 |
| 内蒙古 | 呼伦贝尔农垦哈达图农牧场有限公司 | 20 752 | 256 | 111 | 249 | 16 562 | 183 | 9 329 | 53 | 22 893 | 76 | 739 | 211 |
| 辽　宁 | 盘山县羊圈子苇场 | 20 623 | 257 | 5 412 | 86 | 13 197 | 223 | －2 788 | 360 | 3 476 | 211 | 216 | 315 |
| 安　徽 | 安徽省农垦集团敬亭山茶场有限公司 | 20 520 | 258 | 1 113 | 167 | 12 405 | 236 | 2 050 | 168 | 646 | 297 | 641 | 229 |
| 新　疆 | 新疆维吾尔自治区地方国营伊犁种马场 | 20 462 | 259 | 934 | 173 | 11 228 | 254 | 363 | 261 | 6 906 | 152 | 720 | 215 |
| 江　苏 | 淮海农场有限公司 | 20 441 | 260 | 385 | 213 | 8 611 | 293 | 7 526 | 68 | | | 660 | 225 |
| 广　东 | 广东农垦友好农场有限公司 | 20 433 | 261 | 2 969 | 111 | 15 156 | 196 | 1 960 | 174 | 1 938 | 253 | 387 | 287 |
| 黑龙江 | 北大荒集团黑龙江龙门农场有限公司 | 20 212 | 262 | 55 | 264 | 17 298 | 178 | 1 524 | 196 | 18 780 | 87 | 1 156 | 164 |
| 黑龙江 | 北大荒集团黑龙江绥棱农场有限公司 | 20 047 | 263 | | | 19 535 | 163 | 683 | 243 | 17 325 | 94 | 1 062 | 177 |
| 内蒙古 | 内蒙古大兴安岭农垦（集团）有限责任公司巴彦农牧场分公司 | 19 790 | 264 | | | 19 790 | 160 | 3 444 | 124 | 14 783 | 104 | 1 070 | 175 |
| 北　京 | 北京市双桥农场有限公司 | 19 449 | 265 | 3 850 | 96 | 86 | 356 | －5 695 | 365 | 149 | 323 | 827 | 203 |
| 黑龙江 | 北大荒集团黑龙江绿色草原牧场有限公司 | 19 442 | 266 | | | 18 010 | 175 | 143 | 279 | 10 725 | 121 | 402 | 279 |
| 宁　夏 | 宁夏农垦前进农场有限公司 | 19 193 | 267 | 1 220 | 160 | 14 924 | 198 | 3 010 | 131 | 6 391 | 155 | 444 | 268 |
| 广　西 | 广西农垦东风农场有限公司 | 18 902 | 268 | 255 | 223 | 15 413 | 194 | －383 | 343 | 4 156 | 190 | 431 | 270 |
| 广　东 | 广东农垦梅陇农场有限公司 | 18 723 | 269 | 2 020 | 138 | 10 389 | 265 | 2 548 | 145 | 605 | 300 | 213 | 316 |
| 宁　夏 | 宁夏农垦平吉堡农场有限公司 | 18 668 | 270 | 435 | 210 | 15 209 | 195 | 1 559 | 194 | 3 861 | 198 | 361 | 291 |
| 云　南 | 大渡岗茶场 | 18 229 | 271 | 494 | 207 | 16 423 | 186 | 1 845 | 179 | 7 063 | 149 | 6 217 | 34 |
| 宁　夏 | 宁夏农垦暖泉农场有限公司 | 18 198 | 272 | 704 | 189 | 16 130 | 190 | 2 043 | 169 | 6 158 | 160 | 528 | 250 |
| 云　南 | 南联山农场 | 18 066 | 273 | 842 | 181 | 3 156 | 342 | －4 500 | 364 | 2 783 | 231 | 499 | 260 |
| 吉　林 | 前郭尔罗斯蒙古族自治县红光农场有限公司 | 18 033 | 274 | 665 | 191 | 15 702 | 193 | －271 | 338 | 3 371 | 217 | 1 695 | 119 |
| 云　南 | 勐底农场 | 17 936 | 275 | 1 915 | 141 | 9 823 | 278 | 7 224 | 71 | 3 020 | 225 | 2 147 | 95 |
| 广　东 | 广东农垦红五月农场有限公司 | 17 596 | 276 | 1 125 | 165 | 12 167 | 240 | 2 218 | 159 | 39 | 332 | 181 | 325 |
| 内蒙古 | 呼伦贝尔农垦苏沁农牧场有限公司 | 17 593 | 277 | | | 17 593 | 177 | 6 284 | 79 | 23 557 | 74 | 632 | 234 |
| 广　东 | 广东农垦红湖农场有限公司 | 17 470 | 278 | 1 502 | 155 | 12 858 | 230 | | | 6 | 341 | 127 | 341 |
| 黑龙江 | 北大荒集团黑龙江宝山农场有限公司 | 17 276 | 279 | 18 | 278 | 13 415 | 218 | 648 | 246 | 7 967 | 142 | 795 | 207 |
| 内蒙古 | 巴彦淖尔市狼山农场农牧业发展有限公司 | 17 170 | 280 | 960 | 172 | 10 268 | 269 | 5 910 | 85 | 4 676 | 181 | 1 576 | 131 |
| 新　疆 | 塔城市博孜达克农牧业科技有限公司 | 17 062 | 281 | | | 17 062 | 179 | 17 062 | 24 | 8 979 | 130 | 1 006 | 182 |
| 青　海 | 青海省贵南草业开发有限责任公司 | 17 017 | 282 | | | 12 720 | 231 | 1 845 | 178 | 8 174 | 138 | 1 422 | 147 |
| 新　疆 | 温宿县水稻农场 | 16 845 | 283 | | | 47 | 358 | 404 | 254 | 1 772 | 259 | 36 | 361 |
| 黑龙江 | 北大荒集团黑龙江和平牧场有限公司 | 16 781 | 284 | | | 16 281 | 188 | －1 647 | 357 | 8 900 | 131 | 665 | 224 |
| 广　西 | 广西农垦先锋农场有限公司 | 16 693 | 285 | 787 | 185 | 9 350 | 283 | 1 | 312 | 1 871 | 255 | 82 | 355 |
| 新　疆 | 新疆霍城县果子沟牧场有限责任公司 | 16 674 | 286 | 28 | 275 | 14 862 | 200 | －131 | 332 | 1 320 | 275 | 304 | 302 |

2－19续表 8

| 地区 | 农场名称 | 生产总值（现价） | | 工业增加值 | | 农业增加值 | | 利润总额 | | 耕地面积 | | 年平均职工 | |
|---|---|---|---|---|---|---|---|---|---|---|---|---|---|
| | | 金额（万元） | 排序 | 金额（万元） | 排序 | 金额（万元） | 排序 | 金额（万元） | 排序 | 数量（公顷） | 排序 | 数量（人） | 排序 |
| 青海 | 青海省格尔木农垦（集团）有限公司 | 16 672 | 287 | | | 15 111 | 197 | 1 151 | 215 | 684 | 294 | 201 | 321 |
| 辽宁 | 大洼区国营王家农场 | 16 561 | 288 | 1 | 282 | 16 560 | 184 | 1 607 | 190 | 3 151 | 221 | 5 923 | 36 |
| 广东 | 广东农垦三叶农场有限公司 | 16 366 | 289 | 2 475 | 126 | 8 565 | 296 | −565 | 350 | 145 | 324 | 524 | 252 |
| 辽宁 | 东港市五四农场集团有限公司 | 16 235 | 290 | 2 249 | 132 | 13 986 | 206 | 314 | 265 | 1 248 | 276 | 413 | 275 |
| 广东 | 广东农垦水丰农场有限公司 | 15 981 | 291 | 1 152 | 163 | 7 331 | 312 | 376 | 257 | | | 176 | 328 |
| 广西 | 广西农垦昌菱农场有限公司 | 15 769 | 292 | 72 | 255 | 11 475 | 252 | 237 | 273 | 52 355 | 18 | 410 | 277 |
| 广东 | 广东农垦织篢农场有限公司 | 15 753 | 293 | 8 463 | 73 | 4 587 | 337 | 2 595 | 143 | 831 | 284 | 222 | 312 |
| 广东 | 广东农垦红江农场有限公司 | 15 636 | 294 | 755 | 186 | 11 510 | 251 | 651 | 245 | 168 | 320 | 155 | 332 |
| 云南 | 勐醒农场 | 15 560 | 295 | | | 12 928 | 227 | 1 072 | 220 | 4 860 | 175 | 3 438 | 58 |
| 辽宁 | 阜新市阿尔乡畜牧养殖有限公司 | 15 560 | 296 | | | 14 565 | 203 | 287 | 268 | 4 058 | 193 | 117 | 346 |
| 广东 | 广东农垦大池农场有限公司 | 15 536 | 297 | 1 636 | 149 | 5 068 | 336 | 138 | 282 | 230 | 318 | 358 | 294 |
| 广西 | 广西农垦立新农场有限公司 | 15 532 | 298 | 1 203 | 161 | 12 269 | 238 | 248 | 272 | 699 | 291 | 173 | 329 |
| 广西 | 广西农垦三合口农场有限公司 | 15 350 | 299 | 1 712 | 147 | | | 827 | 235 | 33 327 | 49 | 203 | 319 |
| 新疆 | 国营霍尔果斯市莫乎尔牧场 | 14 996 | 300 | 2 832 | 112 | 8 513 | 298 | | | 2 382 | 240 | 808 | 205 |
| 海南 | 海南农垦红华农场有限公司 | 14 949 | 301 | | | 8 625 | 292 | −416 | 345 | 4 046 | 195 | 271 | 305 |
| 黑龙江 | 北大荒集团黑龙江红光农场有限公司 | 14 926 | 302 | | | 14 397 | 205 | 15 | 305 | 11 206 | 119 | 1 241 | 156 |
| 甘肃 | 甘肃农垦金昌农场有限公司 | 14 913 | 303 | | | 14 913 | 199 | 5 355 | 90 | 8 358 | 136 | 788 | 209 |
| 黑龙江 | 北大荒集团黑龙江海林农场有限公司 | 14 865 | 304 | 626 | 196 | 11 399 | 253 | −501 | 346 | 11 642 | 115 | 227 | 310 |
| 黑龙江 | 北大荒集团黑龙江大山种羊场有限公司 | 14 691 | 305 | | | 13 302 | 219 | 345 | 264 | 3 842 | 200 | 519 | 255 |
| 辽宁 | 国营朝阳县贾家店农场 | 14 670 | 306 | 792 | 184 | 9 945 | 276 | 99 | 288 | 1 765 | 261 | 1 140 | 165 |
| 湖北 | 官庄湖农场 | 14 502 | 307 | 2 631 | 120 | 8 346 | 302 | 548 | 248 | 3 269 | 220 | 5 648 | 39 |
| 江苏 | 海安农场有限公司 | 14 470 | 308 | 13 211 | 58 | 480 | 355 | 2 630 | 141 | | | 23 | 364 |
| 新疆 | 阿勒泰地区 农场有限责任公司 | 14 363 | 309 | | | 12 582 | 233 | 1 402 | 199 | 8 416 | 135 | 327 | 300 |
| 江苏 | 云台农场有限公司 | 14 339 | 310 | 1 588 | 152 | | | 6 042 | 84 | | | 395 | 284 |
| 河南 | 河南省正阳种猪场 | 14 190 | 311 | 192 | 235 | 13 620 | 213 | 48 | 298 | 686 | 293 | 528 | 250 |
| 新疆 | 地方国营伊宁县青年农场 | 14 141 | 312 | 83 | 254 | 10 860 | 258 | −56 | 326 | 2 133 | 247 | 704 | 218 |
| 湖北 | 湖北省国营随阳农场 | 14 140 | 313 | 3 022 | 109 | 5 645 | 334 | 982 | 224 | 887 | 282 | 3 572 | 57 |
| 宁夏 | 宁夏农垦灵武农场有限公司 | 14 073 | 314 | 258 | 222 | 10 572 | 262 | 1 327 | 203 | 4 180 | 189 | 623 | 235 |
| 黑龙江 | 北大荒集团黑龙江四方山农场有限公司 | 13 686 | 315 | | | 12 635 | 232 | 744 | 240 | 7 866 | 143 | 384 | 288 |
| 辽宁 | 铁岭市种畜场 | 13 625 | 316 | | | 13 625 | 212 | −124 | 331 | 1 477 | 270 | 2 012 | 103 |
| 广东 | 广东农垦葵潭农场有限公司 | 13 554 | 317 | 2 415 | 127 | 7 938 | 309 | 1 207 | 207 | 411 | 309 | 821 | 204 |
| 广东 | 广东农垦马鞍山农场有限公司 | 13 492 | 318 | 4 121 | 93 | 5 344 | 335 | 268 | 271 | 251 | 317 | 473 | 264 |
| 云南 | 双江农场 | 13 329 | 319 | 577 | 200 | 10 531 | 263 | 7 645 | 66 | 571 | 302 | 656 | 226 |
| 黑龙江 | 北大荒集团黑龙江繁荣种畜场有限公司 | 13 316 | 320 | 31 | 274 | 12 013 | 244 | 1 104 | 218 | 10 075 | 124 | 836 | 201 |
| 广西 | 广西农垦荣光农场有限公司 | 13 270 | 321 | 1 532 | 153 | 6 595 | 324 | −200 | 333 | 332 | 311 | 136 | 338 |
| 辽宁 | 台安兴华农业有限公司 | 13 150 | 322 | 2 150 | 134 | 11 000 | 256 | 20 | 303 | 2 322 | 241 | 615 | 237 |
| 辽宁 | 铁岭市两家子农垦有限公司 | 13 125 | 323 | 450 | 209 | 9 040 | 286 | 121 | 285 | 3 505 | 209 | 4 695 | 43 |

2－19 续表 9

| 地区 | 农场名称 | 生产总值（现价） | | 工业增加值 | | 农业增加值 | | 利润总额 | | 耕地面积 | | 年平均职工 | |
|---|---|---|---|---|---|---|---|---|---|---|---|---|---|
| | | 金额（万元） | 排序 | 金额（万元） | 排序 | 金额（万元） | 排序 | 金额（万元） | 排序 | 数量（公顷） | 排序 | 数量（人） | 排序 |
| 广西 | 广西农垦桂北农场有限公司 | 12 924 | 324 | 9 146 | 69 | 1 314 | 353 | 359 | 262 | 33 | 334 | 81 | 356 |
| 广西 | 广西农垦北耀农场有限公司 | 12 827 | 325 | 318 | 220 | 8 468 | 300 | 23 | 300 | 20 683 | 83 | 60 | 357 |
| 宁夏 | 宁夏农垦玉泉营农场有限公司 | 12 803 | 326 | 227 | 227 | 12 164 | 242 | 54 | 296 | 1 538 | 268 | 134 | 339 |
| 黑龙江 | 北大荒集团黑龙江红旗农场有限公司 | 12 760 | 327 | | | 9 570 | 280 | 122 | 284 | 641 | 299 | 179 | 326 |
| 广东 | 广东农垦大坪农场有限公司 | 12 699 | 328 | 2 634 | 119 | 5 814 | 331 | 23 | 300 | 112 | 325 | 396 | 280 |
| 内蒙古 | 巴彦淖尔市西山嘴农场有限公司 | 12 554 | 329 | 5 235 | 87 | 6 210 | 326 | −537 | 349 | 2 805 | 229 | 1 059 | 178 |
| 广东 | 广东农垦红旗农场有限公司 | 12 534 | 330 | 1 899 | 274 | 5 787 | 332 | 430 | 253 | 18 | 337 | 185 | 324 |
| 云南 | 孟定农场 | 12 469 | 331 | 498 | 153 | 8 627 | 291 | 4 163 | 107 | 6 386 | 156 | 1 645 | 125 |
| 宁夏 | 宁夏农垦贺兰山农牧场有限公司 | 12 433 | 332 | 332 | 219 | 8 254 | 305 | 2 371 | 153 | 4 102 | 192 | 217 | 313 |
| 内蒙古 | 大兴安岭农垦（集团）有限责任公司东方红农牧场分公司 | 12 358 | 333 | | | 12 358 | 237 | 3 628 | 122 | 12 538 | 112 | 641 | 229 |
| 广东 | 广东农垦东埔农场有限公司 | 12 250 | 334 | 2 990 | 110 | 1 705 | 349 | 396 | 255 | 644 | 298 | 59 | 358 |
| 内蒙古 | 巴彦淖尔农垦哈腾套海农场有限公司 | 12 235 | 335 | | | 10 322 | 267 | −258 | 336 | 4 751 | 178 | 673 | 221 |
| 云南 | 勐撒农场 | 12 175 | 336 | 749 | 187 | 8 389 | 301 | 4 964 | 96 | 3 884 | 196 | 2 107 | 97 |
| 甘肃 | 亚盛黄花分公司（国营黄花农场） | 12 066 | 337 | | | 10 087 | 274 | 1 005 | 223 | 5 420 | 169 | 259 | 307 |
| 广西 | 广西农垦黔江农场有限公司 | 12 035 | 338 | 2 802 | 113 | 7 044 | 316 | 2 103 | 165 | 24 715 | 70 | 360 | 293 |
| 浙江 | 浙江加华种猪有限公司 | 12 000 | 339 | | | 9 230 | 284 | −2 775 | 359 | 600 | 301 | 148 | 335 |
| 黑龙江 | 北大荒集团黑龙江泰来农场有限公司 | 11 948 | 340 | 36 | 373 | 10 601 | 261 | 5 | 308 | 5 753 | 165 | 204 | 318 |
| 内蒙古 | 内蒙古大兴安岭农垦（集团）有限责任公司宜里农牧场分公司 | 11 890 | 341 | | | 11 890 | 245 | 2 262 | 157 | 15 017 | 102 | 511 | 257 |
| 广西 | 广西农垦华山农场有限公司 | 11 774 | 342 | 845 | 180 | 6 913 | 319 | 5 | 307 | 332 | 311 | 36 | 361 |
| 宁夏 | 宁夏农垦巴浪湖农场有限公司 | 11 685 | 343 | 186 | 236 | 9 885 | 277 | 349 | 263 | 3 354 | 218 | 429 | 271 |
| 云南 | 勐养农场 | 11 647 | 344 | 963 | 171 | 8 263 | 304 | 2 079 | 166 | 3 484 | 210 | 3 271 | 59 |
| 江西 | 江西康山实业总公司 | 11 619 | 345 | 2 703 | 117 | 8 916 | 288 | 1 178 | 210 | 2 601 | 235 | 1 591 | 130 |
| 甘肃 | 甘肃条山农工商（集团）有限责任公司 | 11 606 | 346 | 246 | 224 | 10 244 | 270 | 3 870 | 115 | 4 835 | 176 | 616 | 236 |
| 山西 | 临汾市尧都区奶牛场 | 11 490 | 347 | 151 | 242 | 80 | 357 | −271 | 337 | 48 | 331 | 199 | 323 |
| 新疆 | 国营霍尔果斯市格干沟牧场 | 11 401 | 348 | 1 225 | 159 | 9 530 | 281 | 139 | 281 | 1 771 | 260 | 1 066 | 176 |
| 广东 | 广东农垦黎明农场有限公司 | 11 344 | 349 | 1 633 | 150 | 7 018 | 317 | 132 | 283 | 158 | 321 | 96 | 351 |
| 黑龙江 | 北大荒集团黑龙江庆阳农场有限公司 | 11 323 | 350 | 200 | 233 | 10 727 | 260 | −1 082 | 355 | 6 166 | 159 | 596 | 241 |
| 广西 | 广西农垦前卫农场有限公司 | 11 312 | 351 | 2 732 | 116 | 6 933 | 318 | 18 | 304 | 13 945 | 108 | 98 | 350 |
| 黑龙江 | 北大荒集团黑龙江宁安农场有限公司 | 11 275 | 352 | | | 8 572 | 295 | 49 | 297 | 5 144 | 172 | 649 | 227 |
| 广东 | 广东农垦红十月农场有限公司 | 11 271 | 353 | | | 8 158 | 306 | 978 | 225 | 484 | 305 | 122 | 344 |
| 广西 | 广西农垦新光农场有限公司 | 11 088 | 354 | 2 056 | 136 | 7 653 | 311 | 2 107 | 164 | 1 460 | 271 | 116 | 347 |
| 云南 | 盈江农场 | 11 052 | 355 | 745 | 188 | 6 288 | 325 | 141 | 280 | 2 581 | 236 | 1 705 | 118 |
| 广东 | 广东农垦东升农场有限公司 | 11 029 | 356 | 2 596 | 123 | 5 715 | 333 | 370 | 259 | 384 | 310 | 124 | 343 |
| 黑龙江 | 北大荒集团黑龙江肇源农场有限公司 | 10 839 | 357 | 69 | 256 | 10 468 | 264 | 4 | 309 | 4 671 | 182 | 315 | 301 |
| 宁夏 | 宁夏农垦渠口农场有限公司 | 10 753 | 358 | | | 8 472 | 299 | 1 487 | 197 | 3 635 | 205 | 155 | 332 |

2－19 续表 10

| 地　区 | 农场名称 | 生产总值（现价） | | 工业增加值 | | 农业增加值 | | 利润总额 | | 耕地面积 | | 年平均职工 | |
|---|---|---|---|---|---|---|---|---|---|---|---|---|---|
| | | 金额（万元） | 排序 | 金额（万元） | 排序 | 金额（万元） | 排序 | 金额（万元） | 排序 | 数量（公顷） | 排序 | 数量（人） | 排序 |
| 云　南 | 遮放农场 | 10 677 | 359 | | | 7 183 | 314 | 4 108 | 108 | 2 390 | 239 | 1 740 | 116 |
| 内蒙古 | 巴彦淖尔农垦包尔盖农场有限公司 | 10 656 | 360 | 1 330 | 158 | 8 540 | 297 | 4 320 | 102 | 4 400 | 186 | 1 895 | 109 |
| 云　南 | 潞江农场 | 10 630 | 361 | 2 365 | 129 | 4 009 | 338 | 4 167 | 106 | 1 519 | 269 | 724 | 214 |
| 黑龙江 | 北大荒集团黑龙江五大连池农场有限公司 | 10 560 | 362 | 129 | 247 | 6 790 | 321 | 148 | 278 | 11 961 | 114 | 1 359 | 149 |
| 黑龙江 | 北大荒集团黑龙江山市种奶牛场有限公司 | 10 478 | 363 | 148 | 243 | 8 578 | 294 | －814 | 354 | 5 408 | 170 | 609 | 238 |
| 吉　林 | 四平市国营双辽农场 | 10 390 | 364 | | | 10 273 | 268 | －338 | 342 | 3 078 | 223 | 1 102 | 170 |
| 内蒙古 | 内蒙古大兴安岭农垦（集团）有限责任公司欧肯河分公司 | 10 216 | 365 | | | 10 216 | 271 | 1 882 | 176 | 15 786 | 100 | 599 | 239 |

# 工业部分

# 3-1 规模以上工业企业基本情况

| 地区 | 企业数（个） | 亏损企业数 | 工业总产值（现价）（万元） | 工业销售产值（现价）（万元） | 主营业务收入（万元） |
|---|---|---|---|---|---|
| **全国农垦** | **3 943** | **887** | **102 573 649.07** | **100 466 672.37** | **109 050 292.94** |
| 北京 | 90 | 31 | 5 832 678.32 | 5 781 795.77 | 6 921 613.41 |
| 天津 | 32 | 18 | 330 780.50 | 244 822.10 | 579 779.60 |
| 河北 | 317 | 57 | 8 385 872.30 | 8 195 313.10 | 9 462 271.92 |
| 山西 | 28 | 1 | 19 722.95 | 17 603.42 | 16 791.42 |
| 内蒙古 | 27 | 5 | 522 408.83 | 509 277.69 | 524 359.28 |
| 辽宁 | 103 | 15 | 2 013 632.12 | 1 697 355.93 | 2 162 298.05 |
| 吉林 | 8 | 1 | 41 175.26 | 42 860.24 | 42 157.75 |
| 黑龙江 | 52 | 19 | 4 126 684.30 | 4 334 487.50 | 6 447 936.90 |
| 上海 | 84 | 15 | 3 479 283.10 | 3 545 469.00 | 4 443 040.60 |
| 江苏 | 55 | 20 | 3 615 176.00 | 3 611 848.00 | 3 602 337.00 |
| 浙江 | 2 | | 7 589.05 | 7 909.49 | 8 019.49 |
| 安徽 | 37 | 3 | 137 445.41 | 139 919.58 | 199 470.14 |
| 福建 | 38 | | 143 790.60 | 147 938.60 | 137 989.21 |
| 江西 | 391 | 27 | 6 142 961.60 | 6 434 710.24 | 6 501 749.11 |
| 山东 | | | | | |
| 河南 | 6 | | 436 950.52 | 419 413.70 | 430 944.97 |
| 湖北 | 755 | 138 | 27 562 715.74 | 27 104 710.92 | 26 020 578.04 |
| 湖南 | 163 | 14 | 3 276 860.92 | 3 203 013.97 | 2 972 361.61 |
| 广东 | 49 | 16 | 2 124 079.63 | 2 056 311.59 | 2 216 916.73 |
| 广西 | 163 | 21 | 2 779 736.00 | 2 613 488.00 | 2 741 252.00 |
| 海南 | 109 | 16 | 604 302.00 | 615 447.00 | 732 086.00 |
| 重庆 | 4 | 1 | 312 536.00 | 310 506.00 | 459 145.00 |
| 四川 | 1 | | 203.23 | 702.59 | 702.59 |
| 贵州 | 9 | 1 | 212 507.25 | 218 148.00 | 218 999.00 |
| 云南 | 31 | 10 | 238 028.00 | 213 607.00 | 244 397.00 |
| 西藏 | | | | | |
| 陕西 | 1 | | 56 276.00 | 56 276.00 | 56 276.00 |
| 甘肃 | 16 | 4 | 265 024.00 | 253 112.97 | 265 063.46 |
| 青海 | | | | | |
| 宁夏 | 39 | 12 | 208 671.00 | 219 879.00 | 166 393.80 |
| 新疆 | 1 332 | 442 | 29 692 358.44 | 28 466 644.97 | 31 471 262.86 |
| 热科院 | | | | | |
| 广州 | | | | | |
| 南京 | 1 | | 4 200.00 | 4 100.00 | 4 100.00 |

3－1续表1

| 地　区 | 主营业务成本（万元） | 主营业务费用（万元） | 主营业务税金及附加（万元） | 主营业务利润（万元） | 从业人员年末数（人） |
|---|---|---|---|---|---|
| **全国农垦** | **88 384 751.10** | **6 346 322.46** | **6 332 002.67** | **7 133 699.70** | **422 284** |
| 北　京 | 6 566 221.77 | 370 574.96 | 22 372.51 | －26 887.77 | 26 570 |
| 天　津 | 518 532.50 | 62 124.00 | 3 549.60 | －265.40 | 3 062 |
| 河　北 | 8 393 878.01 | 412 143.85 | 405 046.61 | 324 668.93 | 32 914 |
| 山　西 | 12 068.26 | 502.40 | 1 610.18 | 2 690.53 | 1 353 |
| 内蒙古 | 266 496.36 | 45 761.63 | 48 390.94 | 161 242.71 | 2 993 |
| 辽　宁 | 1 936 434.03 | 105 655.08 | 16 287.40 | 57 859.10 | 9 267 |
| 吉　林 | 34 596.75 | 2 933.86 | 194.48 | 4 151.92 | 354 |
| 黑龙江 | 6 265 300.70 | 236 040.00 | 10 411.60 | －110 639.60 | 8 965 |
| 上　海 | 3 837 985.00 | 207 761.50 | 21 829.40 | 361 614.00 | 26 242 |
| 江　苏 | 1 575 284.00 | 885 585.00 | 30 518.00 | 736 788.00 | 27 470 |
| 浙　江 | 6 489.00 | 1 640.58 | 118.58 | 286.77 | 261 |
| 安　徽 | 169 634.64 | 11 194.78 | 1 261.44 | 2 348.78 | 1 436 |
| 福　建 | 90 399.90 | 8 209.48 | 3 358.30 | 7 347.22 | 4 262 |
| 江　西 | 5 602 699.11 | 254 727.16 | 46 083.46 | 640 842.51 | 60 071 |
| 山　东 | | | | | |
| 河　南 | 413 331.28 | 14 974.82 | 1 546.56 | 8 365.16 | 2 295 |
| 湖　北 | 16 989 093.50 | 976 382.64 | 5 258 253.76 | 1 872 146.97 | 112 033 |
| 湖　南 | 2 661 631.40 | 145 511.93 | 27 696.07 | 101 184.68 | 31 052 |
| 广　东 | 1 851 099.31 | 124 931.48 | 60 483.57 | 177 744.47 | 16 765 |
| 广　西 | 2 489 592.00 | 110 793.00 | 15 267.00 | 236 068.00 | 27 724 |
| 海　南 | 692 201.00 | 13 998.00 | 5 164.00 | 20 723.00 | 10 522 |
| 重　庆 | 399 538.00 | 53 592.00 | 1 598.00 | 22 660.00 | 2 148 |
| 四　川 | 547.96 | 65.38 | 1.00 | 15.59 | 21 |
| 贵　州 | 172 368.00 | 15 216.00 | 911.00 | 21 214.00 | 1 683 |
| 云　南 | 201 520.00 | 33 817.00 | 1 939.00 | 6 261.00 | 3 226 |
| 西　藏 | | | | | |
| 陕　西 | 18 520.00 | 14 262.00 | 6 839.00 | 22 100.00 | 233 |
| 甘　肃 | 207 790.16 | 41 668.51 | 2 882.90 | 8 043.26 | 3 055 |
| 青　海 | | | | | |
| 宁　夏 | 120 176.51 | 13 536.90 | 6 880.00 | 25 800.40 | 1 847 |
| 新　疆 | 26 887 721.95 | 2 182 358.52 | 331 495.31 | 2 449 198.47 | 4 420 |
| 热科院 | | | | | |
| 广　州 | | | | | |
| 南　京 | 3 600.00 | 360.00 | 13.00 | 127.00 | 40 |

3－1续表2

| 地　　区 | 从业人员平均数（人） | 从业人员工资总额（万元） | 利润总额（万元） | 亏损企业亏损额 |
|---|---|---|---|---|
| **全国农垦** | **568 652** | **2 989 500.03** | **7 094 544.98** | **1 403 584.31** |
| 北　　京 | 26 743 | 248 522.89 | －31 093.96 | 109 629.14 |
| 天　　津 | 3 058 | 27 286.70 | 1 158.70 | |
| 河　　北 | 32 698 | 223 229.64 | 304 700.93 | 61 142.00 |
| 山　　西 | 1 213 | 5 398.00 | 1 873.53 | |
| 内 蒙 古 | 2 880 | 35 746.51 | 79 388.31 | 12 298.00 |
| 辽　　宁 | 7 067 | 58 540.23 | 128 931.50 | 9 754.82 |
| 吉　　林 | 354 | 1 343.21 | 3 897.59 | 122.00 |
| 黑 龙 江 | 9 403 | 74 128.60 | －109 294.60 | 200 049.90 |
| 上　　海 | 25 533 | 257 025.50 | 363 093.00 | 29 289.80 |
| 江　　苏 | 27 690 | 324 556.00 | 680 616.00 | 6 649.00 |
| 浙　　江 | 244 | 1 745.00 | 548.14 | |
| 安　　徽 | 1 590 | 7 076.98 | 3 515.05 | 504.00 |
| 福　　建 | 4 123 | 11 596.60 | 7 477.12 | |
| 江　　西 | 57 760 | 223 404.14 | 566 891.28 | 2 036.28 |
| 山　　东 | | | | |
| 河　　南 | 2 337 | 14 588.11 | 9 210.86 | |
| 湖　　北 | 119 652 | 906 791.11 | 2 048 826.27 | 105 019.46 |
| 湖　　南 | 30 606 | 94 967.60 | 103 267.40 | 4 251.00 |
| 广　　东 | 16 619 | 150 389.16 | 192 807.35 | 15 107.02 |
| 广　　西 | 24 297 | 165 322.00 | 77 966.00 | 13 294.00 |
| 海　　南 | 9 347 | 42 404.00 | －7 004.00 | 17 639.00 |
| 重　　庆 | 2 228 | 29 339.00 | 23 136.00 | 1 908.00 |
| 四　　川 | 21 | 107.27 | 20.78 | |
| 贵　　州 | 1 681 | 15 000.58 | 25 775.00 | |
| 云　　南 | 3 236 | 19 403.00 | 9 226.00 | |
| 西　　藏 | | | | |
| 陕　　西 | 233 | 1 118.00 | 20 282.00 | |
| 甘　　肃 | 3 028 | 21 750.39 | 7 329.55 | 12 048.53 |
| 青　　海 | | | | |
| 宁　　夏 | 1 821 | 10 176.90 | 15 916.60 | 2 049.00 |
| 新　　疆 | 153 152 | 18262.91 | 2 566 056.58 | 800 793.36 |
| 热 科 院 | | | | |
| 广　　州 | | | | |
| 南　　京 | 38 | 280.00 | 26.00 | |

3－1 续表 3

| 地　　区 | 应缴税金（万元） | 固定资产原值（万元） | 生产经营用 | 固定资产净值（万元） |
|---|---|---|---|---|
| **全国农垦** | **5 853 332.07** | **62 576 347.43** | **23 667 961.60** | **16 609 896.59** |
| 北　　京 | 73 687.34 | 1 656 055.62 | 1 485 678.18 | 966 364.39 |
| 天　　津 | 4 951.40 | 322 206.40 | 322 206.40 | 185 247.60 |
| 河　　北 | 831 073.30 | 3 419 795.88 | 3 372 405.82 | 1 779 966.56 |
| 山　　西 | 1 343.04 | 18 474.46 | 3 848.86 | 11 921.62 |
| 内 蒙 古 | 35 456.33 | 593 230.31 | 530 851.31 | 426 487.49 |
| 辽　　宁 | 8 948.46 | 773 645.61 | 246 664.10 | 448 591.76 |
| 吉　　林 | 1 041.50 | 56 344.36 | 52 419.38 | 24 529.77 |
| 黑 龙 江 | 98 257.80 | 1 226 293.20 | 1 226 293.20 | 571 192.60 |
| 上　　海 | 80 262.90 | 1 912 264.90 | 1 912 264.90 | 780 731.60 |
| 江　　苏 | 2 700 706.00 | 1 391 772.00 | 1 391 772.00 | 615 109.00 |
| 浙　　江 | 239.05 | 11 527.38 | | 5 106.94 |
| 安　　徽 | 2 173.52 | 50 837.73 | 40 049.43 | 30 630.08 |
| 福　　建 | 898.94 | 71 239.34 | 51 494.60 | 54 029.48 |
| 江　　西 | 67 065.52 | 562 157.60 | 251 767.00 | 325 509.55 |
| 山　　东 | | | | |
| 河　　南 | 7 599.03 | 132 475.49 | 127 070.49 | 101 240.32 |
| 湖　　北 | 1 091 822.98 | 11 489 164.34 | 8 897 446.59 | 7 563 934.18 |
| 湖　　南 | 696.50 | 554 809.10 | 295 057.00 | 460 004.20 |
| 广　　东 | 46 053.36 | 753 516.64 | 713 445.43 | 357 449.88 |
| 广　　西 | 43 269.00 | 1 401 097.00 | 1 324 137.00 | 846 653.00 |
| 海　　南 | 5 319.00 | 536 636.00 | 318 673.00 | 325 325.00 |
| 重　　庆 | 7 636.00 | 134 149.00 | 114 465.00 | 61 534.00 |
| 四　　川 | 25.88 | 227.52 | 227.52 | 113.78 |
| 贵　　州 | 6 091.97 | 173 172.95 | 164 191.58 | 142 257.33 |
| 云　　南 | 9 916.00 | 135 830.00 | 108 071.00 | 56 989.00 |
| 西　　藏 | | | | |
| 陕　　西 | 5 905.00 | 17 871.02 | 11 871.02 | 5 105.00 |
| 甘　　肃 | 9 531.27 | 523 724.55 | 522 208.55 | 320 973.79 |
| 青　　海 | | | | |
| 宁　　夏 | 6 880.00 | 130 560.60 | 77 818.90 | 72 444.50 |
| 新　　疆 | 706 325.98 | 34 516 602.40 | 104 763.34 | 63 641.88 |
| 热 科 院 | | 9 826.03 | | 6 572.29 |
| 广　　州 | | | | |
| 南　　京 | 155.00 | 840.00 | 800.00 | 240.00 |

# 3-2 国有及国有控股规模以上工业企业基本情况

| 地区 | 企业数（个） | 亏损企业数 | 工业总产值（现价）（万元） | 工业销售产值（现价）（万元） | 主营业务收入（万元） |
|---|---|---|---|---|---|
| **全国农垦** | **922** | **250** | **45 073 145.88** | **44 507 880.83** | **51 050 903.20** |
| 北京 | 90 | 31 | 5 823 861.32 | 5 781 795.77 | 6 921 613.41 |
| 天津 | 32 | 18 | 330 780.50 | 244 822.10 | 579 779.60 |
| 河北 | 10 | | 2 815 587.00 | 2 795 443.00 | 2 766 312.92 |
| 山西 | 23 | 1 | 11 150.95 | 9 946.42 | 9 946.42 |
| 内蒙古 | 8 | 5 | 412 359.30 | 406 476.40 | 414 709.24 |
| 辽宁 | 21 | | 49 050.00 | 49 362.33 | 88 245.33 |
| 吉林 | | | | | |
| 黑龙江 | 52 | 19 | 4 126 684.30 | 4 334 487.50 | 6 447 936.90 |
| 上海 | 84 | 15 | 3 479 283.10 | 3 545 469.00 | 4 443 040.60 |
| 江苏 | 14 | 4 | 2 668 945.00 | 2 668 945.00 | 2 664 409.00 |
| 浙江 | | | | | |
| 安徽 | 10 | 3 | 54 450.62 | 65 648.56 | 125 358.62 |
| 福建 | 5 | | 15 186.00 | 14 430.00 | 14 222.00 |
| 江西 | 58 | 16 | 271 866.61 | 415 251.61 | 434 781.01 |
| 山东 | | | | | |
| 河南 | 2 | | 105 100.52 | 97 563.70 | 102 753.97 |
| 湖北 | 50 | 6 | 11 563 375.21 | 11 141 099.97 | 11 621 973.31 |
| 湖南 | 12 | | 190 760.00 | 191 200.00 | 171 674.33 |
| 广东 | 33 | 15 | 1 448 964.83 | 1 387 333.94 | 1 558 031.43 |
| 广西 | 36 | 6 | 1 121 643.00 | 1 022 247.00 | 1 141 208.00 |
| 海南 | 32 | 15 | 503 922.00 | 515 513.00 | 629 129.00 |
| 重庆 | 4 | 1 | 312 536.00 | 310 506.00 | 459 145.00 |
| 四川 | 1 | | 203.23 | 702.59 | 702.59 |
| 贵州 | 9 | 1 | 212 507.25 | 218 148.00 | 218 999.00 |
| 云南 | 15 | 7 | 163 463.00 | 143 816.00 | 175 704.00 |
| 西藏 | | | | | |
| 陕西 | 1 | | 56 276.00 | 56 276.00 | 56 276.00 |
| 甘肃 | 16 | 4 | 265 024.00 | 253 112.97 | 265 060.46 |
| 青海 | | | | | |
| 宁夏 | 10 | 4 | 129 515.40 | 139 483.60 | 86 609.20 |
| 新疆 | 294 | 79 | 8 940 650.74 | 8 698 800.37 | 9 653 281.86 |
| 热科院 | | | | | |
| 广州 | | | | | |
| 南京 | | | | | |

3-2续表1

| 地区 | 主营业务成本（万元） | 主营业务费用（万元） | 主营业务税金及附加（万元） | 主营业务利润（万元） | 从业人员年末数（人） |
|---|---|---|---|---|---|
| **全国农垦** | **38 519 464.76** | **3 279 770.25** | **5 755 648.60** | **2 780 597.10** | **152 724** |
| 北京 | 6 566 221.77 | 370 574.96 | 22 372.51 | −26 887.77 | 26 570 |
| 天津 | 518 532.50 | 62 124.00 | 3 549.60 | −265.40 | 3 062 |
| 河北 | 2 402 332.61 | 125 200.75 | 286 910.46 | 38 022.23 | 1 638 |
| 山西 | 6 391.26 | 80.40 | 1 480.18 | 1 999.53 | 1 131 |
| 内蒙古 | 165 677.74 | 35 371.00 | 47 704.52 | 156 404.51 | 2 071 |
| 辽宁 | 82 052.00 | 1 014.00 | 436.50 | −1 339.00 | 412 |
| 吉林 | | | | | |
| 黑龙江 | 6 265 300.70 | 236 040.00 | 10 411.60 | −110 639.60 | 8 965 |
| 上海 | 3 837 985.00 | 207 761.50 | 21 829.40 | 361 614.00 | 26 242 |
| 江苏 | 835 160.00 | 803 301.00 | 24 906.00 | 641 161.00 | 11 732 |
| 浙江 | | | | | |
| 安徽 | 121 346.43 | 5 965.85 | 336.59 | −1 157.68 | 374 |
| 福建 | 11 799.40 | 960.50 | 437.00 | 753.50 | 657 |
| 江西 | 320 295.51 | 47 627.76 | 11 800.97 | 59 191.71 | 5 729 |
| 山东 | | | | | |
| 河南 | 94 799.28 | 14 333.82 | 701.56 | 5 017.16 | 1 665 |
| 湖北 | 4 677 185.24 | 129 332.76 | 5 151 279.91 | 1 189 693.34 | 21 151 |
| 湖南 | 153 575.00 | 1 424.22 | 1 875.32 | 14 814.15 | 3 072 |
| 广东 | 1 419 353.45 | 49 665.27 | 35 222.21 | 48 616.67 | 9 353 |
| 广西 | 1 000 792.00 | 59 600.00 | 7 016.00 | 133 400.00 | 11 259 |
| 海南 | 612 520.00 | 11 031.00 | 2 115.00 | 3 463.00 | 4 314 |
| 重庆 | 399 538.00 | 53 592.00 | 1 598.00 | 22 660.00 | 2 148 |
| 四川 | 547.96 | 65.38 | 1.00 | 15.59 | 21 |
| 贵州 | 172 368.00 | 15 216.00 | 911.00 | 21 214.00 | 1 683 |
| 云南 | 145 350.00 | 25 888.00 | 1 571.00 | 2 037.00 | 2 632 |
| 西藏 | | | | | |
| 陕西 | 18 520.00 | 14 262.00 | 6 839.00 | 22 100.00 | 233 |
| 甘肃 | 207 790.16 | 41 668.51 | 2 882.90 | 8 043.26 | 3 055 |
| 青海 | | | | | |
| 宁夏 | 75 646.90 | 3 080.10 | 746.00 | 7 136.20 | 823 |
| 新疆 | 8 408 383.85 | 964 589.47 | 110 714.37 | 183 529.70 | 2 732 |
| 热科院 | | | | | |
| 广州 | | | | | |
| 南京 | | | | | |

3－2续表2

| 地　区 | 从业人员平均数（人） | 从业人员工资总额（万元） | 利润总额（万元） | 亏损企业亏损额 |
|---|---|---|---|---|
| **全国农垦** | **209 403** | **1 422 636.10** | **2 557 959.76** | **1 003 609.59** |
| 北　京 | 26 743 | 248 522.89 | －31 093.96 | 109 629.14 |
| 天　津 | 3 058 | 27 286.70 | 1 158.70 | |
| 河　北 | 1 603 | 26 893.14 | 38 322.23 | |
| 山　西 | 990 | 4 530.00 | 1 296.53 | |
| 内蒙古 | 1 905 | 29 224.82 | 74 100.21 | 12 233.00 |
| 辽　宁 | 435 | 1 363.28 | －1 281.67 | |
| 吉　林 | | | | |
| 黑龙江 | 9 403 | 74 128.60 | －109 294.60 | 200 049.90 |
| 上　海 | 25 533 | 257 025.50 | 363 093.00 | 29 289.80 |
| 江　苏 | 11 849 | 204 534.00 | 622 966.00 | 2 972.00 |
| 浙　江 | | | | |
| 安　徽 | 374 | 2 323.50 | －110.38 | 504.00 |
| 福　建 | 673 | 2 059.10 | 621.50 | |
| 江　西 | 7 124 | 35 853.41 | 37 729.78 | 249.31 |
| 山　东 | | | | |
| 河　南 | 1 702 | 12 431.11 | 5 159.86 | |
| 湖　北 | 20 627 | 227 519.65 | 1 193 856.26 | 35 611.40 |
| 湖　南 | 3 075 | 5 190.40 | 5 527.00 | |
| 广　东 | 9 245 | 61 395.75 | 43 817.41 | 5 607.02 |
| 广　西 | 8 419 | 74 438.00 | 39 582.00 | 10 560.00 |
| 海　南 | 4 686 | 26 466.00 | －12 655.00 | 17 497.00 |
| 重　庆 | 2 228 | 29 339.00 | 23 136.00 | 1 908.00 |
| 四　川 | 21 | 107.27 | 20.78 | |
| 贵　州 | 1 681 | 15 000.58 | 25 775.00 | |
| 云　南 | 2 649 | 16 340.00 | 3 828.00 | |
| 西　藏 | | | | |
| 陕　西 | 233 | 1 118.00 | 20 282.00 | |
| 甘　肃 | 3 028 | 21 750.39 | 7 329.55 | 12 048.53 |
| 青　海 | | | | |
| 宁　夏 | 805 | 6 507.80 | 1 903.80 | 1 620.00 |
| 新　疆 | 61 314 | 11 287.21 | 202 889.76 | 563 830.49 |
| 热科院 | | | | |
| 广　州 | | | | |
| 南　京 | | | | |

3-2续表3

| 地　区 | 应缴税金（万元） | 固定资产原值（万元） | 生产经营用 | 固定资产净值（万元） |
|---|---|---|---|---|
| **全国农垦** | **2 484 146.39** | **36 304 030.02** | **15 780 478.34** | **10 121 474.87** |
| 北　京 | 73 687.34 | 1 656 055.62 | 1 485 678.18 | 966 364.39 |
| 天　津 | 4 951.40 | 322 206.40 | 322 206.40 | 185 247.60 |
| 河　北 | 716 009.30 | 1 439 831.52 | 1 434 809.36 | 651 154.88 |
| 山　西 | 1 080.40 | 12 866.46 | 80.86 | 8 730.62 |
| 内蒙古 | 33 017.00 | 472 851.00 | 416 934.00 | 354 718.36 |
| 辽　宁 | 141.26 | 5 018.00 | 645.00 | 2 419.00 |
| 吉　林 | | | | |
| 黑龙江 | 98 257.80 | 1 226 293.20 | 1 226 293.20 | 571 192.60 |
| 上　海 | 80 262.90 | 1 912 264.90 | 1 912 264.90 | 780 731.60 |
| 江　苏 | 249 194.00 | 1 040 961.00 | 1 040 961.00 | 443 655.00 |
| 浙　江 | | | | |
| 安　徽 | 459.12 | 28 078.27 | 23 776.46 | 18 114.10 |
| 福　建 | 509.20 | 5 601.60 | 4 503.60 | 1 449.20 |
| 江　西 | 5 381.52 | 199 273.10 | 91 370.40 | 149 991.25 |
| 山　东 | | | | |
| 河　南 | 6 552.03 | 48 858.49 | 46 860.49 | 21 211.32 |
| 湖　北 | 870 802.58 | 6 336 111.95 | 5 044 676.88 | 4 317 833.83 |
| 湖　南 | 14.50 | 12 280.00 | 11 586.49 | 330.00 |
| 广　东 | 25 636.38 | 639 897.81 | 604 991.91 | 255 890.40 |
| 广　西 | 31 571.00 | 820 122.00 | 789 537.00 | 414 121.00 |
| 海　南 | 3 506.00 | 490 513.00 | 282 304.00 | 301 354.00 |
| 重　庆 | 7 636.00 | 134 149.00 | 114 465.00 | 61 534.00 |
| 四　川 | 25.88 | 227.52 | 227.52 | 113.78 |
| 贵　州 | 6 091.97 | 164 191.58 | 164 191.58 | 133 971.88 |
| 云　南 | 7 761.00 | 112 034.00 | 95 404.00 | 49 668.00 |
| 西　藏 | | | | |
| 陕　西 | 5 905.00 | 17 871.02 | 11 871.02 | 5 105.00 |
| 甘　肃 | 9 531.27 | 523 724.55 | 522 208.55 | 320 973.79 |
| 青　海 | | | | |
| 宁　夏 | 746.00 | 64 548.60 | 61 463.20 | 61 463.20 |
| 新　疆 | 245 415.54 | 18 608 373.40 | 71 167.34 | 37 563.78 |
| 热科院 | | 9 826.03 | | 6 572.29 |
| 广　州 | | | | |
| 南　京 | | | | |

# 3－3　工业总产值

| 地　区 | 总计 | | 其中：国有 | |
|---|---|---|---|---|
| | 企业数（个） | 工业总产值（现价）（万元） | 企业数（个） | 工业总产值（现价）（万元） |
| **全国农垦** | **9 983** | **114 996 447.70** | **1 194** | **46 177 181.11** |
| 北　京 | 90 | 5 832 678.32 | 90 | 5 823 861.32 |
| 天　津 | 32 | 330 780.70 | 32 | 330 780.50 |
| 河　北 | 1 312 | 8 756 758.30 | 16 | 2 941 154.00 |
| 山　西 | 53 | 33 203.95 | 2 | 11 150.95 |
| 内蒙古 | 263 | 583 387.85 | 15 | 438 001.02 |
| 辽　宁 | 621 | 2 371 082.01 | 23 | 51 660.00 |
| 吉　林 | 20 | 50 615.80 | 1 | 246.00 |
| 黑龙江 | 130 | 4 582 372.40 | 130 | 4 582 372.40 |
| 上　海 | 107 | 3 485 685.70 | 107 | 3 485 685.70 |
| 江　苏 | 304 | 3 615 176.00 | 14 | 2 668 945.00 |
| 浙　江 | 13 | 15 970.40 | 1 | |
| 安　徽 | 147 | 374 065.78 | 13 | 89 425.59 |
| 福　建 | 245 | 243 223.60 | 32 | 90 403.60 |
| 江　西 | 852 | 7 844 265.55 | 106 | 404 606.27 |
| 山　东 | 1 | 602.00 | 1 | 602.00 |
| 河　南 | 14 | 437 699.50 | 6 | 107 201.70 |
| 湖　北 | 2 567 | 32 752 046.14 | 36 | 11 607 494.77 |
| 湖　南 | 556 | 5 816 821.36 | 19 | 272 169.67 |
| 广　东 | 629 | 2 447 683.16 | 51 | 1 470 093.36 |
| 广　西 | 320 | 2 779 736.00 | 65 | 1 141 961.00 |
| 海　南 | 113 | 604 302.00 | 33 | 503 922.00 |
| 重　庆 | 8 | 370 581.00 | 8 | 370 581.00 |
| 四　川 | 2 | 522.23 | 2 | 522.23 |
| 贵　州 | 11 | 212 510.85 | 10 | 212 507.25 |
| 云　南 | 81 | 259 003.00 | 27 | 168 097.00 |
| 西　藏 | | | | |
| 陕　西 | 2 | 56 279.00 | 2 | 56 279.00 |
| 甘　肃 | 29 | 272 566.90 | 29 | 272 566.90 |
| 青　海 | 5 | 5 816.14 | | |
| 宁　夏 | 39 | 208 671.00 | 10 | 129 515.40 |
| 新　疆 | 1 405 | 29 913 128.18 | 305 | 8 945 375.48 |
| 热科院 | | | | |
| 广　州 | 8 | 733 012.88 | 8 | |
| 南　京 | 4 | 6 200.00 | | |

# 3－4 按工业主要行业分的工业总产值

| 地区 | 煤炭开采和洗选业 |  | 石油和天然气开采业 |  | 黑色金属矿采选业 |  |
|---|---|---|---|---|---|---|
|  | 企业数（个） | 工业总产值（现价）（万元） | 企业数（个） | 工业总产值（现价）（万元） | 企业数（个） | 工业总产值（现价）（万元） |
| **全国农垦** | **25** | **757 135.61** |  |  | **13** | **43 255.00** |
| 北京 |  |  |  |  |  |  |
| 天津 |  |  |  |  |  |  |
| 河北 |  |  |  |  |  |  |
| 山西 |  |  |  |  |  |  |
| 内蒙古 | 2 | 386 435.00 |  |  | 1 | 779.00 |
| 辽宁 |  |  |  |  |  |  |
| 吉林 |  |  |  |  |  |  |
| 黑龙江 |  |  |  |  |  |  |
| 上海 |  |  |  |  |  |  |
| 江苏 |  |  |  |  |  |  |
| 浙江 |  |  |  |  |  |  |
| 安徽 |  |  |  |  |  |  |
| 福建 |  |  |  |  |  |  |
| 江西 | 8 | 86 685.61 |  |  | 9 | 39 736.00 |
| 山东 |  |  |  |  |  |  |
| 河南 |  |  |  |  |  |  |
| 湖北 |  |  |  |  |  |  |
| 湖南 |  |  |  |  |  |  |
| 广东 |  |  |  |  |  |  |
| 广西 |  |  |  |  | 1 | 978.00 |
| 海南 |  |  |  |  |  |  |
| 重庆 |  |  |  |  |  |  |
| 四川 |  |  |  |  |  |  |
| 贵州 |  |  |  |  |  |  |
| 云南 |  |  |  |  |  |  |
| 西藏 |  |  |  |  |  |  |
| 陕西 | 2 | 56 279.00 |  |  |  |  |
| 甘肃 |  |  |  |  |  |  |
| 青海 |  |  |  |  |  |  |
| 宁夏 |  |  |  |  |  |  |
| 新疆 | 13 | 227 736.00 |  |  | 2 | 1 762.00 |
| 热科院 |  |  |  |  |  |  |
| 广州 |  |  |  |  |  |  |
| 南京 |  |  |  |  |  |  |

3－4续表1

| 地区 | 有色金属矿采选业 | | 非金属矿采选业 | | 开采专业及辅助性活动 | |
|---|---|---|---|---|---|---|
| | 企业数（个） | 工业总产值（现价）（万元） | 企业数（个） | 工业总产值（现价）（万元） | 企业数（个） | 工业总产值（现价）（万元） |
| **全国农垦** | **6** | **79 353.80** | **72** | **93 555.41** | **11** | **59 877.00** |
| 北京 | | | | | | |
| 天津 | | | | | | |
| 河北 | 1 | 1 120.00 | 1 | 725.00 | | |
| 山西 | | | | | | |
| 内蒙古 | | | 6 | 168.00 | | |
| 辽宁 | | | 3 | 480.00 | 1 | 47 550.00 |
| 吉林 | | | | | | |
| 黑龙江 | | | | | | |
| 上海 | | | | | | |
| 江苏 | | | | | | |
| 浙江 | | | | | | |
| 安徽 | | | | | | |
| 福建 | | | 4 | 6 181.00 | | |
| 江西 | 2 | 62 542.80 | 18 | 8 469.71 | | |
| 山东 | | | | | | |
| 河南 | | | | | | |
| 湖北 | | | | | | |
| 湖南 | | | 2 | 40.00 | | |
| 广东 | | | 5 | 6 529.00 | 9 | 11 051.00 |
| 广西 | 1 | 2 315.00 | 14 | 17 383.00 | 1 | 1 276.00 |
| 海南 | | | | | | |
| 重庆 | | | | | | |
| 四川 | | | | | | |
| 贵州 | | | | | | |
| 云南 | | | | | | |
| 西藏 | | | | | | |
| 陕西 | | | | | | |
| 甘肃 | | | | | | |
| 青海 | | | 1 | 950.00 | | |
| 宁夏 | | | 2 | 2 055.70 | | |
| 新疆 | 2 | 13 376.00 | 16 | 50 574.00 | | |
| 热科院 | | | | | | |
| 广州 | | | | | | |
| 南京 | | | | | | |

3－4 续表 2

| 地　　区 | 其他采矿业 | | 农副食品加工业 | | 食品制造业 | |
|---|---|---|---|---|---|---|
| | 企业数（个） | 工业总产值（现价）（万元） | 企业数（个） | 工业总产值（现价）（万元） | 企业数（个） | 工业总产值（现价）（万元） |
| **全国农垦** | **46** | **140 804.63** | **1 654** | **23 621 848.58** | **608** | **10 401 051.15** |
| 北　　京 | | | 37 | 4 474 574.70 | 41 | 1 202 135.01 |
| 天　　津 | | | 6 | 66 640.50 | 11 | 205 101.70 |
| 河　　北 | | | 107 | 607 066.90 | 30 | 353 148.00 |
| 山　　西 | | | 2 | 6 335.95 | 2 | 180.00 |
| 内 蒙 古 | 11 | 10 988.00 | 109 | 59 122.10 | 14 | 20 913.50 |
| 辽　　宁 | | | 81 | 756 989.66 | 36 | 20 873.60 |
| 吉　　林 | | | 14 | 17 054.50 | | |
| 黑 龙 江 | | | 75 | 3 832 817.10 | 14 | 437 035.00 |
| 上　　海 | | | 46 | 1 449 929.70 | 30 | 1 756 918.20 |
| 江　　苏 | | | 33 | 322 685.00 | 11 | 21 164.00 |
| 浙　　江 | | | | | 1 | 5 000.00 |
| 安　　徽 | | | 31 | 103 224.09 | 11 | 88 214.43 |
| 福　　建 | 1 | 6 724.00 | 30 | 10 712.00 | 21 | 10 474.00 |
| 江　　西 | 12 | 47 858.23 | 80 | 302 436.84 | 35 | 243 732.78 |
| 山　　东 | | | | | | |
| 河　　南 | 1 | 4.80 | 1 | 50 000.00 | 2 | 100 407.97 |
| 湖　　北 | 5 | 46 914.00 | 425 | 4 733 873.28 | 170 | 2 384 039.39 |
| 湖　　南 | 2 | 565.00 | 131 | 2 111 500.01 | 49 | 496 296.33 |
| 广　　东 | 7 | 15 570.00 | 73 | 213 366.64 | 31 | 220 007.25 |
| 广　　西 | 1 | 2 972.00 | 33 | 949 390.00 | 9 | 88 901.00 |
| 海　　南 | 4 | 9 205.00 | 29 | 38 428.00 | 4 | 11 224.00 |
| 重　　庆 | | | 2 | 85 164.00 | 5 | 283 957.00 |
| 四　　川 | | | 1 | 130.00 | | |
| 贵　　州 | 1 | 3.60 | 3 | 32 079.23 | 5 | 178 564.00 |
| 云　　南 | | | 11 | 122 606.00 | 1 | 2 124.00 |
| 西　　藏 | | | | | | |
| 陕　　西 | | | | | | |
| 甘　　肃 | | | 6 | 48 817.00 | 4 | 121 368.12 |
| 青　　海 | | | 2 | 1 635.70 | | |
| 宁　　夏 | 1 | | 7 | 123 548.70 | 1 | 2 243.40 |
| 新　　疆 | | | 277 | 2 774 235.01 | 64 | 1 741 501.56 |
| 热 科 院 | | | | | | |
| 广　　州 | | | 2 | 327 485.97 | 6 | 405 526.91 |
| 南　　京 | | | | | | |

3－4续表3

| 地　　区 | 酒、饮料和精制茶制造业 | | 烟草制品业 | | 纺织业 | |
|---|---|---|---|---|---|---|
| | 企业数（个） | 工业总产值（现价）（万元） | 企业数（个） | 工业总产值（现价）（万元） | 企业数（个） | 工业总产值（现价）（万元） |
| **全国农垦** | **475** | **2 114 768.13** | **1** | **8 485 897.26** | **394** | **4 445 500.52** |
| 北　　京 | 3 | 27 971.00 | | | | |
| 天　　津 | 3 | 16 011.70 | | | 1 | 10 451.70 |
| 河　　北 | 5 | 2 426.00 | | | 17 | 15 690.00 |
| 山　　西 | 2 | 934.00 | | | | |
| 内 蒙 古 | 7 | 1 745.72 | | | | |
| 辽　　宁 | 11 | 14 306.00 | | | 1 | 12 168.00 |
| 吉　　林 | | | | | | |
| 黑 龙 江 | 4 | 13 035.10 | | | | |
| 上　　海 | 7 | 106 411.60 | | | | |
| 江　　苏 | 5 | 3 089.00 | | | 4 | 103 704.00 |
| 浙　　江 | 1 | 328.51 | | | | |
| 安　　徽 | 16 | 19 669.12 | | | 8 | 25 471.57 |
| 福　　建 | 40 | 26 783.50 | | | 3 | 18 936.00 |
| 江　　西 | 39 | 180 881.10 | | | 46 | 801 896.35 |
| 山　　东 | | | | | | |
| 河　　南 | 2 | 251 850.00 | | | 2 | 197.00 |
| 湖　　北 | 136 | 906 215.88 | 1 | 8 485 897.26 | 157 | 696 142.63 |
| 湖　　南 | 61 | 170 491.11 | | | 37 | 673 508.38 |
| 广　　东 | 27 | 11 548.02 | | | 17 | 25 713.39 |
| 广　　西 | 23 | 9 197.00 | | | 13 | 42 593.00 |
| 海　　南 | 13 | 6 110.00 | | | | |
| 重　　庆 | | | | | | |
| 四　　川 | | 189.00 | | | | |
| 贵　　州 | 1 | 214.02 | | | | |
| 云　　南 | 21 | 40 347.00 | | | | |
| 西　　藏 | | | | | | |
| 陕　　西 | | | | | | |
| 甘　　肃 | 3 | 8 727.85 | | | | |
| 青　　海 | | | | | | |
| 宁　　夏 | 13 | 71 318.70 | | | | |
| 新　　疆 | 32 | 224967.20 | | | 88 | 2 019 028.50 |
| 热 科 院 | | | | | | |
| 广　　州 | | | | | | |
| 南　　京 | | | | | | |

3－4续表4

| 地　　区 | 纺织服装、服饰业 | | 皮革、毛皮、羽毛及其制品和制鞋业 | | 木材加工和木、竹、藤、棕、草制品业 | |
|---|---|---|---|---|---|---|
| | 企业数（个） | 工业总产值（现价）（万元） | 企业数（个） | 工业总产值（现价）（万元） | 企业数（个） | 工业总产值（现价）（万元） |
| **全国农垦** | **474** | **3 484 657.46** | **57** | **284 570.71** | **462** | **1 880 874.17** |
| 北　　京 | | | | | | |
| 天　　津 | | | | | | |
| 河　　北 | 26 | 18 099.70 | 6 | 301.00 | 20 | 54 488.40 |
| 山　　西 | | | | | | |
| 内 蒙 古 | | | | | 1 | 780.00 |
| 辽　　宁 | 6 | 2 059.20 | | | 27 | 49 084.00 |
| 吉　　林 | | | | | 1 | 86.00 |
| 黑 龙 江 | | | | | 2 | |
| 上　　海 | | | | | | |
| 江　　苏 | 50 | 42 082.00 | | | | |
| 浙　　江 | | | | | | |
| 安　　徽 | 14 | 11 956.16 | | | 7 | 2 037.00 |
| 福　　建 | 2 | 78.00 | 1 | 2 620.00 | 32 | 38 961.00 |
| 江　　西 | 136 | 2 372 135.30 | 9 | 122 971.40 | 82 | 222 858.31 |
| 山　　东 | | | | | | |
| 河　　南 | | | | | | |
| 湖　　北 | 138 | 795 419.04 | 11 | 148 046.20 | 63 | 310 247.64 |
| 湖　　南 | 8 | 150 401.42 | 3 | 1 349.11 | 12 | 33 364.20 |
| 广　　东 | 83 | 37 735.14 | 25 | 8 185.00 | 57 | 32 417.62 |
| 广　　西 | 2 | 542.00 | 1 | 878.00 | 88 | 1 051 483.00 |
| 海　　南 | | | | | 29 | 27 532.00 |
| 重　　庆 | | | | | | |
| 四　　川 | | | | | | |
| 贵　　州 | | | | | | |
| 云　　南 | | | | | 19 | 28 999.00 |
| 西　　藏 | | | | | | |
| 陕　　西 | | | | | | |
| 甘　　肃 | | | | | | |
| 青　　海 | | | | | | |
| 宁　　夏 | | | | | | |
| 新　　疆 | 9 | 54 149.50 | 1 | 220.00 | 22 | 28 536.00 |
| 热 科 院 | | | | | | |
| 广　　州 | | | | | | |
| 南　　京 | | | | | | |

3－4 续表 5

| 地　　区 | 家具制造业 | | 造纸和纸制品业 | | 印刷和记录媒介复制业 | |
|---|---|---|---|---|---|---|
| | 企业数（个） | 工业总产值（现价）（万元） | 企业数（个） | 工业总产值（现价）（万元） | 企业数（个） | 工业总产值（现价）（万元） |
| **全国农垦** | **454** | **1 444 841.57** | **157** | **1 311 505.64** | **110** | **773 512.68** |
| 北　　京 | | | | | | |
| 天　　津 | | | 3 | 5 423.10 | | |
| 河　　北 | 86 | 307 050.00 | 37 | 43 783.00 | 27 | 19 306.00 |
| 山　　西 | 1 | 1 200.00 | 1 | | | |
| 内 蒙 古 | | | 1 | 40 641.26 | | |
| 辽　　宁 | 11 | 3 812.00 | 3 | 52 028.00 | | |
| 吉　　林 | | | | | | |
| 黑 龙 江 | | | 1 | | | |
| 上　　海 | | | 1 | 21 038.00 | 3 | 16 802.50 |
| 江　　苏 | 3 | 2 931.00 | 11 | 30 929.00 | 5 | 1 059.00 |
| 浙　　江 | 1 | 280.00 | 2 | 892.63 | | |
| 安　　徽 | | | 2 | 2 205.92 | 3 | 241.00 |
| 福　　建 | 7 | 16 916.50 | 2 | 920.00 | 1 | 44.00 |
| 江　　西 | 26 | 133 051.84 | 15 | 115 261.37 | 11 | 268 467.50 |
| 山　　东 | | | | | | |
| 河　　南 | | | 1 | 947.00 | | |
| 湖　　北 | 273 | 790 661.36 | 37 | 591 811.84 | 43 | 387 907.07 |
| 湖　　南 | 8 | 111 863.46 | 8 | 175 981.22 | 10 | 63 216.61 |
| 广　　东 | 19 | 60 066.12 | 7 | 7 221.10 | 2 | 465.00 |
| 广　　西 | 11 | 7 965.00 | 14 | 162 248.00 | 1 | 3 618.00 |
| 海　　南 | 5 | 1 690.00 | | | | |
| 重　　庆 | | | | | | |
| 四　　川 | | | | | | |
| 贵　　州 | | | | | | |
| 云　　南 | | | | | | |
| 西　　藏 | | | | | | |
| 陕　　西 | | | | | | |
| 甘　　肃 | | | | | 1 | 402.00 |
| 青　　海 | | | | | | |
| 宁　　夏 | | | | | | |
| 新　　疆 | 3 | 7 354.29 | 11 | 60 174.20 | 3 | 11 984.00 |
| 热 科 院 | | | | | | |
| 广　　州 | | | | | | |
| 南　　京 | | | | | | |

3－4 续表 6

| 地　　区 | 文教、工美、体育和娱乐用品制造业 | | 石油、煤炭及其他燃料加工业 | | 化学原料和化学制品制造业 | |
|---|---|---|---|---|---|---|
| | 企业数（个） | 工业总产值（现价）（万元） | 企业数（个） | 工业总产值（现价）（万元） | 企业数（个） | 工业总产值（现价）（万元） |
| **全国农垦** | **59** | **196 954.61** | **172** | **7 730 340.92** | **313** | **5 824 944.69** |
| 北　　京 | | | | | | |
| 天　　津 | 1 | | | | | |
| 河　　北 | 17 | 50 291.00 | 87 | 5 216 397.00 | 43 | 301 865.00 |
| 山　　西 | | | | | 4 | 720.00 |
| 内 蒙 古 | | | | | 3 | 434.00 |
| 辽　　宁 | | | 30 | 447 732.22 | 31 | 136 351.06 |
| 吉　　林 | | | | | | |
| 黑 龙 江 | | | | | 5 | 111 357.50 |
| 上　　海 | | | | | 6 | 51 797.40 |
| 江　　苏 | 5 | 7 940.00 | | | 5 | 6 379.00 |
| 浙　　江 | | | | | 1 | 1 550.00 |
| 安　　徽 | 3 | 94.45 | | | | |
| 福　　建 | | | | | 5 | 15 797.00 |
| 江　　西 | 5 | 106 163.16 | | | 50 | 345 703.93 |
| 山　　东 | | | | | | |
| 河　　南 | | | | | | |
| 湖　　北 | 19 | 23 672.00 | 3 | 10 351.70 | 37 | 492 472.69 |
| 湖　　南 | 5 | 3 411.00 | 3 | 41 974.00 | 9 | 241 102.08 |
| 广　　东 | 1 | 32.00 | | | 9 | 959 923.00 |
| 广　　西 | 2 | 471.00 | | | 18 | 79 151.00 |
| 海　　南 | | | | | | |
| 重　　庆 | | | | | | |
| 四　　川 | | | | | | |
| 贵　　州 | | | | | | |
| 云　　南 | | | | | | |
| 西　　藏 | | | | | | |
| 陕　　西 | | | | | | |
| 甘　　肃 | | | | | 1 | 833.03 |
| 青　　海 | | | | | | |
| 宁　　夏 | | | | | 3 | 4 003.00 |
| 新　　疆 | 1 | 4 880.00 | 49 | 2 013 886.00 | 83 | 3 075 505.00 |
| 热 科 院 | | | | | | |
| 广　　州 | | | | | | |
| 南　　京 | | | | | | |

3－4续表7

| 地　　区 | 医药制造业 | | 化学纤维制造业 | | 橡胶和塑料制品业 | |
|---|---|---|---|---|---|---|
| | 企业数（个） | 工业总产值（现价）（万元） | 企业数（个） | 工业总产值（现价）（万元） | 企业数（个） | 工业总产值（现价）（万元） |
| **全国农垦** | **108** | **3 987 329.53** | **20** | **498 339.80** | **325** | **2 220 167.15** |
| 北　　京 | 3 | 12 087.00 | | | | |
| 天　　津 | | | | | 1 | |
| 河　　北 | 1 | 6 404.00 | 2 | 571.00 | 59 | 106 849.10 |
| 山　　西 | 1 | 2 291.00 | | | | |
| 内 蒙 古 | 1 | 1 830.00 | | | 1 | 690.00 |
| 辽　　宁 | 4 | 73 271.28 | 2 | 9 750.00 | 7 | 6 379.00 |
| 吉　　林 | 1 | 8 000.00 | | | 1 | 99.00 |
| 黑 龙 江 | 5 | 69 430.90 | | | 1 | 1 419.90 |
| 上　　海 | 2 | 7 480.90 | | | 1 | 8 501.60 |
| 江　　苏 | 5 | 2 248 985.00 | | | 6 | 6 426.00 |
| 浙　　江 | | | | | 1 | 632.63 |
| 安　　徽 | 1 | 4 400.03 | | | 2 | 1 119.17 |
| 福　　建 | 1 | 217.00 | | | 3 | 2 910.00 |
| 江　　西 | 17 | 192 135.38 | 2 | 36 709.53 | 19 | 70 333.57 |
| 山　　东 | | | | | | |
| 河　　南 | 1 | 30 000.00 | | | | |
| 湖　　北 | 33 | 739 884.24 | 8 | 40 664.27 | 81 | 1 004 730.82 |
| 湖　　南 | 15 | 348 615.80 | 1 | 100.00 | 14 | 120 928.08 |
| 广　　东 | 2 | 1 003.00 | | | 13 | 111 333.08 |
| 广　　西 | 2 | 4 846.00 | 1 | 22 330.00 | 8 | 15 518.00 |
| 海　　南 | | | | | 5 | 474 189.00 |
| 重　　庆 | 1 | 1 460.00 | | | | |
| 四　　川 | | | | | | |
| 贵　　州 | | | | | | |
| 云　　南 | | | | | 3 | 157.00 |
| 西　　藏 | | | | | | |
| 陕　　西 | | | | | | |
| 甘　　肃 | 4 | 49 434.00 | 1 | 4 930.00 | 1 | 2 070.00 |
| 青　　海 | | | | | | |
| 宁　　夏 | | | | | | |
| 新　　疆 | 8 | 185 554.00 | 3 | 383 285.00 | 98 | 285 881.20 |
| 热 科 院 | | | | | | |
| 广　　州 | | | | | | |
| 南　　京 | | | | | | |

3－4 续表 8

| 地　区 | 非金属矿物制品业 | | 黑色金属冶炼和压延加工业 | | 有色金属冶炼和压延加工业 | |
|---|---|---|---|---|---|---|
| | 企业数（个） | 工业总产值（现价）（万元） | 企业数（个） | 工业总产值（现价）（万元） | 企业数（个） | 工业总产值（现价）（万元） |
| **全国农垦** | **705** | **6 837 915.32** | **46** | **898 978.55** | **71** | **6 326 048.61** |
| 北　京 | 1 | 3 413.80 | | | | |
| 天　津 | 1 | 639.30 | | | | |
| 河　北 | 48 | 251 095.30 | 9 | 4 726.00 | 6 | 29 765.00 |
| 山　西 | 24 | 14 090.00 | | | | |
| 内蒙古 | 14 | 27 775.27 | | | | |
| 辽　宁 | 21 | 61 202.42 | 1 | 560.00 | | |
| 吉　林 | 1 | 22 345.00 | 1 | 2 815.30 | 1 | 216.00 |
| 黑龙江 | 1 | | | | | |
| 上　海 | | | | | | |
| 江　苏 | 17 | 65 309.00 | | | | |
| 浙　江 | 1 | 160.39 | | | 2 | 1 857.57 |
| 安　徽 | 18 | 12 390.89 | | | | |
| 福　建 | 32 | 15 330.50 | 1 | 1 041.00 | 1 | 430.00 |
| 江　西 | 56 | 552 221.87 | 2 | 561.00 | 5 | 110 210.00 |
| 山　东 | | | | | | |
| 河　南 | | | | | | |
| 湖　北 | 119 | 1 266 385.11 | 17 | 117 119.20 | 10 | 71 466.62 |
| 湖　南 | 39 | 182 268.14 | 1 | 10 941.05 | 12 | 29 549.42 |
| 广　东 | 18 | 10 150.00 | | | 10 | 2 521.00 |
| 广　西 | 19 | 33 731.00 | 1 | 18 000.00 | 2 | 15 104.00 |
| 海　南 | 9 | 28 338.00 | | | | |
| 重　庆 | | | | | | |
| 四　川 | | | | | | |
| 贵　州 | | | | | | |
| 云　南 | 6 | 13 848.00 | | | | |
| 西　藏 | | | | | | |
| 陕　西 | | | | | | |
| 甘　肃 | 5 | 20 863.00 | | | | |
| 青　海 | | | | | | |
| 宁　夏 | 4 | 4 533.00 | | | | |
| 新　疆 | 251 | 4 251 825.33 | 13 | 743 215.00 | 22 | 6 064 929.00 |
| 热科院 | | | | | | |
| 广　州 | | | | | | |
| 南　京 | | | | | | |

3－4续表9

| 地区 | 金属制品业 | | 通用设备制造业 | | 专用设备制造业 | |
|---|---|---|---|---|---|---|
| | 企业数（个） | 工业总产值（现价）（万元） | 企业数（个） | 工业总产值（现价）（万元） | 企业数（个） | 工业总产值（现价）（万元） |
| **全国农垦** | **572** | **2 454 987.76** | **185** | **1 205 156.58** | **167** | **818 797.80** |
| 北京 | | | | | | |
| 天津 | | | | | | |
| 河北 | 195 | 210 203.00 | 62 | 115 744.80 | 34 | 81 615.00 |
| 山西 | 3 | 3 447.00 | | | | |
| 内蒙古 | 3 | 2 944.00 | | | | |
| 辽宁 | 20 | 92 521.00 | 3 | 1 904.40 | 21 | 45 130.00 |
| 吉林 | | | | | | |
| 黑龙江 | 2 | 11 808.00 | | | 2 | 4 117.00 |
| 上海 | 6 | 34 762.40 | 2 | 23 314.10 | | |
| 江苏 | | | 38 | 63 364.00 | 16 | 27 791.00 |
| 浙江 | 1 | 1 399.00 | | | | |
| 安徽 | 6 | 30 172.39 | 2 | 7 862.32 | 4 | 5 632.83 |
| 福建 | 10 | 26 169.00 | | | 1 | 7.00 |
| 江西 | 15 | 78 081.00 | 8 | 391 042.86 | 11 | 65 426.06 |
| 山东 | | | | | | |
| 河南 | | | 1 | 3 745.55 | | |
| 湖北 | 197 | 1 300 630.54 | 52 | 472 089.56 | 40 | 326 664.05 |
| 湖南 | 14 | 178 472.43 | 9 | 113 814.99 | 14 | 118 049.96 |
| 广东 | 33 | 102 826.00 | | | 7 | 5 913.00 |
| 广西 | 16 | 83 266.00 | 2 | 923.00 | | |
| 海南 | | | | | | |
| 重庆 | | | | | | |
| 四川 | | | | | | |
| 贵州 | | | | | | |
| 云南 | 1 | 8 779.00 | | | 1 | 2 339.00 |
| 西藏 | | | | | | |
| 陕西 | | | | | | |
| 甘肃 | | | | | 1 | 6 060.90 |
| 青海 | | | | | | |
| 宁夏 | | | | | | |
| 新疆 | 50 | 289 507.00 | 2 | 5 151.00 | 15 | 130 052.00 |
| 热科院 | | | | | | |
| 广州 | | | | | | |
| 南京 | | | 4 | 6 200.00 | | |

3－4续表10

| 地区 | 汽车制造业 | | 铁路、船舶、航空航天和其他运输设备制造业 | | 电气机械和器材制造业 | |
|---|---|---|---|---|---|---|
| | 企业数（个） | 工业总产值（现价）（万元） | 企业数（个） | 工业总产值（现价）（万元） | 企业数（个） | 工业总产值（现价）（万元） |
| **全国农垦** | **121** | **1 736 800.62** | **107** | **358 058.64** | **114** | **1 995 735.66** |
| 北京 | | | | | | |
| 天津 | | | | | | |
| 河北 | 21 | 19 041.00 | 84 | 138 785.00 | 15 | 10 442.10 |
| 山西 | | | | | | |
| 内蒙古 | | | | | | |
| 辽宁 | 3 | 71.00 | | | 2 | 853.00 |
| 吉林 | | | | | | |
| 黑龙江 | | | | | | |
| 上海 | | | | | 1 | 31.60 |
| 江苏 | | | | | | |
| 浙江 | | | | | | |
| 安徽 | 1 | 4 636.00 | 1 | 541.37 | 3 | 8 864.63 |
| 福建 | 1 | 2 289.00 | | | 5 | 8 197.00 |
| 江西 | 1 | 282.00 | 2 | 120 849.00 | 11 | 197 956.40 |
| 山东 | | | | | | |
| 河南 | | | | | | |
| 湖北 | 89 | 1 694 331.62 | 11 | 31 085.80 | 47 | 1 413 423.43 |
| 湖南 | 2 | 11 494.00 | 2 | 66 022.47 | 9 | 136 270.50 |
| 广东 | | | 6 | 560.00 | | |
| 广西 | 1 | 2 520.00 | | | | |
| 海南 | | | 1 | 215.00 | | |
| 重庆 | | | | | | |
| 四川 | | | | | | |
| 贵州 | | | | | | |
| 云南 | 1 | 2 136.00 | | | | |
| 西藏 | | | | | | |
| 陕西 | | | | | | |
| 甘肃 | | | | | | |
| 青海 | | | | | | |
| 宁夏 | | | | | | |
| 新疆 | 1 | | | | 21 | 219 697.00 |
| 热科院 | | | | | | |
| 广州 | | | | | | |
| 南京 | | | | | | |

3－4 续表 11

| 地　区 | 计算机、通信和其他电子设备制造业 | | 仪器仪表制造业 | | 其他制造业 | |
|---|---|---|---|---|---|---|
| | 企业数（个） | 工业总产值（现价）（万元） | 企业数（个） | 工业总产值（现价）（万元） | 企业数（个） | 工业总产值（现价）（万元） |
| **全国农垦** | **278** | **3 478 782.62** | **15** | **67 032.08** | **864** | **2 302 055.31** |
| 北　京 | | | | | 4 | 112 089.81 |
| 天　津 | | | | | 5 | 26 512.70 |
| 河　北 | 182 | 40 348.00 | 2 | 1 236.00 | 15 | 32 901.17 |
| 山　西 | | | | | 13 | 4 006.00 |
| 内蒙古 | | | | | 8 | 2 239.00 |
| 辽　宁 | | | 1 | 5 066.00 | 273 | 429 808.77 |
| 吉　林 | | | | | | |
| 黑龙江 | | | | | | |
| 上　海 | | | | | | |
| 江　苏 | 16 | 74 525.00 | | | 74 | 586 814.00 |
| 浙　江 | | | | | 2 | 3 869.67 |
| 安　徽 | | | | | 5 | 38 776.05 |
| 福　建 | | | 2 | 1 680.00 | 19 | 12 127.10 |
| 江　西 | 15 | 347 475.03 | | | 46 | 138 312.79 |
| 山　东 | | | | | 1 | 602.00 |
| 河　南 | | | | | 2 | 296.00 |
| 湖　北 | 23 | 2 454 903.36 | 8 | 55 794.08 | 233 | 359 073.22 |
| 湖　南 | 14 | 22 648.68 | 2 | 3 256.00 | 25 | 23 534.91 |
| 广　东 | 4 | 16 078.55 | | | 101 | 517 482.30 |
| 广　西 | 2 | 12 091.00 | | | 13 | 87 409.00 |
| 海　南 | | | | | | |
| 重　庆 | | | | | | |
| 四　川 | | | | | 1 | 203.23 |
| 贵　州 | | | | | 1 | 1 650.00 |
| 云　南 | | | | | 8 | 28 272.00 |
| 西　藏 | | | | | | |
| 陕　西 | | | | | | |
| 甘　肃 | | | | | 1 | 2 907.00 |
| 青　海 | | | | | | |
| 宁　夏 | | | | | 8 | 968.50 |
| 新　疆 | 22 | 510 713.00 | | | 10 | 4 289.90 |
| 热科院 | | | | | | |
| 广　州 | | | | | | |
| 南　京 | | | | | | |

3－4 续表 12

| 地区 | 废弃资源综合利用业 | | 金属制品、机械和设备修理业 | | 电力、热力生产和供应业 | |
|---|---|---|---|---|---|---|
| | 企业数（个） | 工业总产值（现价）（万元） | 企业数（个） | 工业总产值（现价）（万元） | 企业数（个） | 工业总产值（现价）（万元） |
| **全国农垦** | **47** | **406 954.01** | **152** | **400 148.30** | **363** | **4 999 994.23** |
| 北京 | | | | | | |
| 天津 | | | | | | |
| 河北 | 13 | 262 618.90 | 6 | 8 673.20 | 34 | 270 911.53 |
| 山西 | | | | | | |
| 内蒙古 | 1 | 700.00 | 74 | 7 410.00 | 4 | 17 114.00 |
| 辽宁 | 5 | 73.90 | 5 | 70.80 | 4 | 79 079.00 |
| 吉林 | | | | | | |
| 黑龙江 | | | | | 12 | 90 297.00 |
| 上海 | | | 1 | 1 338.60 | 1 | 7 359.10 |
| 江苏 | | | | | | |
| 浙江 | | | | | | |
| 安徽 | | | | | 1 | 4 190.00 |
| 福建 | 2 | 565.00 | 1 | 1 180.00 | 14 | 11 353.00 |
| 江西 | 3 | 2 724.70 | 1 | 4 568.00 | 41 | 35 012.69 |
| 山东 | | | | | | |
| 河南 | | | | | | |
| 湖北 | 8 | 33 279.40 | 1 | 355 261.64 | 18 | 92 138.34 |
| 湖南 | 2 | 18 521.00 | 3 | 1 134.00 | 21 | 111 028.89 |
| 广东 | 1 | 1 048.30 | 44 | 11 888.20 | 19 | 57 838.45 |
| 广西 | 1 | 3 727.00 | 2 | 5 060.00 | 11 | 45 798.00 |
| 海南 | | | | | 14 | 7 371.00 |
| 重庆 | | | | | | |
| 四川 | | | | | | |
| 贵州 | | | | | | |
| 云南 | | | | | 9 | 9 396.00 |
| 西藏 | | | | | | |
| 陕西 | | | | | | |
| 甘肃 | | | | | 1 | 6 154.00 |
| 青海 | 1 | 404.81 | | | 1 | 2 825.63 |
| 宁夏 | | | | | | |
| 新疆 | 10 | 83 291.00 | 14 | 3 563.86 | 158 | 4 152 127.60 |
| 热科院 | | | | | | |
| 广州 | | | | | | |
| 南京 | | | | | | |

3－4 续表 13

| 地　区 | 燃气生产和供应业 | | 水的生产和供应业 | |
|---|---|---|---|---|
| | 企业数（个） | 工业总产值（现价）（万元） | 企业数（个） | 工业总产值（现价）（万元） |
| **全国农垦** | **58** | **457 716.59** | **102** | **261 424.19** |
| 北　京 | | | 1 | 407.00 |
| 天　津 | | | | |
| 河　北 | 10 | 163 655.60 | 4 | 9 415.60 |
| 山　西 | | | | |
| 内蒙古 | | | 2 | 679.00 |
| 辽　宁 | 3 | 21 482.70 | 5 | 425.00 |
| 吉　林 | | | | |
| 黑龙江 | | | 6 | 11 054.90 |
| 上　海 | | | | |
| 江　苏 | | | | |
| 浙　江 | | | | |
| 安　徽 | 2 | 983.94 | 6 | 1 382.42 |
| 福　建 | 1 | 3 680.00 | 2 | 901.00 |
| 江　西 | 4 | 21 930.40 | 10 | 17 581.04 |
| 山　东 | | | | |
| 河　南 | | | 1 | 251.18 |
| 湖　北 | 16 | 12 133.13 | 38 | 107 315.73 |
| 湖　南 | 2 | 27 580.82 | 7 | 17 526.29 |
| 广　东 | 1 | 1 471.00 | 2 | 1 055.00 |
| 广　西 | 3 | 5 911.00 | 3 | 2 141.00 |
| 海　南 | | | | |
| 重　庆 | | | | |
| 四　川 | | | | |
| 贵　州 | | | | |
| 云　南 | | | | |
| 西　藏 | | | | |
| 陕　西 | | | | |
| 甘　肃 | | | | |
| 青　海 | | | | |
| 宁　夏 | | | | |
| 新　疆 | 16 | 198 888.00 | 15 | 91 289.03 |
| 热科院 | | | | |
| 广　州 | | | | |
| 南　京 | | | | |

# 3－5　主要工业产品产量

| 地　　区 | 原煤（吨） | 铁矿石原矿（吨） | 原盐（吨） | 小麦粉（吨） | 大米（吨） |
|---|---|---|---|---|---|
| **全国农垦** | **22 836 356** | **1 258 000** | **152 478** | **1 080 811** | **8 036 924** |
| 北　　京 | | | | 162 668 | 8 061 |
| 天　　津 | | | | | 7 442 |
| 河　　北 | | | 31 478 | | 323 007 |
| 山　　西 | | | | | |
| 内 蒙 古 | 15 000 000 | | | 23 922 | 7 373 |
| 辽　　宁 | | | | | 325 109 |
| 吉　　林 | | | | | 63 412 |
| 黑 龙 江 | | | | 321 424 | 404 355 |
| 上　　海 | | | | 200 251 | 160 637 |
| 江　　苏 | | | | 2 200 | 294 928 |
| 浙　　江 | | | | | |
| 安　　徽 | | | | 117 817 | 91 209 |
| 福　　建 | | | | | 4 448 |
| 江　　西 | 782 702 | 1 258 000 | | 2 341 | 185 026 |
| 山　　东 | | | | | |
| 河　　南 | | | | | |
| 湖　　北 | | | | 117 832 | 1 658 455 |
| 湖　　南 | | | 21 000 | | 4 330 157 |
| 广　　东 | | | | | 35 342 |
| 广　　西 | | | | | 56 517 |
| 海　　南 | | | | | 3 867 |
| 重　　庆 | | | | | |
| 四　　川 | | | | | |
| 贵　　州 | | | | | 353 |
| 云　　南 | | | | | |
| 西　　藏 | | | | | |
| 陕　　西 | 905 900 | | | | |
| 甘　　肃 | | | | 165 | |
| 青　　海 | | | 100 000 | | |
| 宁　　夏 | | | | | 7 332 |
| 新　　疆 | 6 147 754 | | | 132 192 | 69 893 |
| 热 科 院 | | | | | |
| 广　　州 | | | | | |
| 南　　京 | | | | | |

3－5续表1

| 地 区 | 饲料（吨） | 配合饲料 | 混合饲料 | 精制食用植物油（吨） | 成品糖（吨） |
|---|---|---|---|---|---|
| **全国农垦** | **6 167 197** | **4 009 732** | **2 157 465** | **3 477 524** | **3 053 422** |
| 北　京 | 310 356 | 287 853 | 22 503 | 1 152 928 | |
| 天　津 | 74 882 | 74 882 | | | |
| 河　北 | 332 082 | 227 071 | 105 011 | 1 103 | |
| 山　西 | 19 488 | 19 488 | | | |
| 内蒙古 | 31 717 | 3 183 | 28 534 | 14 | 7 465 |
| 辽　宁 | 87 149 | 470 | 86 679 | 8 231 | |
| 吉　林 | | | | | |
| 黑龙江 | | | | 1 351 773 | |
| 上　海 | 285 778 | 195 009 | 90 769 | 48 163 | 1 394 561 |
| 江　苏 | 68 568 | 43 200 | 25 368 | 172 976 | |
| 浙　江 | | | | | |
| 安　徽 | 47 061 | 31 920 | 15 141 | 9 444 | |
| 福　建 | 1 082 | 184 | 898 | | |
| 江　西 | 92 031 | 46 300 | 45 731 | 26 270 | 1 |
| 山　东 | 2 190 | 2 190 | | | |
| 河　南 | 333 733 | | 333 733 | | |
| 湖　北 | 1 572 038 | 1 194 009 | 378 029 | 302 374 | 101 688 |
| 湖　南 | 171 837 | 54 309 | 117 528 | 8 848 | |
| 广　东 | 158 371 | 156 269 | 2 102 | 8 724 | 234 738 |
| 广　西 | 151 763 | 142 509 | 9 254 | 668 | 946 192 |
| 海　南 | | | | | 4 454 |
| 重　庆 | 50 956 | 50 956 | | | |
| 四　川 | | | | 2 | |
| 贵　州 | 82 653 | 82 653 | | | |
| 云　南 | 42 138 | 42 138 | | | 170 246 |
| 西　藏 | | | | | |
| 陕　西 | | | | | |
| 甘　肃 | | | | 346 | 70 |
| 青　海 | | | | | |
| 宁　夏 | 200 942 | | 200 942 | | |
| 新　疆 | 1 730 808 | 1 294 783 | 436 028 | 385 660 | 194 007 |
| 热科院 | | | | | |
| 广　州 | | | | | |
| 南　京 | | | | | |

3－5续表2

| 地　区 | 鲜、冷藏肉（吨） | 乳制品（吨） | | | 罐头（吨） | |
| --- | --- | --- | --- | --- | --- | --- |
| | | | 液体乳 | 乳粉 | | 番茄酱罐头 |
| **全国农垦** | **2 041 513** | **4 827 353** | **4 621 666** | **119 012** | **765 872** | **32 890** |
| 北　京 | 1 466 914 | 575 830 | 536 750 | 13 169 | | |
| 天　津 | | 118 159 | 117 890 | 269 | | |
| 河　北 | 2 340 | 346 753 | 317 727 | 29 026 | | |
| 山　西 | | 207 | 207 | | | |
| 内蒙古 | 7 381 | 31 | | | 810 | 810 |
| 辽　宁 | 64 | 4 815 | 4 815 | | | |
| 吉　林 | | | | | | |
| 黑龙江 | | 282 974 | 243 461 | 39 370 | | |
| 上　海 | 127 839 | 1 306 620 | 1 295 947 | 4 861 | 66 832 | 2 665 |
| 江　苏 | | | | | | |
| 浙　江 | | | | | | |
| 安　徽 | | | | | | |
| 福　建 | | 265 | 265 | | 18 | 10 |
| 江　西 | | 4 355 | | | 5 066 | |
| 山　东 | | | | | | |
| 河　南 | | 19 700 | 19 700 | | | |
| 湖　北 | 109 559 | 535 999 | 486 623 | | 32 931 | |
| 湖　南 | 4 793 | 9 750 | 9 750 | | 85 732 | 337 |
| 广　东 | 2 804 | 221 090 | 221 090 | | 1 483 | |
| 广　西 | 137 821 | 10 156 | 10 156 | | | |
| 海　南 | | | | | | |
| 重　庆 | 2 264 | 279 233 | 271 617 | 7 615 | 18 130 | |
| 四　川 | | 1 738 | 1 738 | | | |
| 贵　州 | | 189 950 | 189 950 | | | |
| 云　南 | | | | | | |
| 西　藏 | | | | | | |
| 陕　西 | | | | | | |
| 甘　肃 | | 116 419 | 116 419 | | | |
| 青　海 | | | | | | |
| 宁　夏 | 894 | 32 106 | 32 106 | | | |
| 新　疆 | 178 839 | 486 130 | 469 783 | 15 301 | 554 870 | 29 068 |
| 热科院 | | | | | | |
| 广　州 | | | | | | |
| 南　京 | | | | | | |

3－5续表3

| 地　　区 | 饮料酒（千升） | 白酒（折65度，商品量） | 啤酒 | 葡萄酒 |
|---|---|---|---|---|
| **全国农垦** | **1 775 904** | **768 340** | **917 682** | **23 368** |
| 北　　京 | 906 | 906 | | |
| 天　　津 | 7 020 | | | 7 020 |
| 河　　北 | 4 974 | 4 974 | | |
| 山　　西 | 650 000 | 650 000 | | |
| 内 蒙 古 | 226 | 215 | | |
| 辽　　宁 | 49 061 | 1 987 | 47 074 | |
| 吉　　林 | | | | |
| 黑 龙 江 | | | | |
| 上　　海 | 68 377 | 9 014 | | |
| 江　　苏 | | | | |
| 浙　　江 | | | | |
| 安　　徽 | 6 623 | 1 568 | | |
| 福　　建 | 71 | 71 | | |
| 江　　西 | 104 373 | 18 228 | 86 018 | |
| 山　　东 | | | | |
| 河　　南 | 1 850 | | | 1 850 |
| 湖　　北 | 616 111 | 13 162 | 602 848 | |
| 湖　　南 | 13 496 | 9 153 | | 4 150 |
| 广　　东 | 1 493 | 1 441 | | |
| 广　　西 | 589 | 589 | | |
| 海　　南 | | | | |
| 重　　庆 | | | | |
| 四　　川 | | | | |
| 贵　　州 | | | | |
| 云　　南 | 5 740 | 5 740 | | |
| 西　　藏 | | | | |
| 陕　　西 | | | | |
| 甘　　肃 | 23 255 | 21 085 | | 2 170 |
| 青　　海 | | | | |
| 宁　　夏 | 180 053 | 292 | 175 065 | 4 636 |
| 新　　疆 | 41 686 | 29 915 | 6 677 | 3 542 |
| 热 科 院 | | | | |
| 广　　州 | | | | |
| 南　　京 | | | | |

3－5 续表 4

| 地　区 | 软饮料（吨） | 碳酸饮料类（汽水） | 包装饮用水类 | 果汁和蔬菜汁饮料类 |
|---|---|---|---|---|
| **全国农垦** | **2 498 073** | **388 501** | **1 032 725** | **98 621** |
| 北　京 | 3 045 | | 1 382 | 1 663 |
| 天　津 | 1 543 | | 1 543 | |
| 河　北 | | | | |
| 山　西 | | | | |
| 内蒙古 | 8 685 | | 8 685 | |
| 辽　宁 | 400 | | 400 | |
| 吉　林 | | | | |
| 黑龙江 | 53 241 | | 25 895 | 8 461 |
| 上　海 | 101 596 | | | 433 |
| 江　苏 | | | | |
| 浙　江 | 251 | | | 251 |
| 安　徽 | | | | |
| 福　建 | 8 | | 3 | 4 |
| 江　西 | 140 724 | | 104 828 | 35 896 |
| 山　东 | | | | |
| 河　南 | | | | |
| 湖　北 | 1 901 408 | 335 612 | 712 364 | 2 615 |
| 湖　南 | | | | |
| 广　东 | 82 | | | |
| 广　西 | 18 886 | | 11 863 | |
| 海　南 | 2 955 | | 385 | 2 570 |
| 重　庆 | | | | |
| 四　川 | | | | |
| 贵　州 | | | | |
| 云　南 | | | | |
| 西　藏 | | | | |
| 陕　西 | | | | |
| 甘　肃 | | | | |
| 青　海 | | | | |
| 宁　夏 | | | | |
| 新　疆 | 265 249 | 52 889 | 165 377 | 46 729 |
| 热科院 | | | | |
| 广　州 | | | | |
| 南　京 | | | | |

3－5 续表 5

| 地　区 | 精制茶（吨） | 纱（吨） | 布（米） | 服装（件） | 皮革鞋靴（双） | 家具（件） |
|---|---|---|---|---|---|---|
| **全国农垦** | **28 054** | **1 134 845** | **964 790 432** | **118 733 236** | **8 389 108** | **7 787 586** |
| 北　京 | | | | | | |
| 天　津 | | | | | | |
| 河　北 | | | 403 000 | 636 050 | 611 030 | 4 319 315 |
| 山　西 | | | | | | 595 |
| 内蒙古 | | | | | | 21 000 |
| 辽　宁 | | | | 344 100 | | 27 516 |
| 吉　林 | | | | | | |
| 黑龙江 | | | | | | |
| 上　海 | 1 | | | | | |
| 江　苏 | | 20 120 | | 1 432 000 | | |
| 浙　江 | 39 | | | | | 250 |
| 安　徽 | 5 913 | 6 698 | | 1 951 444 | | |
| 福　建 | 4 863 | | 10 550 000 | 31 090 | 2 790 | 281 825 |
| 江　西 | 1 157 | 45 977 | 2 758 639 | 70 325 359 | 300 159 | 113 054 |
| 山　东 | | | | | | |
| 河　南 | | | | | | |
| 湖　北 | 1 239 | 164 866 | 534 763 418 | 20 206 808 | 140 770 | 837 646 |
| 湖　南 | 5 735 | 200 699 | 74 867 975 | 5 134 434 | 1 846 888 | 43 607 |
| 广　东 | 213 | 6 131 | | 11 990 081 | 5 487 471 | 2 030 523 |
| 广　西 | 926 | | | | | 10 570 |
| 海　南 | 429 | | | | | 4 600 |
| 重　庆 | | | | | | |
| 四　川 | | | | | | |
| 贵　州 | 79 | | | | | |
| 云　南 | 7 457 | | | | | |
| 西　藏 | | | | | | |
| 陕　西 | | | | | | |
| 甘　肃 | | | | | | |
| 青　海 | | | | | | |
| 宁　夏 | | | | | | |
| 新　疆 | | 690 354 | 341 447 400 | 6 681 870 | | 97 085 |
| 热科院 | | | | | | |
| 广　州 | | | | | | |
| 南　京 | 4 | | | | | |

3-5续表6

| 地区 | 机制纸及纸板（外购原纸加工除外）（吨） | 农用氮、磷、钾化学肥料总计（折纯量）（吨） | 氮肥（折含氮100%） | 磷肥（折五氧化二磷100%） | 钾肥（折氧化钾100%） |
|---|---|---|---|---|---|
| **全国农垦** | **669 730** | **558 857** | **478 771** | **8 877** | **71 209** |
| 北京 | | | | | |
| 天津 | 1 485 | | | | |
| 河北 | 2 | | | | |
| 山西 | | | | | |
| 内蒙古 | | | | | |
| 辽宁 | 54 187 | 19 419 | 1 936 | 1 587 | 15 896 |
| 吉林 | | | | | |
| 黑龙江 | | | | | |
| 上海 | | | | | |
| 江苏 | | 671 | 95 | 450 | 126 |
| 浙江 | | | | | |
| 安徽 | | | | | |
| 福建 | 1 603 | | | | |
| 江西 | 84 675 | 2 650 | 1 787 | 741 | 122 |
| 山东 | | | | | |
| 河南 | | | | | |
| 湖北 | 186 793 | 1 451 | 436 | 107 | 909 |
| 湖南 | 99 822 | | | | |
| 广东 | 13 312 | | | | |
| 广西 | 45 490 | 2 384 | 1 097 | 519 | 768 |
| 海南 | | 22 628 | 12 805 | 3 691 | 6 132 |
| 重庆 | | | | | |
| 四川 | | | | | |
| 贵州 | | | | | |
| 云南 | | | | | |
| 西藏 | | | | | |
| 陕西 | | | | | |
| 甘肃 | | 2 099 | 1 185 | 292 | 621 |
| 青海 | | | | | |
| 宁夏 | | | | | |
| 新疆 | 182 362 | 507 556 | 459 431 | 1 490 | 46 635 |
| 热科院 | | | | | |
| 广州 | | | | | |
| 南京 | | | | | |

3－5 续表 7

| 地　　区 | 化学农药原药（折有效成分100%）（吨） | 杀虫剂原药 | 杀菌剂原药 | 除草剂原药 | 化学药品原药（吨） | 中成药（吨） |
|---|---|---|---|---|---|---|
| **全国农垦** | **2 304** | **1 898** | **186** | **218** | **39 422** | **39 724** |
| 北　京 | | | | | 10 293 | 135 |
| 天　津 | | | | | | |
| 河　北 | | | | | | |
| 山　西 | | | | | | |
| 内蒙古 | | | | | | 96 |
| 辽　宁 | 13 | 1 | 5 | 6 | | 72 |
| 吉　林 | | | | | | 800 |
| 黑龙江 | | | | | 1 406 | |
| 上　海 | | | | | 30 | |
| 江　苏 | 2 240 | 1 850 | 180 | 210 | 11 023 | 350 |
| 浙　江 | | | | | | |
| 安　徽 | | | | | | 597 |
| 福　建 | | | | | | 107 |
| 江　西 | 41 | 41 | | | 12 395 | 17 026 |
| 山　东 | | | | | | |
| 河　南 | | | | | | |
| 湖　北 | | | | | 4 275 | 14 525 |
| 湖　南 | | | | | | |
| 广　东 | | | | | | 800 |
| 广　西 | | | | | | |
| 海　南 | | | | | | |
| 重　庆 | | | | | | |
| 四　川 | | | | | | |
| 贵　州 | | | | | | |
| 云　南 | | | | | | |
| 西　藏 | | | | | | |
| 陕　西 | | | | | | |
| 甘　肃 | | | | | | 3 974 |
| 青　海 | | | | | | |
| 宁　夏 | | | | | | |
| 新　疆 | 10 | 6 | 1 | 2 | | 1 243 |
| 热科院 | | | | | | |
| 广　州 | | | | | | |
| 南　京 | | | | | | |

3－5 续表 8

| 地　　区 | 塑料制品（吨） | 水泥（吨） | 砖（块） | 瓦（片） | 发电量（千瓦·时） | 自来水生产量（米$^3$） |
|---|---|---|---|---|---|---|
| **全国农垦** | **2 067 888** | **17 147 220** | **3 667 210 038** | **101 396 014** | **121 479 504 742** | **590 741 383** |
| 北　　京 | | | | | 272 295 064 | |
| 天　　津 | | | | | | |
| 河　　北 | 4 771 | 43 478 | | | 3 889 998 254 | 10 290 000 |
| 山　　西 | | | | | | |
| 内 蒙 古 | 1 000 | 492 523 | 63 520 418 | | 129 313 165 | 700 000 |
| 辽　　宁 | 330 | 672 827 | 64 282 000 | 1 680 000 | 30 605 184 | 2 056 100 |
| 吉　　林 | 44 | 515 602 | | | | |
| 黑 龙 江 | | | | | 304 670 000 | 23 530 000 |
| 上　　海 | 5 088 | | | | | |
| 江　　苏 | 1 650 | | 200 136 500 | | | |
| 浙　　江 | 861 | | | | | |
| 安　　徽 | 1 089 | | 2 320 000 | | 18 480 000 | 5 424 740 |
| 福　　建 | 3 763 | | 56 101 400 | 168 700 | 105 131 193 | 1 905 000 |
| 江　　西 | 32 274 | 169 227 | 208 890 320 | 20 128 907 | 649 275 286 | 3 556 110 |
| 山　　东 | | | | | | |
| 河　　南 | | | | | | 683 157 |
| 湖　　北 | 478 262 | 963 295 | 678 976 726 | 57 829 621 | 290 974 972 | 140 274 498 |
| 湖　　南 | 34 985 | | 286 317 570 | 4 804 786 | 492 858 745 | 12 478 631 |
| 广　　东 | 33 507 | 117 193 | 347 258 204 | 16 784 000 | 1 077 804 348 | 637 918 |
| 广　　西 | 902 552 | 306 715 | 236 570 000 | | 827 490 000 | 10 677 329 |
| 海　　南 | | 700 000 | 39 900 000 | | 186 470 000 | |
| 重　　庆 | | | | | | |
| 四　　川 | | | | | | |
| 贵　　州 | | | | | | |
| 云　　南 | 112 | 355 572 | 50 160 000 | | 396 119 300 | |
| 西　　藏 | | | | | | |
| 陕　　西 | | | | | | |
| 甘　　肃 | 6 888 | 833 801 | | | 217 576 155 | |
| 青　　海 | | | | | | |
| 宁　　夏 | | | 52 040 000 | | | |
| 新　　疆 | 560 713 | 11 976 988 | 1 380 736 900 | | 112 590 443 076 | 378 527 900 |
| 热 科 院 | | | | | | |
| 广　　州 | | | | | | |
| 南　　京 | | | | | | |

# 3－6　大中型工业

| 地　　区 | 企业名称 | 大型或中型 | 行业类型 |
|---|---|---|---|
| 江　　苏 | 正大天晴药业集团股份有限公司 | 大型 | 生物化学农药及微生物农药制造 |
| 黑 龙 江 | 九三粮油工业集团有限公司 | 大型 | 食用植物油加工 |
| 江　　苏 | 南京正大天晴制药有限公司 | 中型 | 生物化学农药及微生物农药制造 |
| 广　　东 | 广东广垦糖业集团有限公司 | 大型 | 制糖业 |
| 上　　海 | 光明乳业股份有限公司 | 大型 | 液体乳制造 |
| 河　　北 | 蒙牛塞北乳液有限公司 | 中型 | 液体乳制造 |
| 广　　东 | 广东省广垦橡胶集团有限公司 | 大型 | 农产品初加工活动 |
| 黑 龙 江 | 北大荒完达山乳业股份有限公司 | 大型 | 乳粉制造 |
| 北　　京 | 京粮（天津）粮油工业有限公司 | 中型 | 食用植物油加工 |
| 广　　东 | 广东燕塘乳业股份有限公司 | 大型 | 液体乳制造 |
| 上　　海 | 云南德宏英茂糖业有限公司 | 大型 | 制糖业 |
| 贵　　州 | 贵州南方乳业股份有限公司 | 大型 | 液体乳制造 |
| 上　　海 | 广西凤糖生化股份有限公司 | 大型 | 制糖业 |
| 北　　京 | 北京二商肉类食品集团有限公司 | 大型 | 肉制品及副产品加工 |
| 江　　苏 | 江苏正大清江药业有限公司 | 中型 | 生物化学农药及微生物农药制造 |
| 北　　京 | 北京艾莱发喜食品有限公司 | 中型 | 液体乳制造 |
| 江　　苏 | 江苏正大丰海制药有限公司 | 中型 | 生物化学农药及微生物农药制造 |
| 上　　海 | 云南西双版纳英茂糖业有限公司 | 中型 | 制糖业 |
| 江　　西 | 鸭鸭股份公司 | 大型 | 羽毛（绒）制品加工 |
| 河　　北 | 唐山市蓝欣玻璃有限公司 | 中型 | 技术玻璃制品制造 |
| 上　　海 | 武汉光明乳品有限公司 | 中型 | 液体乳制造 |
| 上　　海 | 上海冠生园食品有限公司 | 中型 | 糖果、巧克力制造 |
| 北　　京 | 京粮龙江生物工程有限公司 | 中型 | 淀粉及淀粉制品制造 |
| 河　　北 | 雪川食品河北有限公司 | 中型 | 其他未列明食品制造 |
| 广　　西 | 广西糖业集团大新制糖有限公司 | 中型 | 制糖业 |
| 宁　　夏 | 宁夏西夏嘉酿啤酒有限公司 | 大型 | 啤酒制造 |
| 北　　京 | 山东大泽成生物科技有限公司 | 中型 | 淀粉及淀粉制品制造 |
| 北　　京 | 河北三元食品有限公司 | 大型 | 液体乳制造 |
| 北　　京 | 北京三元食品股份有限公司 | 大型 | 液体乳制造 |
| 上　　海 | 广西上上糖业有限公司 | 中型 | 制糖业 |
| 广　　西 | 广西糖业集团昌菱制糖有限公司 | 中型 | 制糖业 |
| 上　　海 | 光明乳业（德州）有限公司 | 中型 | 液体乳制造 |
| 内 蒙 古 | 内蒙古锡林河煤化工有限责任 | 中型 | 褐煤开采洗选 |
| 北　　京 | 河北滦平华都食品有限公司 | 大型 | 肉制品及副产品加工 |
| 上　　海 | 黑龙江省光明松鹤乳品有限责任公司 | 中型 | 液体乳制造 |

# 企业一览表

| 增加值 | | 工业总产值 | | 工业销售产值 | | 年末资产总额 | | 所有者权益 | | 年末固定资产原值 | | 从业人员平均数 | |
|---|---|---|---|---|---|---|---|---|---|---|---|---|---|
| 金额（万元） | 排序 | 金额（万元） | 排序 | 金额（万元） | 排序 | 金额（万元） | 排序 | 金额（万元） | 排序 | 金额（万元） | 排序 | 数量（人） | 排序 |
| 797 729 | 1 | 1 069 187 | 3 | 1 609 187 | 2 | 2 357 866 | 1 | 1 343 020 | 1 | 576 029 | 2 | 4 838 | 9 |
| 297 384 | 2 | 3 433 100 | 1 | 3 645 381 | 1 | 1 712 863 | 2 | 284 020 | 7 | 352 010 | 3 | 26 995 | 2 |
| 243 076 | 3 | 427 138 | 8 | 427 138 | 8 | 395 608 | 12 | 149 255 | 12 | 167 237 | 11 | 3 370 | 20 |
| 149 949 | 4 | 177 884 | 26 | 160 708 | 28 | 803 849 | 7 | 571 204 | 3 | 651 609 | 1 | 3 487 | 18 |
| 141 426 | 5 | 535 835 | 6 | 532 570 | 6 | 1 573 893 | 3 | 818 093 | 2 | 195 930 | 8 | 2 497 | 29 |
| 111 845 | 6 | 1 603 150 | 2 | 1 390 451 | 3 | 149 514 | 27 | 95 635 | 21 | 32 706 | 61 | 313 | 112 |
| 96 573 | 7 | 957 302 | 4 | 916 218 | 5 | 555 911 | 9 | 216 741 | 8 | 194 316 | 9 | 4 721 | 10 |
| 76 830 | 8 | 424 052 | 9 | 383 612 | 10 | 339 788 | 13 | 166 345 | 11 | 280 105 | 5 | 33 925 | 1 |
| 73 763 | 9 | 724 980 | 5 | 1 270 167 | 4 | 413 860 | 11 | 195 220 | 9 | 167 365 | 10 | 2 171 | 33 |
| 73 120 | 10 | 203 865 | 22 | 205 701 | 21 | 194 168 | 22 | 141 616 | 13 | 135 844 | 15 | 1 779 | 38 |
| 56 486 | 11 | 162 625 | 27 | 180 653 | 24 | 156 200 | 26 | 116 171 | 17 | 135 721 | 16 | 1 806 | 37 |
| 53 019 | 12 | 178 564 | 25 | 178 965 | 25 | 285 255 | 15 | 172 670 | 10 | 142 408 | 13 | 1 556 | 40 |
| 44 691 | 13 | 116 137 | 37 | 122 185 | 35 | 114 240 | 39 | 76 444 | 24 | 65 763 | 38 | 1 543 | 41 |
| 42 111 | 14 | 243 762 | 18 | 242 169 | 18 | 947 144 | 4 | 320 712 | 6 | 33 761 | 57 | 1 737 | 39 |
| 41 854 | 15 | 90 168 | 45 | 90 168 | 47 | 134 152 | 33 | 58 912 | 29 | 68 739 | 34 | 784 | 54 |
| 40 311 | 16 | 179 713 | 24 | 175 786 | 26 | 119 510 | 37 | 89 354 | 23 | 67 693 | 35 | 894 | 48 |
| 38 979 | 17 | 116 194 | 36 | 116 194 | 36 | 141 164 | 30 | 96 852 | 20 | 77 884 | 28 | 1 242 | 45 |
| 33 420 | 18 | 82 585 | 47 | 107 225 | 39 | 65 121 | 55 | 46 682 | 38 | 58 556 | 42 | 651 | 64 |
| 32 652 | 19 | 326 524 | 15 | 326 524 | 13 | 252 316 | 18 | 46 560 | 39 | 224 686 | 6 | 2 679 | 26 |
| 31 945 | 20 | 74 657 | 50 | 95 899 | 43 | 85 750 | 48 | −14 106 | 117 | 75 316 | 29 | 632 | 66 |
| 30 490 | 21 | 113 436 | 38 | 113 357 | 37 | 118 552 | 38 | 46 983 | 37 | 70 644 | 31 | 442 | 92 |
| 28 812 | 22 | 99 572 | 41 | 94 738 | 44 | 260 808 | 16 | 133 477 | 14 | 29 390 | 65 | 477 | 82 |
| 28 329 | 23 | 338 335 | 13 | 307 302 | 16 | 247 082 | 19 | 69 291 | 27 | 139 131 | 14 | 665 | 62 |
| 28 005 | 24 | 137 742 | 31 | 143 115 | 30 | 166 187 | 25 | 73 448 | 26 | 66 524 | 37 | 631 | 67 |
| 26 222 | 25 | 74 921 | 49 | 60 754 | 60 | 60 346 | 60 | −38 195 | 120 | 48 234 | 46 | 3 472 | 19 |
| 26 015 | 26 | 62 535 | 57 | 63 679 | 58 | 75 044 | 52 | 40 717 | 41 | 47 218 | 47 | 426 | 94 |
| 24 800 | 27 | 384 075 | 10 | 395 461 | 9 | 195 997 | 21 | 54 031 | 33 | 120 293 | 20 | 742 | 56 |
| 23 961 | 28 | 149 079 | 30 | 134 577 | 33 | 171 842 | 24 | 116 909 | 16 | 115 085 | 22 | 1 212 | 46 |
| 23 129 | 29 | 302 504 | 17 | 257 715 | 17 | 807 900 | 6 | 561 376 | 4 | 131 767 | 18 | 2 288 | 32 |
| 22 524 | 30 | 65 863 | 55 | 69 422 | 54 | 49 389 | 66 | 26 518 | 55 | 60 392 | 41 | 795 | 53 |
| 21 155 | 31 | 60 442 | 60 | 68 722 | 55 | 113 895 | 40 | 33 184 | 45 | 108 432 | 24 | 4 081 | 13 |
| 21 118 | 32 | 91 641 | 44 | 92 483 | 45 | 32 084 | 84 | 20 279 | 63 | 39 276 | 52 | 456 | 87 |
| 20 855 | 33 | 377 860 | 11 | 377 860 | 11 | 935 432 | 5 | 329 644 | 5 | 335 160 | 4 | 808 | 52 |
| 20 028 | 34 | 160 907 | 28 | 165 655 | 27 | 80 275 | 49 | 25 895 | 57 | 33 121 | 59 | 2 155 | 34 |
| 19 752 | 35 | 88 475 | 46 | 82 009 | 48 | 125 157 | 35 | 106 742 | 18 | 52 688 | 45 | 607 | 68 |

| 地　　区 | 企业名称 | 大型或中型 | 行业类型 |
|---|---|---|---|
| 广　　西 | 广西糖业集团红河制糖有限公司 | 中型 | 制糖业 |
| 甘　　肃 | 兰州庄园牧场股份有限公司 | 大型 | 液体乳制造 |
| 天　　津 | 天津市海河乳品有限公司 | 中型 | 液体乳制造 |
| 云　　南 | 云南农垦景洪实业有限公司 | 中型 | 水力发电 |
| 上　　海 | 上海梅林食品有限公司 | 中型 | 肉、禽类罐头制造 |
| 上　　海 | 上海梅林正广和（绵阳）有限公司 | 中型 | 肉、禽类罐头制造 |
| 上　　海 | 广西田林和平糖业有限公司 | 中型 | 制糖业 |
| 河　　北 | 旗帜婴儿乳品股份有限公司 | 中型 | 乳粉制造 |
| 北　　京 | 开封大红门肉类食品有限公司 | 大型 | 牲畜屠宰 |
| 上　　海 | 广西凤糖六塘制糖有限责任公司 | 中型 | 制糖业 |
| 新　　疆 | 新疆西域春乳业有限责任公司 | 中型 | 农产品初加工活动 |
| 广　　西 | 广西糖业集团金光制糖有限公司 | 中型 | 制糖业 |
| 上　　海 | 天津光明梦得乳品有限公司 | 中型 | 液体乳制造 |
| 上　　海 | 广西凤糖罗城制糖有限责任公司 | 中型 | 制糖业 |
| 北　　京 | 山东福宽生物工程有限公司 | 中型 | 淀粉及淀粉制品制造 |
| 上　　海 | 上海乳品四厂有限公司 | 中型 | 液体乳制造 |
| 上　　海 | 青海小西牛生物乳业股份有限公司 | 中型 | 液体乳制造 |
| 上　　海 | 江苏淮安苏食肉品有限公司 | 中型 | 牲畜屠宰 |
| 江　　西 | 江西省亚华电子材料有限公司 | 大型 | 电子电路制造 |
| 广　　西 | 广西兴桂纸业有限公司 | 中型 | 机制纸及纸板制造 |
| 广　　西 | 广西糖业集团防城精制糖有限公司 | 中型 | 制糖业 |
| 黑　龙　江 | 黑龙江省建三江农垦三江热电有限责任公司 | 中型 | 热电联产 |
| 北　　京 | 北京百嘉宜食品有限公司 | 中型 | 糕点、面包制造 |
| 湖　　北 | 湖北东润木业有限公司 | 中型 | 胶合板制造 |
| 广　　西 | 广西糖业集团柳兴制糖有限公司 | 中型 | 制糖业 |
| 河　　北 | 蒙牛乳业（察北）有限公司 | 中型 | 液体乳制造 |
| 广　　东 | 广东广垦调丰糖业有限公司 | 中型 | 制糖业 |
| 广　　西 | 广西化工研究院有限公司 | 中型 | 化学药品原料药制造 |
| 北　　京 | 北京二商大红门五肉联食品有限公司 | 中型 | 牲畜屠宰 |
| 广　　西 | 广西糖业集团良圻制糖有限公司 | 中型 | 制糖业 |
| 辽　　宁 | 辽宁振兴生态造纸有限公司 | 中型 | 机制纸及纸板制造 |
| 广　　西 | 广西糖业集团星星制糖有限公司 | 中型 | 制糖业 |
| 天　　津 | 天津市利民调料有限公司 | 中型 | 酱油、食醋及类似制品制造 |
| 广　　西 | 广西糖业集团廖平制糖有限公司 | 中型 | 制糖业 |
| 河　　北 | 现代牧业（察北）有限公司 | 中型 | 牛的饲养 |
| 湖　　南 | 常德市伊康食品有限公司 | 中型 | 其他罐头食品制造 |

3－6 续表 1

| 增加值 | | 工业总产值 | | 工业销售产值 | | 年末资产总额 | | 所有者权益 | | 年末固定资产原值 | | 从业人员平均数 | |
|---|---|---|---|---|---|---|---|---|---|---|---|---|---|
| 金额（万元） | 排序 | 金额（万元） | 排序 | 金额（万元） | 排序 | 金额（万元） | 排序 | 金额（万元） | 排序 | 金额（万元） | 排序 | 数量（人） | 排序 |
| 18 280 | 36 | 52 229 | 65 | 47 094 | 66 | 61 071 | 59 | 29 228 | 50 | 57 826 | 44 | 4 095 | 12 |
| 18 273 | 37 | 103 752 | 40 | 97 079 | 42 | 253 588 | 17 | 128 282 | 15 | 207 022 | 7 | 1 376 | 42 |
| 18 264 | 38 | 74 944 | 48 | 80 778 | 49 | 90 102 | 46 | 30 274 | 49 | 20 903 | 80 | 522 | 74 |
| 17 374 | 39 | 34 889 | 76 | 34 889 | 74 | 142 304 | 29 | 58 069 | 30 | 114 372 | 23 | 469 | 85 |
| 17 127 | 40 | 67 836 | 53 | 77 173 | 50 | 43 961 | 72 | 27 441 | 52 | 22 406 | 78 | 336 | 107 |
| 16 943 | 41 | 57 945 | 63 | 59 724 | 61 | 41 881 | 75 | 31 365 | 47 | 23 747 | 75 | 470 | 84 |
| 16 729 | 42 | 44 281 | 70 | 50 973 | 64 | 26 075 | 90 | −38 297 | 121 | 37 681 | 54 | 497 | 78 |
| 16 337 | 43 | 58 399 | 62 | 64 226 | 57 | 109 977 | 42 | 54 430 | 32 | 45 526 | 49 | 702 | 58 |
| 16 261 | 44 | 458 854 | 7 | 475 115 | 7 | 45 752 | 68 | 18 503 | 67 | 16 643 | 88 | 650 | 65 |
| 15 743 | 45 | 34 760 | 77 | 36 320 | 71 | 61 373 | 58 | 48 282 | 36 | 17 853 | 85 | 451 | 89 |
| 15 716 | 46 | 97 740 | 43 | 91 160 | 46 | 88 054 | 47 | 56 636 | 31 | 38 146 | 53 | 688 | 60 |
| 15 637 | 47 | 44 676 | 69 | 43 531 | 69 | 54 926 | 63 | 17 224 | 70 | 46 916 | 48 | 3 712 | 15 |
| 15 478 | 48 | 73 686 | 51 | 74 707 | 51 | 79 105 | 50 | 19 598 | 65 | 62 942 | 39 | 402 | 97 |
| 15 425 | 49 | 41 869 | 71 | 46 973 | 67 | 43 690 | 73 | 22 931 | 61 | 28 227 | 67 | 509 | 75 |
| 15 411 | 50 | 320 158 | 16 | 314 744 | 15 | 135 680 | 32 | 53 457 | 34 | 90 592 | 26 | 739 | 57 |
| 15 095 | 51 | 72 943 | 52 | 72 975 | 52 | 30 125 | 85 | 16 915 | 73 | 24 282 | 74 | 491 | 79 |
| 14 356 | 52 | 62 208 | 58 | 63 024 | 59 | 56 542 | 62 | 38 209 | 42 | 29 665 | 64 | 586 | 69 |
| 14 106 | 53 | 213 863 | 19 | 199 341 | 23 | 67 226 | 54 | 29 035 | 51 | 32 323 | 62 | 890 | 49 |
| 13 650 | 54 | 136 491 | 32 | 136 491 | 31 | 9 486 | 110 | 2 750 | 100 | 3 862 | 113 | 1 250 | 44 |
| 13 384 | 55 | 38 240 | 72 | 31 107 | 79 | 103 560 | 44 | 24 799 | 60 | 66 583 | 36 | 4 946 | 8 |
| 12 864 | 56 | 126 113 | 34 | 136 421 | 32 | 76 831 | 51 | 26 889 | 53 | 58 332 | 43 | 3 148 | 22 |
| 12 680 | 57 | 32 185 | 80 | 29 255 | 84 | 70 631 | 53 | 19 839 | 64 | 70 368 | 32 | 3 646 | 16 |
| 12 629 | 58 | 30 824 | 83 | 30 514 | 80 | 19 142 | 98 | 12 001 | 81 | 11 904 | 98 | 355 | 102 |
| 11 239 | 59 | 44 956 | 68 | 47 862 | 65 | 44 715 | 70 | 16 425 | 74 | 34 127 | 56 | 302 | 115 |
| 11 005 | 60 | 31 442 | 82 | 31 442 | 78 | 93 489 | 45 | 32 392 | 46 | 60 967 | 40 | 6 223 | 3 |
| 10 601 | 61 | 106 011 | 39 | 105 321 | 40 | 52 355 | 64 | 35 448 | 43 | 41 138 | 50 | 369 | 101 |
| 10 578 | 62 | 35 076 | 75 | 34 913 | 73 | 37 658 | 78 | 9 929 | 84 | 8 793 | 101 | 443 | 91 |
| 10 484 | 63 | 29 953 | 84 | 29 953 | 82 | 44 263 | 71 | 14 911 | 76 | 19 608 | 83 | 5 507 | 6 |
| 9 730 | 64 | 361 899 | 12 | 356 644 | 12 | 50 485 | 65 | 33 579 | 44 | 20 406 | 82 | 546 | 72 |
| 9 697 | 65 | 27 707 | 87 | 26 341 | 90 | 37 502 | 79 | 17 396 | 69 | 22 740 | 77 | 3 625 | 17 |
| 9 470 | 66 | 51 821 | 66 | 43 817 | 68 | 174 211 | 23 | 26 824 | 54 | 132 827 | 17 | 758 | 55 |
| 9 397 | 67 | 26 769 | 88 | 27 073 | 88 | 44 898 | 69 | 4 645 | 97 | 32 776 | 60 | 2 607 | 27 |
| 8 976 | 68 | 22 753 | 95 | 27 084 | 87 | 131 697 | 34 | 45 096 | 40 | 26 034 | 69 | 434 | 93 |
| 8 947 | 69 | 25 564 | 91 | 28 454 | 85 | 29 011 | 87 | 19 271 | 66 | 33 672 | 58 | 2 894 | 24 |
| 8 709 | 70 | 64 479 | 56 | 65 342 | 56 | 138 761 | 31 | 16 981 | 72 | 71 004 | 30 | 500 | 76 |
| 8 496 | 71 | 38 231 | 73 | 35 383 | 72 | 6 789 | 113 | 3 519 | 99 | 3 569 | 114 | 415 | 95 |

| 地　区 | 企业名称 | 大型或中型 | 行业类型 |
|---|---|---|---|
| 广　东 | 广东省东方剑麻集团有限公司（合并） | 中型 | 麻纤维纺前加工和纺纱 |
| 上　海 | 广西凤糖融水和睦制糖有限责任公司 | 中型 | 制糖业 |
| 江　西 | 鸿奕实业（九江）有限公司 | 中型 | 皮鞋制造 |
| 黑龙江 | 黑龙江北大荒药业有限公司 | 中型 | 化学药品原料药制造 |
| 广　东 | 广东广垦华丰糖业有限公司 | 中型 | 制糖业 |
| 广　西 | 广西糖业集团露塘制糖有限公司 | 中型 | 制糖业 |
| 广　西 | 广西糖业集团达华制糖有限公司 | 中型 | 制糖业 |
| 上　海 | 上海爱森肉食品有限公司 | 中型 | 牲畜屠宰 |
| 广　西 | 广西糖业集团平吉制糖有限公司 | 中型 | 制糖业 |
| 黑龙江 | 黑龙江省北大荒绿色健康食品有限责任公司 | 中型 | 豆制品制造 |
| 云　南 | 云南省陇川糖厂 | 中型 | 制糖业 |
| 上　海 | 广西凤糖鹿寨制糖有限责任公司 | 中型 | 制糖业 |
| 黑龙江 | 北大荒薯业集团有限公司 | 中型 | 淀粉及淀粉制品制造 |
| 广　西 | 广西糖业集团西江制糖有限公司 | 中型 | 制糖业 |
| 湖　南 | 汇美农业科技有限公司 | 大型 | 蔬菜、水果罐头制造 |
| 北　京 | 承德二商大红门肉类食品有限公司 | 大型 | 牲畜屠宰 |
| 北　京 | 湖南颐丰食品有限公司 | 中型 | 牲畜屠宰 |
| 广　东 | 合计湛江华资农垦糖业发展有限公司广丰分公司 | 中型 | 制糖业 |
| 河　南 | 孟州市华兴有限责任公司 | 中型 | 玉米加工 |
| 北　京 | 陕西蒲城大红门肉类食品有限公司 | 中型 | 牲畜屠宰 |
| 北　京 | 河北安平大红门食品有限公司 | 大型 | 牲畜屠宰 |
| 湖　南 | 爱可道生物科技有限公司 | 中型 | 茶饮料及其他饮料制造 |
| 上　海 | 上海思乐得不锈钢制品有限公司 | 中型 | 金属制餐具和器皿制造 |
| 湖　北 | 正大饲料（潜江）有限公司 | 中型 | 其他饲料加工 |
| 上　海 | 广西凤糖鹿寨纸业有限公司 | 中型 | 非木竹浆制造 |
| 上　海 | 广州光明乳品有限公司 | 中型 | 液体乳制造 |
| 新　疆 | 新疆三场纺织有限公司 | 中型 | 棉花种植 |
| 甘　肃 | 甘肃莫高实业发展股份有限公司 | 中型 | 葡萄酒制造 |
| 黑龙江 | 北大荒亲民有机食品有限公司 | 中型 | 蔬菜加工 |
| 湖　北 | 潜江市创伟林纸有限公司 | 中型 | 木竹浆制造 |
| 江　西 | 江西井冈山金华泰科技发展有限公司 | 中型 | 医疗实验室及医用消毒设备和器具制造 |
| 广　西 | 广西剑麻集团山圩剑麻制品有限公司 | 中型 | 麻织造加工 |
| 上　海 | 广西凤糖柳江制糖有限责任公司 | 中型 | 制糖业 |
| 广　东 | 广东半岛糖业有限公司 | 中型 | 制糖业 |
| 江　西 | 新干县吉盛玻璃有限公司 | 中型 | 日用玻璃制品制造 |
| 江　西 | 江西振新砂轮有限公司 | 中型 | 其他非金属矿物制品制造 |

3-6 续表 2

| 增加值 | | 工业总产值 | | 工业销售产值 | | 年末资产总额 | | 所有者权益 | | 年末固定资产原值 | | 从业人员平均数 | |
|---|---|---|---|---|---|---|---|---|---|---|---|---|---|
| 金额（万元） | 排序 | 金额（万元） | 排序 | 金额（万元） | 排序 | 金额（万元） | 排序 | 金额（万元） | 排序 | 金额（万元） | 排序 | 数量（人） | 排序 |
| 8 490 | 72 | 16 346 | 105 | 14 340 | 106 | 65 080 | 56 | −18 409 | 118 | 37 037 | 55 | 535 | 73 |
| 8 483 | 73 | 19 818 | 102 | 20 932 | 99 | 24 815 | 93 | 17 698 | 68 | 16 456 | 89 | 407 | 96 |
| 8 176 | 74 | 33 438 | 78 | 33 438 | 76 | 8 272 | 112 | 7 593 | 88 | 3 989 | 111 | 656 | 63 |
| 8 145 | 75 | 29 069 | 85 | 27 823 | 86 | 56 974 | 61 | 48 853 | 35 | 25 408 | 71 | 3 346 | 21 |
| 7 805 | 76 | 37 204 | 74 | 34 840 | 75 | 18 802 | 99 | 4 739 | 96 | 5 610 | 109 | 347 | 103 |
| 7 677 | 77 | 21 934 | 96 | 22 804 | 95 | 28 898 | 88 | 11 204 | 83 | 28 028 | 68 | 2 595 | 28 |
| 7 497 | 78 | 21 450 | 97 | 21 175 | 97 | 49 137 | 67 | 14 514 | 78 | 31 287 | 63 | 2 369 | 31 |
| 7 271 | 79 | 33 232 | 79 | 33 076 | 77 | 37 679 | 77 | 30 491 | 48 | 15 334 | 90 | 681 | 61 |
| 7 208 | 80 | 20 595 | 99 | 19 849 | 101 | 19 876 | 97 | −6 833 | 116 | 15 138 | 91 | 2 123 | 35 |
| 7 167 | 81 | 66 322 | 54 | 41 876 | 70 | 14 259 | 105 | 9 225 | 85 | 8 278 | 102 | 2 762 | 25 |
| 6 895 | 82 | 20 147 | 100 | 15 311 | 104 | 29 050 | 86 | 26 300 | 56 | 8 218 | 103 | 301 | 116 |
| 6 813 | 83 | 23 576 | 93 | 23 931 | 93 | 33 607 | 83 | 20 525 | 62 | 25 024 | 72 | 561 | 71 |
| 6 425 | 84 | 45 487 | 67 | 72 913 | 53 | 122 486 | 36 | 24 856 | 59 | 68 898 | 33 | 5 840 | 5 |
| 5 987 | 85 | 17 105 | 104 | 18 836 | 102 | 17 418 | 101 | 8 550 | 87 | 17 341 | 86 | 2 430 | 30 |
| 5 550 | 86 | 14 698 | 106 | 14 698 | 105 | 42 853 | 74 | 14 696 | 77 | 18 042 | 84 | 448 | 90 |
| 5 206 | 87 | 205 122 | 21 | 203 658 | 22 | 22 649 | 94 | 5 490 | 91 | 15 098 | 92 | 488 | 80 |
| 5 095 | 88 | 203 366 | 23 | 218 848 | 19 | 33 924 | 82 | 9 062 | 86 | 15 000 | 93 | 370 | 100 |
| 5 025 | 89 | 22 785 | 94 | 21 736 | 96 | 27 479 | 89 | 11 817 | 82 | 5 949 | 107 | 316 | 111 |
| 5 000 | 90 | 330 000 | 14 | 320 000 | 14 | 147 480 | 28 | 73 743 | 25 | 83 397 | 27 | 1 015 | 47 |
| 4 674 | 91 | 211 818 | 20 | 211 962 | 20 | 35 600 | 81 | 16 086 | 75 | 22 373 | 79 | 481 | 81 |
| 4 630 | 92 | 151 195 | 29 | 149 941 | 29 | 25 820 | 91 | 12 035 | 80 | 13 394 | 96 | 692 | 59 |
| 4 430 | 93 | 18 317 | 103 | 16 894 | 103 | 3 812 | 116 | 1 312 | 106 | 1 781 | 119 | 498 | 77 |
| 3 951 | 94 | 23 876 | 92 | 24 849 | 92 | 11 870 | 107 | 4 943 | 94 | 6 332 | 104 | 313 | 112 |
| 3 933 | 95 | 53 827 | 64 | 53 827 | 63 | 16 861 | 104 | 4 782 | 95 | 6 041 | 106 | 327 | 108 |
| 3 913 | 96 | 21 038 | 98 | 21 034 | 98 | 18 014 | 100 | 13 777 | 79 | 22 940 | 76 | 455 | 88 |
| 3 808 | 97 | 60 643 | 59 | 59 566 | 62 | 40 007 | 76 | −24 924 | 119 | 24 492 | 73 | 389 | 98 |
| 3 754 | 98 | 31 975 | 81 | 23 344 | 94 | 61 754 | 57 | 17 198 | 71 | 40 336 | 51 | 875 | 50 |
| 3 710 | 99 | 20 000 | 101 | 20 000 | 100 | 104 900 | 43 | 89 600 | 22 | 120 000 | 21 | 565 | 70 |
| 3 455 | 100 | 4 771 | 122 | 4 681 | 123 | 17 304 | 102 | 547 | 111 | 17 084 | 87 | 1 285 | 43 |
| 3 055 | 101 | 26 760 | 89 | 26 760 | 89 | 17 047 | 103 | 2 614 | 101 | 14 280 | 95 | 343 | 104 |
| 2 966 | 102 | 11 425 | 109 | 11 425 | 109 | 2 871 | 118 | 1 599 | 104 | 2 871 | 116 | 300 | 117 |
| 2 862 | 103 | 7 837 | 119 | 8 853 | 117 | 21 646 | 95 | 5 219 | 93 | 12 031 | 97 | 1 910 | 36 |
| 2 640 | 104 | 9 687 | 115 | 9 779 | 114 | 10 144 | 109 | 6 207 | 89 | 14 814 | 94 | 474 | 83 |
| 2 491 | 105 | 28 269 | 86 | 25 155 | 91 | 10 954 | 108 | 2 314 | 103 | 9 659 | 100 | 377 | 99 |
| 2 431 | 106 | 11 004 | 110 | 11 004 | 110 | 2 295 | 119 | 1 235 | 107 | 2 295 | 117 | 300 | 117 |
| 2 124 | 107 | 12 050 | 108 | 12 050 | 107 | 1 692 | 121 | 678 | 110 | 1 692 | 120 | 300 | 117 |

| 地　　区 | 企业名称 | 大型或中型 | 行业类型 |
|---|---|---|---|
| 湖　　北 | 潜江市湖耕食品有限公司 | 中型 | 水产品冷冻加工 |
| 江　　西 | 新干县亿星电子有限公司 | 中型 | 电子电路制造 |
| 广　　西 | 广西糖业集团黔江制糖有限公司 | 中型 | 制糖业 |
| 贵　　州 | 贵州省红枫湖畜禽水产有限公司 | 中型 | 茶饮料及其他饮料制造 |
| 江　　西 | 新干县洋峰粮油食品有限公司 | 中型 | 米、面制品制造 |
| 江　　苏 | 江苏省金象传动设备股份有限公司 | 中型 | 机械零部件加工 |
| 广　　西 | 广西农垦明阳生化有限公司 | 中型 | 农产品初加工活动 |
| 江　　西 | 新干县皇城粮油实业有限公司 | 中型 | 食用植物油加工 |
| 湖　　北 | 潜江中珠返湾湖商贸有限公司 | 中型 | 牲畜屠宰 |
| 湖　　北 | 湖北福好医疗用品有限公司 | 中型 | 卫生材料及医药用品制造 |
| 江　　西 | 江西正合生态农业有限公司 | 中型 | 其他农业 |
| 江　　西 | 新干长晶玻璃工艺品有限公司 | 中型 | 日用玻璃制品制造 |
| 江　　西 | 吉安市慧雅服装有限公司 | 中型 | 其他机织服装制造 |
| 江　　西 | 中氏木业 | 中型 | 木竹材林产品采集 |
| 黑 龙 江 | 丰润生物科技股份有限公司 | 中型 | 化学药品原料药制造 |
| 黑 龙 江 | 北大荒丰缘集团有限公司 | 中型 | 小麦加工 |
| 黑 龙 江 | 黑龙江省北大荒米业集团有限公司 | 中型 | 稻谷加工 |

3－6续表3

| 增加值 | | 工业总产值 | | 工业销售产值 | | 年末资产总额 | | 所有者权益 | | 年末固定资产原值 | | 从业人员平均数 | |
|---|---|---|---|---|---|---|---|---|---|---|---|---|---|
| 金额（万元） | 排序 | 金额（万元） | 排序 | 金额（万元） | 排序 | 金额（万元） | 排序 | 金额（万元） | 排序 | 金额（万元） | 排序 | 数量（人） | 排序 |
| 2 022 | 108 | 10 367 | 113 | 10 367 | 113 | 11 989 | 106 | 5 298 | 92 | 11 892 | 99 | 323 | 109 |
| 1 980 | 109 | 7 889 | 118 | 7 889 | 120 | 995 | 124 | 381 | 112 | 995 | 123 | 300 | 117 |
| 1 931 | 110 | 26 375 | 90 | 29 838 | 83 | 37 107 | 80 | 91 | 114 | 20 606 | 81 | 3 083 | 23 |
| 1 720 | 111 | 98 000 | 42 | 97 399 | 41 | 227 298 | 20 | 105 148 | 19 | 91 808 | 25 | 815 | 51 |
| 1 560 | 112 | 8 466 | 117 | 8 466 | 118 | 1 334 | 122 | 365 | 113 | 1 334 | 121 | 300 | 117 |
| 1 418 | 113 | 10 783 | 111 | 10 783 | 111 | 25 504 | 92 | －352 | 115 | 29 004 | 66 | 341 | 105 |
| 1 393 | 114 | 3 979 | 123 | 8 935 | 116 | 110 973 | 41 | －91 417 | 122 | 368 | 124 | 3 713 | 14 |
| 1 224 | 115 | 5 295 | 120 | 5 295 | 121 | 3 283 | 117 | 2 512 | 102 | 3 283 | 115 | 300 | 117 |
| 1 116 | 116 | 10 734 | 112 | 10 734 | 112 | 4 794 | 115 | 4 479 | 98 | 3 988 | 112 | 338 | 106 |
| 950 | 117 | 10 317 | 114 | 9 472 | 115 | 6 248 | 114 | 5 833 | 90 | 6 188 | 105 | 457 | 86 |
| 876 | 118 | 12 395 | 107 | 11 949 | 108 | 20 168 | 96 | 25 649 | 58 | 5 785 | 108 | 312 | 114 |
| 850 | 119 | 5 000 | 121 | 5 000 | 122 | 1 872 | 120 | 1 384 | 105 | 1 872 | 118 | 300 | 117 |
| 685 | 120 | 2 852 | 124 | 2 852 | 124 | 1 193 | 123 | 1 200 | 108 | 1 193 | 122 | 300 | 117 |
| 600 | 121 | 8 650 | 116 | 8 200 | 119 | 8 300 | 111 | 1 050 | 109 | 4 300 | 110 | 320 | 110 |
| 358 | 122 | 59 365 | 61 | 30 462 | 81 | 300 029 | 14 | 61 969 | 28 | 25 515 | 70 | 5 898 | 4 |
| －4 341 | 123 | 130 363 | 33 | 131 827 | 34 | 535 515 | 10 | －135 235 | 123 | 124 503 | 19 | 4 502 | 11 |
| －6 480 | 124 | 119 920 | 35 | 112 257 | 38 | 588 252 | 8 | －310 208 | 124 | 164 735 | 12 | 5 301 | 7 |

# 建运服部分

# 4－1 建筑业基本情况

| 地　区 | 年末单位数（个） | 年末从业人员数（人） | 全年从业人员工资总额（万元） | 年末固定资产原值（万元） |
|---|---|---|---|---|
| **全国农垦** | **2 988** | **446 746** | **2 804 343.53** | **2 725 533** |
| 北　京 | | | | |
| 天　津 | 2 | 212 | 3 947.30 | 3 962 |
| 河　北 | 710 | 9 886 | 50 417.10 | 62 223 |
| 山　西 | | | | |
| 内蒙古 | 21 | 349 | 566.00 | 1 468 |
| 辽　宁 | 100 | 6 746 | 18 573.64 | 38 835 |
| 吉　林 | 16 | 170 | 376.26 | 742 |
| 黑龙江 | 3 | 1 856 | 14 002.68 | 216 620 |
| 上　海 | 12 | 342 | 5 554.60 | 4 403 |
| 江　苏 | 58 | 3 187 | 34 242.00 | 69 428 |
| 浙　江 | | | | |
| 安　徽 | 129 | 2 070 | 13 941.21 | 2 377 |
| 福　建 | 112 | 1 716 | 8 563.00 | 1 945 |
| 江　西 | 77 | 5 974 | 21 323.90 | 27 138 |
| 山　东 | | | | |
| 河　南 | 3 | 323 | 1 286.00 | 877 |
| 湖　北 | 686 | 97 472 | 876 201.96 | 801 258 |
| 湖　南 | 54 | 12 886 | 37 949.94 | 28 139 |
| 广　东 | 218 | 6 155 | 51 060.89 | 42 844 |
| 广　西 | 105 | 3 878 | 27 201.00 | 107 853 |
| 海　南 | 147 | 9 112 | 48 764.00 | 204 995 |
| 重　庆 | | | | |
| 四　川 | | | | |
| 贵　州 | | | | |
| 云　南 | 52 | 548 | 2 048.00 | 9 624 |
| 西　藏 | 1 | 19 | 190.00 | 26 679 |
| 陕　西 | 1 | 4 650 | 2 150.00 | 25 |
| 甘　肃 | 1 | 37 | 308.00 | 6 064 |
| 青　海 | | | | |
| 宁　夏 | 14 | 945 | 3 035.89 | 1 798 |
| 新　疆 | 466 | 278 213 | 1 582 640.16 | 1 066 235 |
| 热科院 | | | | |
| 广　州 | | | | |
| 南　京 | | | | |

4－1续表

| 地　　区 | 年末拥有机械设备数（台） | 全年施工房屋建筑面积（米²） | 房屋建筑竣工面积（米²） | 建筑业总产值（万元） |
|---|---|---|---|---|
| **全国农垦** | **45 474** | **142 179 134.53** | **42 517 881.20** | **27 332 779.96** |
| 北　　京 | | | | |
| 天　　津 | 9 | | | 124 630.20 |
| 河　　北 | 4 300 | 583 291.75 | 190 223.44 | 767 512.63 |
| 山　　西 | | | | |
| 内 蒙 古 | 43 | 35 977.00 | 27 248.00 | 6 765.40 |
| 辽　　宁 | 732 | 483 331.70 | 297 039.80 | 239 441.90 |
| 吉　　林 | 39 | 8 237.50 | 8 237.50 | 1 026.50 |
| 黑 龙 江 | 989 | 681 863.83 | 252 212.11 | 547 212.65 |
| 上　　海 | 34 | 3 094 771.00 | 501 132.00 | 133 279.70 |
| 江　　苏 | 778 | 1 804 792.00 | 665 682.00 | 229 390.00 |
| 浙　　江 | | | | |
| 安　　徽 | 146 | 596 185.00 | 278 348.00 | 63 801.09 |
| 福　　建 | 123 | 456 197.00 | 130 243.00 | 31 341.00 |
| 江　　西 | 4 418 | 1 984 910.71 | 1 560 928.00 | 269 614.00 |
| 山　　东 | | | | |
| 河　　南 | 67 | 1 900.21 | 1 900.21 | 1 733.00 |
| 湖　　北 | 10 469 | 87 734 912.48 | 25 529 630.24 | 12 594 402.55 |
| 湖　　南 | 13 312 | 933 008.25 | 581 440.00 | 206 147.44 |
| 广　　东 | 972 | 505 234.60 | 462 052.90 | 261 619.17 |
| 广　　西 | 1 055 | 780 140.00 | 457 644.00 | 138 050.00 |
| 海　　南 | 668 | 1 569 760.00 | 641 187.00 | 601 813.00 |
| 重　　庆 | | | | |
| 四　　川 | | | | |
| 贵　　州 | | | | |
| 云　　南 | 128 | 47 396.00 | 29 500.00 | 14 918.00 |
| 西　　藏 | | | | 523.00 |
| 陕　　西 | 21 | 2 523.00 | 2 523.00 | 4 869.00 |
| 甘　　肃 | 39 | 68 270.50 | | 29 201.00 |
| 青　　海 | | | | |
| 宁　　夏 | 245 | 81 300.00 | 81 300.00 | 14 471.30 |
| 新　　疆 | 6 887 | 40 725 132.00 | 10 819 410.00 | 11 051 017.43 |
| 热 科 院 | | | | |
| 广　　州 | | | | |
| 南　　京 | | | | |

# 4－2　国有及国有控股建筑业基本情况

| 地　区 | 年末单位数（个） | 年末从业人员数（人） | 全年从业人员工资总额（万元） | 年末固定资产原值（万元） |
|---|---|---|---|---|
| **全国农垦** | **236** | **219 043** | **1 841 187.04** | **1 472 237** |
| 北　　京 | | | | |
| 天　　津 | 2 | 212 | 3 947.30 | 3 962 |
| 河　　北 | 2 | 32 | 34.50 | 490 |
| 山　　西 | | | | |
| 内 蒙 古 | 1 | 9 | 81.00 | 10 |
| 辽　　宁 | 4 | 289 | 415.00 | 170 |
| 吉　　林 | | | | |
| 黑 龙 江 | 3 | 1 856 | 14 002.68 | 216 620 |
| 上　　海 | 12 | 342 | 5 554.60 | 4 403 |
| 江　　苏 | 6 | 322 | 4 448.00 | 2 035 |
| 浙　　江 | | | | |
| 安　　徽 | 4 | 923 | 10 283.00 | 421 |
| 福　　建 | 1 | 50 | 210.00 | |
| 江　　西 | 20 | 262 | 1 197.21 | 1 040 |
| 山　　东 | | | | |
| 河　　南 | 1 | 59 | 250.00 | 677 |
| 湖　　北 | 21 | 25 055 | 425 966.05 | 306 972 |
| 湖　　南 | 2 | 743 | 172.50 | 825 |
| 广　　东 | 5 | 380 | 16 074.40 | 9 881 |
| 广　　西 | 16 | 751 | 5 579.00 | 28 253 |
| 海　　南 | 34 | 1 070 | 10 247.00 | 8 723 |
| 重　　庆 | | | | |
| 四　　川 | | | | |
| 贵　　州 | | | | |
| 云　　南 | 3 | 22 | 1.00 | 106 |
| 西　　藏 | 1 | 19 | 190.00 | 26 679 |
| 陕　　西 | 1 | 4 650 | 2 150.00 | 25 |
| 甘　　肃 | 1 | 37 | 308.00 | 6 064 |
| 青　　海 | | | | |
| 宁　　夏 | 1 | 262 | 1 851.30 | 1 047 |
| 新　　疆 | 95 | 181 698 | 1 338 224.50 | 853 834 |
| 热 科 院 | | | | |
| 广　　州 | | | | |
| 南　　京 | | | | |

4－2续表

| 地　　区 | 年末拥有机械设备数（台） | 全年施工房屋建筑面积（米²） | 房屋建筑竣工面积（米²） | 建筑业总产值（万元） |
|---|---|---|---|---|
| **全国农垦** | **6 196** | **107 862 585.90** | **27 792 590.81** | **18 967 968.64** |
| 北　京 | | | | |
| 天　津 | 9 | | | 124 630.20 |
| 河　北 | 5 | | | 50.00 |
| 山　西 | | | | |
| 内蒙古 | | | | 2 261.00 |
| 辽　宁 | 20 | | | 1 030.00 |
| 吉　林 | | | | |
| 黑龙江 | 989 | 681 863.83 | 252 212.11 | 547 212.65 |
| 上　海 | 34 | 3 094 771.00 | 501 132.00 | 133 279.70 |
| 江　苏 | 23 | 180 885.00 | 133 112.00 | 12 575.00 |
| 浙　江 | | | | |
| 安　徽 | 1 | 577 242.00 | 261 848.00 | 45 362.00 |
| 福　建 | | | | 209.00 |
| 江　西 | 80 | 32 930.00 | 32 030.00 | 11 904.41 |
| 山　东 | | | | |
| 河　南 | 16 | | | 363.00 |
| 湖　北 | 396 | 73 828 097.07 | 20 254 166.20 | 9 530 800.34 |
| 湖　南 | 13 | 2 563.00 | 2 435.00 | 6 163.00 |
| 广　东 | 30 | 13 174.50 | 12 724.50 | 51 628.74 |
| 广　西 | 139 | 143 685.00 | 44 314.00 | 21 803.00 |
| 海　南 | 1 | 1 200 106.00 | 366 424.00 | 415 580.00 |
| 重　庆 | | | | |
| 四　川 | | | | |
| 贵　州 | | | | |
| 云　南 | 1 | 23 220.00 | 9 550.00 | 6 332.00 |
| 西　藏 | | | | 523.00 |
| 陕　西 | 21 | 2 523.00 | 2 523.00 | 4 869.00 |
| 甘　肃 | | 68 270.50 | | 29 201.00 |
| 青　海 | | | | |
| 宁　夏 | 123 | 80 000.00 | 80 000.00 | 14 471.30 |
| 新　疆 | 4 295 | 27 933 255.00 | 5 840 120.00 | 8 007 720.30 |
| 热科院 | | | | |
| 广　州 | | | | |
| 南　京 | | | | |

# 4－3　交通运输业基本情况

| 地　区 | 年末单位数（个） | 年末从业人员数（人） | 全年从业人员工资总额（万元） | 年末固定资产原值（万元） | 年末拥有主要运输工具（台） |
|---|---|---|---|---|---|
| **全国农垦** | **31 210** | **114 729** | **705 740.55** | **3 832 782** | **127 871** |
| 北　京 | 4 | 1 684 | 5 854.58 | 33 387 | 1 905 |
| 天　津 | | | | | |
| 河　北 | 6 958 | 15 384 | 84 654.67 | 170 665 | 11 656 |
| 山　西 | 35 | 87 | 263.13 | 618 | 41 |
| 内蒙古 | 425 | 1 793 | 6 200.88 | 65 795 | 1 140 |
| 辽　宁 | 2 791 | 5 871 | 18 633.60 | 42 200 | 4 409 |
| 吉　林 | 94 | 169 | 602.62 | 1 620 | 102 |
| 黑龙江 | 22 | 2 205 | 11 949.00 | 564 042 | 304 |
| 上　海 | 44 | 4 067 | 32 791.60 | 111 376 | 667 |
| 江　苏 | 28 | 2 376 | 25 931.00 | 30 504 | 774 |
| 浙　江 | 2 | 2 | 11.20 | | 2 |
| 安　徽 | 441 | 803 | 4 021.29 | 6 642 | 526 |
| 福　建 | 679 | 1 455 | 7 922.74 | 5 549 | 936 |
| 江　西 | 377 | 2 184 | 6 787.16 | 15 942 | 1 147 |
| 山　东 | | | | | |
| 河　南 | | | | | |
| 湖　北 | 13 228 | 54 786 | 403 648.91 | 2 590 877 | 58 162 |
| 湖　南 | 111 | 3 179 | 10 891.23 | 24 582 | 23 890 |
| 广　东 | 875 | 4 154 | 22 363.34 | 36 237 | 2 596 |
| 广　西 | 1 183 | 2 100 | 12 862.00 | 21 945 | 1 255 |
| 海　南 | 1 504 | 7 188 | 25 936.00 | 32 184 | 11 146 |
| 重　庆 | 2 | 412 | 3 578.00 | 1 302 | 219 |
| 四　川 | | | | | |
| 贵　州 | | | | | |
| 云　南 | 1 010 | 2 062 | 10 508.00 | 59 842 | 5 414 |
| 西　藏 | | | | | |
| 陕　西 | | | | | |
| 甘　肃 | 20 | 26 | 120.82 | 506 | 21 |
| 青　海 | | | | | |
| 宁　夏 | 605 | 1 071 | 3 733.00 | 6 724 | 731 |
| 新　疆 | 771 | 1 658 | 6 427.78 | 10 112 | 815 |
| 热科院 | | | | | |
| 广　州 | | | | | |
| 南　京 | 1 | 13 | 48.00 | 130 | 13 |

4－3 续表

| 地　区 | 全年客货运输量 | | 营业总收入（万元） | |
|---|---|---|---|---|
| | 货运量（吨） | 客运量（万人） | | 货运及装卸收入 |
| **全国农垦** | **698 008 190** | **19 739** | **2 779 769.76** | **2 128 058.36** |
| 北　京 | 159 060 | 556 | 30 250.08 | 18 143.07 |
| 天　津 | | | | |
| 河　北 | 323 658 352 | 507 | 268 490.72 | 63 876.63 |
| 山　西 | 21 | 5 | 590.60 | 383.20 |
| 内蒙古 | 5 841 358 | 185 | 31 693.53 | 26 281.81 |
| 辽　宁 | 17 073 278 | 1 023 | 87 939.50 | 52 272.00 |
| 吉　林 | 59 007 | 63 | 1 935.38 | 486.09 |
| 黑龙江 | 4 407 210 | 192 | 270 281.29 | 81 484.56 |
| 上　海 | 2 748 106 | 1 070 | 239 224.50 | 206 083.10 |
| 江　苏 | 182 | 82 | 85 684.00 | 66 425.00 |
| 浙　江 | | | 23.60 | |
| 安　徽 | 1 886 879 | 487 | 9 229.00 | 7 191.58 |
| 福　建 | 3 176 536 | 40 | 16 639.90 | 14 915.80 |
| 江　西 | 447 053 | 90 | 25 164.10 | 19 114.73 |
| 山　东 | | | | |
| 河　南 | | | | |
| 湖　北 | 69 270 093 | 7 752 | 1 402 960.34 | 1 362 900.74 |
| 湖　南 | 1 470 047 | 3 893 | 69 186.90 | 36 702.72 |
| 广　东 | 6 083 838 | 809 | 66 653.03 | 45 489.38 |
| 广　西 | 34 052 457 | 440 | 40 731.00 | 28 906.00 |
| 海　南 | 9 734 700 | 377 | 54 233.00 | 41 254.00 |
| 重　庆 | 383 487 | | 17 315.00 | 17 213.00 |
| 四　川 | | | | |
| 贵　州 | | | | |
| 云　南 | 34 980 000 | 710 | 39 221.00 | 25 990.00 |
| 西　藏 | | | | |
| 陕　西 | | | | |
| 甘　肃 | 62 300 | 1 | 483.71 | 427.01 |
| 青　海 | | | | |
| 宁　夏 | 203 | 194 | 8 366.00 | 5 907.00 |
| 新　疆 | 182 359 024 | 1 259 | 13 323.58 | 6 520.94 |
| 热科院 | | | | |
| 广　州 | | | | |
| 南　京 | 155 000 | 4 | 150.00 | 90.00 |

# 4－4 国有及国有控股交通运输业基本情况

| 地区 | 年末单位数（个） | 年末从业人员数（人） | 全年从业人员工资总额（万元） | 年末固定资产原值（万元） | 年末拥有主要运输工具（台） |
|---|---|---|---|---|---|
| **全国农垦** | **223** | **10 303** | **62 853.60** | **740 008** | **4 793** |
| 北京 | 4 | 1 684 | 5 854.58 | 33 387 | 1 905 |
| 天津 | | | | | |
| 河北 | 2 | 15 | 63.00 | 135 | |
| 山西 | | | | | |
| 内蒙古 | 1 | 230 | 992.00 | 4 300 | |
| 辽宁 | | | | | |
| 吉林 | | | | | |
| 黑龙江 | 22 | 2 205 | 11 949.00 | 564 042 | 304 |
| 上海 | 44 | 4 067 | 32 791.60 | 111 376 | 667 |
| 江苏 | | | | | |
| 浙江 | | | | | |
| 安徽 | | | | | |
| 福建 | 9 | 9 | 35.00 | | 20 |
| 江西 | 6 | 249 | 593.46 | 976 | 78 |
| 山东 | | | | | |
| 河南 | | | | | |
| 湖北 | 4 | 49 | 224.00 | 1 444 | 34 |
| 湖南 | 2 | 15 | 62.60 | 175 | 33 |
| 广东 | 7 | 744 | 3 573.53 | 9 021 | 760 |
| 广西 | 1 | 35 | 256.00 | 2 295 | 100 |
| 海南 | 112 | 130 | 1 874.00 | 3 870 | 227 |
| 重庆 | 2 | 412 | 3 578.00 | 1 302 | 219 |
| 四川 | | | | | |
| 贵州 | | | | | |
| 云南 | 1 | 97 | 541.00 | 7 276 | 431 |
| 西藏 | | | | | |
| 陕西 | | | | | |
| 甘肃 | 1 | 4 | 24.94 | 2 | |
| 青海 | | | | | |
| 宁夏 | 1 | 7 | 97.00 | 350 | 6 |
| 新疆 | 2 | 351 | 343.89 | 57 | 9 |
| 热科院 | | | | | |
| 广州 | | | | | |
| 南京 | | | | | |

4-4续表

| 地　区 | 全年客货运输量 | | 营业总收入（万元） | |
|---|---|---|---|---|
| | 货运量（吨） | 客运量（万人） | | 货运及装卸收入 |
| **全国农垦** | **8 092 803** | **2 540** | **584 041.92** | **337 208.66** |
| 北　京 | 159 060 | 555 | 30 250.08 | 18 143.07 |
| 天　津 | | | | |
| 河　北 | | | | |
| 山　西 | | | | |
| 内蒙古 | | 1 | 1 789.00 | |
| 辽　宁 | | | | |
| 吉　林 | | | | |
| 黑龙江 | 4 407 210 | 192 | 270 281.29 | 81 484.56 |
| 上　海 | 2 748 106 | 1 070 | 239 224.50 | 206 083.10 |
| 江　苏 | | | | |
| 浙　江 | | | | |
| 安　徽 | | | | |
| 福　建 | 500 | | 66.00 | 51.00 |
| 江　西 | 2 121 | 53 | 1 197.23 | 17.52 |
| 山　东 | | | | |
| 河　南 | | | | |
| 湖　北 | 45 400 | 39 | 4 254.00 | 1 213.00 |
| 湖　南 | 193 | 6 | 83.80 | 55.60 |
| 广　东 | | 500 | 5 068.81 | |
| 广　西 | | 115 | 857.00 | |
| 海　南 | 296 334 | | 12 270.00 | 12 270.00 |
| 重　庆 | 383 487 | | 17 315.00 | 17 213.00 |
| 四　川 | | | | |
| 贵　州 | | | | |
| 云　南 | 3 450 | 10 | 258.00 | 10.00 |
| 西　藏 | | | | |
| 陕　西 | | | | |
| 甘　肃 | 29 750 | | 182.31 | 182.31 |
| 青　海 | | | | |
| 宁　夏 | 3 | | 476.00 | 476.00 |
| 新　疆 | 17 188 | | 468.90 | 9.50 |
| 热科院 | | | | |
| 广　州 | | | | |
| 南　京 | | | | |

# 4－5 批发零售业基本情况

| 地 区 | 年末单位数（个） | 年末从业人员数（人） | 全年从业人员工资总额（万元） | 营业网点数（个） |
|---|---|---|---|---|
| **全国农垦** | **62 426** | **281 629** | **1 511 501.00** | **79 826** |
| 北 京 | 84 | 3 896 | 62 043.44 | 159 |
| 天 津 | 29 | 1 865 | 18 984.43 | |
| 河 北 | 6 352 | 22 417 | 92 308.90 | 8 310 |
| 山 西 | 1 139 | 3 350 | 6 987.60 | 1 230 |
| 内 蒙 古 | 2 447 | 5 909 | 21 616.75 | 2 480 |
| 辽 宁 | 6 276 | 21 510 | 45 296.06 | 4 576 |
| 吉 林 | 732 | 1 698 | 3 507.96 | 606 |
| 黑 龙 江 | 163 | 7 774 | 77 321.02 | 480 |
| 上 海 | 170 | 19 823 | 249 232.30 | 2 045 |
| 江 苏 | 3 749 | 12 535 | 100 385.00 | 3 938 |
| 浙 江 | 51 | 92 | 332.07 | 52 |
| 安 徽 | 1 709 | 5 631 | 14 308.23 | 2 179 |
| 福 建 | 1 400 | 4 830 | 12 133.70 | 912 |
| 江 西 | 2 148 | 10 596 | 24 883.40 | 5 857 |
| 山 东 | 12 | 34 | 176.82 | 11 |
| 河 南 | 182 | 825 | 2 783.72 | 343 |
| 湖 北 | 13 417 | 60 625 | 325 973.86 | 15 699 |
| 湖 南 | 2 511 | 9 521 | 34 534.50 | 2 240 |
| 广 东 | 3 597 | 12 366 | 73 738.87 | 3 603 |
| 广 西 | 4 136 | 8 953 | 58 649.00 | 4 180 |
| 海 南 | 2 195 | 27 981 | 82 261.00 | 11 981 |
| 重 庆 | 2 | 48 | 602.00 | 1 |
| 四 川 | | | | |
| 贵 州 | 3 | 129 | 629.63 | |
| 云 南 | 5 179 | 10 279 | 32 192.00 | 6 156 |
| 西 藏 | | | | |
| 陕 西 | 26 | 119 | 668.92 | 25 |
| 甘 肃 | 146 | 421 | 3 462.31 | 99 |
| 青 海 | | | | |
| 宁 夏 | 1 181 | 2 414 | 6 582.00 | 1 149 |
| 新 疆 | 3 420 | 27 776 | 206 376.28 | 1 616 |
| 热 科 院 | 1 | 11 | 85.80 | 2 |
| 广 州 | 19 | 2 023 | 15 227.00 | 22 |
| 南 京 | 35 | 74 | 260.00 | 34 |

4－5续表

| 地　区 | 年末固定资产原值（万元） | 年末营业用房面积（米²） | 销售总额或营业收入（万元） |
|---|---|---|---|
| **全国农垦** | **6 040 405.00** | **6 770 875** | **73 072 077.84** |
| 北　京 | 369 516.21 | 317 325 | 8 678 173.07 |
| 天　津 | 134 843.60 |  | 2 510 024.60 |
| 河　北 | 183 365.10 | 637 388 | 2 570 260.10 |
| 山　西 | 3 402.30 | 31 292 | 279 069.00 |
| 内蒙古 | 56 606.50 | 225 132 | 349 457.38 |
| 辽　宁 | 85 620.20 | 323 429 | 514 867.30 |
| 吉　林 | 7 165.67 | 62 124 | 7 615.79 |
| 黑龙江 | 676 363.98 | 384 877 | 9 720 031.82 |
| 上　海 | 905 225.20 | 379 154 | 7 585 535.50 |
| 江　苏 | 216 115.00 | 416 973 | 1 031 213.00 |
| 浙　江 | 313.00 | 2 362 | 1 908.50 |
| 安　徽 | 18 537.00 | 156 833 | 109 442.00 |
| 福　建 | 29 247.55 | 106 190 | 120 139.10 |
| 江　西 | 46 117.72 | 305 721 | 343 808.32 |
| 山　东 | 385.50 | 2 130 | 2 092.35 |
| 河　南 | 10 627.45 | 29 474 | 48 279.40 |
| 湖　北 | 894 415.63 | 1 052 618 | 16 748 901.36 |
| 湖　南 | 30 012.27 | 518 429 | 355 952.65 |
| 广　东 | 147 279.72 | 255 390 | 1 653 156.66 |
| 广　西 | 73 276.00 | 324 264 | 1 589 333.00 |
| 海　南 | 97 046.00 | 528 983 | 1 303 763.00 |
| 重　庆 | 3 935.00 | 6 058 | 20 955.00 |
| 四　川 |  |  |  |
| 贵　州 | 2 109.89 | 13 619 | 31 832.52 |
| 云　南 | 81 424.00 | 316 853 | 2 540 057.00 |
| 西　藏 |  |  |  |
| 陕　西 | 5 559.29 | 3 799 | 1 048.50 |
| 甘　肃 | 7 287.65 | 12 874 | 115 436.96 |
| 青　海 |  |  |  |
| 宁　夏 | 12 504.00 | 41 904 | 44 206.00 |
| 新　疆 | 2 246 632.63 | 156 288 | 23 447 027.43 |
| 热科院 |  | 330 | 606.60 |
| 广　州 | 64 677.00 | 156 062 | 24 057.00 |
| 南　京 | 310.00 | 3 000 | 2 000.00 |

# 4-6 国有及国有控股批发零售业基本情况

| 地　区 | 年末单位数（个） | 年末从业人员数（人） | 全年从业人员工资总额（万元） | 营业网点数（个） |
|---|---|---|---|---|
| **全国农垦** | **1 201** | **57 344** | **626 146.79** | **3 683** |
| 北　京 | 84 | 3 896 | 62 043.44 | 159 |
| 天　津 | 29 | 1 865 | 18 984.43 | |
| 河　北 | 14 | 203 | 230.50 | 14 |
| 山　西 | 6 | 35 | 145.54 | 6 |
| 内蒙古 | 10 | 551 | 4 779.00 | 42 |
| 辽　宁 | 2 | 510 | 975.00 | |
| 吉　林 | 13 | 24 | 30.60 | 11 |
| 黑龙江 | 163 | 7 774 | 77 321.02 | 480 |
| 上　海 | 170 | 19 823 | 249 232.30 | 2 045 |
| 江　苏 | 3 | 500 | 2 600.00 | 3 |
| 浙　江 | | | | |
| 安　徽 | 5 | 55 | 601.50 | 6 |
| 福　建 | 5 | 41 | 327.00 | 1 |
| 江　西 | 99 | 1 351 | 4 348.00 | 362 |
| 山　东 | 2 | 5 | 25.80 | 1 |
| 河　南 | 20 | 218 | 1 323.20 | 168 |
| 湖　北 | 69 | 2 127 | 38 589.15 | 87 |
| 湖　南 | 63 | 150 | 624.02 | 63 |
| 广　东 | 26 | 2 549 | 18 828.26 | 64 |
| 广　西 | 31 | 351 | 3 969.00 | 33 |
| 海　南 | 48 | 653 | 5 496.00 | 44 |
| 重　庆 | 2 | 48 | 602.00 | 1 |
| 四　川 | | | | |
| 贵　州 | 3 | 129 | 629.63 | |
| 云　南 | 26 | 738 | 7 525.00 | 29 |
| 西　藏 | | | | |
| 陕　西 | 2 | 73 | 466.92 | 3 |
| 甘　肃 | 14 | 226 | 2 558.30 | 6 |
| 青　海 | | | | |
| 宁　夏 | 5 | 123 | 923.00 | 15 |
| 新　疆 | 268 | 11 303 | 107 741.18 | 18 |
| 热科院 | | | | |
| 广　州 | 19 | 2 023 | 15 227.00 | 22 |
| 南　京 | | | | |

4－6 续表

| 地　区 | 年末固定资产原值（万元） | 年末营业用房面积（$米^2$） | 销售总额或营业收入（万元） |
|---|---|---|---|
| **全国农垦** | **4 461 227.81** | **1 555 532** | **54 371 476.84** |
| 北　京 | 369 516.21 | 317 325 | 8 678 173.07 |
| 天　津 | 134 843.60 | | 2 510 024.60 |
| 河　北 | 48.20 | 370 | 6 049.00 |
| 山　西 | 240.66 | 1 780 | 2 198.66 |
| 内蒙古 | 17 809.00 | 30 709 | 275 398.00 |
| 辽　宁 | 376.00 | 1 912 | 2 970.00 |
| 吉　林 | 60.67 | 1 600 | 50.00 |
| 黑龙江 | 676 363.98 | 384 877 | 9 720 031.82 |
| 上　海 | 905 225.20 | 379 154 | 7 585 535.50 |
| 江　苏 | 15 800.00 | 6 920 | 90 002.00 |
| 浙　江 | | | |
| 安　徽 | 455.00 | 8 577 | 16 970.00 |
| 福　建 | 480.00 | 1 950 | 7 673.00 |
| 江　西 | 2 267.10 | 9 419 | 14 927.00 |
| 山　东 | 360.50 | 260 | 60.00 |
| 河　南 | 9 864.45 | 23 827 | 35 755.23 |
| 湖　北 | 425 090.52 | 12 030 | 2 792 214.26 |
| 湖　南 | 802.03 | 3 401 | 1 765.01 |
| 广　东 | 69 928.87 | 31 525 | 1 167 434.49 |
| 广　西 | 14 018.00 | 16 963 | 1 091 669.00 |
| 海　南 | 27 066.00 | 86 766 | 1 039 180.00 |
| 重　庆 | 3 935.00 | 6 058 | 20 955.00 |
| 四　川 | | | |
| 贵　州 | 2 109.89 | 13 619 | 31 832.52 |
| 云　南 | 16 207.00 | 49 021 | 2 374 628.00 |
| 西　藏 | | | |
| 陕　西 | 5 205.79 | 700 | 614.00 |
| 甘　肃 | 4 888.09 | 4 734 | 77 197.58 |
| 青　海 | | | |
| 宁　夏 | 4 366.00 | 3 174 | 25 377.00 |
| 新　疆 | 1 689 233.05 | 2 800 | 16 778 735.10 |
| 热科院 | | | |
| 广　州 | 64 677.00 | 156 062 | 24 057.00 |
| 南　京 | | | |

# 4－7　餐饮业基本情况

| 地　　区 | 年末单位数（个） | 年末从业人员数（人） | 全年从业人员工资总额（万元） | 营业网点数（个） |
|---|---|---|---|---|
| **全国农垦** | **16 529** | **90 783** | **366 600.81** | **20 439** |
| 北　　京 | 6 | 266 | 3 087.15 | 9 |
| 天　　津 | 3 | 77 | 819.97 | |
| 河　　北 | 1 272 | 9 896 | 41 085.20 | 1 315 |
| 山　　西 | 26 | 210 | 888.57 | 34 |
| 内 蒙 古 | 1 128 | 2 886 | 11 457.40 | 1 132 |
| 辽　　宁 | 1 224 | 11 835 | 19 153.30 | 1 091 |
| 吉　　林 | 120 | 389 | 1 151.00 | 85 |
| 黑 龙 江 | 7 | 267 | 1 027.20 | 25 |
| 上　　海 | 6 | 145 | 1 739.20 | 9 |
| 江　　苏 | 655 | 2 931 | 19 730.00 | 290 |
| 浙　　江 | 19 | 61 | 262.25 | 19 |
| 安　　徽 | 529 | 2 098 | 7 470.63 | 624 |
| 福　　建 | 383 | 1 431 | 4 868.02 | 295 |
| 江　　西 | 865 | 4 689 | 13 097.63 | 980 |
| 山　　东 | | | | |
| 河　　南 | 30 | 216 | 395.00 | 28 |
| 湖　　北 | 3 828 | 14 202 | 58 297.73 | 3 770 |
| 湖　　南 | 1 108 | 5 257 | 39 944.32 | 2 826 |
| 广　　东 | 786 | 5 182 | 27 982.24 | 785 |
| 广　　西 | 484 | 2 808 | 11 742.00 | 1 075 |
| 海　　南 | 425 | 9 413 | 27 820.00 | 2 504 |
| 重　　庆 | 2 | 231 | 1 836.00 | 2 |
| 四　　川 | | | | |
| 贵　　州 | | | | |
| 云　　南 | 1 996 | 6 096 | 19 919.00 | 2 306 |
| 西　　藏 | | | | |
| 陕　　西 | 15 | 71 | 182.00 | 14 |
| 甘　　肃 | 40 | 81 | 268.09 | 33 |
| 青　　海 | 1 | 3 | 21.60 | 1 |
| 宁　　夏 | 412 | 2 114 | 4 459.00 | 412 |
| 新　　疆 | 1 142 | 8 154 | 50 839.46 | 761 |
| 热 科 院 | | | | |
| 广　　州 | | | | |
| 南　　京 | 23 | 40 | 144.00 | 23 |

4－7 续表

| 地　区 | 年末固定资产原值（万元） | 年末营业用房面积（米²） | 销售总额或营业收入（万元） |
| --- | --- | --- | --- |
| **全国农垦** | **1 162 413.35** | **3 052 402** | **1 362 267.72** |
| 北　京 | 38 243.25 | 53 816 | 15 721.05 |
| 天　津 | 940.50 | | 2 741.70 |
| 河　北 | 40 550.19 | 150 947 | 166 429.75 |
| 山　西 | 506.12 | 3 480 | 11 472.68 |
| 内蒙古 | 28 933.80 | 131 810 | 32 402.10 |
| 辽　宁 | 35 565.60 | 114 795 | 89 151.50 |
| 吉　林 | 1 969.79 | 17 662 | 2 155.48 |
| 黑龙江 | 69 903.63 | 182 038 | 6 649.26 |
| 上　海 | 2 476.20 | 14 205 | 14 915.70 |
| 江　苏 | 46 402.00 | 77 257 | 65 226.00 |
| 浙　江 | 816.50 | 2 224 | 1 279.78 |
| 安　徽 | 49 375.00 | 106 616 | 25 483.78 |
| 福　建 | 20 571.20 | 58 510 | 15 879.87 |
| 江　西 | 38 055.98 | 154 500 | 190 546.86 |
| 山　东 | | | |
| 河　南 | 927.00 | 9 630 | 5 440.00 |
| 湖　北 | 109 154.52 | 516 915 | 216 761.45 |
| 湖　南 | 33 947.02 | 106 343 | 23 318.74 |
| 广　东 | 37 338.93 | 256 775 | 111 549.43 |
| 广　西 | 26 445.00 | 105 848 | 70 439.00 |
| 海　南 | 60 382.00 | 318 664 | 66 930.00 |
| 重　庆 | 5 023.00 | 29 893 | 5 237.00 |
| 四　川 | | | |
| 贵　州 | | | |
| 云　南 | 261 333.00 | 405 136 | 80 610.00 |
| 西　藏 | | | |
| 陕　西 | 293.00 | 23 182 | 462.00 |
| 甘　肃 | 2 623.01 | 4 802 | 595.62 |
| 青　海 | 150.00 | 13 878 | 30.00 |
| 宁　夏 | 38 933.00 | 90 078 | 13 339.00 |
| 新　疆 | 249 587.36 | 155 115 | 142 301.02 |
| 热科院 | | | |
| 广　州 | | | |
| 南　京 | 210.00 | 2 100 | 920.00 |

# 4－8　国有及国有控股餐饮业基本情况

| 地　区 | 年末单位数（个） | 年末从业人员数（人） | 全年从业人员工资总额（万元） | 营业网点数（个） |
|---|---|---|---|---|
| **全国农垦** | **148** | **6 394** | **36 722.64** | **751** |
| 北　京 | 6 | 266 | 3 087.15 | 9 |
| 天　津 | 3 | 77 | 819.97 | |
| 河　北 | 3 | 41 | 101.00 | 2 |
| 山　西 | 2 | 12 | 36.80 | 2 |
| 内蒙古 | 1 | 61 | 211.00 | 1 |
| 辽　宁 | | | | |
| 吉　林 | | | | |
| 黑龙江 | 7 | 267 | 1 027.20 | 25 |
| 上　海 | 6 | 145 | 1 739.20 | 9 |
| 江　苏 | 2 | 130 | 580.00 | 1 |
| 浙　江 | | | | |
| 安　徽 | 3 | 251 | 1 313.00 | 3 |
| 福　建 | 3 | 11 | 45.00 | |
| 江　西 | 16 | 636 | 2 003.00 | 58 |
| 山　东 | | | | |
| 河　南 | 8 | 40 | 112.00 | 6 |
| 湖　北 | 2 | 16 | 73.00 | 2 |
| 湖　南 | 9 | 39 | 150.00 | 9 |
| 广　东 | 9 | 184 | 1 210.68 | 9 |
| 广　西 | 2 | 329 | 1 964.00 | 576 |
| 海　南 | 6 | 544 | 2 815.00 | 6 |
| 重　庆 | 2 | 231 | 1 836.00 | 2 |
| 四　川 | | | | |
| 贵　州 | | | | |
| 云　南 | 6 | 217 | 1 588.00 | 8 |
| 西　藏 | | | | |
| 陕　西 | | | | |
| 甘　肃 | 1 | 6 | 18.94 | 1 |
| 青　海 | 1 | 3 | 21.60 | 1 |
| 宁　夏 | 5 | 324 | 1 609.00 | 5 |
| 新　疆 | 45 | 2 564 | 14 361.10 | 16 |
| 热科院 | | | | |
| 广　州 | | | | |
| 南　京 | | | | |

4-8续表

| 地区 | 年末固定资产原值（万元） | 年末营业用房面积（米²） | 销售总额或营业收入（万元） |
|---|---|---|---|
| **全国农垦** | **398 062.07** | **575 480** | **147 687.89** |
| 北京 | 38 243.25 | 53 816 | 15 721.05 |
| 天津 | 940.50 | | 2 741.70 |
| 河北 | 1 519.00 | 1 439 | 411.00 |
| 山西 | 25.23 | 150 | 255.81 |
| 内蒙古 | 387.00 | 730 | 766.00 |
| 辽宁 | | | |
| 吉林 | | | |
| 黑龙江 | 69 903.63 | 182 038 | 6 649.26 |
| 上海 | 2 476.20 | 14 205 | 14 915.70 |
| 江苏 | 1 980.00 | 3 706 | 4 502.00 |
| 浙江 | | | |
| 安徽 | 39 001.00 | 60 159 | 7 111.00 |
| 福建 | | 300 | 50.00 |
| 江西 | 2 420.00 | 9 530 | 5 102.00 |
| 山东 | | | |
| 河南 | 110.00 | 1 483 | 242.00 |
| 湖北 | 2 128.00 | 2 264 | 425.00 |
| 湖南 | 650.00 | 1 440 | 1 080.00 |
| 广东 | 561.15 | 4 534 | 3 134.95 |
| 广西 | 4 529.00 | 14 587 | 12 385.00 |
| 海南 | 11 195.00 | 85 328 | 7 230.00 |
| 重庆 | 5 023.00 | 29 893 | 5 237.00 |
| 四川 | | | |
| 贵州 | | | |
| 云南 | 14 924.00 | 34 089 | 4 406.00 |
| 西藏 | | | |
| 陕西 | | | |
| 甘肃 | 2 399.01 | 120 | 159.82 |
| 青海 | 150.00 | 13 878 | 30.00 |
| 宁夏 | 34 899.00 | 59 610 | 5 524.00 |
| 新疆 | 164 598.10 | 2 181 | 49 608.60 |
| 热科院 | | | |
| 广州 | | | |
| 南京 | | | |

# 4－9 服务业基本情况

| 地 区 | 年末单位数（个） | 年末从业人员数（人） | 全年从业人员工资总额（万元） | 营业网点数（个） |
|---|---|---|---|---|
| **全国农垦** | **27 458** | **204 528** | **1 501 045.03** | **30 771** |
| 北 京 | 204 | 11 770 | 128 326.31 | 119 |
| 天 津 | 25 | 683 | 15 925.77 | |
| 河 北 | 6 868 | 19 385 | 96 020.90 | 7 415 |
| 山 西 | 23 | 264 | 525.40 | 69 |
| 内 蒙 古 | 571 | 1 497 | 3 997.00 | 574 |
| 辽 宁 | 2 434 | 10 665 | 25 658.40 | 2 171 |
| 吉 林 | 112 | 634 | 643.20 | 105 |
| 黑 龙 江 | 99 | 6 153 | 67 335.70 | |
| 上 海 | 148 | 5 304 | 101 042.00 | 61 |
| 江 苏 | 2 284 | 10 885 | 94 218.00 | 1 023 |
| 浙 江 | 27 | 75 | 585.21 | 25 |
| 安 徽 | 735 | 2 501 | 8 371.27 | 978 |
| 福 建 | 492 | 1 199 | 3 643.46 | 476 |
| 江 西 | 252 | 3 323 | 12 824.30 | 1 801 |
| 山 东 | 4 | 39 | 133.90 | |
| 河 南 | 22 | 352 | 3 426.66 | 25 |
| 湖 北 | 4 662 | 77 114 | 726 254.20 | 4 563 |
| 湖 南 | 1 079 | 11 118 | 17 768.99 | 238 |
| 广 东 | 1 778 | 15 616 | 160 099.30 | 1 960 |
| 广 西 | 1 036 | 6 248 | 51 713.00 | 1 048 |
| 海 南 | 1 166 | 15 869 | 44 415.00 | 3 445 |
| 重 庆 | 2 | 165 | 1 856.00 | 2 |
| 四 川 | 2 | 8 | 88.11 | 2 |
| 贵 州 | 1 | 71 | 605.19 | |
| 云 南 | 2 425 | 10 182 | 38 699.00 | 3 690 |
| 西 藏 | | | | |
| 陕 西 | 16 | 142 | 751.45 | 16 |
| 甘 肃 | 50 | 906 | 8 703.35 | 35 |
| 青 海 | | | | |
| 宁 夏 | 561 | 2 785 | 10 652.00 | 553 |
| 新 疆 | 503 | 1 088 | 2 887.10 | 393 |
| 热 科 院 | | | | |
| 广 州 | | | | |
| 南 京 | 81 | 257 | 2 201.17 | 103 |

4－9续表

| 地　区 | 年末固定资产原值（万元） | 年末营业用房面积（米$^2$） | 销售总额或营业收入（万元） |
|---|---|---|---|
| **全国农垦** | **8 595 922.21** | **4 611 877** | **11 170 108.90** |
| 北　京 | 874 921.50 | 1 491 474 | 1 593 972.47 |
| 天　津 | 91 175.70 | | 311 218.40 |
| 河　北 | 138 453.46 | 266 272 | 908 177.18 |
| 山　西 | 2 195.20 | 1 848 | 15 608.56 |
| 内蒙古 | 11 523.30 | 57 127 | 71 086.44 |
| 辽　宁 | 63 947.60 | 123 207 | 78 016.50 |
| 吉　林 | 891.80 | 6 561 | 984.45 |
| 黑龙江 | 169 075.00 | 172 210 | 646 840.00 |
| 上　海 | 1 159 374.50 | 15 030 | 296 780.30 |
| 江　苏 | 302 957.00 | 276 322 | 349 758.00 |
| 浙　江 | 3 590.00 | 4 449 | 2 025.80 |
| 安　徽 | 27 693.53 | 62 165 | 43 365.30 |
| 福　建 | 4 236.10 | 18 773 | 7 729.70 |
| 江　西 | 11 247.30 | 88 096 | 621 333.10 |
| 山　东 | 5.00 | 10 210 | 647.96 |
| 河　南 | 5 783.74 | 24 980 | 24 294.93 |
| 湖　北 | 4 923 641.50 | 282 599 | 5 669 639.12 |
| 湖　南 | 44 546.82 | 58 269 | 324 049.32 |
| 广　东 | 465 955.86 | 1 452 850 | 388 950.36 |
| 广　西 | 234 785.00 | 738 340 | 358 275.00 |
| 海　南 | 486 196.00 | 206 017 | 321 414.00 |
| 重　庆 | 8 776.00 | 60 800 | 5 475.00 |
| 四　川 | 1 458.54 | 1 926 | 1 351.50 |
| 贵　州 | 9 378.00 | 22 000 | 1 650.00 |
| 云　南 | 140 296.00 | 418 619 | 566 577.00 |
| 西　藏 | | | |
| 陕　西 | 6 735.39 | 10 456 | 8 494.36 |
| 甘　肃 | 56 948.34 | 101 795 | 21 677.10 |
| 青　海 | | | |
| 宁　夏 | 213 026.00 | 78 167 | 30 671.00 |
| 新　疆 | 7 633.81 | 28 654 | 7 419.49 |
| 热科院 | | | |
| 广　州 | | | |
| 南　京 | 4 395.72 | 24 134 | 86 599.03 |

# 4－10　国有及国有控股服务业基本情况

| 地　区 | 年末单位数（个） | 年末从业人员数（人） | 全年从业人员工资总额（万元） | 营业网点数（个） |
|---|---|---|---|---|
| **全国农垦** | **978** | **52 158** | **671 457.58** | **624** |
| 北　京 | 204 | 11 770 | 128 326.31 | 119 |
| 天　津 | 25 | 683 | 15 925.77 | |
| 河　北 | 17 | 191 | 1 118.20 | 13 |
| 山　西 | 2 | 123 | 351.06 | 2 |
| 内蒙古 | 17 | 118 | 586.00 | 17 |
| 辽　宁 | | | | |
| 吉　林 | | | | |
| 黑龙江 | 99 | 6 153 | 67 335.70 | |
| 上　海 | 148 | 5 304 | 101 042.00 | 61 |
| 江　苏 | 6 | 2 803 | 3 789.00 | 3 |
| 浙　江 | 2 | 12 | 294.93 | |
| 安　徽 | 10 | 351 | 3 029.50 | 3 |
| 福　建 | 2 | 7 | 43.00 | 4 |
| 江　西 | 22 | 751 | 2 014.50 | 17 |
| 山　东 | | | | |
| 河　南 | 10 | 341 | 3 368.06 | 11 |
| 湖　北 | 103 | 7 304 | 140 292.00 | 55 |
| 湖　南 | 2 | 3 | 12.80 | 2 |
| 广　东 | 97 | 8 271 | 124 919.43 | 109 |
| 广　西 | 53 | 2 003 | 27 354.00 | 56 |
| 海　南 | 52 | 2 125 | 16 497.00 | 25 |
| 重　庆 | 2 | 165 | 1 856.00 | 2 |
| 四　川 | 2 | 8 | 88.11 | 2 |
| 贵　州 | 1 | 71 | 605.19 | |
| 云　南 | 51 | 1 555 | 14 480.00 | 54 |
| 西　藏 | | | | |
| 陕　西 | 1 | 62 | 501.95 | 1 |
| 甘　肃 | 18 | 856 | 8 608.35 | 10 |
| 青　海 | | | | |
| 宁　夏 | 18 | 921 | 6 766.00 | 14 |
| 新　疆 | 8 | 54 | 361.55 | 16 |
| 热科院 | | | | |
| 广　州 | | | | |
| 南　京 | 6 | 153 | 1 891.17 | 28 |

4－10续表

| 地　区 | 年末固定资产原值<br>(万元) | 年末营业用房面积<br>(米²) | 销售总额或营业收入<br>(万元) |
| --- | --- | --- | --- |
| **全国农垦** | **7 687 966.96** | **4 050 505** | **6 060 591.39** |
| 北　京 | 874 921.50 | 1 491 474 | 1 593 972.47 |
| 天　津 | 91 175.70 | | 311 218.40 |
| 河　北 | 2 226.30 | 812 | 1 270.50 |
| 山　西 | 1 918.70 | 816 | 1 105.13 |
| 内蒙古 | 867.00 | 6 719 | 31 374.23 |
| 辽　宁 | | | |
| 吉　林 | | | |
| 黑龙江 | 169 075.00 | 172 210 | 646 840.00 |
| 上　海 | 1 159 374.50 | 15 030 | 296 780.30 |
| 江　苏 | 23 058.00 | 100 236 | 37 250.00 |
| 浙　江 | 3 394.00 | 2 699 | 516.32 |
| 安　徽 | 19 667.53 | 37 490 | 30 379.30 |
| 福　建 | 764.00 | 220 | 212.00 |
| 江　西 | 1 208.00 | 5 587 | 2 571.00 |
| 山　东 | | | |
| 河　南 | 5 746.74 | 24 338 | 24 095.93 |
| 湖　北 | 3 899 394.00 | 51 856 | 1 804 780.00 |
| 湖　南 | 4.70 | 110 | 22.00 |
| 广　东 | 427 120.93 | 1 099 276 | 249 698.19 |
| 广　西 | 187 724.00 | 525 700 | 167 989.00 |
| 海　南 | 462 045.00 | 35 377 | 273 992.00 |
| 重　庆 | 8 776.00 | 60 800 | 5 475.00 |
| 四　川 | 1 458.54 | 1 926 | 1 351.50 |
| 贵　州 | 9 378.00 | 22 000 | 1 650.00 |
| 云　南 | 62 851.00 | 202 373 | 441 802.00 |
| 西　藏 | | | |
| 陕　西 | 5 962.39 | 6 200 | 6 218.56 |
| 甘　肃 | 56 823.34 | 99 693 | 21 454.10 |
| 青　海 | | | |
| 宁　夏 | 207 444.00 | 64 514 | 23 136.00 |
| 新　疆 | 1 507.37 | 1 066 | 988.43 |
| 热科院 | | | |
| 广　州 | | | |
| 南　京 | 4 080.72 | 21 984 | 84 449.03 |

# 固定资产投资、外贸出口及科研情况

# 5－1 固定资产投资完成情况

计量单位：万元

| 地　区 | 本年完成投资总额（按工程用途分） | | | | 资金来源合计 |
|---|---|---|---|---|---|
| | | 第一产业 | 第二产业 | 第三产业 | |
| **全国农垦** | **41 613 154.15** | **4 656 234.77** | **17 191 575.78** | **19 765 343.60** | **38 162 743.83** |
| 北　京 | 334 160.59 | 108 114.50 | 105 971.62 | 120 074.47 | 334 160.59 |
| 天　津 | 105 352.57 | 39 361.54 | 7 840.00 | 58 151.03 | 105 352.57 |
| 河　北 | 2 664 725.73 | 60 879.73 | 1 162 900.00 | 1 440 946.00 | 2 669 354.73 |
| 山　西 | 1 459.11 | 1 423.49 | 0.94 | 34.68 | 1 368.09 |
| 内蒙古 | 437 855.31 | 148 933.31 | 215 286.00 | 73 636.00 | 387 667.31 |
| 辽　宁 | 668 215.05 | 65 123.05 | 277 619.00 | 325 473.00 | 668 215.05 |
| 吉　林 | 2 072.63 | 1 877.63 | 183.00 | 12.00 | 1 974.53 |
| 黑龙江 | 1 001 238.13 | 586 866.42 | 82 303.22 | 332 068.49 | 1 027 240.99 |
| 上　海 | 259 020.60 | 102 511.00 | 56 277.30 | 100 232.30 | 353 032.80 |
| 江　苏 | 470 434.00 | 73 253.00 | 218 456.00 | 178 725.00 | 470 434.00 |
| 浙　江 | 8 672.69 | 8 589.31 | | 83.38 | 23 115.66 |
| 安　徽 | 64 684.94 | 43 378.91 | 19 403.30 | 1 902.73 | 67 099.32 |
| 福　建 | 37 699.07 | 3 086.07 | 21 953.00 | 12 660.00 | 38 012.07 |
| 江　西 | 2 749 279.56 | 69 990.98 | 1 892 897.43 | 786 391.15 | 2 742 458.55 |
| 山　东 | 2 529.53 | 1 517.96 | | 1 011.57 | 2 529.53 |
| 河　南 | 27 351.30 | 11 110.27 | 10 363.19 | 5 877.84 | 24 539.57 |
| 湖　北 | 12 455 707.57 | 433 922.70 | 4 887 910.87 | 7 133 874.00 | 9 529 323.40 |
| 湖　南 | 736 948.61 | 32 968.51 | 535 745.00 | 168 235.10 | 1 174 246.61 |
| 广　东 | 519 616.48 | 90 397.68 | 343 721.43 | 85 497.37 | 519 616.48 |
| 广　西 | 234 249.00 | 86 233.00 | 62 010.00 | 86 006.00 | 234 249.00 |
| 海　南 | 769 704.00 | 59 927.00 | 43 159.00 | 666 618.00 | 769 704.00 |
| 重　庆 | 39 097.00 | 8 624.00 | 27 028.00 | 3 445.00 | 39 097.00 |
| 四　川 | 986.53 | 648.03 | 1.01 | 337.49 | 986.53 |
| 贵　州 | 58 678.75 | 25 375.91 | 33 290.54 | 12.30 | 59 233.75 |
| 云　南 | 177 377.00 | 42 044.00 | 22 200.00 | 113 133.00 | 177 377.00 |
| 西　藏 | 8 072.00 | 2 000.00 | 6 072.00 | | 8 072.00 |
| 陕　西 | 34 160.53 | 13 510.06 | 1 615.00 | 19 035.47 | 34 160.53 |
| 甘　肃 | 43 554.59 | 20 345.26 | 4 774.47 | 18 434.86 | 23 193.63 |
| 青　海 | 17 170.37 | 7 981.31 | 7 948.00 | 1 241.06 | 17 111.37 |
| 宁　夏 | 174 102.52 | 154 870.24 | 2 313.96 | 16 918.32 | 174 102.52 |
| 新　疆 | 16 881 200.51 | 2 177 687.83 | 71 210 56.36 | 7 582 456.32 | 16 272 812.21 |
| 热科院 | 22 915.99 | 6 282.14 | | 16 633.85 | 16 970.72 |
| 广　州 | 604 702.49 | 167 317.53 | 21 276.14 | 416 108.82 | 195 772.32 |
| 南　京 | 159.40 | 82.40 | | 77.00 | 159.40 |

5－1续表

| 地　　区 | 资金来源合计 | | | | | 当年新增固定资产 |
|---|---|---|---|---|---|---|
| | 国家预算内资金 | 国内贷款 | 利用外资 | 自筹资金 | 其他资金 | |
| **全国农垦** | **7 097 549.55** | **2 566 680.64** | **141 209.40** | **23 830 568.14** | **4 526 736.10** | **20 355 825.85** |
| 北　　京 | 3 709.95 | 34 923.11 | | 286 692.29 | 8 835.24 | 203 425.49 |
| 天　　津 | 8 035.50 | 50 487.36 | | 45 717.71 | 1 112.00 | 15 272.51 |
| 河　　北 | 124 044.20 | 23 390.00 | | 2 471 292.53 | 50 628.00 | 1 292 400.73 |
| 山　　西 | 308.88 | | | 63.00 | 996.21 | 658.78 |
| 内 蒙 古 | 31 247.71 | 76 327.00 | | 264 862.00 | 15 230.60 | 272 795.31 |
| 辽　　宁 | 25 886.00 | 1 800.00 | | 586 639.05 | 53 890.00 | 274 401.05 |
| 吉　　林 | 281.00 | | | 1 464.38 | 229.15 | 1 208.63 |
| 黑 龙 江 | 439 334.46 | 6 015.03 | 3.00 | 483 843.11 | 98 045.39 | 897 428.79 |
| 上　　海 | 34 434.00 | 15 063.50 | | 286 077.20 | 17 458.10 | 215 686.60 |
| 江　　苏 | 14 727.00 | | | 445 299.00 | 10 408.00 | 423 345.00 |
| 浙　　江 | 4 136.66 | 10 000.00 | | 3 978.00 | 5 001.00 | 5 471.23 |
| 安　　徽 | 22 747.39 | 15 300.00 | | 24 725.70 | 4 326.23 | 25 535.48 |
| 福　　建 | 6 680.00 | 150.00 | 660.00 | 29 832.07 | 690.00 | 33 109.07 |
| 江　　西 | 320 047.05 | 3 506.00 | 135 046.40 | 1 972 932.58 | 310 926.52 | 490 299.29 |
| 山　　东 | 1 586.22 | | | 943.31 | | 2 529.53 |
| 河　　南 | 491.00 | | | 15 586.57 | 8 462.00 | 14 951.83 |
| 湖　　北 | 1 054 549.90 | 457 502.00 | 5 500.00 | 6 098 297.37 | 1 913 474.13 | 6 346 840.80 |
| 湖　　南 | 566 933.00 | 50 873.00 | | 495 236.61 | 61 204.00 | 563 892.61 |
| 广　　东 | 59 314.73 | 623.08 | | 214 852.36 | 244 826.31 | 365 032.46 |
| 广　　西 | 10 799.00 | 97 052.00 | | 117 735.00 | 8 663.00 | 214 563.00 |
| 海　　南 | 14 012.00 | 19 833.00 | | 547 264.00 | 188 595.00 | 600 166.00 |
| 重　　庆 | | | | 39 097.00 | | 11 808.00 |
| 四　　川 | 525.56 | | | 460.97 | | 383.45 |
| 贵　　州 | 1 375.00 | 19 350.00 | | 598.15 | 37 910.60 | 34 739.10 |
| 云　　南 | 16 518.00 | 2 300.00 | | 105 556.00 | 53 003.00 | 73 635.00 |
| 西　　藏 | 8 072.00 | | | | | 2 000.00 |
| 陕　　西 | 6 211.00 | | | 27 949.53 | | 13 450.82 |
| 甘　　肃 | 10 803.88 | | | 12 389.75 | | 15 157.15 |
| 青　　海 | 4 773.97 | | | 9 140.39 | 3 197.01 | 12 909.02 |
| 宁　　夏 | 23 554.18 | 3 600.00 | | 146 948.34 | | 152 462.61 |
| 新　　疆 | 4 265 905.05 | 1 503 554.00 | | 9 073 971.23 | 1 429 381.93 | 7 633 911.14 |
| 热 科 院 | 16 505.26 | | | 222.78 | 242.68 | 17 564.51 |
| 广　　州 | | 175 031.56 | | 20 740.76 | | 128 631.46 |
| 南　　京 | | | | 159.40 | | 159.40 |

# 5-2 国有单位固定资产投资完成情况

计量单位：万元

| 地区 | 本年完成投资总额（按工程用途分） | 第一产业 | 第二产业 | 第三产业 | 资金来源合计 |
|---|---|---|---|---|---|
| **全国农垦** | **19 134 576.79** | **2 954 858.94** | **4 387 080.71** | **11 792 637.14** | **17 145 431.78** |
| 北京 | 334 160.59 | 108 114.50 | 105 971.62 | 120 074.47 | 334 160.59 |
| 天津 | 105 352.57 | 39 361.54 | 7 840.00 | 58 151.03 | 105 352.57 |
| 河北 | 122 421.44 | 12 090.44 | 13 189.00 | 97 142.00 | 122 421.44 |
| 山西 | 1 015.23 | 979.61 | 0.94 | 34.68 | 924.21 |
| 内蒙古 | 366 355.49 | 100 466.70 | 208 869.00 | 57 019.79 | 318 951.49 |
| 辽宁 | 31 596.02 | 6 130.02 | 10 703.00 | 14 763.00 | 31 596.02 |
| 吉林 | 690.54 | 690.54 | | | 689.44 |
| 黑龙江 | 1 001 238.13 | 586 866.42 | 82 303.22 | 332 068.49 | 1 027 237.99 |
| 上海 | 259 020.60 | 102 511.00 | 56 277.30 | 100 232.30 | 353 032.80 |
| 江苏 | 455 827.00 | 67 689.00 | 211 895.00 | 176 243.00 | 455 827.00 |
| 浙江 | 5 872.19 | 5 848.31 | | 23.88 | 20 374.66 |
| 安徽 | 50 131.17 | 32 468.14 | 16 362.30 | 1 300.73 | 51 115.17 |
| 福建 | 17 003.07 | 2 055.07 | 8 128.00 | 6 820.00 | 19 244.07 |
| 江西 | 437 698.95 | 20 011.10 | 83 909.50 | 333 778.35 | 428 539.45 |
| 山东 | 1 266.22 | 1 025.22 | | 241.00 | 1 266.22 |
| 河南 | 21 815.30 | 9 940.27 | 7 333.19 | 4 541.84 | 21 359.57 |
| 湖北 | 3 928 237.90 | 98 269.90 | 240 007.00 | 3 589 961.00 | 2 554 952.83 |
| 湖南 | 232 874.42 | 7 115.32 | 129 505.79 | 96 253.31 | 600 748.81 |
| 广东 | 157 722.74 | 63 929.81 | 35 466.37 | 58 326.56 | 157 722.74 |
| 广西 | 208 486.00 | 81 366.00 | 41 114.00 | 86 006.00 | 208 486.00 |
| 海南 | 541 926.00 | 30 240.00 | 11 870.00 | 499 816.00 | 541 926.00 |
| 重庆 | 39 097.00 | 8 624.00 | 27 028.00 | 3 445.00 | 39 097.00 |
| 四川 | 985.03 | 646.53 | 1.01 | 337.49 | 985.03 |
| 贵州 | 58 678.75 | 25 375.91 | 33 290.54 | 12.30 | 59 233.75 |
| 云南 | 144 156.00 | 38 026.00 | 4 957.00 | 101 173.00 | 144 156.00 |
| 西藏 | 2 000.00 | 2 000.00 | | | 2 000.00 |
| 陕西 | 33 963.32 | 13 312.85 | 1 615.00 | 19 035.47 | 33 963.32 |
| 甘肃 | 43 521.28 | 20 311.95 | 4 774.47 | 18 434.86 | 23 160.32 |
| 青海 | 17 170.37 | 7 981.31 | 7 948.00 | 1 241.06 | 17 111.37 |
| 宁夏 | 172 560.51 | 154 690.23 | 951.96 | 16 918.32 | 172 560.52 |
| 新疆 | 9 716 039.46 | 1 133 039.18 | 3 014 493.36 | 5 568 506.92 | 9 085 733.15 |
| 热科院 | 20 831.61 | 6 282.14 | | 14 549.47 | 15 570.53 |
| 广州 | 604 702.49 | 167 317.53 | 21 276.14 | 416 108.82 | 195 772.32 |
| 南京 | 159.40 | 82.40 | | 77.00 | 159.40 |

5-2续表

| 地　区 | 资料来源合计 | | | | | 当年新增固定资产 |
|---|---|---|---|---|---|---|
| | 国家预算内资金 | 国内贷款 | 利用外资 | 自筹资金 | 其他资金 | |
| **全国农垦** | **6 531 625.55** | **1 903 154.64** | **951.00** | **7 473 953.79** | **1 235 746.80** | **10 994 094.02** |
| 北　京 | 3 709.95 | 34 923.11 | | 286 692.29 | 8 835.24 | 203 425.49 |
| 天　津 | 8 035.50 | 50 487.36 | | 45 717.71 | 1 112.00 | 15 272.51 |
| 河　北 | 117 638.20 | | | 4 783.24 | | 5 512.44 |
| 山　西 | | | | 63.00 | 861.21 | 214.90 |
| 内蒙古 | 21 990.80 | 75 577.00 | | 213 048.69 | 8 335.00 | 215 155.49 |
| 辽　宁 | 16 145.00 | | | 1 263.02 | 14 188.00 | 9 798.02 |
| 吉　林 | 281.00 | | | 408.44 | | 690.54 |
| 黑龙江 | 439 334.46 | 6 015.03 | | 483 843.11 | 98 045.39 | 897 428.79 |
| 上　海 | 34 434.00 | 15 063.50 | | 286 077.20 | 17 458.10 | 215 686.60 |
| 江　苏 | 14 727.00 | | | 430 692.00 | 10 408.00 | 423 345.00 |
| 浙　江 | 3 477.66 | 10 000.00 | | 1 896.00 | 5 001.00 | 3 224.23 |
| 安　徽 | 21 623.30 | 7 803.00 | | 21 443.07 | 245.80 | 17 778.13 |
| 福　建 | 5 960.00 | | 660.00 | 11 959.07 | 665.00 | 13 578.07 |
| 江　西 | 295 895.07 | | 291.00 | 101 792.38 | 30 561.00 | 104 977.78 |
| 山　东 | 1 266.22 | | | | | 1 025.22 |
| 河　南 | 311.00 | | | 12 586.57 | 8 462.00 | 12 484.83 |
| 湖　北 | 784 834.90 | 182 211.00 | | 1 215 680.93 | 372 226.00 | 3 323 144.00 |
| 湖　南 | 478 744.20 | | | 121 978.61 | 26.00 | 83 278.61 |
| 广　东 | 52 188.33 | 623.08 | | 97 494.81 | 7 416.52 | 128 888.51 |
| 广　西 | 10 249.00 | 97 052.00 | | 92 522.00 | 8 663.00 | 181 863.00 |
| 海　南 | 11 689.00 | 19 833.00 | | 497 556.00 | 12 848.00 | 408 699.00 |
| 重　庆 | | | | 39 097.00 | | 11 808.00 |
| 四　川 | 525.56 | | | 459.47 | | 381.95 |
| 贵　州 | 1 375.00 | 19 350.00 | | 598.15 | 37 910.60 | 34 739.10 |
| 云　南 | 16 391.00 | 2 200.00 | | 74 679.00 | 50 886.00 | 34 603.00 |
| 西　藏 | 2 000.00 | | | | | 2 000.00 |
| 陕　西 | 6 211.00 | | | 27 752.32 | | 13 438.82 |
| 甘　肃 | 10 803.88 | | | 12 356.44 | | 15 123.84 |
| 青　海 | 4 773.97 | | | 9 140.39 | 3 197.01 | 12 909.02 |
| 宁　夏 | 23 554.18 | 3 600.00 | | 145 406.34 | | 150 920.61 |
| 新　疆 | 4 128 262.62 | 1 203 385.00 | | 3 215 843.60 | 538241.93 | 4 307 697.70 |
| 热科院 | 15 193.75 | | | 222.78 | 154.00 | 16 209.96 |
| 广　州 | | 175 031.56 | | 20 740.76 | | 128 631.46 |
| 南　京 | | | | 159.40 | | 159.40 |

# 5－3 外贸出口供货商品金额

计量单位：万元

| 地　区 | 外贸出口供货商品金额 | 农产品 | 林产品 | 畜产品 | 水产品 |
|---|---|---|---|---|---|
| **全国农垦** | **1 246 742.34** | **79 193.79** | **282.00** | **68 639.74** | **115 768.00** |
| 北　京 | 42 645.32 | 7 577.02 | | 24 138.33 | |
| 天　津 | 8 764.90 | | | | |
| 河　北 | 294 281.67 | | | | 4 053.00 |
| 山　西 | | | | | |
| 内蒙古 | | | | | |
| 辽　宁 | 13 325.00 | | | | 3 000.00 |
| 吉　林 | | | | | |
| 黑龙江 | 30 191.44 | 9 666.57 | | 18 272.41 | |
| 上　海 | 72 240.30 | 18 911.10 | | | |
| 江　苏 | 20 302.00 | 2 002.00 | | | |
| 浙　江 | | | | | |
| 安　徽 | | | | | |
| 福　建 | 778.00 | 303.00 | | | |
| 江　西 | 33 069.00 | | 282.00 | | |
| 山　东 | | | | | |
| 河　南 | | | | | |
| 湖　北 | 173 267.63 | 12 395.60 | | 5 230.00 | 56 340.00 |
| 湖　南 | 36 132.00 | 5 261.00 | | | |
| 广　东 | 439 476.63 | | | | 52 375.00 |
| 广　西 | 30 119.00 | 16.00 | | 20 999.00 | |
| 海　南 | | | | | |
| 重　庆 | 5 189.00 | | | | |
| 四　川 | | | | | |
| 贵　州 | | | | | |
| 云　南 | 5 338.00 | 5 338.00 | | | |
| 西　藏 | | | | | |
| 陕　西 | | | | | |
| 甘　肃 | 22 438.45 | 12 089.50 | | | |
| 青　海 | | | | | |
| 宁　夏 | 5 634.00 | 5 634.00 | | | |
| 新　疆 | 13 550.00 | | | | |
| 热科院 | | | | | |
| 广　州 | | | | | |
| 南　京 | | | | | |

5－3续表

| 地　区 | 工业品 | 医药 | 食品 | 纺织品 |
|---|---|---|---|---|
| **全国农垦** | **982 858.81** | **10 895.15** | **92 540.81** | **16 666.13** |
| 北　京 | 10 929.97 | | 10 651.65 | |
| 天　津 | 8 764.90 | | 851.00 | 4 285.50 |
| 河　北 | 290 228.67 | | 28 713.00 | |
| 山　西 | | | | |
| 内蒙古 | | | | |
| 辽　宁 | 10 325.00 | 400.00 | 905.00 | 2 214.00 |
| 吉　林 | | | | |
| 黑龙江 | 2 252.46 | | 2 252.46 | |
| 上　海 | 53 329.20 | | | |
| 江　苏 | 18 300.00 | 120.00 | 1 500.00 | 520.00 |
| 浙　江 | | | | |
| 安　徽 | | | | |
| 福　建 | 475.00 | | | 45.00 |
| 江　西 | 32 787.00 | | | |
| 山　东 | | | | |
| 河　南 | | | | |
| 湖　北 | 99 302.03 | 460.00 | 7 244.90 | 7 802.63 |
| 湖　南 | 30 871.00 | | 21 250.00 | |
| 广　东 | 387 101.63 | | | 652.00 |
| 广　西 | 9 104.00 | | | 1 147.00 |
| 海　南 | | | | |
| 重　庆 | 5 189.00 | | 5 189.00 | |
| 四　川 | | | | |
| 贵　州 | | | | |
| 云　南 | | | | |
| 西　藏 | | | | |
| 陕　西 | | | | |
| 甘　肃 | 10 348.95 | 9 915.15 | 433.80 | |
| 青　海 | | | | |
| 宁　夏 | | | | |
| 新　疆 | 13 550.00 | | 13 550.00 | |
| 热科院 | | | | |
| 广　州 | | | | |
| 南　京 | | | | |

# 5－4　外贸出口供货商品量情况

| 种类 | 地区 | 计量单位 | 出口供货商品量 | 种类 | 地区 | 计量单位 | 出口供货商品量 |
|---|---|---|---|---|---|---|---|
| 玉米 | 全国农垦 | 吨 | 428 | | 湖北 | | 2 605 |
| | 黑龙江 | | 93 | | 广东 | | 6 975 |
| | 甘肃 | | 335 | 对虾 | 全国农垦 | 吨 | 6 626 |
| 蔬菜 | 全国农垦 | 吨 | 38 403 | | 广东 | | 6 626 |
| | 江苏 | | 2 980 | 原料药 | 全国农垦 | 吨 | 11 816 |
| | 湖北 | | 3 602 | | 湖北 | | 7 485 |
| | 云南 | | 1 502 | | 甘肃 | | 4 331 |
| | 甘肃 | | 16 179 | 大米 | 全国农垦 | 吨 | 19 643 |
| | 宁夏 | | 14 140 | | 辽宁 | | 6 310 |
| 水果 | 全国农垦 | 吨 | 22 616 | | 黑龙江 | | 13 333 |
| | 湖南 | | 22 600 | 食用油类 | 全国农垦 | 吨 | 9 999 |
| | 广西 | | 16 | | 北京 | | 9 999 |
| 猪 | 全国农垦 | 头 | 135 971 | 乳制品 | 全国农垦 | 吨 | 18 112 |
| | 湖北 | | 26 719 | | 河北 | | 18 112 |
| | 广西 | | 109 252 | 罐头 | 全国农垦 | 吨 | 32 364 |
| 家禽 | 全国农垦 | 只 | 310 000 | | 上海 | | 11 774 |
| | 北京 | | 310 000 | | 重庆 | | 3 590 |
| 猪肉 | 全国农垦 | 吨 | 362 | | 新疆 | | 17 000 |
| | 北京 | | 362 | 酒类 | 全国农垦 | 吨 | 1 326 |
| 家禽肉 | 全国农垦 | 吨 | 7 531 | | 上海 | | 1 326 |
| | 北京 | | 7 531 | 茶叶 | 全国农垦 | 吨 | 465 |
| 蛋类 | 全国农垦 | 吨 | 836 | | 福建 | | 465 |
| | 湖北 | | 836 | 饲料 | 全国农垦 | 吨 | 4 611 |
| 鱼类 | 全国农垦 | 吨 | 5 025 | | 黑龙江 | | 4 611 |
| | 河北 | | 1 020 | 服装 | 全国农垦 | 件 | 2 279 185 |
| | 上海 | | 1 575 | | 河北 | | 204 185 |
| | 湖北 | | 15 | | 江苏 | | 165 000 |
| | 广东 | | 2 415 | | 广东 | | 1 910 000 |
| 虾类 | 全国农垦 | 吨 | 10 905 | 棉纱 | 全国农垦 | 件 | 2 860 000 |
| | 上海 | | 1 325 | | 广东 | | 2 860 000 |

# 5－5 农垦科研基本情况

| 地区 | 科研单位情况 | | | | |
|---|---|---|---|---|---|
| | 科研单位数（个） | 职工合计（人） | 科技人员 | #本科及以上 | 其他人员（人） |
| **全国农垦** | **150** | **13 841** | **8 560** | **7 777** | **5 275** |
| 北京 | 6 | 473 | 363 | 182 | 215 |
| 天津 | | | | | |
| 河北 | 3 | 33 | 19 | 11 | 12 |
| 山西 | 1 | 6 | 3 | | |
| 内蒙古 | 4 | 81 | 27 | 14 | 40 |
| 辽宁 | | | | | |
| 吉林 | 1 | 183 | 52 | 22 | |
| 黑龙江 | 10 | 2 311 | 993 | 965 | 1 318 |
| 上海 | 17 | 1 352 | 1 176 | 1 054 | 176 |
| 江苏 | 24 | 1 899 | 1 627 | 1 625 | 272 |
| 浙江 | | | | | |
| 安徽 | | | | | |
| 福建 | | | | | |
| 江西 | 3 | 311 | 79 | 35 | 230 |
| 山东 | 1 | 8 | 8 | 3 | |
| 河南 | 3 | 112 | 35 | 17 | 77 |
| 湖北 | 6 | 535 | 392 | 360 | 138 |
| 湖南 | 4 | 89 | 76 | 39 | 17 |
| 广东 | 7 | 448 | 106 | 80 | 50 |
| 广西 | 2 | 9 | 7 | 7 | 2 |
| 海南 | 9 | 530 | 447 | 447 | 83 |
| 重庆 | 2 | 57 | 49 | 35 | 13 |
| 四川 | 3 | 25 | 7 | 2 | 18 |
| 贵州 | | | | | |
| 云南 | 7 | 614 | 487 | 452 | 127 |
| 西藏 | | | | | |
| 陕西 | | | | | |
| 甘肃 | 3 | 62 | 58 | 58 | 3 |
| 青海 | 4 | 846 | 89 | 85 | 803 |
| 宁夏 | 1 | 7 | 7 | | |
| 新疆 | 19 | 1 038 | 904 | 836 | 136 |
| 热科院 | 12 | 3 104 | 1 549 | 1 448 | 1 545 |
| 广州 | | | | | |
| 南京 | | | | | |

5－5续表1

| 地　区 | 科研单位情况 | | | |
|---|---|---|---|---|
| | 科研经费合计（万元） | 政府拨款 | 企业自筹 | 实验地面积（公顷） |
| **全国农垦** | **639 240.42** | **87 254.08** | **543 274.39** | **12 517.33** |
| 北　京 | 28 598.31 | 2 896.25 | 25 702.06 | 0.60 |
| 天　津 | | | | |
| 河　北 | 6.00 | | 6.00 | 23.00 |
| 山　西 | 44.00 | | 44.00 | 6.67 |
| 内蒙古 | 3 042.00 | 1 912.00 | 1 130.00 | 370.00 |
| 辽　宁 | | | | |
| 吉　林 | 330.00 | | 330.00 | 1 186.00 |
| 黑龙江 | 45 833.76 | 21 473.56 | 24 360.20 | 534.83 |
| 上　海 | 33 800.00 | 6 212.00 | 27 588.00 | |
| 江　苏 | 437 324.00 | | 437 324.00 | 544.00 |
| 浙　江 | | | | |
| 安　徽 | | | | |
| 福　建 | | | | |
| 江　西 | 2 072.20 | | 2 072.20 | 1.86 |
| 山　东 | 11.37 | | 11.37 | 6.20 |
| 河　南 | 277.00 | 234.00 | 43.00 | 918.00 |
| 湖　北 | 16 106.50 | 12 525.22 | 3 581.28 | 302.00 |
| 湖　南 | 728.00 | 6.00 | 722.00 | 135.10 |
| 广　东 | 3 037.55 | 1 385.41 | 1 652.14 | 31.50 |
| 广　西 | 1 230.00 | | 1 230.00 | 0.27 |
| 海　南 | 10 931.00 | 1 191.00 | 9 740.00 | 226.73 |
| 重　庆 | 1 346.00 | 818.20 | 527.80 | 87.33 |
| 四　川 | | | | 2.00 |
| 贵　州 | | | | |
| 云　南 | 8 633.00 | 3 389.00 | 5 243.00 | 4 910.00 |
| 西　藏 | | | | |
| 陕　西 | | | | |
| 甘　肃 | 843.48 | 13.00 | 830.48 | 3.40 |
| 青　海 | 322.00 | 200.00 | 122.00 | 1 193.40 |
| 宁　夏 | 344.00 | | 344.00 | |
| 新　疆 | 8240.00 | 8179.00 | 25.00 | 5.50 |
| 热科院 | 36 140.25 | 26 819.44 | 645.86 | 2 028.94 |
| 广　州 | | | | |
| 南　京 | | | | |

5-5 续表 2

| 地区 | 企业科技创新情况 | | | |
|---|---|---|---|---|
| | 科技人员（人） | 研究与试验发展经费合计（万元） | 财政经费 | 企业自筹 |
| **全国农垦** | **4 330** | **149 838.55** | **24 824.13** | **124 918.42** |
| 北京 | 419 | 21 867.28 | 6 769.64 | 15 055.64 |
| 天津 | | | | |
| 河北 | 820 | 29 740.00 | 450.00 | 29 290.00 |
| 山西 | | | | |
| 内蒙古 | 30 | 1 327.60 | | 1 273.60 |
| 辽宁 | | | | |
| 吉林 | | | | |
| 黑龙江 | 993 | 35 884.23 | 11 544.03 | 24 340.20 |
| 上海 | | | | |
| 江苏 | | | | |
| 浙江 | | | | |
| 安徽 | 146 | 3 807.93 | 810.00 | 2 997.93 |
| 福建 | | | | |
| 江西 | 14 | 2 106.00 | | 2 106.00 |
| 山东 | | | | |
| 河南 | 2 | 3.00 | | 3.00 |
| 湖北 | 225 | 4 115.20 | 290.00 | 3 825.20 |
| 湖南 | 5 | 5.50 | 5.50 | |
| 广东 | 342 | 9 852.44 | 1 061.46 | 8 790.98 |
| 广西 | 418 | 11 854.00 | 2 484.00 | 9 370.00 |
| 海南 | | | | |
| 重庆 | 267 | 7 982.00 | 550.00 | 7 432.00 |
| 四川 | 3 | 30.00 | | 30.00 |
| 贵州 | | | | |
| 云南 | 36 | 3 774.00 | 50.00 | 3 724.00 |
| 西藏 | 3 | 300.00 | 300.00 | |
| 陕西 | | | | |
| 甘肃 | 321 | 5 680.89 | 16.50 | 5 664.39 |
| 青海 | | | | |
| 宁夏 | | 5 183.00 | 493.00 | 4 690.00 |
| 新疆 | | | | |
| 热科院 | | | | |
| 广州 | 286 | 6 325.48 | | 6 325.48 |
| 南京 | | | | |

# 附　录

# 附录一 中华人民共和国 2023 年国民经济和社会发展统计公报

## 中华人民共和国 2023 年国民经济和社会发展统计公报[1]

国家统计局

2024 年 2 月 29 日

2023 年是全面贯彻党的二十大精神的开局之年，是三年新冠疫情防控转段后经济恢复发展的一年。面对复杂严峻的国际环境和艰巨繁重的国内改革发展稳定任务，在以习近平同志为核心的党中央坚强领导下，各地区、各部门坚持以习近平新时代中国特色社会主义思想为指导，全面贯彻落实党的二十大和二十届二中全会精神，按照党中央、国务院决策部署，坚持稳中求进工作总基调，完整、准确、全面贯彻新发展理念，加快构建新发展格局，着力推动高质量发展，全面深化改革开放，加大宏观调控力度，着力扩大内需、优化结构、提振信心、防范化解风险，国民经济回升向好，高质量发展扎实推进，现代化产业体系建设取得重要进展，科技创新实现新的突破，改革开放向纵深推进，安全发展基础巩固夯实，民生保障有力有效，社会大局和谐稳定，全面建设社会主义现代化国家迈出坚实步伐。

### 一、综合

初步核算，全年国内生产总值[2] 1 260 582 亿元，比上年增长 5.2%（图 1）。其中，第一产业增加值 89 755 亿元，比上年增长 4.1%；第二产业增加值 482 589 亿元，增长 4.7%；第三产业增加值 688 238 亿元，增长 5.8%。第一产业增加值占国内生产总值比重为 7.1%，第二产业增加值比重为 38.3%，第三产业增加值比重为 54.6%（图 2）。最终消费支出拉动国内生产总值增长 4.3 个百分点，资本形成总额拉动国内生产总值增长 1.5 个百分点，货物和服务净出口向下拉动国内生产总值 0.6 个百分点。分季度看，一季度国内生产总值同比增长 4.5%，二季度增长 6.3%，三季度增长 4.9%，四季度增长 5.2%。全年人均国内生产总值 89 358 元，比上年增长 5.4%。国民总收入[3] 1 251 297亿元，比上年增长 5.6%。全员劳动生产率[4]为 161 615 元/人，比上年提高 5.7%（图 3）。

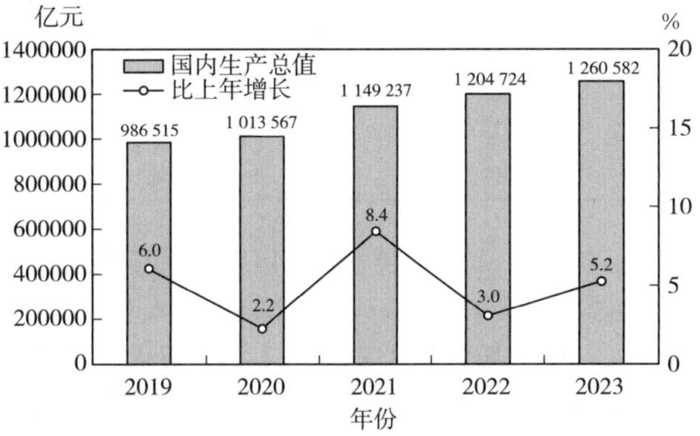


图 1　2019—2023 年国内生产总值及其增长速度

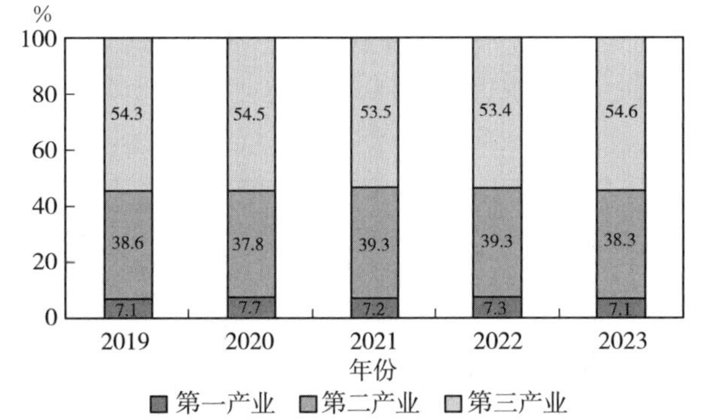


图 2　2019—2023 年三次产业增加值占国内生产总值比重

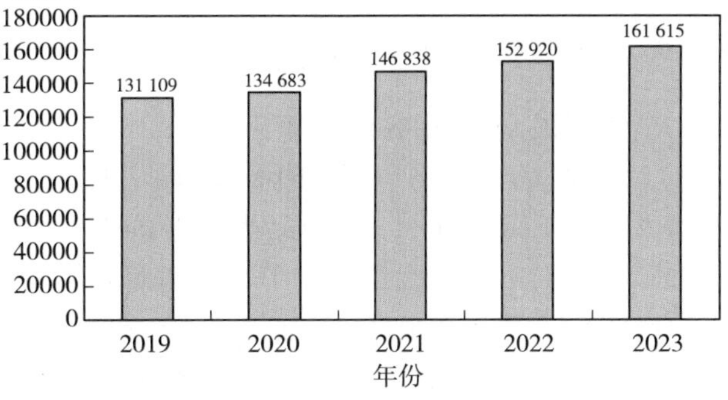


图 3　2019—2023 年全员劳动生产率

年末全国人口[5] 140 967 万人，比上年年末减少 208 万人，其中城镇常住人口 93 267 万人（表 1）。全年出生人口 902 万人，出生率为 6.39‰；死亡人口 1 110 万人，死亡率为 7.87‰；自然增长率为－1.48‰。

**表 1　2023 年年末人口数及其构成**

| 指标 | 年末数（万人） | 比重（%） |
|---|---|---|
| 全国人口 | 140 967 | 100.0 |
| 其中：城镇 | 93 267 | 66.2 |
| 乡村 | 47 700 | 33.8 |
| 其中：男性 | 72 032 | 51.1 |
| 女性 | 68 935 | 48.9 |
| 其中：0～15 岁（含不满 16 周岁）[6] | 24 789 | 17.6 |
| 16～59 岁（含不满 60 周岁） | 86 481 | 61.3 |
| 60 周岁及以上 | 29 697 | 21.1 |
| 其中：65 周岁及以上 | 21 676 | 15.4 |

年末全国就业人员 74 041 万人，其中城镇就业人员 47 032 万人，占全国就业人员比重为 63.5%。全年城镇新增就业[7] 1 244 万人，比上年多增 38 万人（图 4）。全年全国城镇调查失业率平均值为 5.2%。年末全国城镇调查失业率为 5.1%。全国农民工[8] 总量 29 753 万人，比上年增长 0.6%。其中，外出农民工 17 658 万人，增长 2.7%；本地农民工 12 095 万人，下降 2.2%。

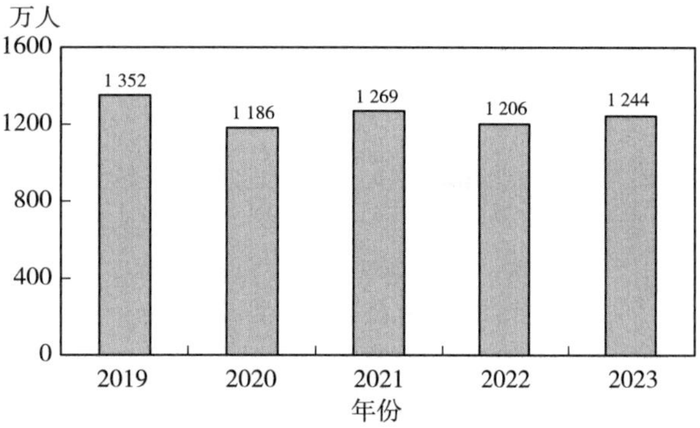


图 4　2019—2023 年城镇新增就业人数

全年居民消费价格比上年上涨 0.2%（图 5，表 2）。工业生产者出厂价格下降 3.0%。工业生产者购进价格下降 3.6%。农产品生产者价格[9] 下降 2.3%。12 月，70 个大中城市中，新建商品住宅销售价格同比上涨的城市数量为 20 个，持平的为 2 个，下降的为 48 个；二手住宅销售价格同比上涨的城市数量为 1 个，下降的为 69 个。

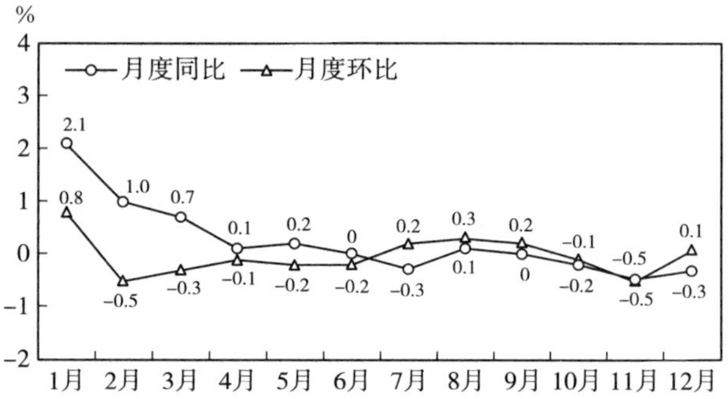


图 5　2023 年居民消费价格月度涨跌幅度

**表 2　2023 年居民消费价格比上年涨跌幅度**

单位：%

| 指标 | 全国 | 城市 | 农村 |
|---|---|---|---|
| 居民消费价格 | 0.2 | 0.3 | 0.1 |
| 其中：食品烟酒 | 0.3 | 0.4 | 0.1 |
| 衣着 | 1.0 | 1.1 | 0.6 |
| 居住[10] | 0 | 0 | 0 |
| 生活用品及服务 | 0.1 | 0.1 | －0.1 |
| 交通通信 | －2.3 | －2.3 | －2.4 |
| 教育文化娱乐 | 2.0 | 2.1 | 1.5 |
| 医疗保健 | 1.1 | 1.1 | 1.3 |
| 其他用品及服务 | 3.2 | 3.4 | 2.5 |

年末国家外汇储备 32 380 亿美元，比上年年末增加 1 103 亿美元（图 6）。全年人民币平均汇率为 1 美元兑 7.046 7 元人民币，比上年贬值 4.5%。

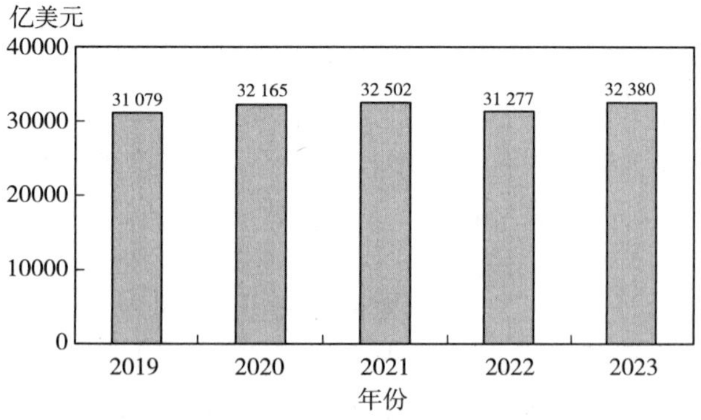


图 6　2019—2023 年年末国家外汇储备

新动能成长壮大。全年规模以上工业[11] 中，装备制造业[12] 增加值比上年增长 6.8%，占规模以上工业增加值比重为 33.6%；高技术制造业[13] 增加值增长 2.7%，占规模以上工业增加值比重为

15.7%。新能源汽车产量944.3万辆，比上年增长30.3%；太阳能电池（光伏电池）产量5.4亿千瓦，增长54.0%；服务机器人产量783.3万套，增长23.3%；3D打印设备产量278.9万台，增长36.2%。规模以上服务业[14]中，战略性新兴服务业[15]企业营业收入比上年增长7.7%。高技术产业投资[16]比上年增长10.3%，制造业技术改造投资[17]增长3.8%。电子商务交易额[18] 468 273亿元，比上年增长9.4%。网上零售额[19] 154 264亿元，比上年增长11.0%。全年新设经营主体3 273万户，日均新设企业2.7万户。

城乡融合和区域协调发展步伐稳健。年末全国常住人口城镇化率为66.16%，比上年年末提高0.94个百分点（图7）。分区域看[20]，全年东部地区生产总值652 084亿元，比上年增长5.4%；中部地区生产总值269 898亿元，增长4.9%；西部地区生产总值269 325亿元，增长5.5%；东北地区生产总值59 624亿元，增长4.8%。全年京津冀地区生产总值104 442亿元，比上年增长5.1%；长江经济带地区生产总值584 274亿元，增长5.5%；长江三角洲地区生产总值305 045亿元，增长5.7%。粤港澳大湾区建设、黄河流域生态保护和高质量发展等区域重大战略深入推进。

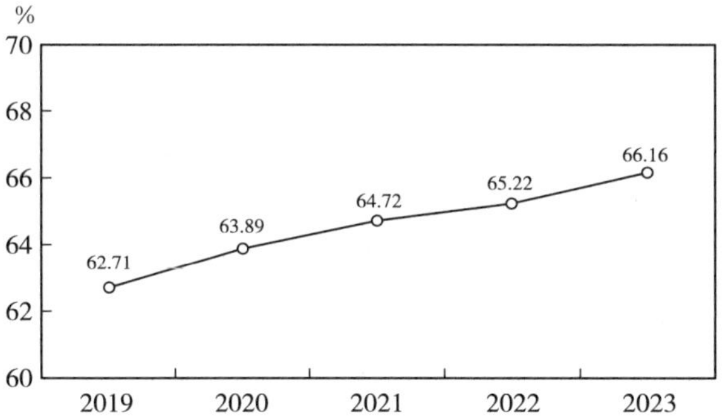


图7　2019—2023年年末常住人口城镇化率

绿色低碳转型深入推进。全年全国万元国内生产总值二氧化碳排放[21]与上年持平。水电、核电、风电、太阳能发电等清洁能源发电量31 906亿千瓦·时，比上年增长7.8%。在监测的339个地级及以上城市中，空气质量达标的城市占59.9%，未达标的城市占40.1%。3 641个国家地表水考核断面中，水质优良（Ⅰ～Ⅲ类）断面比例为89.4%，Ⅳ类断面比例为8.4%，Ⅴ类断面比例为1.5%，劣Ⅴ类断面比例为0.7%。

## 二、农业

全年粮食种植面积11 897万公顷，比上年增加64万公顷。其中，稻谷种植面积2 895万公顷，减少50万公顷；小麦种植面积2 363万公顷，增加11万公顷；玉米种植面积4 422万公顷，增加115万公顷；大豆种植面积1 047万公顷，增加23万公顷。棉花种植面积279万公顷，减少21万公顷。油料种植面积1 392万公顷，增加78万公顷。糖料种植面积142万公顷，减少3万公顷。

全年粮食产量69 541万吨，比上年增加888万吨，增产1.3%（图8）。其中，夏粮产量14 615万吨，减产0.8%；早稻产量2 834万吨，增产0.8%；秋粮产量52 092万吨，增产1.9%。谷物产量64 143万吨，比上年增产1.3%。其中，稻谷产量20 660万吨，减产0.9%；小麦产量13 659万吨，减产0.8%；玉米产量28 884万吨，增产4.2%。大豆产量2 084万吨，增产2.8%。

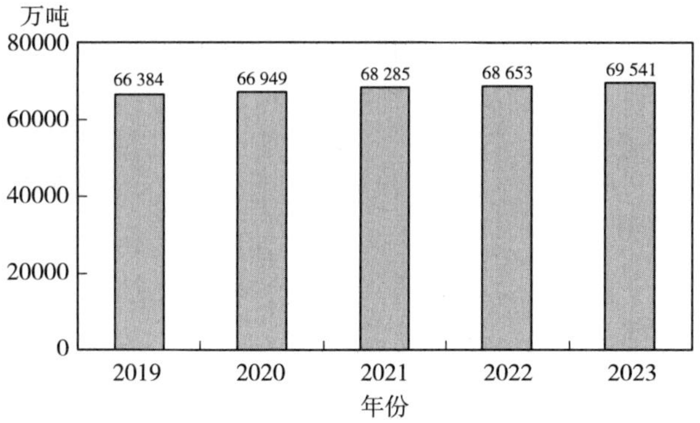


图8　2019—2023年粮食产量

全年棉花产量562万吨，比上年减产6.1%。油料产量3 864万吨，增产5.7%。糖料产量11 504万吨，增产2.4%。茶叶产量355万吨，增产6.1%。

全年猪、牛、羊、禽肉产量9 641万吨，比上年增长4.5%。其中，猪肉产量5 794万吨，增长4.6%；牛肉产量753万吨，增长4.8%；羊肉产量531万吨，增长1.3%；禽肉产量2 563万吨，增长4.9%。禽蛋产量3 563万吨，增长3.1%。牛奶产量4 197万吨，增长6.7%。年末生猪存栏43 422万头，比上年年末下降4.1%；全年生猪出栏72 662万头，比上年增长3.8%。

全年水产品总产量7 100万吨，比上年增长3.4%。其中，养殖产量5 812万吨，增长4.4%；

捕捞产量1 288万吨，下降1.0%。

全年木材产量11 944万米³，比上年下降2.0%。

全年新建和改造提升高标准农田面积574万公顷，新增高效节水灌溉面积164万公顷。

## 三、工业和建筑业

全年全部工业增加值399 103亿元，比上年增长4.2%（图9）。规模以上工业增加值增长4.6%。在规模以上工业中，分经济类型看，国有控股企业增加值增长5.0%；股份制企业增长5.3%，外商及港澳台商投资企业增长1.4%；私营企业增长3.1%。分门类看，采矿业增长2.3%，制造业增长5.0%，电力、热力、燃气及水生产和供应业增长4.3%。

全年规模以上工业中，农副食品加工业增加值比上年增长0.2%，纺织业下降0.6%，化学原料和化学制品制造业增长9.6%，非金属矿物制品业下降0.5%，黑色金属冶炼和压延加工业增长7.1%，通用设备制造业增长2.0%，专用设备制造业增长3.6%，汽车制造业增长13.0%，电气机械和器材制造业增长12.9%，计算机、通信和其他电子设备制造业增长3.4%，电力、热力生产和供应业增长4.3%（表3）。

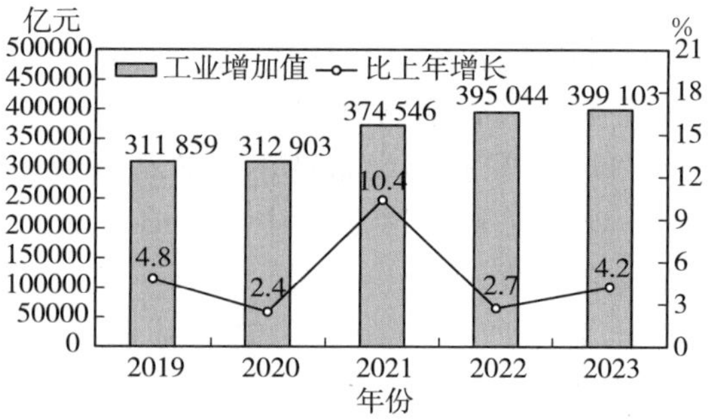


图9　2019—2023年全部工业增加值及其增长速度

**表3　2023年规模以上工业主要产品产量及其增长速度[22]**

| 产品名称 | 单位 | 产量 | 比上年增长（%） |
|---|---|---|---|
| 纱 | 万吨 | 2 234.2 | −2.2 |
| 布 | 亿米 | 294.9 | −4.8 |
| 化学纤维 | 万吨 | 7 127.0 | 10.3 |
| 成品糖 | 万吨 | 1 270.6 | −13.2 |
| 卷烟 | 亿支 | 24 427.5 | 0.4 |
| 彩色电视机 | 万台 | 19 339.6 | −1.3 |
| 家用电冰箱 | 万台 | 9 632.3 | 14.5 |
| 房间空气调节器 | 万台 | 24 487.0 | 13.5 |
| 粗钢 | 万吨 | 101 908.1 | 0 |
| 钢材[23] | 万吨 | 136 268.2 | 5.2 |
| 十种有色金属 | 万吨 | 7 469.8 | 7.1 |
| 其中：精炼铜（电解铜） | 万吨 | 1 298.8 | 13.5 |
| 原铝（电解铝） | 万吨 | 4 159.4 | 3.7 |
| 水泥 | 亿吨 | 20.2 | −0.7 |
| 硫酸（折100%） | 万吨 | 9 580.0 | 3.4 |
| 烧碱（折100%） | 万吨 | 4 101.4 | 3.5 |
| 乙烯 | 万吨 | 3 189.9 | 6.0 |
| 化肥（折100%） | 万吨 | 5 713.6 | 5.0 |
| 发电机组（发电设备） | 万千瓦 | 23 442.7 | 28.5 |
| 汽车 | 万辆 | 3 011.3 | 9.3 |
| 其中：新能源汽车 | 万辆 | 944.3 | 30.3 |
| 大中型拖拉机 | 万台 | 38.0 | −7.2 |

（续）

| 产品名称 | 单位 | 产量 | 比上年增长（%） |
| --- | --- | --- | --- |
| 集成电路 | 亿块 | 3 514.4 | 6.9 |
| 程控交换机 | 万线 | 507.0 | −42.6 |
| 移动通信手持机 | 万台 | 156 642.2 | 6.9 |
| 微型计算机设备 | 万台 | 33 056.9 | −17.4 |
| 工业机器人 | 万套 | 43.0 | −2.2 |
| 太阳能工业用超白玻璃 | 万米$^2$ | 159 264.8 | 58.6 |
| 充电桩 | 万个 | 287.8 | 36.9 |

全年规模以上工业企业利润 76 858 亿元，比上年下降 2.3%。分经济类型看，国有控股企业利润 22 623 亿元，比上年下降 3.4%；股份制企业 56 773 亿元，下降 1.2%，外商及港澳台商投资企业 17 975 亿元，下降 6.7%；私营企业 23 438 亿元，增长 2.0%。分门类看，采矿业利润 12 392 亿元，比上年下降 19.7%；制造业 57 644 亿元，下降 2.0%；电力、热力、燃气及水生产和供应业 6 822亿元，增长 54.7%。规模以上工业企业每百元营业收入中的成本为 84.76 元，比上年增加 0.04 元；营业收入利润率为 5.76%，下降 0.20 个百分点。年末规模以上工业企业资产负债率为 57.1%，比上年年末下降 0.1 个百分点。全年规模以上工业产能利用率[24]为 75.1%。

初步核算，全年一次能源生产总量 48.3 亿吨标准煤，比上年增长 4.2%（表 4）。

**表 4　2023 年主要能源产品产量及其增长速度**

| 产品名称 | 单位 | 产量 | 比上年增长（%） |
| --- | --- | --- | --- |
| 原煤 | 亿吨 | 47.1 | 3.4 |
| 原油 | 万吨 | 20 902.6 | 2.1 |
| 天然气 | 亿米$^3$ | 2 324.3 | 5.6 |
| 发电量 | 亿千瓦·时 | 94 564.4 | 6.9 |
| 其中：火电[25] | 亿千瓦·时 | 62 657.4 | 6.4 |
| 水电 | 亿千瓦·时 | 12 858.5 | −4.9 |
| 核电 | 亿千瓦·时 | 4 347.2 | 4.1 |
| 风电 | 亿千瓦·时 | 8 858.7 | 16.2 |
| 太阳能发电 | 亿千瓦·时 | 5 841.5 | 36.7 |

年末全国发电装机容量 291 965 万千瓦，比上年年末增长 13.9%。其中[26]，火电装机容量 139 032万千瓦，增长 4.1%；水电装机容量 42 154 万千瓦，增长 1.8%；核电装机容量 5 691 万千瓦，增长 2.4%；并网风电装机容量 44 134 万千瓦，增长 20.7%；并网太阳能发电装机容量 60 949 万千瓦，增长 55.2%。

全年建筑业增加值 85 691 亿元，比上年增长 7.1%（图 10）。全国具有资质等级的总承包和专业承包建筑业企业利润 8 326 亿元，比上年增长[27] 0.2%，其中国有控股企业 4 019 亿元，增长 4.3%。

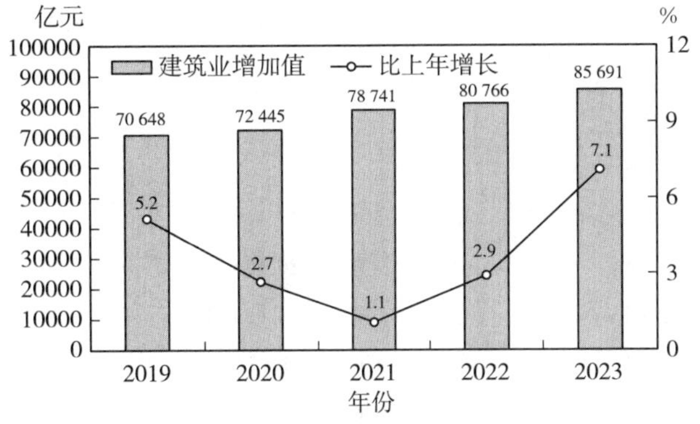


图 10　2019—2023 年建筑业增加值及其增长速度

## 四、服务业

全年批发和零售业增加值 123 072 亿元，比上年增长 6.2%；交通运输、仓储和邮政业增加值 57 820亿元，增长 8.0%；住宿和餐饮业增加值 21 024亿元，增长 14.5%；金融业增加值 100 677 亿元，增长 6.8%；房地产业增加值 73 723 亿元，下降 1.3%；信息传输、软件和信息技术服务业增加值 55 194 亿元，增长 11.9%；租赁和商务服务业增加值 44 347 亿元，增长 9.3%。规模以上服务业企业营业收入比上年增长 8.3%，利润总额增长 26.8%（图 11）。

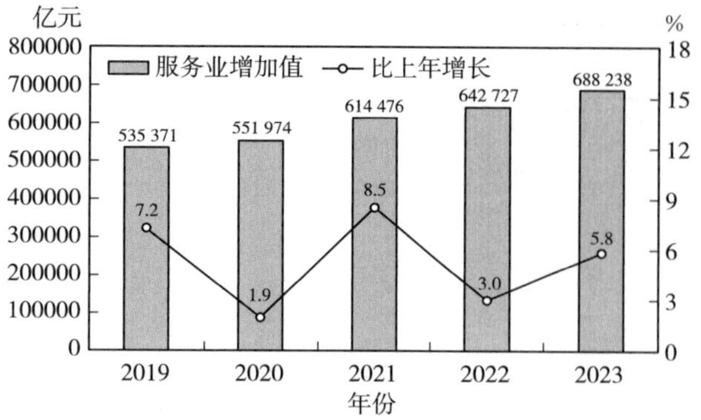

图 11　2019—2023 年服务业增加值及其增长速度

全年货物运输总量[28] 557 亿吨，比上年增长 8.1%（表 5）。货物运输周转量 247 713 亿吨·公里，增长 6.3%。港口完成货物吞吐量 170 亿吨，比上年增长 8.2%，其中外贸货物吞吐量 50 亿吨，增长 9.5%。港口集装箱吞吐量 31 034 万标准箱，增长 4.9%。

**表 5　2023 年各种运输方式完成货物运输量及其增长速度**

| 指标 | 单位 | 绝对数 | 比上年增长（%） |
| --- | --- | --- | --- |
| 货物运输总量 | 亿吨 | 556.8 | 8.1 |
| 铁路 | 亿吨 | 50.1 | 1.5 |
| 公路 | 亿吨 | 403.4 | 8.7 |
| 水路 | 亿吨 | 93.7 | 9.5 |
| 民航 | 万吨 | 735.4 | 21.0 |
| 管道 | 亿吨 | 9.5 | 7.5 |
| 货物运输周转量 | 亿吨·公里 | 247 712.7 | 6.3 |
| 铁路 | 亿吨·公里 | 36 437.6 | 1.5 |
| 公路 | 亿吨·公里 | 73 950.2 | 6.9 |
| 水路 | 亿吨·公里 | 129 951.5 | 7.4 |
| 民航 | 亿吨·公里 | 283.6 | 11.6 |
| 管道 | 亿吨·公里 | 7 089.8 | 3.8 |

全年旅客运输总量 93 亿人次，比上年增长 66.5%（表 6）。旅客运输周转量 28 610 亿人·公里，增长 121.4%。

**表 6　2023 年各种运输方式完成旅客运输量及其增长速度**

| 指标 | 单位 | 绝对数 | 比上年增长（%） |
| --- | --- | --- | --- |
| 旅客运输总量 | 亿人次 | 93.0 | 66.5 |
| 铁路 | 亿人次 | 38.5 | 130.4 |
| 公路 | 亿人次 | 45.7 | 28.9 |
| 水路 | 亿人次 | 2.6 | 121.6 |
| 民航 | 亿人次 | 6.2 | 146.1 |
| 旅客运输周转量 | 亿人·公里 | 28 609.6 | 121.4 |
| 铁路 | 亿人·公里 | 14 729.4 | 123.9 |
| 公路 | 亿人·公里 | 3 517.6 | 46.1 |
| 水路 | 亿人·公里 | 53.8 | 137.9 |
| 民航 | 亿人·公里 | 10 308.8 | 163.4 |

年末全国民用汽车保有量 33 618 万辆（包括三轮汽车和低速货车 706 万辆），比上年年末增加 1 714 万辆，其中私人汽车保有量 29 427 万辆，增加 1 553 万辆。民用轿车保有量 18 668 万辆，增加 928 万辆，其中私人轿车保有量 17 541 万辆，增加 856 万辆。

全年完成邮政行业寄递业务总量[29] 1 625 亿件，比上年增长 16.8%。邮政业完成邮政函件业务 9.7 亿件，包裹业务 0.2 亿件，快递业务量 1 320.7亿件（图 12），快递业务收入 12 074 亿元。全年完成电信业务总量[30] 18 327 亿元，比上年增长 16.8%。年末移动电话基站数[31] 1 162 万个，其中，4G 基站 629 万个，5G 基站 338 万个。全国电话用户总数 189 992 万户，其中移动电话用户 172 660万户。移动电话普及率为 122.5 部/百人。固定互联网宽带接入用户[32] 63 631 万户，比上年年末增加 4 666 万户（图 13），其中 100M 速率及以上的宽带接入用户[33] 60 136 万户，增加 4 756 万户。蜂窝物联网终端用户[34] 23.32 亿户，增加 4.88 亿户。互联网上网人数 10.92 亿人，其中手机上网人数 10.91 亿人。互联网普及率为 77.5%，其中农村地区互联网普及率为 66.5%。全年移动互联网用户接入流量 3 015 亿 GB，比上年增长 15.2%。软件和信息技术服务业[35] 完成软件业务收入 123 258 亿元，比上年增长 13.4%。

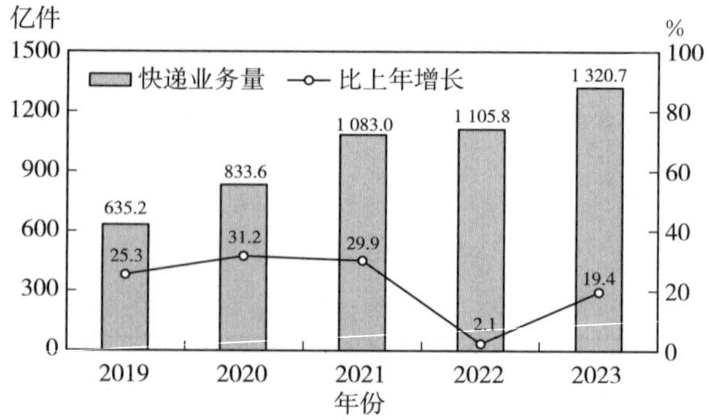

图 12　2019—2023 年快递业务量及其增长速度

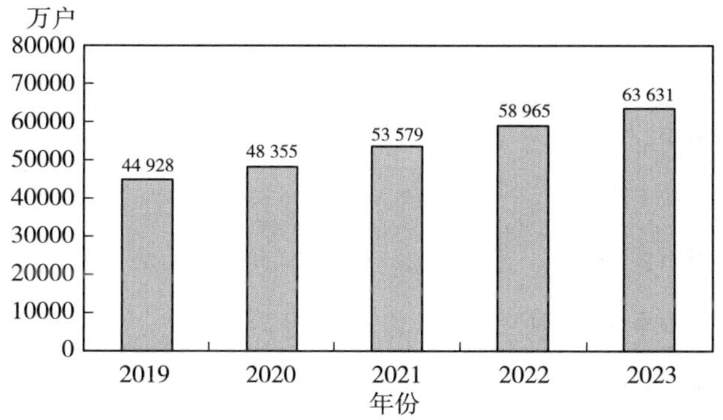


图 13　2019—2023 年年末固定互联网宽带接入用户数

## 五、国内贸易

全年社会消费品零售总额 471 495 亿元，比上年增长 7.2%（图 14）。按经营地分，城镇消费品零售额 407 490 亿元，增长 7.1%；乡村消费品零售额 64 005 亿元，增长 8.0%。按消费类型分，商品零售额 418 605 亿元，增长 5.8%；餐饮收入 52 890亿元，增长 20.4%。服务零售额[36]比上年增长 20.0%。

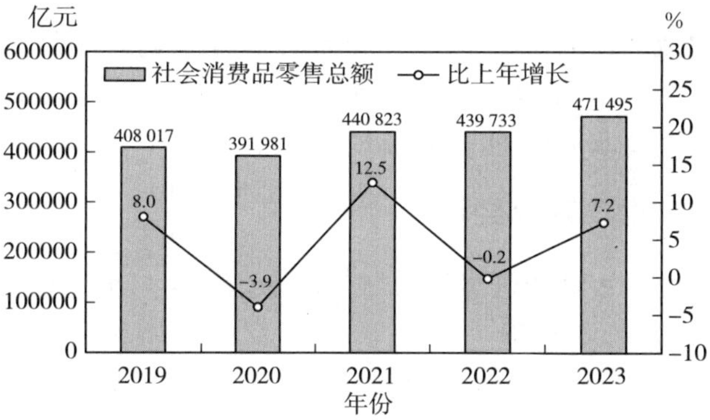


图 14　2019—2023 年社会消费品零售总额及其增长速度

全年限额以上单位商品零售额中，粮油、食品类零售额比上年增长 5.2%，饮料类增长 3.2%，烟酒类增长 10.6%，服装、鞋帽、针纺织品类增长 12.9%，化妆品类增长 5.1%，金银珠宝类增长 13.3%，日用品类增长 2.7%，家用电器和音像器材类增长 0.5%，中西药品类增长 5.1%，文化办公用品类下降 6.1%，家具类增长 2.8%，通信器材类增长 7.0%，石油及制品类增长 6.6%，汽车类增长 5.9%，建筑及装潢材料类下降 7.8%。

全年实物商品网上零售额 130 174 亿元，按可比口径计算，比上年增长 8.4%，占社会消费品零售总额比重为 27.6%。

## 六、固定资产投资

全年全社会固定资产投资 509 708 亿元，比上年增长[37] 2.8%。固定资产投资（不含农户）503 036亿元，增长 3.0%（表 7）。在固定资产投资（不含农户）中，分区域看[38]，东部地区投资增长 4.4%，中部地区投资增长 0.3%，西部地区投资增长 0.1%，东北地区投资下降 1.8%。

**表 7　2023 年分行业固定资产投资（不含农户）增长速度**

| 行业 | 比上年增长（%） | 行业 | 比上年增长（%） |
|---|---|---|---|
| 总计 | 3.0 | 金融业 | −11.9 |
| 其中：农、林、牧、渔业 | 1.2 | 房地产业[42] | −8.1 |
| 采矿业 | 2.1 | 租赁和商务服务业 | 9.9 |
| 制造业 | 6.5 | 科学研究和技术服务业 | 18.1 |
| 电力、热力、燃气及水生产和供应业 | 23.0 | 水利、环境和公共设施管理业 | 0.1 |
| 建筑业 | 22.5 | 居民服务、修理和其他服务业 | 15.8 |
| 批发和零售业 | −0.4 | 教育 | 2.8 |
| 交通运输、仓储和邮政业 | 10.5 | 卫生和社会工作 | −3.8 |
| 住宿和餐饮业 | 8.2 | 文化、体育和娱乐业 | 2.6 |
| 信息传输、软件和信息技术服务业 | 13.8 | 公共管理、社会保障和社会组织 | −37.0 |

在固定资产投资（不含农户）中，第一产业投资 10 085 亿元，比上年下降 0.1%；第二产业投资 162 136 亿元，增长 9.0%；第三产业投资 330 815 亿元，增长 0.4%（图 15）。基础设施投资[39]增长 5.9%。社会领域投资[40]增长 0.5%。民间固定资产投资[41] 253 544 亿元，下降 0.4%，其中，制造业民间投资增长 9.4%，基础设施民间投资增长 14.2%（表 8）。

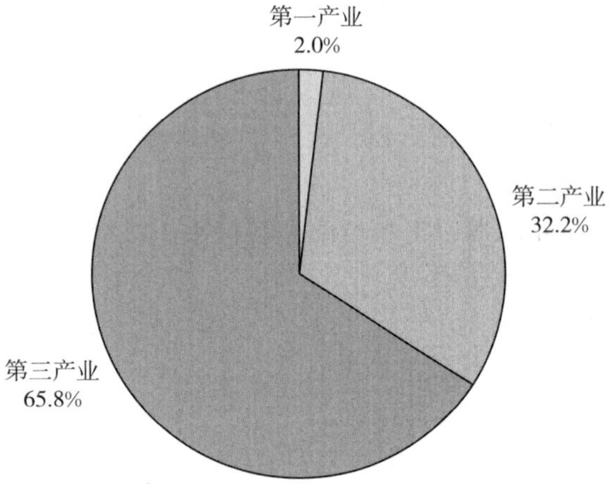


图 15　2023 年三次产业投资占固定资产投资（不含农户）比重

**表 8　2023 年固定资产投资新增主要生产与运营能力**

| 指标 | 单位 | 绝对数 |
|---|---|---|
| 新增 220 千伏及以上交流变电设备容量 | 万千伏安 | 25 656 |
| 新建铁路投产里程 | 公里 | 3 637 |
| 其中：高速铁路 | 公里 | 2 776 |
| 增、新建铁路复线投产里程 | 公里 | 3 351 |
| 电气化铁路投产里程 | 公里 | 4 463 |
| 新改建高速公路里程 | 公里 | 7 498 |
| 港口万吨级及以上码头泊位新增通过能力 | 万吨/年 | 32 529 |
| 新增民用运输机场 | 个 | 5 |
| 新增光缆线路长度 | 万公里 | 474 |

全年房地产开发投资 110 913 亿元，比上年下降[43]9.6%（表 9）。其中，住宅投资 83 820 亿元，下降 9.3%；办公楼投资 4 531 亿元，下降 9.4%；商业营业用房投资 8 055 亿元，下降 16.9%。全年新建商品房销售面积[44] 111 735 万米$^2$。二手房交易网签面积[45]70 882 万米$^2$。年末新建商品房待售面积 67 295 万米$^2$，其中商品住宅待售面积 33 119 万米$^2$。

**表 9　2023 年房地产开发和销售主要指标及其增长速度**

| 指标 | 单位 | 绝对数 | 比上年增长（%） |
|---|---|---|---|
| 房地产开发投资 | 亿元 | 110 913 | −9.6 |
| 其中：住宅 | 亿元 | 83 820 | −9.3 |
| 房屋施工面积 | 万米$^2$ | 838 364 | −7.2 |
| 其中：住宅 | 万米$^2$ | 589 884 | −7.7 |
| 房屋新开工面积 | 万米$^2$ | 95 376 | −20.4 |
| 其中：住宅 | 万米$^2$ | 69 286 | −20.9 |
| 房屋竣工面积 | 万米$^2$ | 99 831 | 17.0 |
| 其中：住宅 | 万米$^2$ | 72 433 | 17.2 |
| 新建商品房销售面积 | 万米$^2$ | 111 735 | −8.5 |
| 其中：住宅 | 万米$^2$ | 94 796 | −8.2 |
| 房地产开发企业本年到位资金 | 亿元 | 127 459 | −13.6 |
| 其中：国内贷款 | 亿元 | 15 595 | −9.9 |
| 个人按揭贷款 | 亿元 | 21 489 | −9.1 |

全年全国各类棚户区改造开工 159 万套，基本建成 193 万套；保障性租赁住房开工建设和筹集 213 万套（间）。新开工改造城镇老旧小区 5.37 万个，涉及居民 897 万户。

## 七、对外经济

全年货物进出口总额 417 568 亿元，比上年增长 0.2%。其中，出口 237 726 亿元，增长 0.6%；进口 179 842 亿元，下降 0.3%（图 16）。货物进出口顺差 57 883 亿元，比上年增加 1 938 亿元（表 10 至表 13）。对共建“一带一路”[46] 国家进出口额 194 719 亿元，比上年增长 2.8%。其中，出口 107 314亿元，增长 6.9%；进口 87 405 亿元，下降 1.9%。对《区域全面经济伙伴关系协定》（RCEP）其他成员国[47]进出口额 125 967 亿元，比上年下降 1.6%。民营企业进出口额 223 601 亿元，比上年增长 6.3%，占进出口总额比重为 53.5%。

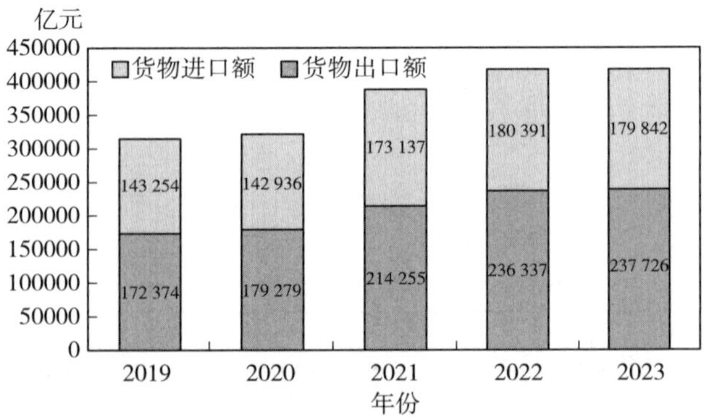


图 16　2019—2023 年货物进出口总额

**表 10　2023 年货物进出口总额及其增长速度**

| 指标 | 金额（亿元） | 比上年增长（%） |
| --- | --- | --- |
| 货物进出口总额 | 417 568 | 0.2 |
| 货物出口额 | 237 726 | 0.6 |
| 其中：一般贸易 | 153 530 | 2.5 |
| 加工贸易 | 49 062 | −9.0 |
| 其中：机电产品 | 139 196 | 2.9 |
| 高新技术产品 | 59 279 | −5.8 |
| 货物进口额 | 179 842 | −0.3 |
| 其中：一般贸易 | 117 042 | 1.3 |
| 加工贸易 | 27 061 | −11.3 |
| 其中：机电产品 | 65 363 | −5.5 |
| 高新技术产品 | 47 916 | −5.2 |
| 货物进出口顺差 | 57 883 | 3.5 |

**表 11　2023 年主要商品出口数量、金额及其增长速度**

| 商品名称 | 出口数量 | | | 出口金额 | |
| --- | --- | --- | --- | --- | --- |
| | 单位 | 数量 | 比上年增长（%） | 金额（亿元） | 比上年增长（%） |
| 钢材 | 万吨 | 9 026 | 36.2 | 5 929 | −3.4 |
| 纺织纱线、织物及其制品 | — | — | — | 9 454 | −3.1 |
| 服装及衣着附件 | — | — | — | 11 206 | −2.8 |
| 鞋靴 | 万双 | 891 424 | −2.5 | 3 470 | −8.0 |
| 家具及其零件 | — | — | — | 4 517 | 0.2 |
| 箱包及类似容器 | 万吨 | 331 | 13.5 | 2 512 | 9.3 |
| 玩具 | — | — | — | 2 858 | −7.4 |
| 塑料制品 | — | — | — | 7 090 | 1.4 |
| 集成电路 | 亿个 | 2 678 | −1.8 | 9 568 | −5.0 |
| 自动数据处理设备及其零部件 | — | — | — | 13 187 | −15.8 |
| 手机 | 万台 | 80 213 | −2.0 | 9 797 | 2.9 |
| 集装箱 | 万个 | 231 | −27.9 | 581 | −39.8 |
| 液晶平板显示模组 | 万个 | 168 929 | 2.9 | 1 873 | 3.8 |
| 汽车（包括底盘） | 万辆 | 522 | 57.4 | 7 165 | 76.8 |

**表 12　2023 年主要商品进口数量、金额及其增长速度**

| 商品名称 | 进口数量 | | | 进口金额 | |
| --- | --- | --- | --- | --- | --- |
| | 单位 | 数量 | 比上年增长（%） | 金额（亿元） | 比上年增长（%） |
| 大豆 | 万吨 | 9 941 | 11.4 | 4 199 | 4.8 |
| 食用植物油 | 万吨 | 981 | 51.4 | 734 | 21.1 |
| 铁矿砂及其精矿 | 万吨 | 117 906 | 6.6 | 9 418 | 11.2 |
| 煤及褐煤 | 万吨 | 47 442 | 61.8 | 3 723 | 30.2 |

（续）

| 商品名称 | 进口数量 | | | 进口金额 | |
|---|---|---|---|---|---|
| | 单位 | 数量 | 比上年增长（%） | 金额（亿元） | 比上年增长（%） |
| 原油 | 万吨 | 56 399 | 11.0 | 23 733 | −2.6 |
| 成品油 | 万吨 | 4 769 | 80.3 | 1 965 | 50.0 |
| 天然气 | 万吨 | 11 997 | 9.9 | 4 523 | −3.4 |
| 初级形状的塑料 | 万吨 | 2 960 | −3.2 | 3 182 | −14.8 |
| 纸浆 | 万吨 | 3 666 | 25.7 | 1 665 | 11.6 |
| 钢材 | 万吨 | 765 | −27.6 | 891 | −21.5 |
| 未锻轧铜及铜材 | 万吨 | 550 | −6.3 | 3 356 | −6.9 |
| 集成电路 | 亿个 | 4 796 | −10.8 | 24 591 | −10.6 |
| 汽车（包括底盘） | 万辆 | 80 | −8.9 | 3 321 | −5.8 |

**表 13　2023 年对主要国家和地区货物进出口金额、增长速度及其比重**

| 国家和地区 | 出口金额 | | | 进口金额 | | |
|---|---|---|---|---|---|---|
| | 金额（亿元） | 比上年增长（%） | 占全部出口金额比重（%） | 金额（亿元） | 比上年增长（%） | 占全部进口金额比重（%） |
| 东盟 | 36 817 | 0 | 15.5 | 27 309 | 0.4 | 15.2 |
| 欧盟 | 35 226 | −5.3 | 14.8 | 19 833 | 4.6 | 11.0 |
| 美国 | 35 198 | −8.1 | 14.8 | 11 528 | −1.8 | 6.4 |
| 日本 | 11 076 | −3.5 | 4.7 | 11 309 | −7.9 | 6.3 |
| 韩国 | 10 467 | −2.2 | 4.4 | 11 381 | −13.9 | 6.3 |
| 中国香港 | 19 333 | −1.3 | 8.1 | 958 | 84.3 | 0.5 |
| 中国台湾 | 4 819 | −11.1 | 2.0 | 14 033 | −10.5 | 7.8 |
| 俄罗斯 | 7 823 | 53.9 | 3.3 | 9 093 | 18.6 | 5.1 |
| 巴西 | 4 159 | 1.0 | 1.7 | 8 625 | 18.4 | 4.8 |
| 印度 | 8 279 | 6.5 | 3.5 | 1 301 | 12.2 | 0.7 |
| 南非 | 1 661 | 4.4 | 0.7 | 2 245 | 3.7 | 1.2 |

全年服务进出口总额 65 754 亿元，比上年增长 10.0%。其中，出口 26 857 亿元，下降 5.8%；进口 38 898 亿元，增长 24.4%。服务进出口逆差 12 041 亿元。

全年外商直接投资新设立企业 53 766 家，比上年增长 39.7%（表 14）。实际使用外商直接投资额 11 339 亿元，下降 8.0%，折 1 633 亿美元，下降 13.7%。其中，共建“一带一路”国家对华直接投资（含通过部分自由港对华投资）新设立企业 13 649 家，增长 82.7%；对华直接投资额 1 221 亿元，下降 11.4%，折 176 亿美元，下降 16.7%。高技术产业实际使用外资额 4 233 亿元，下降 4.9%，折 610 亿美元，下降 10.8%。

**表 14　2023 年外商直接投资额及其增长速度**

| 行业 | 企业 | | 实际使用外商直接投资额 | |
|---|---|---|---|---|
| | 数量（家） | 比上年增长（%） | 金额（亿元） | 比上年增长（%） |
| 总计 | 53 766 | 39.7 | 11 339 | −8.0 |
| 其中：农、林、牧、渔业 | 418 | −0.5 | 51 | −36.8 |

（续）

| 行业 | 企业 | | 实际使用外商直接投资额 | |
|---|---|---|---|---|
| | 数量（家） | 比上年增长（%） | 金额（亿元） | 比上年增长（%） |
| 制造业 | 3 624 | 1.5 | 3 179 | −1.8 |
| 电力、热力、燃气及水生产和供应业 | 568 | 8.6 | 319 | 15.6 |
| 交通运输、仓储和邮政业 | 867 | 44.0 | 149 | −57.2 |
| 信息传输、软件和信息技术服务业 | 3 764 | 23.0 | 1 134 | −26.7 |
| 批发和零售业 | 18 010 | 65.3 | 690 | −28.2 |
| 房地产业 | 684 | 17.7 | 810 | −11.4 |
| 租赁和商务服务业 | 10 673 | 42.8 | 1 819 | −15.4 |
| 居民服务、修理和其他服务业 | 726 | 76.6 | 34 | 77.7 |

全年对外非金融类直接投资额 9 170 亿元，比上年增长 16.7%，折 1 301 亿美元，增长 11.4%（表 15）。其中，对共建“一带一路”国家非金融类直接投资额 2 241 亿元，增长 28.4%，折 318 亿美元，增长 22.6%。

**表 15　2023 年对外非金融类直接投资额及其增长速度**

| 行业 | 金额（亿美元） | 比上年增长（%） |
|---|---|---|
| 总计 | 1 301 | 11.4 |
| 其中：农、林、牧、渔业 | 8 | −3.6 |
| 采矿业 | 70 | 39.0 |
| 制造业 | 279 | 29.0 |
| 电力、热力、燃气及水生产和供应业 | 31 | −12.5 |
| 建筑业 | 67 | 5.1 |
| 批发和零售业 | 292 | 38.6 |
| 交通运输、仓储和邮政业 | 65 | 42.3 |
| 信息传输、软件和信息技术服务业 | 49 | −10.9 |
| 房地产业 | 10 | −57.4 |
| 租赁和商务服务业 | 337 | −13.0 |

全年对外承包工程完成营业额 11 339 亿元，比上年增长 8.8%，折 1 609 亿美元，增长 3.8%。其中，对共建“一带一路”国家完成营业额 1 321 亿美元，增长 4.8%，占对外承包工程完成营业额比重为 82.1%。对外劳务合作派出各类劳务人员 35 万人。

## 八、财政金融

全年全国一般公共预算收入 216 784 亿元，比上年增长 6.4%（图 17）；其中税收收入 181 129 亿元，增长 8.7%。全国一般公共预算支出 274 574亿元，比上年增长 5.4%。全年新增减税降费及退税缓费超 2.2 万亿元。

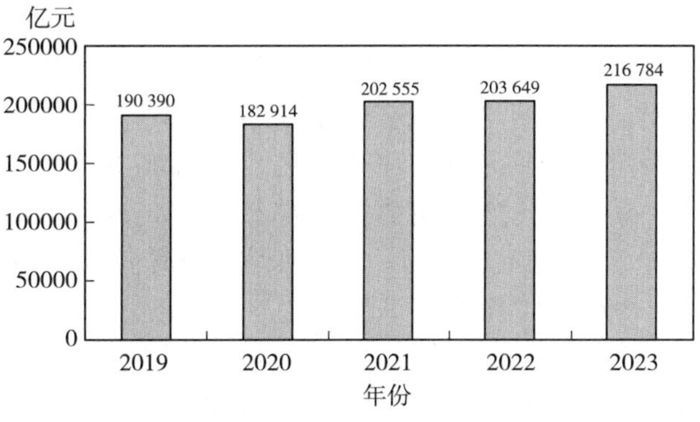


图 17　2019—2023 年全国一般公共预算收入

注：图中 2019—2022 年数据为全国一般公共预算收入决算数，2023 年为执行数。

年末广义货币供应量（$M_2$）余额 292.3 万亿元，比上年年末增长 9.7%；狭义货币供应量（$M_1$）余额 68.1 万亿元，增长 1.3%；流通中货币（$M_0$）余额 11.3 万亿元，增长 8.3%。

全年社会融资规模增量[48] 35.6 万亿元，按可比口径计算，比上年多 3.4 万亿元。年末社会融资规模存量[49] 378.1 万亿元，按可比口径计算，比上年年末增长 9.5%，其中对实体经济发放的人民币贷款余额 235.5 万亿元，增长 10.4%。年末全部金融机构本外币各项存款余额 289.9 万亿元（表 16），比年初增加 25.4 万亿元，其中人民币各项存款余额 284.3 万亿元，增加 25.7 万亿元。全部金融机构本外币各项贷款余额 242.2 万亿元，增加 22.2 万亿元，其中人民币各项贷款余额 237.6 万亿元，增加 22.7 万亿元。人民币普惠小微贷款[50]余额 29.4 万亿元，增加 5.6 万亿元。人民币制造业中长期贷款余额 12.2 万亿元，增加 3.1 万亿元。

**表 16　2023 年年末全部金融机构本外币存贷款余额及其增长速度**

| 指标 | 年末数（亿元） | 比上年年末增长（%） |
|---|---|---|
| 各项存款 | 2 899 132 | 9.6 |
| 其中：境内住户存款 | 1 378 765 | 13.8 |
| 其中：人民币 | 1 369 895 | 13.8 |
| 境内非金融企业存款 | 817 959 | 4.9 |
| 各项贷款 | 2 422 396 | 10.1 |
| 其中：境内短期贷款 | 623 037 | 10.2 |
| 境内中长期贷款 | 1 591 965 | 11.3 |

年末主要农村金融机构（农村信用社、农村合作银行、农村商业银行）人民币贷款余额 293 584 亿元，比年初增加 26 363 亿元。全部金融机构人民币消费贷款余额 579 438 亿元，增加 10 992 亿元。其中，住户短期消费贷款余额 103 541 亿元，增加 5 078 亿元；住户中长期消费贷款余额 475 897亿元，增加 5 914 亿元。

全年沪、深交易所 A 股累计筹资[51] 10 734 亿元，比上年减少 4 375 亿元。沪、深交易所首次公开发行上市 A 股 236 只，筹资 3 418 亿元，比上年减少 2 286 亿元，其中科创板股票 67 只，筹资 1 439亿元；沪、深交易所 A 股再融资（包括公开增发、定向增发、配股、优先股、可转债转股）7 316亿元，减少 2 089 亿元。北京证券交易所公开发行股票 77 只，筹资[52] 146 亿元。全年各类主体通过沪、深、北交易所发行债券（包括公司债券、资产支持证券、国债、地方政府债券和政策性银行债券）筹资 130 677 亿元，其中沪、深交易所共发行上市基础设施领域不动产投资信托基金（REITs）40 只，募集资金 914 亿元。全国中小企业股份转让系统[53]挂牌公司 6 241 家，全年挂牌公司累计股票筹资 180 亿元。

全年发行公司信用类债券[54] 13.8 万亿元，比上年增加 0.1 万亿元。

全年保险公司原保险保费收入[55] 51 247 亿元，比上年增长 9.1%。其中，寿险业务原保险保费收入 27 646 亿元，健康险和意外伤害险业务原保险保费收入 9 993 亿元，财产险业务原保险保费收入 13 607 亿元。支付各类赔款及给付 18 883 亿元。其中，寿险业务给付 5 505 亿元，健康险和意外伤害险业务赔款及给付 4 207 亿元，财产险业务赔款 9 171 亿元。

## 九、居民收入消费和社会保障

全年全国居民人均可支配收入 39 218 元，比上年增长 6.3%，扣除价格因素，实际增长 6.1%（图 18）。全国居民人均可支配收入中位数[56] 33 036元，增长 5.3%。按常住地分，城镇居民人均可支配收入 51 821 元，比上年增长 5.1%，扣除价格因素，实际增长 4.8%。城镇居民人均可支配收入中位数 47 122 元，增长 4.4%。农村居民人均可支配收入 21 691 元，比上年增长 7.7%，扣除价格因素，实际增长 7.6%。农村居民人均可支配收入中位数 18 748 元，增长 5.7%。城乡居民人均可支配收入比值为 2.39，比上年缩小 0.06。按全国

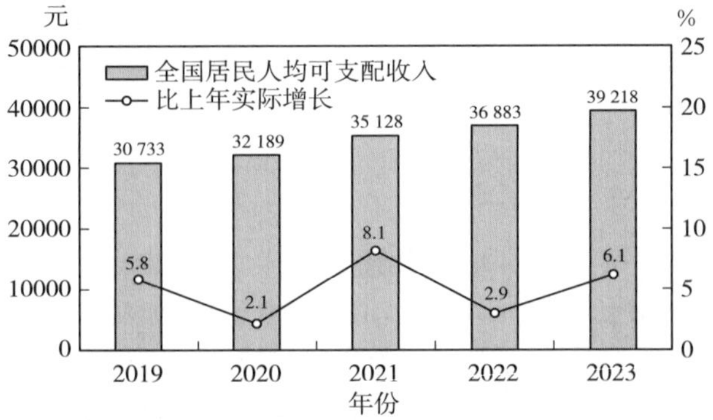


图 18　2019—2023 年全国居民人均可支配收入及其增长速度

居民五等份收入分组[57]，低收入组人均可支配收入 9 215 元，中间偏下收入组人均可支配收入 20 442元，中间收入组人均可支配收入 32 195 元，中间偏上收入组人均可支配收入 50 220 元，高收入组人均可支配收入 95 055 元。全国农民工人均月收入 4 780 元，比上年增长 3.6%。脱贫县[58]农村居民人均可支配收入 16 396 元，比上年增长 8.5%，扣除价格因素，实际增长 8.4%。

全年全国居民人均消费支出 26 796 元（图 19），比上年增长 9.2%，扣除价格因素，实际增长 9.0%。其中，人均服务性消费支出[59] 12 114 元，比上年增长 14.4%，占居民人均消费支出比重为 45.2%。按常住地分，城镇居民人均消费支出32 994元，增长 8.6%，扣除价格因素，实际增长 8.3%；农村居民人均消费支出 18 175 元，增长 9.3%，扣除价格因素，实际增长 9.2%。全国居民恩格尔系数为 29.8%，其中，城镇为 28.8%，农村为 32.4%。

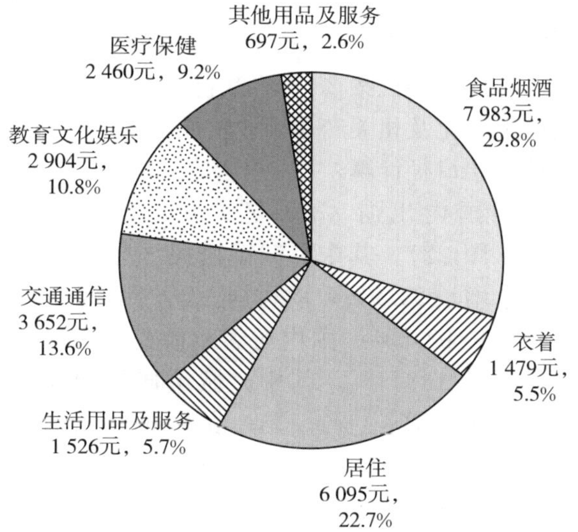


图 19　2023 年全国居民人均消费支出及其构成

年末全国参加城镇职工基本养老保险人数 52 121万人，比上年年末增加 1 766 万人。参加城乡居民基本养老保险人数 54 522 万人，减少 430 万人。参加基本医疗保险人数[60] 133 387 万人，其中，参加职工基本医疗保险人数 37 094 万人，参加城乡居民基本医疗保险人数 96 293 万人。参加失业保险人数 24 373 万人，增加 566 万人。领取失业保险金人数 352 万人。参加工伤保险人数 30 170万人，增加 1 054 万人。参加生育保险人数 24 907 万人。年末全国共有 664 万人享受城市最低生活保障，3 399 万人享受农村最低生活保障，435 万人享受农村特困人员[61]救助供养，全年临时救助[62]742 万人次。全年领取国家定期抚恤金、定期生活补助金的退役军人和其他优抚对象 834 万人。

年末全国共有各类提供住宿的民政服务机构 4.4 万个，其中，养老机构 4.1 万个，儿童福利和救助保护机构 971 个。民政服务床位[63]846.3 万张，其中，养老服务床位 820.1 万张，儿童福利和救助保护机构床位 9.8 万张。

## 十、科学技术和教育

全年研究与试验发展（R&D）经费支出 33 278亿元，比上年增长 8.1%（图 20），与国内生产总值之比为 2.64%，其中基础研究经费 2 212 亿元，比上年增长 9.3%，占 R&D 经费支出比重为 6.65%。国家自然科学基金共资助 5.25 万个项目。截至年末，纳入新序列管理的国家工程研究中心 207 个，国家企业技术中心 1 798 家。国家科技成果转化引导基金累计设立 36 只子基金，资金总规模 624 亿元。国家级科技企业孵化器[64] 1 606 家，国家备案众创空间[65]2 376 家。全年授予发明专利权 92.1 万件，比上年增长 15.3%（表 17）。PCT 专利申请受理量[66]7.4 万件。截至年末，有效发明专利 499.1 万件，比上年年末增长 18.5%。每万人口高价值发明专利拥有量[67]11.8 件。全年商标注册 438.3 万件，比上年下降 29.0%。全年共签订技术合同 95 万项，技术合同成交金额 61 476亿元，比上年增长 28.6%。我国公民具备科学素质[68]的比例达到 14.14%。

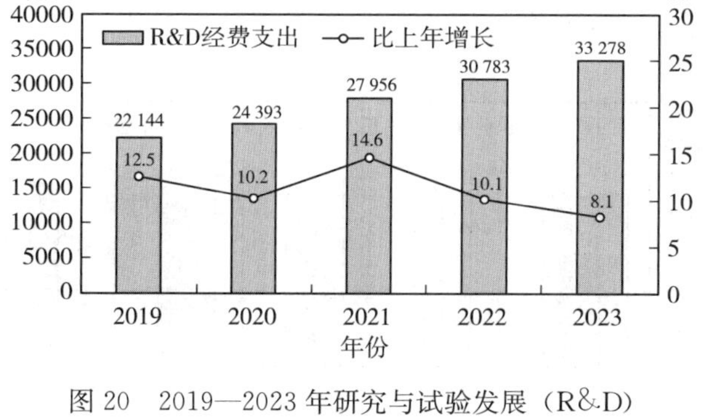


图 20　2019—2023 年研究与试验发展（R&D）经费支出及其增长速度

表 17　2023 年专利授权和有效专利情况

| 指标 | 专利数（万件） | 比上年增长（%） |
|---|---|---|
| 发明专利授权 | 92.1 | 15.3 |
| 其中：境内发明专利授权 | 81.3 | 18.0 |
| 实用新型专利授权 | 209.0 | −25.5 |
| 外观设计专利授权 | 63.8 | −11.5 |
| 年末有效发明专利 | 499.1 | 18.5 |
| 其中：境内有效发明专利 | 401.5 | 22.4 |
| 年末有效实用新型专利 | 1 212.9 | 11.9 |
| 年末有效外观设计专利 | 323.4 | 14.2 |

全年成功完成 66 次宇航发射。天舟六号、神舟十六号、神舟十七号任务相继实施，中国空间站进入应用与发展阶段。全球首枚液氧甲烷火箭朱雀二号遥二运载火箭成功发射。量子计算原型机九章三号成功构建。全超导托卡马克核聚变实验装置实现稳态高约束模式等离子体运行 403 秒。全球首座第四代核电站高温气冷堆示范工程投入商业运行。全球首台 16 兆瓦海上风电机组并网发电。C919 大型客机正式投入商业运营。首艘国产大型邮轮完成试航。奋斗者号载人潜水器完成极限深潜。

年末全国共有国家质检中心 877 家。全国现有产品质量、体系和服务认证机构 1 242 个，累计完成对 102 万家企业的认证。全年制定、修订国家标准 2 902 项，其中新制定 1 708 项。全年制造业产品质量合格率[69]为 93.65%。

全年研究生教育招生 130.2 万人，在学研究生 388.3 万人，毕业生 101.5 万人。普通、职业本专科[70]招生 1 042.2 万人（图 21），在校生 3 775.0 万人，毕业生 1 047.0 万人。中等职业教育[71]招生 616.5 万人，在校生 1 737.9 万人，毕业生 537.1 万人。普通高中招生 967.8 万人，在校生 2 803.6 万人，毕业生 860.4 万人。初中招生 1 754.6 万人，在校生 5 243.7 万人，毕业生 1 623.6 万人。普通小学招生 1 877.9 万人，在校生 10 836.0 万人，毕业生 1 763.5 万人。特殊教育招生 15.5 万人，在校生 91.2 万人，毕业生 17.3 万人。学前教育在园幼儿 4 093.0 万人。九年义务教育巩固率为 95.7%，高中阶段毛入学率为 91.8%。

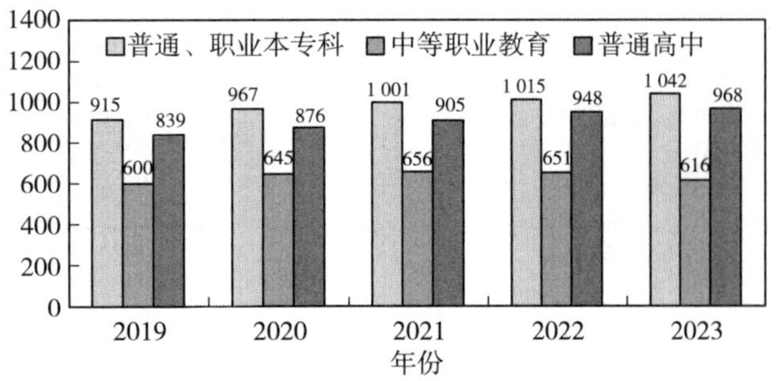


图 21　2019—2023 年本专科、中等职业教育及普通高中招生人数

## 十一、文化旅游、卫生健康和体育

年末全国文化和旅游部门所属艺术表演团体 1 893个。全国共有公共图书馆 3 309 个，总流通[72] 112 668 万人次；文化馆 3 508 个。有线电视实际用户 2.02 亿户，其中有线数字电视实际用户 1.93 亿户。年末广播节目综合人口覆盖率为 99.7%，电视节目综合人口覆盖率为 99.8%。全年生产电视剧 156 部 4 632 集，电视动画片 93 811 分钟。生产故事影片 792 部，科教、纪录、动画和特种影片[73] 179 部。出版各类报纸 258 亿份，各类期刊 18 亿册，图书 119 亿册（张），人均图书拥有量[74] 8.40 册（张）。年末全国共有档案馆 4 154 个，已开放各类档案 23 827 万卷（件）。全年全国规模以上文化及相关产业企业营业收入 129 515 亿元，按可比口径计算，比上年增长 8.2%。

全年国内出游 48.9 亿人次，比上年增长 93.3%（图 22）。其中，城镇居民国内出游 37.6 亿人次，增长 94.9%；农村居民国内出游 11.3 亿人次，增长 88.5%。国内游客出游总花费 49 133 亿元，增长 140.3%。其中，城镇居民出游花费 41 781亿元，增长 147.5%；农村居民出游花费 7 353亿元，增长 106.4%。入境游客 8 203 万人次，其中，外国人 1 378 万人次，香港、澳门和台湾同胞 6 824 万人次。入境游客总花费 530 亿美

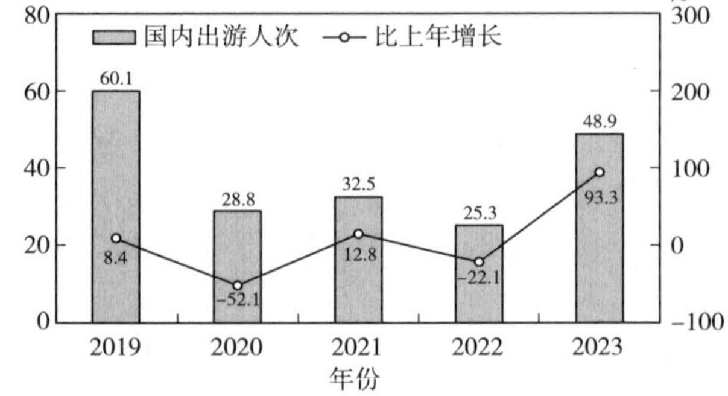


图 22　2019—2023 年国内出游人次及其增长速度

元。国内居民出境 10 096 万人次，其中因私出境 9 684万人次，赴港澳台出境 7 704 万人次。

年末全国共有医疗卫生机构 107.1 万个，其中医院 3.9 万个，在医院中有公立医院 1.2 万个，民营医院 2.7 万个；基层医疗卫生机构 101.6 万个，其中，乡镇卫生院 3.4 万个，社区卫生服务中心（站）3.7 万个，门诊部（所）36.2 万个，村卫生室 58.3 万个；专业公共卫生机构 1.2 万个，其中，疾病预防控制中心 3 426 个，卫生监督所（中心）2 791 个。卫生技术人员 1 247 万人（图 23），其中，执业医师和执业助理医师 478 万人，注册护士 563 万人。医疗卫生机构床位 1 020 万张，其中，医院 800 万张，乡镇卫生院 151 万张。全年总诊疗人次[75]95.6 亿人次，出院人次[76]3.0 亿人次。

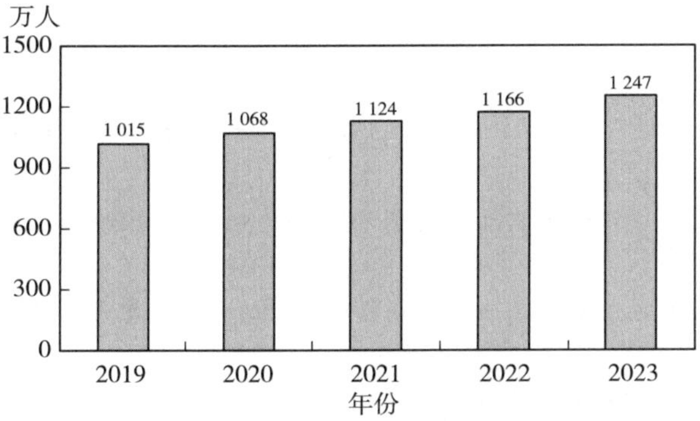


图 23　2019—2023 年年末卫生技术人员人数

年末全国共有体育场地[77]459.3 万个，体育场地面积[78]40.7 亿米$^2$，人均体育场地面积 2.89 米$^2$。全年我国运动员在 32 个项目中获得 165 个世界冠军，共创 20 项世界纪录。在杭州第 19 届亚运会上，我国运动员共获得 201 枚金牌，奖牌总数 383 枚，第 11 次蝉联亚运会金牌榜首位。我国残疾人运动员在 45 项国际赛事中获得 231 个世界冠军。在杭州第 4 届亚残运会上，我国运动员共获得 214 枚金牌，奖牌总数 521 枚，第 4 次蝉联亚残运会金牌榜和奖牌榜首位。

## 十二、资源、环境和应急管理

全年全国国有建设用地供应总量[79]74.9 万公顷，比上年下降 2.1%。其中，工矿仓储用地 17.5 万公顷，下降 11.9%；房地产用地[80]8.4 万公顷，下降 23.3%；基础设施用地 49.0 万公顷，增长 7.2%。

全年水资源总量 24 780 亿米$^3$。总用水量5 907 亿米$^3$，比上年下降 1.5%。其中，生活用水增长 0.5%，工业用水增长 0.2%，农业用水下降 2.9%，人工生态环境补水增长 3.9%。万元国内生产总值用水量[81]50 米$^3$，下降 6.4%。万元工业增加值用水量 26 米$^3$，下降 3.9%。人均用水量 419 米$^3$，下降 1.4%。

全年完成造林面积 400 万公顷，其中人工造林面积 133 万公顷，占全部造林面积的 33.4%。种草改良面积[82]438 万公顷。截至年末，共有国家公园 5 个。全年新增水土流失治理面积 6.3 万千米$^2$。

初步核算，全年能源消费总量 57.2 亿吨标准煤，比上年增长 5.7%。煤炭消费量增长 5.6%，原油消费量增长 9.1%，天然气消费量增长 7.2%，电力消费量增长 6.7%。煤炭消费量占能源消费总量比重为 55.3%，比上年下降 0.7 个百分点；天然气、水电、核电、风电、太阳能发电等清洁能源消费量占能源消费总量比重为 26.4%，上升 0.4 个百分点（图 24）。重点耗能工业企业单位电石综合能耗下降 0.8%，单位合成氨综合能耗上升 0.9%，吨钢综合能耗上升 1.6%，单位电解铝综合能耗下降 0.1%，每千瓦·时火力发电标准煤耗下降 0.2%。初步测算，扣除原料用能和非化石能源消费量后，全国万元国内生产总值能耗[83]比上年下降 0.5%。全国碳排放权交易市场碳排放配额[84]成交量 2.12 亿吨，成交额 144.4 亿元。

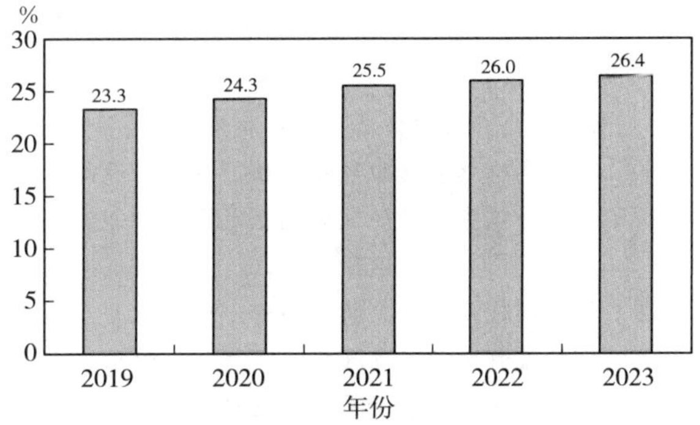


图 24　2019—2023 年清洁能源消费量占能源消费总量的比重

全年近岸海域海水水质[85]达到国家一、二类海水水质标准的面积占 85.0%，三类海水占 4.5%，四类、劣四类海水占 10.5%。

在监测的 339 个地级及以上城市中，细颗粒物（$PM_{2.5}$）年平均浓度 30 微克/米$^3$，比上年上升 3.4%。

在开展城市区域声环境昼间监测的326个城市中，全年声环境质量好的城市占5.8%，较好的占69.3%，一般的占23.9%，较差的占0.9%，无差的城市。

全年平均气温为10.71℃，比上年上升0.21℃。共有6个台风登陆。

全年农作物受灾面积1 054万公顷，其中绝收98万公顷。因洪涝和地质灾害造成直接经济损失2 451亿元，因干旱灾害造成直接经济损失206亿元，因低温冷冻和雪灾造成直接经济损失49亿元，因海洋灾害造成直接经济损失25亿元。共发生5.0级以上地震11次，造成直接经济损失153亿元。共发生森林火灾328起，受害森林面积约0.4万公顷。

全年各类生产安全事故共死亡21 242人，比上年下降[86]4.7%。工矿商贸企业就业人员10万人生产安全事故死亡人数1.244人，比上年上升4.2%；煤矿百万吨死亡人数0.094人，上升23.7%。道路交通事故万车死亡人数1.38人，下降5.5%。

注释：

[1] 本公报中数据均为初步统计数。各项统计数据均未包括香港特别行政区、澳门特别行政区和台湾省。部分数据因四舍五入，存在总计与分项合计不等的情况。

[2] 国内生产总值、三次产业及相关行业增加值、地区生产总值、人均国内生产总值和国民总收入绝对数按现价计算，增长速度按不变价格计算。

[3] 国民总收入，原称国民生产总值，是指一个国家或地区所有常住单位在一定时期内所获得的初次分配收入总额，等于国内生产总值加上来自国外的初次分配收入净额。

[4] 全员劳动生产率为国内生产总值（按2020年价格计算）与全部就业人员的比率。

[5] 全国人口是指我国大陆31个省、自治区、直辖市和现役军人的人口，不包括居住在31个省、自治区、直辖市的港澳台居民和外籍人员。

[6] 2023年年末，0～14岁（含不满15周岁）人口为23 063万人，15～59岁（含不满60周岁）人口为88 207万人。

[7] 城镇新增就业人数是指报告期内城镇累计新就业人员数与自然减员人数之差。

[8] 年度农民工数量包括年内在本乡镇以外从业6个月及以上的外出农民工和在本乡镇内从事非农产业6个月及以上的本地农民工。

[9] 农产品生产者价格是指农产品生产者第一手出售其产品时的价格。

[10] 居住类价格包括租赁房房租、住房保养维修及管理、水电燃料、自有住房服务价格。

[11] 受统计调查制度规定的调查范围变动、统计执法、剔除重复数据等因素影响，2023年规模以上工业相关指标增速及变化按可比口径计算。

[12] 装备制造业包括金属制品业，通用设备制造业，专用设备制造业，汽车制造业，铁路、船舶、航空航天和其他运输设备制造业，电气机械和器材制造业，计算机、通信和其他电子设备制造业，仪器仪表制造业。

[13] 高技术制造业包括医药制造业，航空、航天器及设备制造业，电子及通信设备制造业，计算机及办公设备制造业，医疗仪器设备及仪器仪表制造业，信息化学品制造业。

[14] 规模以上服务业统计范围包括：年营业收入2 000万元及以上的交通运输、仓储和邮政业，信息传输、软件和信息技术服务业，水利、环境和公共设施管理业，卫生行业法人单位；年营业收入1 000万元及以上的房地产业（不含房地产开发经营），租赁和商务服务业，科学研究和技术服务业，教育行业法人单位；以及年营业收入500万元及以上的居民服务、修理和其他服务业，文化、体育和娱乐业，社会工作行业法人单位。2023年规模以上服务业企业财务指标增速按可比口径计算。

[15] 战略性新兴服务业包括新一代信息技术产业、高端装备制造产业、新材料产业、生物产业、新能源汽车产业、新能源产业、节能环保产业和数字创意产业八大产业中的服务业相关行业，以及新技术与创新创业等相关服务业。

[16] 高技术产业投资包括医药制造、航空航天器及设备制造等六大类高技术制造业投资和信息服务、电子商务服务

等九大类高技术服务业投资。

[17] 制造业技术改造投资是指制造业企业采用新技术、新工艺、新设备、新材料对现有设施、工艺条件及生产服务等进行改造提升所完成的投资。

[18] 电子商务交易额是指通过电子商务交易平台（包括企业自建平台和第三方平台）实现的商品和服务交易额，包括对单位和对个人交易额，2023 年增速按可比口径计算。

[19] 网上零售额是指通过公共网络交易平台（主要从事实物商品交易的网上平台，包括自建网站和第三方平台）实现的商品和服务零售额，2023 年增速按可比口径计算。

[20] 东部地区是指北京、天津、河北、上海、江苏、浙江、福建、山东、广东和海南 10 省（市）；中部地区是指山西、安徽、江西、河南、湖北和湖南 6 省；西部地区是指内蒙古、广西、重庆、四川、贵州、云南、西藏、陕西、甘肃、青海、宁夏和新疆 12 省（自治区、直辖市）；东北地区是指辽宁、吉林和黑龙江 3 省。

[21] 万元国内生产总值二氧化碳排放按 2020 年价格计算。

[22] 见注释 [11]。

[23] 钢材产量数据含企业之间重复加工钢材。

[24] 产能利用率是指实际产出与生产能力（均以价值量计量）的比率。企业的实际产出是指企业报告期内的工业总产值；企业的生产能力是指报告期内，在劳动力、原材料、燃料、运输等保证供给的情况下，生产设备（机械）保持正常运行，企业可实现并能长期维持的产品产出。

[25] 火电包括燃煤发电量，燃油发电量，燃气发电量，余热、余压、余气发电量，垃圾焚烧发电量，生物质发电量。

[26] 少量发电装机容量（如地热等）公报中未列出。

[27] 建筑业企业利润增速按可比口径计算。报告期数据与上年已公布的同期数据之间存在不可比因素，不能直接相比计算增速。主要原因是：①加强数据质量审核，剔除主营业务中不属于建筑业的相关数据。②加强统计执法检查，对发现的问题数据按照相关规定进行了改正。

[28] 货物运输总量及周转量包括铁路、公路、水路、民航和管道 5 种运输方式完成量，2023 年增速按可比口径计算。

[29] 邮政行业寄递业务总量是指企业从事各类邮政普遍服务业务、快递业务的总数量。

[30] 电信业务总量按上年价格计算。

[31] 移动电话基站数是指报告期末为小区服务的无线收发信设备，处理基站与移动台之间的无线通信，在移动交换机与移动台之间起中继作用，监视无线传输质量的全套设备数。

[32] 固定互联网宽带接入用户是指报告期末在电信企业登记注册，通过 xDSL、FTTx＋LAN、FTTH/O 以及其他宽带接入方式和普通专线接入公众互联网的用户。

[33] 100M 速率及以上的宽带接入用户是指报告期末下行速率大于或等于 100Mbit/s 的宽带接入用户。

[34] 蜂窝物联网终端用户是指报告期末接入移动通信网络并开通物联网业务的用户。物联网终端即连接传感网络层和传输网络层，实现远程采集数据及向网络层发送数据的物联网设备。

[35] 软件和信息技术服务业包括软件开发、集成电路设计、信息系统集成和物联网技术服务、运行维护服务、信息处理和存储支持服务、信息技术咨询服务、数字内容服务及其他信息技术服务等行业。2023 年软件和信息技术服务业完成软件业务收入增速按可比口径计算。

[36] 服务零售额是指企业（产业活动单位、个体户）以交易形式直接提供给个人和其他单位非生产、非经营用的服务价值总和，旨在反映服务提供方以货币形式销售的属于消费的服务价值，包括交通、住宿、餐饮、教育、卫生、体育、娱乐等领域服务活动的零售额。

[37] 固定资产投资相关指标增速按可比口径计算。报告期数据与上年已公布的同期数据之间存在不可比因素，不能直接相比计算增速。主要原因是：①改进和完善数据质量审核评估方法，剔除不应纳入报告期完成投资的前期土地费用以及跨地区、跨行业重复统计数据。②加强在建投资项目审核，剔除流动资产、消耗性生物资产等不符合固定资产投资统计范围的项目。③加强统计执法检查，对发现的问题数据按照相关规定进行了改正。

[38] 见注释 [20]。

[39] 基础设施投资包括铁路运输业、道路运输业、水上运输业、航空运输业、管道运输业、多式联运和运输代理业、装卸搬运业、邮政业、电信广播电视和卫星传输服务业、互联网和相关服务业、水利管理业、生态保护和环境治理业、公共设施管理业投资。

[40] 社会领域投资包括教育，卫生和社会工作，文化、体育和娱乐业投资。

[41] 民间固定资产投资是指具有集体、私营、个人性质的内资企事业单位以及由其控股（包括绝对控股和相对控股）

的企业单位建造或购置固定资产的投资。

[42] 房地产业投资除房地产开发投资外，还包括建设单位自建房屋以及物业管理、中介服务和其他房地产投资。

[43] 房地产开发投资和新建商品房销售等指标增速按可比口径计算。报告期数据与上年已公布的同期数据之间存在不可比因素，不能直接相比计算增速。主要原因是：①加强在建房地产开发项目审核，剔除单纯一级土地开发等非房地产开发项目。②加强商品房销售数据审核，剔除退房和具有抵押性质等非商品房销售数据。③加强统计执法，对发现的问题数据按照相关规定进行了改正。

[44] 新建商品房销售面积是指报告期内房地产开发企业出售的新建商品房屋的合同总面积。

[45] 二手房交易网签面积是指报告期内城镇二手房网签交易合同总面积。

[46] “一带一路”是指“丝绸之路经济带”和“21 世纪海上丝绸之路”。

[47]《区域全面经济伙伴关系协定》（RCEP）其他成员国包括印度尼西亚、马来西亚、菲律宾、泰国、新加坡、文莱、柬埔寨、老挝、缅甸、越南、日本、韩国、澳大利亚、新西兰。

[48] 社会融资规模增量是指一定时期内实体经济从金融体系获得的资金总额。

[49] 社会融资规模存量是指一定时期末（月末、季末或年末）实体经济从金融体系获得的资金余额。

[50] 普惠小微贷款包括单户授信小于 1 000 万元的小微型企业贷款、个体工商户经营性贷款、小微企业主经营性贷款。

[51] 沪、深交易所股票筹资额按上市日统计，筹资额包括可转债实际转股金额，2022 年、2023 年可转债实际转股金额分别为 934 亿元、832 亿元。

[52] 北京证券交易所股票筹资额按上市日统计。

[53] 全国中小企业股份转让系统是 2012 年经国务院批准的全国性证券交易场所。全年全国中小企业股份转让系统挂牌公司累计筹资不含优先股，股票筹资按新增股份挂牌日统计。

[54] 公司信用类债券包括非金融企业债务融资工具、企业债券以及公司债、可转债等。

[55] 原保险保费收入是指保险企业确认的原保险合同保费收入。

[56] 人均可支配收入中位数是指将所有调查户按人均收入水平从低到高（或从高到低）顺序排列，处于最中间位置调查户的人均可支配收入。

[57] 全国居民五等份收入分组是指将所有调查户按人均收入水平从低到高顺序排列，平均分为五个等份，处于最低 20%的收入家庭为低收入组，依此类推依次为中间偏下收入组、中间收入组、中间偏上收入组、高收入组。

[58] 脱贫县包括原 832 个国家扶贫开发工作重点县和集中连片特困地区县，以及新疆阿克苏地区 7 个市（县）。

[59] 服务性消费支出是指住户用于各种生活服务的消费支出，包括餐饮服务、衣着鞋类加工服务、居住服务、家庭服务、交通通信服务、教育文化娱乐服务、医疗服务和其他服务。

[60] 2023 年基本医疗保险参保人数剔除部分重复参保情况。

[61] 农村特困人员是指无劳动能力，无生活来源，无法定赡养、抚养、扶养义务人或者其法定义务人无履行义务能力的农村老年人、残疾人以及未满 16 周岁的未成年人。

[62] 临时救助是指国家对遭遇突发事件、意外伤害、重大疾病或其他特殊原因导致基本生活陷入困境，其他社会救助制度暂时无法覆盖或救助之后基本生活暂时仍有严重困难的家庭或个人给予的应急性、过渡性的救助。

[63] 民政服务床位除收养性机构外，还包括救助类机构、社区类机构的床位。

[64] 国家级科技企业孵化器是指符合《科技企业孵化器管理办法》规定的，以促进科技成果转化、培育科技企业和企业家精神为宗旨，提供物理空间、共享设施和专业化服务的科技创业服务机构，且经过科学技术部批准确定的科技企业孵化器。

[65] 国家备案众创空间是指符合《发展众创空间工作指引》规定的新型创新创业服务平台，且按照《国家众创空间备案暂行规定》经科学技术部审核备案的众创空间。

[66] PCT 专利申请受理量是指国家知识产权局作为 PCT 专利申请受理局受理的 PCT 专利申请数量。PCT（Patent Cooperation Treaty）即专利合作条约，是专利领域的一项国际合作条约。

[67] 每万人口高价值发明专利拥有量是指每万人口本国居民拥有的经国家知识产权局授权的符合下列任一条件的有效发明专利数量：战略性新兴产业的发明专利；在海外有同族专利权的发明专利；维持年限超过 10 年的发明专利；实现较高质押融资金额的发明专利；获得国家科学技术奖、中国专利奖的发明专利。

[68] 公民具备科学素质是指崇尚科学精神，树立科学思想，掌握基本科学方法，了解必要科技知识，并具有应用其分析判断事物和解决实际问题的能力。公民具备科学素质比例数据是面向 18～69 岁公民开展抽样调查获得。

[69] 制造业产品质量合格率是指以产品质量检验为手段，按照规定的方法、程序和标准实施质量抽样检测，判定为质量合格的样品数占全部抽样样品数的百分比，统计调查样本覆盖制造业的 29 个行业。

[70] 普通、职业本专科包括普通本科、职业本科、高职（专科）。

[71] 中等职业教育包括普通中专、成人中专、职业高中和技工学校。

[72] 总流通人次是指本年度内到图书馆场馆接受图书馆服务的总人次，包括借阅书刊、咨询问题以及参加各类读者活动等。

[73] 特种影片是指采用在技术、设备、节目方面与常规影院放映不同的电影展示方式，如巨幕电影、立体特效（4D）电影、动感电影、球幕电影等。

[74] 人均图书拥有量是指在一年内全国平均每人能拥有的当年出版图书册数。

[75] 总诊疗人次是指所有诊疗工作的总人次数，包括门诊、急诊、出诊、预约诊疗、单项健康检查、健康咨询指导（不含健康讲座、核酸检测）人次数。

[76] 出院人次是指报告期内所有住院后出院的人次数，包括医嘱离院、医嘱转其他医疗机构、非医嘱离院、死亡及其他人次数，不含家庭病床撤床人次数。

[77] 体育场地调查对象不包括军队、铁路系统所属体育场地。

[78] 体育场地面积是指体育训练、比赛、健身场地的有效面积。

[79] 国有建设用地供应总量是指报告期内市、县人民政府根据年度土地供应计划依法以出让、划拨、租赁等方式与用地单位或个人签订出让合同或签发划拨决定书、完成交易的国有建设用地总量。

[80] 房地产用地是指商服用地和住宅用地的总和。

[81] 万元国内生产总值用水量、万元工业增加值用水量按 2020 年价格计算。

[82] 种草改良面积是指通过人工种草、飞播种草、草原改良、围栏封育等措施进行草原生态修复的面积之和。

[83] 万元国内生产总值能耗按 2020 年价格计算。

[84] 全国碳排放权交易市场碳排放配额是指在全国碳排放权交易市场分配给重点排放单位规定时期内的二氧化碳等温室气体的排放额度。

[85] 近岸海域海水水质采用面积法进行评价。

[86] 2022 年生产安全事故统计数据完成核实调整，2023 年与上年对比按照调整后数据计算。

资料来源：

本公报中城镇新增就业、养老保险、失业保险、工伤保险、中等职业教育中的技工学校数据来自人力资源和社会保障部；外汇储备、汇率数据来自国家外汇管理局；经营主体、质量检验、国家标准制定修订、制造业产品质量合格率数据来自国家市场监督管理总局；环境监测、碳排放权交易数据来自生态环境部；水产品产量、新建和改造提升高标准农田面积、新增高效节水灌溉面积数据来自农业农村部；木材产量、造林面积、种草改良面积、国家公园数据来自国家林业和草原局；水资源总量、用水量、新增水土流失治理面积数据来自水利部；发电装机容量、新增 220 千伏及以上交流变电设备容量、电力消费量数据来自中国电力企业联合会；港口货物吞吐量、港口集装箱吞吐量、公路运输、水路运输、新改建高速公路里程、港口万吨级及以上码头泊位新增通过能力数据来自交通运输部；铁路运输、新建铁路投产里程、增新建铁路复线投产里程、电气化铁路投产里程数据来自中国国家铁路集团有限公司；民航运输、新增民用运输机场数据来自中国民用航空局；管道运输数据来自中国石油天然气集团有限公司、中国石油化工集团有限公司、中国海洋石油集团有限公司、国家石油天然气管网集团有限公司；民用汽车保有量、道路交通事故数据来自公安部；邮政业务数据来自国家邮政局；通信业、软件业务收入、新增光缆线路长度数据来自工业和信息化部；互联网上网人数、互联网普及率数据来自中国互联网络信息中心；二手房交易网签面积、棚户区改造、保障性租赁住房、城镇老旧小区改造数据来自住房和城乡建设部；货物进出口数据来自海关总署；服务进出口、外商直接投资、对外直接投资、对外承包工程、对外劳务合作数据来自商务部；财政数据来自财政部；新增减税降费及退税缓费数据来自国家税务总局；货币金融、公司信用类债券数据来自中国人民银行；境内交易场所筹资数据来自中国证券监督管理委员会；保险业数据来自国家金融监督管理总局；医疗保险、生育保险数据来自国家医疗保障局；城乡低保、农村特困人员救助供养、临时救助、民政服务数据来自民政部；优抚对象数据来自退役军人事务部；国家自然科学基金资助项目数据来自国家自然科学基金委员会；国家科技成果转化引导基金、国家级科技企业孵化器、国家备案众创空间、技术合同数据来自科学技术部；国家工程研究中心、国家企业技术中心数据来自国家发展和改革委员会；专利、商标数据来自国家知识产权局；公民具备科学素质比例数据来自中国科学技术协会；宇航发射数据来自国家国防科技工业局；教育数据来自教育部；艺术表演团体、公共图书馆、文化馆、旅游数据来自文化和旅游部；电视、广播数据来自国家广播电视总局；电影数据来自国家电影局；报纸、期刊、图书数据来自国家新闻出版署；档案数据来自国家档案局；居民出境数据来自国家移民管理局；医疗卫生数据来自国家卫生健康委员会；卫生监督数据来自国家疾病预防控制局；体育数据来自国家体育总局；残疾人运动员数据来自中国残疾人联合会；国有建设用地供应、海洋灾害造成直接经济损失数据来自自然资源部；平均气温、台风登陆数据来自中国气象局；农作物受灾面积、洪涝和地质灾害造成直接经济损失、干旱灾害造成直接经济损失、低温冷冻和雪灾造成直接经济损失、地震次数、地震灾害造成直接经济损失、森林火灾、受害森林面积、生产安全事故数据来自应急管理部；其他数据均来自国家统计局。

# 附录二 2023年农垦大事记

## 2023年农垦大事记

### 一 月

**5日** 湖北省副省长杨云彦出席湖北省农垦项目推介签约会暨湖北农垦农场联盟年度交流会。

**12日** 国家粮食和物资储备局副局长刘小南到首农食品应急保障中心开展安全生产督导调研。

**13日** 国家版权局授予北大荒集团牡丹江分公司“中国奶仓”文化起源地知识产权登记证书。

**17日** 商务部副部长盛秋平调研首农食品集团老字号发展及市场供应工作。

**31日** 云南省明确提出以云南农垦集团为基础组建云南省现代农业发展集团，成立由省委副书记石玉钢任组长的工作领导小组，小组办公室设在省农业农村厅。

### 二 月

**6日** 吉林省副省长李国强到九三粮油工业集团长春公司调研。

**9日** 广东省政府党组成员陈良贤到广东农垦调研。

**10日** 天津食品集团与天津市退役军人事务局签订拥军优抚战略合作协议。

**10日** 全国农业企业发展联盟第一次成员大会在北京举行，联盟指导单位农业农村部农垦局、联盟首批67家成员单位参会。

**13日** 中国中化控股有限责任公司与海垦集团在海口就共同深入推进天然橡胶领域专业化整合签署战略合作备忘录。

**14日** 全国人大常委会副秘书长欧阳昌琼带队到首农食品集团调研指导全国两会食品食材供应筹备情况。

**21日** 云南省委副书记石玉钢到云南省德宏热带农业科学研究所调研。

**22日** 国家市场监督管理总局党组成员、副局长蒲淳带队到首农食品集团调研检查全国两会食材食品供应筹备工作。

**23日** 中国农垦经贸流通协会发布《中国农垦乳业联盟奶牛胚胎生产与移植技术规程》（T/SFLA 010—2023）。

**23日** 薛刚任首农食品集团党委书记、董事长。

**27日** 全国政协常委、社会和法制委员会驻会副主任、中国农工民主党十七届中央副主席、中国法学会副会长吕忠梅，中国保护消费者基金会理事长陈四光一行到首农食品集团京深海鲜公司调研。

### 三 月

**3日** 广西壮族自治区副主席许显辉到广西农垦集团就优势特色产业发展和打造现代一流食品企业工作落实情况进行调研。

**9日** 科学技术部党组成员、副部长吴朝晖到中国肉类食品综合研究中心调研首农食品集团科技创新工作。

**24日** 农业农村部东北平原农业环境重点实验室的试验示范基地落户北大荒农业股份有限公司兴凯湖分公司。

**28日** 第二届中国农垦国有农场联盟成员大会在江苏省连云港市召开。

### 四 月

**1日** 由中国种子协会、海南省农业农村厅、三亚市人民政府和海垦集团等单位共同主办的2023中国种子大会暨南繁硅谷论坛在海南省三亚市开幕。

**3日** 全国人大常委会副委员长、中国农工民主党中央主席何维一行到北京食品科学研究院调研。

**3日** 袁浩宗任首农食品集团党委副书记、董事、总经理。

**11日** 习近平总书记在广东省茂名市考察时指出，这里是荔枝之乡，荔枝种植有历史传承和文化底蕴，特色鲜明，优势明显，市场空间广阔，要进一步提高种植、保鲜、加工等技术，把荔枝特色产业和特色文化旅游发展得更好。

**13日** 西藏自治区人民政府副主席次仁平措一行赴青海省牦牛繁育推广服务中心调研牦牛保种繁育科研工作。

**15日** 首届黑土地耕地质量监测评价暨黑土保护利用论坛在北大荒集团红兴隆分公司友谊农场举行。

**21日** 老挝老中合作委员会常务副主席赛萨纳·西提蓬到访云南农垦集团。

**22日** 中国农业绿色发展研究会理事长、农业农村部原党组副书记、副部长余欣荣到大河湾农牧场公司调研黑土地保护情况。

**23—25日** 全国农垦欠发达国有农场产业发展典型模式示范交流活动在福建省福安市举办。

**24日** 湖北省委副书记诸葛宇杰到鄂州市长港农场峒山分场调研乡村振兴工作。

**25日** 河北省省长王正谱一行赴唐山市芦台经济技术开发区调研。

**28日** 农业农村部农垦局组织开展2023年全国农垦提单产劳动竞赛。

**28日** 黑龙江省副省长王岚到北大荒通用航空有限公司调研。

## 五　月

**5日** 依托中国科学院“黑土粮仓”科技会战三江示范区项目，中国科学院东北地理与农业生态研究所联合中国科学院空天信息创新研究院等16家单位、“黑土粮仓”科技会战攻关任务团队在友谊农场开展黑土地航空飞行综合观测实验。

**5—9日** 学习贯彻习近平新时代中国特色社会主义思想主题教育中央第十一指导组徐令义、陈小平等7名同志，赴海南农垦集团下属农场和公司开展“海南农垦持续深化改革、进一步推进垦地融合发展”主题调研。

**11日** 习近平总书记视察河北省沧州黄骅市，考察了旧城镇仙庄片区盐碱地麦田，实地了解盐碱地整治、旱碱麦种植推广及产业化情况。该地块种植的是中捷友谊农场自主研发的优质旱碱麦品种“捷麦19”。

**15日** 马来西亚农业及粮食安全部副部长陈泓缣率考察团到访广东省农垦集团公司。

**18日** 北大荒集团·佳木斯市共建垦地融合发展示范区工作推进会议在佳木斯市召开。

**19日** 农业农村部农垦局公布第四批中国农垦农场志编纂单位名单，确定全国农垦55家农场为第四批中国农垦农场志编纂农场。

**20日** 中国国际热作产业大会暨第七届中国荔枝龙眼产业大会在广东省茂名市召开。

**20日** 中国农垦对外合作联盟成立大会暨中国农垦对外合作交流会在广东省茂名市举行。

**21日** 河北省省长王正谱一行到中捷友谊农场调研盐碱地开发利用、旱碱麦育种推广及产业化发展等工作。

**23日** 黑龙江省政协主席蓝绍敏到北大荒农垦集团有限公司，围绕省政协年度协商计划“进一步提升我省粮食综合产能，夯实国家粮食安全‘压舱石’根基”议题开展调研。

**24日** 天津市委书记陈敏尔到天津食品集团所属利达粮油公司调研。

**24日** 张家口农垦集团与以色列珊瑚有限公司签署项目投资合作协议。

**25日** 《2022年全国农垦经济发展统计公报》发布。

**25日** 广西农垦集团当选为广西预制菜产业联盟理事长单位。

**31日** 杨良锋任湖北农业发展集团有限公司党委副书记、总经理，湖北农垦集团有限公司党委副书记、总经理。

## 六　月

**1日** 海南省副省长陈怀宇一行到海胶集团专题调研企业经营管理、体制机制改革工作。

**1日** 老挝国家公安部副部长、警察总署署长鹏迪坎京·普腊玛尼翁为云南农垦（老挝）有限责任公司颁发丰沙里省示范项目“特别贡献奖”证书。

**3日** 海南省委书记冯飞前往海南农垦红华农场公司和海南农垦西达农场公司，开展“持续深化海南农垦改革、推进农垦高质量发展”专题调研。

**6—8 日**　黑龙江省委书记、省人大常委会主任许勤到鸡西市、双鸭山市和北大荒农垦集团，调研千万吨粮食增产计划。

**7—8 日**　黑龙江省委副书记、省长梁惠玲到北大荒集团建三江分公司、同江市和抚远市，调研现代农业发展、黑土地保护等工作。

**13 日**　农业农村部办公厅印发《农垦粮油等主要作物大面积单产提升行动实施方案（2023—2030年）》和《“农垦社会化服务＋地方”行动方案》，在农垦和地方组织实施农垦粮油等主要作物大面积单产提升行动和“农垦社会化服务＋地方”行动。

**23 日**　海南省委书记冯飞在《海南省天然橡胶产业发展研讨交流会会议录音》上作出批示。

**25 日**　北大荒集团与生态环境部在北京签署《北大荒黑土地生态环境保护综合实验室合作共建框架协议》。

**27 日**　郭平任呼伦贝尔农垦集团有限公司董事长。

**27 日**　热作产业高质量发展座谈会在广西百色召开，农业农村部副部长张兴旺出席并讲话。

**27—29 日**　第二届中国芒果产业大会在广西百色举办。

**28 日**　湖北省委书记、省人大常委会主任王蒙徽到鄂州市长港农场峒山分场调研产业发展、村庄建设、村民收入等情况。

## 七　月

**1 日**　中国农垦经贸流通协会发布《中国农垦籼稻谷》（T/SFLA 011—2023）、《中国农垦籼米》（T/SFLA 012—2023）及天津、吉林等 7 垦区水稻种植技术规程。

**1 日**　黑龙江省委书记、省人大常委会主任许勤到北大荒博物馆重温北大荒开发建设史，感悟党的光辉历程，汲取强大精神力量。

**1 日**　北大荒博物馆获赠编号为 011 的庆典红旗一面，并被中华人民共和国国史学会授予“中华人民共和国国史教育基地”称号。

**3 日**　湖北省副省长吴海涛到万丈湖农场调研鑫马鳗鲡生态养殖基地。

**4 日**　谭良良任广西农垦集团党委书记、董事长，罗掌华任广西农垦集团党委副书记、副董事长、总经理。

**8 日**　宁夏回族自治区党委书记、人大常委会主任梁言顺率队到沙湖生态旅游区、平罗工业园区检查安全生产工作。

**9 日**　尼加拉瓜桑地诺民族解放阵线（简称“桑解阵”）总书记特使、尼加拉瓜国家科技培训署执行主任洛伊达·巴雷达率领的尼加拉瓜桑解阵干部考察团到访云南农垦集团。

**10 日**　中央统战部副部长，国家民族事务委员会主任、党组书记潘岳率调研组到北大荒农业股份有限公司七星分公司调研灌区建设及农业生产情况。

**20 日**　海南省委书记冯飞到海南农垦集团开展学习贯彻习近平新时代中国特色社会主义思想主题教育专题调研。

**24 日**　农业农村部农垦局发布全国农垦粮油等主要作物 20 项高产高效技术及模式。

**27 日**　广东省农垦集团公司与河北雄安新区管理委员会在河北雄安新区签署战略合作协议。

## 八　月

**3—4 日**　农业农村部副部长张兴旺到北大荒集团调研，听取集团改革发展情况并进行座谈。

**16 日**　尼泊尔副总统亚达夫及夫人一行莅临云南农垦集团，并到集团所属咖啡公司考察。

**16 日**　越南政府副总理陈流光一行到访云南农垦集团。

**18 日**　庆祝甘肃农垦创建 70 周年大会在兰州举行。

**23 日**　《北京农垦志（1949—2017）》发行座谈会召开，浓缩了北京农垦 68 年奋斗史的《北京农垦志 1949—2017》出版问世。

**26 日**　国家粮食和物资储备局党组书记刘焕鑫在第五届中国粮食交易大会上听取九三粮油工业集团产品介绍。

**30—31 日**　全国农垦“两大行动”推进会在黑龙江省佳木斯市北大荒集团建三江垦区召开，农业农村部副部长张兴旺出席并讲话。

## 九　月

**7—9 日**　全国农垦欠发达国有农场产业发展

示范交流活动在新疆维吾尔自治区巴音郭楞蒙古自治州举办。

**12 日**　首农食品集团支持举办的第三届北京畜禽种业论坛召开。集团联合中国农业大学、华智生物技术有限公司发布目前我国奶牛育种领域唯一拥有自主知识产权的行业专用芯片“中国荷斯坦牛基因组选择育种芯片”——“龙牛”芯片，该芯片的发布标志着我国在奶牛中高密度 SNP 育种芯片自主设计开发方面取得重要突破。

**15 日**　国家国际发展合作署副署长邓清波到天津食品集团保加利亚公司调研。

**17—18 日**　2023 农垦数智化牧场发展交流暨农机畜牧装备现场演示活动在宁夏农垦举办。

**19 日**　以“赞农垦丰收 建农业强国”为主题的 2023 年中国农民丰收节农垦活动在广西农垦明阳乡谣里举办。

**24 日**　全国农垦首家区域性农机应急服务中心“河北农垦农机社会化服务中心”和“张家口农垦农机应急服务中心”揭牌。

**9 月**　第四、第五届全国农业行业职业技能大赛总决赛在江苏省句容市举办，农垦系统 5 名割胶工被授予“全国技术能手”称号，广东省农垦集团公司获得“突出贡献奖”。

## 十　月

**9 日**　北大荒黑土地生态环境保护综合实验室在建三江揭牌。

**9 日**　黑龙江省副省长余建到北大荒集团建三江分公司调研督导秸秆禁烧管控和综合利用相关工作。

**12—13 日**　农业农村部副部长邓小刚到广东农垦驻泰企业广垦橡胶集团泰华公司调研。

**19 日**　俄罗斯联邦萨哈（雅库特）共和国雅库茨克市政府市长叶夫根尼·格里戈里夫，率代表团到呼伦贝尔农垦集团调研。

**23 日**　联合国工业发展组织全球创新网络项目 ESG 与碳中和投资指导委员会主席罗晌博士携手碳汇交易优势企业负责人调研宁夏农垦，力促碳汇交易达成新合作。

**28 日**　湖北农垦建垦 70 周年座谈会暨全省农垦高质量发展推进乡村振兴交流培训班在五三农场举办。

## 十一月

**1 日**　由国际天然纤维组织（INFO）秘书长 Tambyrajah Randolph Dilipkumar，肯尼亚、坦桑尼亚政府机构人员及科研院所、高校、行业协会专家等 9 人组成的考察组到广东农垦湛江垦区考察剑麻产业发展情况。

**3 日**　第十六届中国-拉美企业家高峰会期间，美洲开发银行及拉美企业家代表分别到首农食品集团旗下首农翠湖智慧农业创新工场参观考察。

**7 日**　江苏省副省长胡广杰调研江苏省农垦集团。

**8 日**　徐雄佐任陕西省农垦集团党委副书记、总经理。

**10 日**　云南省政协主席刘晓凯出访老挝期间，率代表团到云南农垦集团所属老挝云橡公司调研。

**23 日**　黑龙江省委副书记、省长梁慧玲、副省长徐向国一行参观北大荒博物馆。

**24 日**　2023 农垦乳业联盟成员大会在哈尔滨举行。

**24 日**　海南省省长刘小明对《海垦集团关于境外企业有关情况调研报告》作出批示。

**26 日**　老挝人民革命党中央政治局委员、老挝政府总理宋赛·西潘敦到云南农垦集团承建实施的中老（丰沙里省）替代发展综合示范项目视察。

**30 日**　2023 年天然橡胶产业发展大会在海口举行。

## 十二月

**1 日**　云南省政协主席刘晓凯到云南农垦怒江蜂业有限公司调研。

**4 日**　海南省委书记冯飞对《海垦集团关于境外企业有关情况调研报告》作出批示。

**5 日**　北京首农供应链管理有限公司获“首都民族团结进步先进集体”荣誉称号。

**6—7 日**　农业农村部农垦局在安徽省蚌埠市召开农垦发展社会化服务现场推进会。

**8 日**　财政部、农业农村部、金融监管总局联合发布《关于实施天然橡胶综合保险政策的通知》，提出“在海南省、云南省开展天然橡胶综合保险，稳定胶农合理收益，稳定天然橡胶种植面积和产能产量，助力提升天然橡胶自给率”。

**11日** 保加利亚普罗夫迪夫大区五一镇市授予天津食品集团保加利亚公司“区域经济发展优秀企业”荣誉称号，高度赞扬保加利亚公司在带动当地就业及经济社会发展等方面作出的积极贡献。

**11日** 安徽省副省长张曙光率考察团到访北大荒集团。

**13日** 安徽省副省长张曙光对《关于安徽农垦集团工作情况的报告》作出批示，要求衔接资金使用范围覆盖农垦。

**17日** 由广东农垦等单位联合主办的广东省化橘红产业科技大会暨国家南药科技创新联盟换届活动在广州举行。

**22日** 浙江省省长王浩考察嵊州市良种繁育场。

**25日** 由广东省农垦集团公司牵头发起的广东省菠萝产业联盟正式成立。

# 附录三　对 2022 年有关数据修订的说明

## 对 2022 年有关数据修订的说明

原 2022 年农垦其他服务业营业收入数有误，正确的数值如下：
2022 年全国其他服务业营业收入为 1 252.00 亿元。

**图书在版编目（CIP）数据**

2024中国农垦统计年鉴 / 中华人民共和国农业农村部农垦局，中国农垦经济发展中心编. -- 北京 ：中国农业出版社，2024. 12. -- ISBN 978-7-109-32531-9

Ⅰ. C832-54

中国国家版本馆CIP数据核字第2024CC4539号

**2024中国农垦统计年鉴**

**2024 ZHONGGUO NONGKEN TONGJI NIANJIAN**

中国农业出版社出版

地址：北京市朝阳区麦子店街18号楼

邮编：100125

责任编辑：李昕昱　　文字编辑：孙蕴琪

版式设计：李　文　　责任校对：吴丽婷

印刷：北京通州皇家印刷厂

版次：2024年12月第1版

印次：2024年12月北京第1次印刷

发行：新华书店北京发行所

开本：889mm×1194mm　1/16

印张：19.5　　插页：14

字数：672千字

定价：398.00元